【汉译现代西方学术名著导读·政治哲学编】

丛书主编　阎孟伟　杨　谦

ZIYOU ZHUYI WENTI YANJIU

自由主义问题研究

阎孟伟　王作印　主编

广西人民出版社

图书在版编目（CIP）数据

自由主义问题研究/阎孟伟，王作印主编.—南宁：广西人民出版社，2018.1

（汉译现代西方学术名著导读/阎孟伟，杨谦主编.政治哲学编）

ISBN 978-7-219-09335-1

Ⅰ.①自… Ⅱ.①阎…②王… Ⅲ.①自由主义－著作－介绍－西方国家－现代 Ⅳ.①D091.5

中国版本图书馆CIP数据核字（2015）第038129号

总 策 划　温六零
项目统筹　白竹林　罗敏超
责任编辑　许晓琰
责任校对　高　健
装帧设计　李彦媛
印前制作　麦林书装

出版发行　广西人民出版社
社　　址　广西南宁市桂春路6号
邮　　编　530028
印　　刷　广西民族印刷包装集团有限公司
开　　本　787mm×1092mm　1/16
印　　张　22.25
字　　数　310千字
版　　次　2018年1月　第1版
印　　次　2018年1月　第1次印刷
书　　号　ISBN 978-7-219-09335-1
定　　价　43.00元

版权所有　翻印必究

《汉译现代西方学术名著导读·政治哲学编》

编委会成员

顾问	邢贲思　陈晏清
主编	阎孟伟　杨　谦
委员	李福岩　王桂艳　王作印　杨晓东
	谢　魁　孟锐峰　李　萍

总　序

陈晏清

改革开放以来，中国社会经历了日新月异的深刻变化，不仅在经济发展中取得了令世人瞩目的成就，在文化建设上也取得了长足的进步，其中一个突出的表现是哲学社会科学领域里越来越多的学者本着开放包容的精神，源源不断地将国外有代表性的学术著作（包括理论著作）翻译到中国来，这对于帮助国人开阔视野、活跃思想、学会用世界的眼光观察和思考中国问题起到了十分重要的作用。这种开放包容的精神也充分体现了我们的制度自信和理论自信。摆在读者面前的这套"汉译现代西方学术名著导读"丛书就是在这样的精神鼓舞下编辑出版的。

这套丛书计10卷约150种，内容主要涉及国外的政治哲学和社会理论，涵盖了20世纪20年代以来西方马克思主义诸流派的代表性著作、法兰克福学派各个发展时期领军人物的代表作、西方当代自由主义理论的代表作、西方当代社会哲学和历史哲学的重要理论著作。每本著作的导读都包括作者简介、写作背景、中心思想、分章导读、意义与影响五个部分，最后附上原著摘录（从该著作中精选出来的一些重要章节）。读者通过阅读这套丛书可以全景式地了解当代西方政治哲学和社会理论中的主要思潮和流派,更有助于从事政治哲学和社会理论研究的学者以及高校学生开阔学术视野、把握学术前沿。由于这套丛书所选取的主要是政治哲学和社会哲学方面的著作,因而读者也可以从中了解到现代西方社会在其发展中所面对的诸多重大现实问题,如政治的合法性问题、国家与社会的关系问题、公平正义问题、权利与权力的关系问题、意识形态问题、文化发展问题、生态问题等,有助于人们深入地认识 20 世纪以来西方社会发展的基本状况。

在我国,就哲学学科来说,政治哲学是目前较为活跃的研究领域。社会政治哲学在我国的兴起,不是几个学者的心血来潮,而是适应了中国社会大变革的理论需要。我国由改革开放和社会主义市场经济推动的社会转型,是社会的整体性变革或结构性变迁,各种各样的社会问题会从社会生活的各个领域产生,新的问题层出不穷。对于这些问题的理论解决,急需社会哲学和政治哲学的专门研究。中国的社会哲学、政治哲学应当着重研究中国的问题,这是毫无疑义的。2017 年 9 月 29 日,习近平总书记在中共中央政治局就当代世界马克思主义思潮及其影响进行第四十三次集体学习时强调,发展 21 世纪马克思主义、当代中国马克思主义,必须立足中国、放眼世界,保持与时俱进的理论品格,深刻认识马克思主义的时代意义和现实意义,锲而不舍推进马克思主义中国化、时代化、大众化,使马克思主义放射出更加灿烂的真理光芒。……对国外马克思主义研究新成果,我们要密切关注和研究,有分析、有鉴别,既不能采取一概排斥的态度,也不能搞全盘照搬①。

在当今的时代条件下,中国的事情同世界的事情是紧密关联的,实际上中国的许多问题已经上升为世界问题,观察和思考中国问题也必须有世界眼光。因此,我们应当学习外国的先进理论和文化,广泛地阅读当今国外的社会哲学、政治哲学著作,研究外国学者在理论探索中的经验和教训、长处和短处,有些可以引以为鉴,有些可以有选择、有批判地汲取。这对于深化我们的思考,推进我们的社会哲学、政治哲学的研究,以至推进我国的社会转型和现代化建设,都是有重要的积极意义的。当然,这套学术名著导读丛书主要是对学术名著及其作者做出概要性的介绍和评述,

---

① 习近平在中共中央政治局第四十三次集体学习时强调:深刻认识马克思主义时代意义和现实意义 继续推进马克思主义中国化时代化大众化 [N]. 人民日报,2017 - 09 - 30 (1).

这些初步的、粗浅的介绍显然不能代替学者们的专门研究，"导读"的意义重在一个"导"字，它的作用只是把读者引进西方社会政治哲学的门槛，但这对于吸引和推动学界和社会各界关心社会政治哲学的研究是有重要作用的。

最后，我还想特别强调一点。这套丛书选择的著作者，除很少量的作者，例如早期西方马克思主义的代表人物外，大多数是资产阶级的思想家、著作家。他们是在资本主义的制度前提下说话，是在资产阶级统治的政治框架内说话，这是他们无法摆脱的阶级局限性。从总体上看，他们的政治哲学、社会理论著作表达的是当代资本主义的意识形态，是当代资产阶级的价值观念、社会理想和政治诉求。因为同处于市场经济的条件下，中国和西方会遇到一些共同的问题，但在对于问题实质的把握和解决问题的立场与方式上则是有原则性的区别的。这是我们在阅读西方社会政治哲学理论著作以及介绍这些著作的读物时，必须保持的最基本的辨别力或判断力。如果丧失了这种判断力，我们就会在意识形态的较量中丧失主动权，有的人甚至成为错误思想的俘虏。

2017 年 10 月

（陈晏清，1938 年出生，1962 年毕业于中国人民大学哲学系，1985 年晋升为教授，1986 年任博士生导师，1992 年起享受国务院颁发的政府特殊津贴，1985 年至 1997 年任南开大学哲学系主任，1995 年至 2000 年任南开大学人文学院院长，1997 年任南开大学社会哲学研究所所长，现任南开大学当代中国问题研究院学术委员会主任、中国辩证唯物主义研究会顾问、中国人学学会顾问、天津市哲学学会名誉会长。主要的研究领域是马克思主义哲学基础理论、社会哲学、政治哲学。独著或合著的著作主要有《论自觉的能动性》《辩证的历史决定论》《现代唯物主义导引》《陈晏清文集》等，主编有"社会哲学研究"丛书。2012 年获南开大学荣誉教授称号和特别贡献奖。）

目 录 CONTENTS

一、《自由主义》
　　［英］霍布豪斯　　　　　　　　　　　　　　　　001

二、《自由与繁荣的国度》
　　［奥］路德维希·冯·米瑟斯　　　　　　　　　　018

三、《通往奴役之路》
　　［英］弗里德里希·奥古斯特·冯·哈耶克　　　　033

四、《自由秩序原理》（上、下）
　　［英］弗里德里希·奥古斯特·冯·哈耶克　　　　049

五、《自由论》
　　［英］以赛亚·伯林　　　　　　　　　　　　　　085

六、《自由主义、社群与文化》
　　［加拿大］威尔·金里卡　　　　　　　　　　　　104

七、《重申自由主义——选择、契约、协议》
　　［英］安东尼·德·雅赛　　　　　　　　　　　　128

八、《自由与法律》
　　［意］布鲁诺·莱奥尼　　　　　　　　　　　　　148

九、《政治自由主义》
　　［美］约翰·罗尔斯　　　　　　　　　　　　　　165

CONTENTS

十、《反自由主义剖析》
　　［美］斯蒂芬·霍尔姆斯　　　　　　　　　　　　　184

十一、《无政府、国家与乌托邦》
　　［美］罗伯特·诺齐克　　　　　　　　　　　　　　208

十二、《美国的自由主义传统》
　　［美］路易斯·哈茨　　　　　　　　　　　　　　　235

十三、《自由选择》
　　［美］米尔顿·弗里德曼，罗斯·弗里德曼　　　　　259

十四、《资本主义与自由》
　　［美］米尔顿·弗里德曼　　　　　　　　　　　　　278

十五、《自由主义的民族主义》
　　［以色列］耶尔·塔米尔　　　　　　　　　　　　　298

十六、《新现实主义和新自由主义》
　　［美］大卫·A. 鲍德温　　　　　　　　　　　　　　321

后　记　　　　　　　　　　　　　　　　　　　　　　342

一、《自由主义》

[英] 霍布豪斯　著
曾汶　译
商务印书馆，1996年

【作者简介】

霍布豪斯（1864—1929），英国政治思想家，哲学家，社会学家。1864年9月8日生于一个牧师家庭，1929年6月21日卒于法国阿朗松。他受教于牛津大学，1887—1897年一直在牛津大学任哲学教师。1907年，他成为伦敦大学社会学系马丁·怀特讲座的第一任教授。

霍布豪斯一生把学术活动与报业活动结合起来，十分关注英国政治和社会实际问题。1897年起，他开始与《曼彻斯特卫报》及其编辑C.P.斯科特进行长期和富有成果的合作，并在1906—1907年间担任稍纵即逝的《论坛报》政治编辑。1907年担任伦敦大学教授后，继续为《曼彻斯特卫报》供稿。报业活动使他与新自由派紧密联系起来，并成为他们的思想的重要拥护者。他反对布尔战争，抨击帝国主义（《民主与反动》，1904年），支持自由党的社会改革纲领，并在建立贸易局方面扮演了积极的角色。

霍布豪斯在政治哲学上得到的启发来自许多方面：赫伯特·斯宾塞的进化主义、奥古斯特·孔德的实证主义和人道主义以及约翰·斯图尔特·密尔的社会学说和自由主义学说等。他在批判地继承前人思想的基础上，根据新形势，坚持和发展了自由主义，成为英国新自由主义的主要代表。主要著作有：《论劳工运动》（1893年）、《认识论》（1896年）、《思想的进化》（1901

年)、《民主与反动》(1904 年)、《道德的进化》(1906 年)、《自由主义》(1911 年)、《发展和目的》(1913 年)、《形而上学的国家理论》(1918 年)、《合乎理性的善》(1921 年)、《社会正义之要素》(1922 年)等。

【写作背景】

从 17 世纪开始,西方世界进入了科学与技术取得巨大进步的时代。新兴资产阶级力量日渐强大后要求分享政权,1640 年英国爆发的资产阶级革命,对自由主义思想的发展具有历史意义。18 世纪后期,直到 19 世纪,随着资本主义制度的普遍确立和自由竞争的迅速发展,自由主义成为西欧各国主要的政治思想。其中自由主义在英国发展得最充分、最典型、最具有代表性。

在霍布豪斯之前,英国传统的自由主义已有了两次重大修正。第一次主要是约翰·密尔和赫伯特·斯宾塞的哲学,二者互有关联而又形成对照;第二次是牛津唯心主义学派的哲学,特别是托马斯·希尔·格林的哲学。密尔和斯宾塞都是在本国哲学传统中成长的,而以格林为代表的牛津唯心主义则打破了英美哲学思想的经验论传统支配地位,构成牛津唯心主义基础的是德国康德以后的哲学。

本书就是对这一历史时期内自由主义在英国发展的过程进行全面论述的专著。

【中心思想】

全书共分九章,重点在于论述杰里米·边沁、约翰·斯图亚特·密尔、格莱斯顿和理查德·科布登等这些有代表性的自由主义思想家的观点、彼此的内在关系以及在英国的政治和社会生活中所起的作用,也表述了作者本人关于自由主义的见解。

霍布豪斯考察了西方自由主义理论及其运动,将其"攻击旧秩序的几个要点以及指引自由主义运动前进的几种基本思想"[①] 概括为九个方面,即公民自由,财政自由,人身自由,社会自由,经济自由,家庭自由,地方自由、种族自由和民族自由,国际自由,政治自由和人民主权。重申自由不是绝对的,法治是实现自由的第一步。他赞同对消极自由和积极自由的划分,主张变消极自由为积极自由。

---

① 霍布豪斯. 自由主义 [M]. 曾汶, 译. 北京: 商务印书馆, 1996: 8.

他认为自由与平等并行不悖。自由以平等为基础，建立在不平等之上的自由只会导致特权。不仅法律面前应当人人平等，机会面前也应人人平等。他承认私有财产的多寡决定个人享有自由程度的高低，财产权是自由的重要基础，但不主张人们经济地位的平等。他注重自由的社会意义，强调自由的社会整体性。认为在恶劣的生产和生活条件下，人不会有政治上的充分自由，在国际社会中具有畏惧感或使他国畏惧的国家也没有真正的自由。

他认为国家应积极广泛地干预政治、经济、教育等活动，提供广泛的公共福利，并以有效的改革措施为发展自由提供更多、更有利的社会条件和环境。为此，他呼吁实行广泛的成人选举权，扩大公共教育，制定充分就业计划，规定最低收入标准，推行失业、年老、疾病等各类保险，扶助贫者和弱者。然而，他对国家权力的扩大又心怀疑虑，担心产生新的官僚统治，造成对个人自由的新威胁。

霍布豪斯强调社会和谐。认为和谐是生活的目的，也是生活的条件。社会依靠和谐减少冲突和危机，维持自身稳定。他认为社会成员不仅是和谐的接受者，更应是贡献者，他们必须履行公民的社会责任，互助合作，力促联合统一。霍布豪斯提倡国家实行"混合经济"，在国家控制和自由竞争的前提下，把私人经济与公共利益相混合，促进社会发展。

【分章导读】

第一章 在自由主义以前 作者介绍了在自由主义之前历史上存在着的两种社会组织：一种是小的亲属集团，本身往往非常强劲，但是在采取一致行动方面却软弱无力。另一种是较大的社会，他们以某种军事力量和宗教或准宗教信仰的联合为基础，作者称其为权力原则。

除此之外，古希腊和意大利的城邦是一种新型的社会组织，它不是以亲属关系为基础，而是以公民权利为基础，就是这一点使它有别于公社，也有别于东方的君主国。所以城邦是一个自由人的共同体。但是作者也发现城邦有极其严重的局限性，因为联合生活的责任特权不是奠基于人类个性的权利，而是奠基于公民身份的权利，而公民身份从来不跟着社会一同扩展。

中世纪的城邦比古代的城邦优越，主要在于奴隶制在其生存中不是一个重要因素。但是它和古代城邦一样被内部派系斗争严重地、永远地削弱，成员的特权不是奠基于人类个性的特权，而是以公民的责任为基础。现代国家是从一种权力主义制度的基础开始的，而那种制度从宗教、政治、经济、社会以及伦理道德种种方面提出抗议，这就是自由主义的历史性开端。所以，从霍布豪斯的观点看，自由主义最初是作为一种批判出现的，有时甚至作为一种破坏性的、革命性的批判。而现代国家，大大有助于使自由主义诸要素融会贯通。

第二章　自由主义诸要素　霍布豪斯考察了西方自由主义理论及其运动，将其"攻击旧秩序的几个要点以及指引自由主义运动前进的几种基本思想"[①]概括为九个方面：公民自由，财政自由，人身自由，社会自由，经济自由，家庭自由，地方自由、种族自由和民族自由，国际自由，政治自由和人民主权。

在对自由主义诸要素分析的过程中，霍布豪斯表述了自己的自由观。他指出："自由有两个定义。1）自由是一种做不损害他人之事的能力。2）这种权利受他人必须享有同样权利的考虑的限制。必须记住，这两个定义是有很大差异的。"[②]

霍布豪斯特别强调对自由的限制。他认为，"普遍自由的第一个条件是一定程度的普遍限制。没有这种限制，有些人可能自由，另一些人却不自由。一个人也许能够照自己的意愿行事，而其余的人除了这个人认为可以容许的意愿以外，却无任何意愿可言"[③]。

霍布豪斯所说的约束、限制是指包括统治者在内的所有人，都服从于法律的约束。"自由和法律之间没有根本性的对立。相反，法律对于自由是必不可少的。当然，法律对个人施加限制，因此它在一个特定时候和一个特定方面与个人的自由是对立的。但是，法律同样也限制他人随心所欲地处置个人。法律使个人解除了对恣意侵犯或压迫的恐惧，而这确实是整个社会能够获得自由的唯一方法和唯一意义"[④]。他强调，法律的约束，其目的是使社会生活能够达到多样化的统一。

霍布豪斯还把自由与利益联系起来考察，认为："自由的根本重要性在于'利益'本身的性质，无论我们是考虑社会的利益还是考虑个人的利益。利益是一样由于发展个性的各种基本因素而获得的东西，这种发展是通过扩大观

[①] 霍布豪斯. 自由主义 [M]. 曾汶, 译. 北京：商务印书馆, 1996：8.
[②] 霍布豪斯. 自由主义 [M]. 曾汶, 译. 北京：商务印书馆, 1996：30.
[③] 霍布豪斯. 自由主义 [M]. 曾汶, 译. 北京：商务印书馆, 1996：9.
[④] 霍布豪斯. 自由主义 [M]. 曾汶, 译. 北京：商务印书馆, 1996：9.

念、激发想象力、发挥感情和激情、加强和扩大理性控制而进行的。"① 但是与传统自由主义不同,他强调了社会利益,并试图把它和个人利益有机结合起来,使社会和谐发展。

总之,第一,自由主义运动是和生活共同发展起来的,它关心的是个人、家庭和国家;第二,自由主义是一支有效的历史力量;第三,自由主义在每一要点上都是一项被其名字充分表示的运动;第四,在许多情况下,从一方面看是争取自由的运动,从另一方面看却是争取平等的运动,两者习惯性结合已成定论。作者在这里强调了平等。

第三章 理论的发展 作者认为,把自由主义作为一种理论进行探讨时,其最初的理论就是以洛克、卢梭和潘恩等人为代表的天赋权利论,或者称之为自然秩序理论。其主要论点是:一个人无法孤立地实现自己的自然权利,他只有同他人签订协议,并为此目的建立政府来保护他在社会里的权利。他在订立契约时为服从共同规则不得不放弃一些权利,而得到的是公民的权利。人民是主权者,政府是人民的代表。政府只能按照社会条件的许可保护人的天赋权利,其他什么都不能做。

书中提出的第二种自由主义理论就是边沁的"最大快乐原则"。这个原则认为它是一个行为、一个机构或一项社会制度的唯一的和最高的原则。大的愉快胜于小的愉快,不含痛苦的愉快胜于包含痛苦的愉快。痛苦可看作负数量的愉快。因此,它要求每个人必须作为一人来计算受影响的个人的数目。一个人必须毫无偏见地考虑获得的快乐或受到的痛苦的数量,要强调人与人之间的平等或公正。这个原则还认为,自由不是主要的,它是一种达到目的的手段。人民主权不是主要的,因为一切政府都是一种达到目的的手段。一个人或一个阶级的统治如果比另一人或另一阶级的统治能给更多的人带来更多的快乐,那么统治工作就应该交给这个人或这个阶级去做,任何人不得干涉。

霍布豪斯认为,尽管边沁主义和天赋自由学说的出发点不同,但它们获得的实际结果并无明显不同。这两种势力联合形成一个学派,对英国自由主义产生极其巨大的影响。

第四章 自由放任主义 本章介绍了在边沁以后出现的科布登学派。它是天赋权利学说和边沁学说的汇合,主张自由放任主义,认为个人行为不受

---

① 霍布豪斯.自由主义[M].曾汶,译.北京:商务印书馆,1996:66-67.

约束是一切进步的主要动力，人应该绝对自由地互相竞争，以便他们最好的能力得以发挥，每个人得以感到必须为指引自己的生活负责。这个学派的出发点是经济方面的，着重倡导国际自由贸易，认为各国间的自由贸易往来会产生相互了解，并以无数工商利益的纽带使本来隔离的各国人民团结起来。因此自由贸易意味着和平。同时认为政府的功能是有限的。政府必须维持和平，制止人们实行暴力和欺骗，保护他们的人身财产不受内外敌人侵犯。人民受损害应给予赔偿，以使人民从播种得到收获，能享受他们的劳动成果，能够为了相互的利益而自由自在地作出各种约定。

第五章 格莱斯顿和密尔 本章介绍了从19世纪中期起，英国自由主义史上出现的两个著名人物：格莱斯顿和密尔。格莱斯顿信仰科布登原则，支持自由贸易，在他担任自由党领袖和四届首相期间，完成了科布登的财政解放政策，在处理对外关系时主张依靠民族自由和国际公平交易的固有力量，为英国的对外关系开创为人称道的先例。

密尔的贡献是将新老自由主义之间的空隙连接起来。作为功利主义者，他对个人权利的看法是，公众的永久利益是同个人权利结合在一起的。社会利益不能与个人利益相矛盾。但是个人利益必须以理性的人的负责任生活为基础。密尔主张代议制政府，而且是比例代表制运动的先驱。他认为对自由的威胁不在于政府，而在于"多数的暴政"。只有居于少数有才智的人的利益和意见得到反映才是真正的民主政体，其出发点是充分实现个人自由。

第六章 自由主义的核心 霍布豪斯在分析借鉴密尔自由主义理论的基础上提出："自由的基础是生命的观念"，"自由主义的核心是懂得进步不是一个机械装置问题，而是解放活的精神力量问题"[1]。很明显，霍布豪斯的自由观接受了进化论观念。他指出："自由主义是这样一种信念，即社会能够安全地建立在个性的这种自我指引力之上，只有在这个基础上，才能建立起一个真正的社会，这样建立起来的大厦，其基础深厚广阔，其范围无法予以限制。这样，自由与其说是个人的权利，不如说是社会的必需。"[2]

霍布豪斯断言，互相帮助并不比互相克制不重要，集体行动理论并不比个人自由理论不重要。他承袭斯宾塞等人的有机体理论，认为："虽然社会的生命只是许多相互作用的个人的生命，个人如果同社会隔离，他的生命也会

---

[1] 霍布豪斯. 自由主义 [M]. 曾汶，译. 北京：商务印书馆，1996：69.
[2] 霍布豪斯. 自由主义 [M]. 曾汶，译. 北京：商务印书馆，1996：61—62.

变得完全不同。他的很大一部分将不复存在……尤其在对于自由主义理论至关重要的权利和义务问题上，个人与集体的关系比什么都重要。他的权利和义务都是由集体利益规定的。"① 在霍布豪斯看来，如果我要求权利，那是因为在一个公正的观察者看来，这种权利是合理的，有充分根据的。但是一个公正的观察者不会光考虑我一个人的要求，作为一个公正的人，他必须把每一个受影响的人的利益都考虑进去。即他必须根据公共利益来作出判断。"因此，个人权利不能同公共利益冲突，任何权利脱离了公共利益就无法存在。"②

由此，霍布豪斯强调每个人和其他人一同和谐地发展，并进而强调了平等，因为社会中所存在的悬殊差别，引起了矛盾和冲突，导致不和谐。

第七章 国家和个人 国家究竟应扮演什么角色、承担什么职责？霍布豪斯继承了洛克、潘恩等人的传统，主张严格区分国家与社会，认为国家只是人类社会的一个组成部分，而社会的范围总比国家要宽些。

霍布豪斯强调，国家作为一种组织，只是达到某种目的的一个手段。国家与个人之间是一种互为权责的关系："个人对国家的责任是为自己和自己的家庭勤奋工作。他不应该剥削他的幼年子女的劳动，而应该服从社会的要求，为他们的教育、健康、卫生和幸福尽心尽力。社会的责任是为个人提供维持文明生活水准的手段，而单单让个人在市场的讨价还价中尽力挣到工资是不算尽到责任的。"③ 具体地说，一方面，国家负有保护个人的生命和财产安全的责任。为了履行这一职责，国家可以使用暴力，使用强迫行为。"自由和强迫具有相辅相成的功能，而自主的国家既是自主的个人产物，又是自主的个人的条件。"④ 另一方面，国家有责任维护个人的劳动权利或工作权利。在霍布豪斯看来，国家的义务不是直接为公民提供食物、房子或者衣服，而是"创造这样一些经济条件，使身心没有缺陷的正常人能通过有用的劳动使他自己和他的家庭有食物吃，有房子住和有衣服穿。'工作权利'和'基本生活工资'权利就和人身权利或财产权利一样地有效"⑤。在一个社会里，一个能力正常的老实人无法靠有用的劳动来养活自己，这个人就是受组织不良之害。社会制度肯定出了毛病，经济机器有了故障。

---

① 霍布豪斯. 自由主义 [M]. 曾汶，译. 北京：商务印书馆，1996：63.
② 霍布豪斯. 自由主义 [M]. 曾汶，译. 北京：商务印书馆，1996：64.
③ 霍布豪斯. 自由主义 [M]. 曾汶，译. 北京：商务印书馆，1996：83.
④ 霍布豪斯. 自由主义 [M]. 曾汶，译. 北京：商务印书馆，1996：78.
⑤ 霍布豪斯. 自由主义 [M]. 曾汶，译. 北京：商务印书馆，1996：80.

第八章　经济自由主义　霍布豪斯首先批判了两种社会主义——"机械社会主义"和"官僚社会主义",认为它们同自由主义是毫不相干的。因为在政治上,前者"假定一种以实际上并不存在的明确的阶级差别为基础的阶级战争"①,其本质是反民主的。这显然是不正确的。后者则对个人自由深恶痛绝,对整个人类表示蔑视,主张由精英阶级来进行统治,"它是一个自命不凡的超人的一种组织生活的阴谋,这个自命不凡的人为每个人决定应如何工作","这样构思的社会主义在本质上是同民主或自由毫不相干的"②。而在作者看来,一般的自由主义者确信自己不能为他人管理他们的生活,他觉得要管理自己的生活已经够吃力了,"但是不管超人是不是喜欢,他宁可照自己的方式而不是照别人的方式去生活,别人的方式也许聪明得多,但不是他的。他宁可娶他自己看中的女人做妻子,而不要那个肯定能为他生下标准类型孩子的女人。他不愿意被标准化"③。由此作者提出,如果真有"自由社会主义"这样一种东西,它必须明确符合两个条件,第一,它必须是民主的,必须来自下面,而不是来自上面。或者它必须来自全社会为争取更大的正义以及更好的互助组织所作的努力。第二,它必须重视个人,必须让普通人在他真正关心的个人生活中自由发挥,必须立足于自由,必须支持个性的发展而不是支持对个性的压制。

在财富问题上,霍布豪斯认为,财富既有个人基础,也有社会基础,他尤其强调了财富的社会基础,那些财富拥有者"如果他挖一挖他拥有的财产的根子,他就得承认,既然社会维护并保证他的财富,因此社会也是创造财富的不可或缺的伙伴"④。作者还从生产分工的角度论证了财富的社会基础。基于此,作者提出,要"把财富的社会成分同个人成分区别开来,把社会成分的财富上交国库,由社会掌握,以满足社会成员的基本需要"⑤。在这里,霍布豪斯强调了经济平等、经济公正,而反对经济个人主义,因为"经济个人主义为巨大的物质进步奠定了基础,但却以人民大众失去幸福为巨大代价"。⑥ 霍布豪斯指出:"一种个人主义如果忽视财富的社会因素,就会耗尽国家的资源,使社会失去它在工业成果中应得的一份,结果就是造成财富的单

---

① 霍布豪斯. 自由主义 [M]. 曾汶,译. 北京:商务印书馆,1996:85.
② 霍布豪斯. 自由主义 [M]. 曾汶,译. 北京:商务印书馆,1996:87.
③ 霍布豪斯. 自由主义 [M]. 曾汶,译. 北京:商务印书馆,1996:87.
④ 霍布豪斯. 自由主义 [M]. 曾汶,译. 北京:商务印书馆,1996:96.
⑤ 霍布豪斯. 自由主义 [M]. 曾汶,译. 北京:商务印书馆,1996:95.
⑥ 霍布豪斯. 自由主义 [M]. 曾汶,译. 北京:商务印书馆,1996:95.

方面的、不公正的分配。经济公正是把不仅应该付给每个人而且应该付给每一种履行有用服务的社会功能或个人功能的东西如数付给，而这种应该付给的东西是按照刺激和维持那种有用功能的有效运用所必需的数额来计算的。功能与生活资料之间的平衡是经济平等的真正含义。"①

第九章　自由主义的未来　作者指出 19 世纪末自由主义运动大大衰落，但自由主义的潮流绝对没有消退，自由主义的独特概念具有一种永久性的作用。

【意义与影响】

在英国自由主义者名录中，霍布豪斯并不是最耀眼夺目的，但他的《自由主义》一书以独特的见解和鲜活的力量给人留下深刻印象。在这本书中，借着总结自由主义发展历程及其思想要素，霍布豪斯揭示了以抗议专制独裁为其历史性开端的自由主义的批判性历史作用，同时敏锐地洞悉了 19 世纪与 20 世纪之交自由主义运动面临的新问题，在谋求对策的努力中深入探究了自由主义的建设性作用，坚持并发展了古典自由主义，在自由主义思想史上占有一席之地。

第一，像所有的自由主义者一样，霍布豪斯是个人自由和权利的坚决捍卫者。他持有一种普遍的个人权利观，即个人在社会共同体中的权利基于人类个性而不是基于任何角色身份。鉴于人的自由易遭侵犯，应以公正的、具普适性的约束个人但更约束政府的法律作为普遍自由的保障，坚决反对使个人自由受到致命威胁的权力集中，反对无论来自个人还是来自多数人的专横，反对少数精英由于理性的僭妄而自以为了解一切人的需要，可以越俎代庖包办一切从而剥夺人的选择、参与和自我管理的权利。他相信，这一权利对个人至关重要，人即使在自由活动中犯错误，也强于由别人替自己安排一切。而当大多数人不是消极接受而是积极创造生活并塑造自己时，社会也才能摘取最丰硕的进步果实。通过表达这些构成近代民主精髓的自由主义思想，他直抒出自由主义基本信念："社会能够安全地建立在个性这种自我指导之上，才能建立起一个真正的社会。"② 这一信念证明了自由主义不仅是批判性的，而且是建设性的。也正是对这一信念以及它所包含的个人权利学说的精辟阐

---

① 霍布豪斯. 自由主义 [M]. 曾汶, 译. 北京：商务印书馆, 1996：97.
② 霍布豪斯. 自由主义 [M]. 曾汶, 译. 北京：商务印书馆, 1996：前言 4.

释，表明了霍布豪斯承续着古典自由主义灵魂。

第二，霍布豪斯对作为古典自由主义重要特征的放任主义进行了质疑。他认为，放任主义遏制了专横权势，推动了经济、政治进步，但也产生了新的专横，这就是利润制度的专横。它使大量财富迅速集中到少数人手中而导致许多社会问题。霍布豪斯有过多次仲裁劳资纠纷的经历，发现放任主义所倚重的契约自由若缺乏契约双方的大体平等，优势方可单方面规定于己有利的条件迫使对方接受，此时弱者的自愿同意犹如掉进深渊急于获救的人同意趁机敲诈者提的条件，他别无选择。对于一个没有什么选择余地的人来说，自由其实不存在。单个雇工在跟雇主缔约时，处境就是这样。日益增多的劳资纠纷暴露出利润制度下深刻的不公正，暴露出不与平等结合的自由具有虚幻性。有鉴于此，他提醒人们注意自由与平等的相互依存，尤其在涉及基本人权时，平等是必不可少的前提。他关于个人在社会中的权利应基于人类个性而不是某种角色身份的重要思想就蕴涵了对这一前提的强调。但自由与平等之间纵然存在着他所揭示的内在依存，作为两种不同的人类价值，它们在现实中并非毫无抵牾。特别是当把自由作为市场运作的前提，而对平等的关注又主要投向个人的经济地位时，冲突几乎是不可避免的。这种冲突是悲剧性的，但因其可以成为促使人们建构更合理的社会关系的契机，所以也是建设性的。

第三，霍布豪斯对社会关系合理性问题的关注，提出以社会和经济正义原则作为现代自由主义运动的基础，是其新自由主义理论的一个亮点。他令人信服地指出，获得个人财富的手段有正当与不正当之分，正当获得的财富包含个人成分和社会成分二重因素，其中，财富的社会成分应是每个社会成员共享的。社会、经济正义要求关注财富来源，不承认以反社会手段获得的财富代代相传是合理的；也要求防止个人把财富所包含的社会部分据为己有而导致公共资财的枯竭，致使人们丧失自己在共同库存中应享有的一份；还要求国家创造良好的经济环境，使能力正常的人可以靠有用的劳动来养活自己。关于后一点，书中指出一个不为人注意的事实：工人并不处在指导和管理工业的地位，在控制市场方面也最无发言权，本不应对工业的兴衰负责，却不得不为它们付出代价。他们陷入生存困境，是受社会组织不良之害，因而可以"不是以慈善而是以权利的名义要求用国家资财来弥补"。此间揭示的，对于陶醉于工业进步的有产阶级，不啻是在道义上击碎其优越感和自鸣得意的粗暴真理。

第四，本书力图把自由主义作为一种建设性的社会理论来构建，有突破也有困境。在如何矫正社会病态以推进正义问题上，霍布豪斯倾向于谋求政府干预，提出"要维护个人自由和平等，就必须扩大社会控制的范围"，主张由国家出面保护还不够强大到能为自己讨价还价的阶级，还主张政府在促进财富公正分配上发挥积极作用。这可以说是对古典自由主义的突破。然而，扩大社会控制，不仅疏离了古典自由主义坚决限制政府权力的传统立场，也与他对自发性活动的信念相矛盾；他支持政府在推进社会和经济正义中发挥作用，但对政府在为此而用权时可能发生的权力扩张和蜕变危险，并未以他在揭示社会病态时同样的深度和力度加以揭示。这样，书中呈现出捍卫个人自由的立场与支持政府干预和控制的立场之间的不协调，而在这不协调中，一种危险也露出端倪，这就是与作者同时代的保守主义者塞西尔在批评自由主义时所提出的：急于改革现状的热忱使自由主义受到诱惑去侵犯自由的原则。但另一方面，书中始终贯注着一股生气蓬勃的力量——基于关注弱势群体生存境况的人道主义伟大精神而对社会公正的执著探求。由于这种探求精神，作者提出了自由主义运动进一步发展必须面对的问题。虽然在他身后极权主义瘟疫把权力吞噬社会的危险推到极致，自由主义运动向坚决限制政府权力的古典自由主义回归，但霍布豪斯在质疑利润制度和阐释社会、经济正义原则时提出的问题仍然不可回避。至于正处转型时期的中国当代社会，无论是古典自由主义提出的约束政府权力的问题，还是霍布豪斯提出的社会、经济正义诸课题，都极为严峻地摆在了人们面前。因此，认真对待霍布豪斯的自由主义理论具有重要的现实意义。

【原著摘录】

第一章 在自由主义以前 P1-7

P7 自由主义最初是作为一种批判出现的……在长时期内，它的消极作用是主要的。它的任务似乎是破坏而不是建设，是去除阻碍人类前进的障碍而不是指出积极的努力方向或制造文明的框架。

第二章 自由主义诸要素 P8-23

1. 公民自由

P8-9 从逻辑发展以及历史意义上讲，第一个攻击点是专制统治，第一项要争取的自由是按照法律对待的权利……这自由的第一步实际上正是要求法治。

P9 普遍自由的第一个条件是一定程度的普遍限制。……自由统治的首要条件是：不是由统治者独断独行，而是由明文规定的法律实行统治，统治者本人也必须遵守法律。……即自由和法律之间没有根本性的对立。相反，法律对于自由是必不可少的。

2. 财政自由

P10-11　与司法自由紧密联系，在日常生活中更普遍感受到的，是财政自由问题。……百姓在财务方面的自由就意味着对行政机关施加限制，不仅是依靠明文规定的法律，而且还要依靠更加直接和经常的监督。一句话，这意味着责任政府制……从17世纪开始，财政自由就包含着所谓的政治自由。

3. 人身自由

P11-12　存在着一个所谓人身自由领域……其基础是思想自由——一个人自己头脑里形成的想法不受他人审讯——必须由人自己来统治的内在堡垒。但是，要是没有思想交流的自由，思想自由就没有什么用处，因为思想主要是一种社会性的产物；因此，思想自由必须附带有言论自由、著作自由、出版自由以及和平讨论自由。

4. 社会自由

P15　性别限制在各方面都和阶级限制相同。……"为妇女开辟道路"是"为人才开辟道路"的一个应用，一个非常重要的应用，实现这两者是自由主义的精髓。

5. 经济自由

P16　一个健全的成年人的自由……意味着他有权缔结最符合他本身利益的契约，并且有权利也有义务自己来决定自己的生活方式。

6. 家庭自由

P17　在国家的一切联合组织中，家庭这一小型社会是最普遍的，具有最强大的独立生命力。

7. 地方自由、种族自由和民族自由

P19　自由主义总的倾向是赞成自治，但是，面对着再分问题以及集团与集团之间的复杂问题，它必须依靠历史的具体教导以及政治家的务实眼光去确定如何为自治划定界线。

8. 国际自由

P21　自由主义的真髓是反对使用武力，武力是一切暴政的基础。

9. 政治自由和人民主权

P21　从普遍自由和社会发展观点看，有限的选举权反倒可能比扩大了的选举权效果更好。

第三章 理论的发展 P24－37

P27 政府的功能是受限制的，可以限定的。这就是：按照社会条件的许可准确地保护人的天赋权利，其他什么都不能做……公民权利应尽可能与天赋权利一致，或者，如潘恩所说，公民权利就是被交换了的天赋权利。

P30 个人的权利不是一样独立于社会以外的东西，而是良好的社会秩序所必须承认的许多原则之一。

P30 自由有两个定义。1）自由是一种做不损害他人之事的能力。2）这种权利受他人必须享有同样权利的考虑的限制。

P31 人民主权学说基于两个原则。1）主权属于人民……2）每个公民都有权利参与制定法律。

P32－33 社会不受个人的"不可侵犯"的权利的限制。社会可随心所欲地对待个人，只要它以集体的利益为出发点。就权利问题而言，边沁主义的原则可被认为是绝对社会主义或甚至极权主义的。它着眼的是（至少作为一种可能性），个人完全服从社会的要求。

P34 我们要注意的几个特点是：1）对权利的全部考虑都服从于对快乐的考虑；2）数目的重要性；3）作为同一学说的另一方面，强调人与人之间的平等或公正。边沁所考虑的社会效用是许多人所体会的快乐，为了这个缘故，所有这些人都被认为具有同样价值。这是边沁主义学说的激进个人主义。

第四章 自由放任主义 P38－49

P38－39 （科布登学派）满怀信心地认为个人行为不受束缚是一切进步的主要动力……只要给每个人从最低廉的市场上买进和在最昂贵的市场上卖出的权利，贸易就自然而然会蓬勃发展。商业应向有才能者开放……各国间的自由贸易往来会产生相互了解，并以无数工商利益的纽带使本来隔离的各国人民团结起来。自由贸易意味着和平，其他国家一旦受到英国繁荣富强范例的教导，就会群起仿效，自由贸易将成为全球性的。

P43 自由放任理论认为国家应不介入冲突。这就是说，国家必须制止暴力和欺骗，保障财产安全，并帮助人们履行契约。自由放任理论认为，根据这些条件，人应该绝对自由地互相竞争，以便他们最好的能力得以发挥，每个人得以感到必须为指引自己的生活负责，并最大限度地发挥他的丈夫气概。

P45 任何时代的社会自由都以限制为基础。它是一种全体社会成员都能享有的自由，也是一种从那些不伤害他人的活动中进行选择的自由。

P46 自由主义,如通常所了解的,不仅把警察和法院视为理所当然,而且也认为财产权利是理所当然……国家可以通过征税取得个人财产的一部分。因为国家是必不可少的,人必须为安全付出一笔代价;但是,按照这种观点,就一切税收而言,国家是从个人那里拿走一点属于"他的"东西,国家这样做只有出于迫切需要才是正当合理的。国家没有"权利"为了达到自己的、并不为公共秩序急需的目的而夺取个人的任何一样东西。这样做是侵犯个人权利,是用暴力强迫一个人去对一些他表示冷淡甚至不喜欢的事情作出贡献。

第五章 格莱斯顿和密尔 P50-57

P50 从19世纪中期起,英国自由主义史上闪耀着两个伟大的名字:行为界的格莱斯顿和思想界的密尔。

P51 格莱斯顿的原则可以说是与马基雅维利、俾斯麦以及每一个外交部的实践相对立的。外交部的办事原则是:国家的理由证明一切事情都是正当的,格莱斯顿的办事原则是:除了已经被人类良知证明是正当的事情以外,任何事情都不能被国家的理由证明是正当的。

P56 密尔认为民主政治最大的危险是多数人实行暴政。他恐怕比他以前的任何一个自由主义导师都更强调多数人的意愿与社会的福利之间的差异……因此,密尔在许多年内一直苦心钻研如何使少数人享有公正的发言权和代表权,而作为比例代表制运动的先驱,他又力求使议会不仅仅代表一部分人(无论这部分人在数目上占多大优势),而是要代表全体人民。

第六章 自由主义的核心 P58-69

P58 自由主义者公正地对待错误意见,要求认真地听取,仿佛它们和他自己的意见一样重要。他随时准备使他自己的信念接受考验,不是因为他对它们表示怀疑,而是因为他对它们深信不疑……让错误自由表达会有两种结果。要么在错误的发展过程中随着它的含义和结果变得清楚,它里面会出现某些正确的成分。这些正确的成分会自动分离出来,丰富人类思想的宝库……要么相反,任何正确的成分也没有。在那种情况下,对错误认识得越充分,越是耐心地研究其错综复杂的含义和影响,错误就越是能彻底地驳倒自己。

P61-62 自由主义是这样一种信念,即社会能够安全地建立在个性的这种自我指引力之上,只有在这个基础上,才能建立起一个真正的社会,这样建立起来的大厦,其基础深厚广阔,其范围无法予以限制。这样,自由与其说是个人的权利,不如说是社会的必需。

P63　一样被称为有机的东西是由许多部分组成的，这些部分彼此不同，但是一旦脱离了整体就遭到破坏或彻底改变……社会的有机观点同样也是很简单的。它意思是说，虽然社会的生命只是许多相互作用的个人的生命，个人如果同社会隔离，他的生命也会变得完全不同。他的很大一部分将不复存在。

　　P64　个人权利不能同公共利益冲突，任何权利脱离了公共利益就无法存在。

　　P67　人类的进步，无论从哪方面来考虑，主要表现为社会的进步，是自觉或不自觉的合作的结果。在这个结果中，自愿联合起着越来越大的作用。但是，国家是许多种联合中的一种，其不同在于国家行使强制力，在于国家至高无上，在于国家要求对所有居住在其幅域内的人实行控制……我们可以正当地把国家当作是人类维护和提高生活的许多种联合中的一种，这是一个总的原则，正是在这一点上，我们和老的自由主义相距最远。

　　P68　在有机的社会概念中，历史上自由主义的每一种重要概念都起作用。理想的社会被设想为一个整体，它依靠各部分的协调生长而存在并繁荣昌盛，每个部分在按照自己方式和性质发展的过程中也促进其他部分的发展。

　　P69　每一种建设性的社会学说都以人类进步概念为基础。自由主义的核心是懂得进步不是一个机械装置问题，而是解放活的精神力量问题。好的机制必须能提供渠道，让这种力量通行无阻，不被它自己丰富的产品阻塞，使社会结构生气勃勃，加强头脑的生命力，并使之崇高尊贵。

第七章　国家和个人 P70-84

　　P73　强迫的价值之所以有限，不是因为它限制了社会目的，而是因为它限制了个人生活条件。没有一种暴力能强迫生长。任何一种依靠感情的一致，依靠对意义的理解，依靠共同的愿望的有社会价值的事情，都必须体现自由。自由在社会和谐中的领域和作用就在于此。

　　P73　自由只能以限制为基础……所实行的限制的价值在于它使行为获得自由。

　　P74-75　国家既赋予个人和联合以权利，也赋予他们以权力。但是，国家为了公正执法，必须对这些权力进行监督。正如强迫行为在自由领域和精神发展领域内失败一样，自由也在缺少监督性限制、人们得以直接或间接地相互压迫的外部秩序下归于失败。此所以自由和强迫之间没有真正的、不可避免的矛盾，而归根结底是一种相互的需要。

P80　国家的职责是为公民创造条件，使他们能够依靠本身努力获得充分公民效率所需要的一切。国家的义务不是为公民提供食物，给他们房子住或者衣服穿。国家的义务是创造这样一些经济条件，使身心没有缺陷的正常人能通过有用的劳动使他自己和他的家庭有食物吃，有房子住和有衣服穿。

第八章　经济自由主义 P85—107

P85　有两种社会主义是同自由主义毫不相干的，我称它们为机械社会主义和官僚社会主义。

P97　经济公正是把不仅应该付给每个人而且应该付给每一种履行有用服务的社会功能或个人功能的东西如数付给，而这种应该付给的东西是按照刺激和维持那种有用功能的有效运用所必需的数额来计算的。功能与生活资料之间的平衡是经济平等的真正含义。

P102　税的真正功能是为社会争取财富中来源于社会的部分，或者说得更透彻些，一切不来源于个人努力的东西……一项能使国家获得一份社会价值的税，不是从纳税人有无限权利可称为己有的东西中扣除的某种东西，而是把一样应归社会所有的东西偿还给社会。

P105　自由主义经济学的要点是社会服务和酬报相等。这项原则是：每一种具有社会价值的功能都需要有助于刺激和维持有效地履行该功能的酬报；每一个履行这种功能的人，都有权利（按照权利这个词的严格道德意义）获得这种酬报而没有权利获得其他更多酬报；现有财富的剩余应由社会支配，用于各种社会目的。

第九章　自由主义的未来 P108—126

P108　19世纪可被称为自由主义时代，但是到了这个世纪的末叶，这项伟大运动却大大地衰落了。

P115　民主政治不是单单建立在个人的权利或私人利益上面的。这仅仅是盾牌的一面。民主政治同样也建立在个人作为社会一员的职责上。它把共同利益建立在共同意志上，同时嘱咐每一个聪明的成年人扮演一个角色。

P118　民主政治的成功取决于选民对给予他们的机会的反应。但是，反过来说，给选民机会必须是为了唤起反应。实行民主政体本身就是一种教育。

P122　在形式问题上，民主统治（无论是人民直接统治还是代议政体）的固有困难在于它是由多数人实行的统治，而不是全体同意的统治。它的决定是大部分人民的决定，而不是全体人民的决定。这个缺点是必须作出决定而又不可能获得全体同意的不可避免的结果。

【参考文献】

[1] 耿惠斌. 经济自由主义思想的兴衰及其启示 [J]. 经济论坛, 2004 (17).

[2] 李武武. 论密尔的自由经济主义和边沁的功利主义 [J]. 徐州师范大学学报（哲学社会科学版）, 2002 (9).

[3] 万其刚. 霍布豪斯的自由理论评介 [J]. 中外法学, 1998 (5).

[4] 殷叙彝. "自由社会主义"和"社会自由主义"——论霍布豪斯的新自由主义 [J]. 当代世界与社会主义, 2005 (3).

二、《自由与繁荣的国度》

[奥] 路德维希·冯·米瑟斯　著
韩光明，潘琪昌，李百吉　等译
中国社会科学出版社，1995 年

── 【作者简介】──────────

路德维希·冯·米瑟斯（1881—1973），奥地利经济学派的主要代表人物之一，20 世纪最重要的经济学家和社会学家。1881 年出生于奥地利，卒于 1973 年。他的父亲是犹太人。1900 年他开始在维也纳大学攻读法律和经济学，1906 年获得维也纳大学法学博士学位。

大学毕业后，米瑟斯曾先后在几个律师事务所从事律师职业。1909—1934 年任维也纳工商行政管理局秘书，其间曾因服兵役参战而一度中断这个职务。在维也纳工商行政管理局任职的同时，他还在大学担任兼职教师，最初是在维也纳女子商业学院任兼职教师，1913 年，当他取得大学授课资格之后，即担任大学讲师；1918 年任维也纳大学不拿薪金的副教授。1919 年他已成为奥地利颇有名望的经济学家。他渴望在奥地利或德国获得一个正教授职位，从事科学研究工作。但因为他是一个犹太人，更主要的是，他是一个传统的自由主义者，而又坚决拒绝向所有与他的理论和观点不同的人做出妥协和让步，这在当时人们纷纷转向信奉社会主义或称为法西斯主义的追随者的大气候下，显得那样的不合时宜。所以，直到 1934 年离开奥地利为止，米瑟斯不得不从事一些与科学研究无关的职业以维持生计，至于科学研究只能利用业余时间进行。

令人惊异的是，这段时间米瑟斯除了利用业余时间完成了大量的、多得出乎人们预科的学术著作的写作之外，还从事了内容极为广泛、富有成果的教学活动。其教学活动的重点是在校外，即在他的工商行政管理局的办公室里定期举办"私人研讨会"。作为维也纳大学的兼职讲师和不拿薪金的副教授，他从1920年到1934年离开维也纳前往日内瓦为止，每两周举办一次，从不间断，二十多位研讨会参加者大都是他很器重的青年学者，几乎所有的人后来都在事业上取得了巨大的成功。其中绝大多数人在远离奥地利之后，成为闻名遐迩的科学家。米瑟斯也因此名声大振。

1934年以后，米瑟斯离开维也纳前往日内瓦大学高级国际经济关系学院担任客座教授，1940年开始流亡美国，并在那里度过最后的岁月。在美国，米瑟斯不但成功地使得"奥地利经济学派"生存下来，更成为思想运动中的一面旗帜。弗里德里希·A.哈耶克将他称之为与伏尔泰、孟德斯鸠、托克维尔和约翰·斯图尔特·密尔不相伯仲的伟大思想家。在他逝世的时候，无论是他的敌人还是朋友，都一致公认米瑟斯是彻底的反对国家主义、主张意志自由和保守主义运动及文化运动的杰出知识领袖。

米瑟斯主要著作有：《自由与繁荣的国度》（1995年）、《货币理论及货币流通理论》（1912年）、《民族，国家与经济》（1919年）、《公有制经济：关于社会主义的研究》（1922年）、《货币价值的稳定与周期政策》（1928年）、《国民经济学的基本问题——关于经济学和社会学的基本方法、任务和内容的研究》（1933年）、《国民经济学——关于行为和经济的理论》（1940年）、《论官僚主义》（1944年）、《人类行为》（1949年）、《自由的计划》（1952年）、《经济学的根本基础》（1956年）、《论反资本主义的心理》（1956年）、《理论与历史——关于社会和经济演变的解释》（1957年）、《关于货币与信贷的操作与控制》（1978年）、《货币、方法与市场过程》（1990年）、《经济自由与干预》（1990年）。

【写作背景】

第一次世界大战摧毁了奥匈帝国，哈布斯堡王朝从此灭亡了。布尔什维克在俄罗斯高奏凯歌。匈牙利经历了一场由贝拉·昆领导的短暂的共产主义试验。在德意志帝国，直到政权最终落入社会民主党的孟什维克改良派手中之前，许多地方出现了共产党人接管政权的事件。为了阻止政变的发生，米瑟斯与奥地利最大的执政党——社会民主党的领袖、奥地利马克思主义理论家——欧根·冯·波姆-巴威克研讨班的同班同学奥托·鲍尔进行了数次彻夜长谈，终于成功地说服了鲍尔和他领导的政党放弃了政变的企图。当时，奥地利的前途掌握在鲍尔手中，他将按照他的马克思主义信仰给奥地利发出一次社会主义革命的信号，还是跟随德国的社会民主党走上一条改良的道路？米瑟斯在维也纳工商行政管理局积累了丰富的经验，他知道应该走哪条道路。他说服鲍尔相信，在1918年至1919年之交的冬天，如果发动一场社会主义政变，势必会在短期内归于失败。

此时，米瑟斯提出了在社会主义制度下不可能进行经济核算的论断。他指出，在这种社会制度下，所有的生产要素，包括土地资源和土地在内均属公有，既不能买，又不能卖，因此，不存在着由于短缺而形成的市场价格。没有市场价格，就无法进行成本核算，更无法进行成本和收入的比较。社会主义并不像它的信仰者所认为的那样，意味着"更多或更好的计划"。而恰恰相反，社会主义意味着混乱，由于这种制度不具有任何合理的、可以用计量表示的计划和商业行为规则，它必然会导致对各种生产要素的持续不断的错误判断，造成资本的扭曲和社会生活水平的持续下降。米瑟斯在这些分析的基础上，在《公有制经济：关于社会主义的研究》一书中阐述了国家对市场的各种干预方式，进而在他于1927年发表的《自由主义》一书以及1929年发表的论文集《关于对干预主义的批判》中完整地提出了关于社会合作的理论体系。这一理论体系的核心是开创性地阐明了在资本主义和社会主义之间没有任何可行的"第三条道路"。中译本《自由与繁荣的国度》就是根据1927年德国耶拿出版社的德文版《自由主义》一书翻译而成的。

【中心思想】

全书共分为序言和五个章节，共六个部分。作者凭借扎实的哲学理论功底和对社会的深刻洞察，围绕社会发展的现状和导向，通过深入充分详实地分析自由主义的特征、政策的基础、经济政策、外交政策、自由主义与政党、自由主义的前途诸多方面，对古典自由主义思想体系作了全面的介绍，古典自由主义向新自由主义过渡时期的思想体系特征尤其是本书着力所在。同时，通过对反自由主义纲领的批判性分析，为自由主义进行了有力的论证和辩护。

作者认为，自由主义是一种真正研究人类行为的学说，其着眼点和最终目的是促进人们外在的物质福利，而不是直接满足人们内在的、精神上的以及形而上学的需求。它并不向人们许诺幸福和满足，而是尽一切可能将外部世界所能提供的物质用来满足人们的诸多需求。自由主义坦承这种物质主义的观点，但它并不是因为低估了精神需求、精神财富的重要性才将其目光仅盯在物质福利方面，而是由于它坚信，任何外在的调节都不可能触及人们的最高或最深层次的追求。自由主义仅仅是试图为人们创造一个外在的富裕条件，因为它知道，人们内在的、心灵的满足感不可能来自外部世界，而仅仅只能来自于他们自己的内心。

就其服务的对象而言，自由主义只为所有的人，而不为某些人或某些社会集团的特殊利益服务。从历史学的角度看，自由主义是第一个为了大多数人的幸福，而不是为了特殊阶层服务的一种政治倾向。与宣称追求同样目标的社会主义截然不同的是，自由主义不是通过其追求的目的，而是通过它选择的方法去达到这一最终目的。这方法或手段就是生产资料私有制，这是自由主义最根本的主张。除私有制以外，自由主义纲领还将"自由""和平""民主""平等"提到重要位置。

作者指出，自由主义自产生以来，它在任何地方任何时候都没有被全部贯彻实行过，甚至在人们视为自由主义的故乡和自由主义的模范国家的英国，也没有成功地贯彻自由主义的全部主张。从整体上看，世界上有些地区的人们只采纳了自由纲领的某些部分；在其他一些国家或地区，人们不是一开始就拒绝它，就是至少在短时间内就否定它。然而，自由主义思想短暂而有限的统治就已经大大改变了地球的面貌——一个大规模的经济发展已经开始，人类生产力被解放，生活必需品的生产量成倍增长。虽然在19世纪里，自由主义的敌人变得越来越强大，他们使得自由主义的成就中的一大部分重新化为乌有，但作者坚信，自由主义具有强大的生命力，最终必定胜利。

【分章导读】

序言 作者主要介绍了自由主义、物质福利、理性主义、自由主义的目的、自由主义与资本主义和反自由主义的心理根源等六个方面。

作者认为，关于自由主义，如果人们想了解究竟什么是自由主义，自由主义追求的是什么，就不能简单地回顾历史以找寻它的来历并据此研究自由主义政治家曾经追求并实践了什么。因为，自由主义在任何地方都没有成功地贯彻实行过它所要实现的纲领。同时作者认为，自由主义是一种真正研究人类行为的学说，其着眼点和最终目的是促进人们外在的物质福利，而不是直接满足人们内在的、精神上的以及形而上学的需求。它并不向人们许诺幸福和满足，而是尽一切可能将外部世界所能提供的物质用来满足人们的诸多需求。

关于自由主义与理智行为之间的关系，作者认为，自由主义完全没有忽视人也有不理智的行为，否则，自由主义就不会一再告诫人们要将理智作为自己的行为准则。自由主义并没有说过人们的行为总是聪明无误的，它一再告诉人们，为了他们的切身利益，必须坚持不懈地用聪明的方式行事。自由主义的性质恰恰是要使理智在政治、生活中大行其道，让人们的行为在各个方面都变得更加理智。

关于自由主义的目的，作者指出自由主义一贯注重全社会的福利，从未为某一特殊阶层谋取利益。英国功利主义者的一句名言用一种不那么巧妙的方式表述了这种意思，是为了"绝大多数人的最大幸福"。从历史学的角度看，自由主义是第一个为了大多数人的幸福，而不是为了特殊阶层服务的一种政治倾向。与宣称追求同样目标的社会主义截然不同的是，自由主义不是通过其追求的目的，而是通过它选择的方法去达到这一最终目的。同时，作者还论述了自由主义与资本主义之间的关系，而且在这个分析的基础上，指出了人们反对自由主义的根源："有些人之所以反对自由主义，完全不是出于理性和理性的分析，而是由于精神上的病态，由于偏见和变态心理。"[①]

第一章 自由主义政策的基础 本章主要从所有制、自由、和平、平等、收入关系和财产关系的不平等、私有制和道德伦理、国家与政府、民主、暴力论的批判、法西斯的批判、政府作用的极限以及宽容和国家与反社会的行为等方面进行了论述。

在所有制方面，作者指出，生产资料私有制是自由主义最根本的主张。除私有制以外，自由主义纲领还将"自由"与"和平"这两个词提到重要位置。自由主义者从不认为上帝或自然界早已决定了所有的人都是自由的，而是主张保障一切劳动者的自由，保障使人类创造出最高劳动效率的劳动制度。自由主义的这一主张符合地球上所有居民的利益。对于战争、和平与社会进步之间的关系，作者认为：战争和劳动分工这两者是水火不相容的。战争并非是万物之父，和平才是万物之父。

关于平等，自由主义主张法律面前人人平等，但人们不能将其理解成平

---

① 米瑟斯. 自由与繁荣的国度[M]. 韩光明，潘琪昌，李百吉，等译. 北京：中国社会科学出版社，1994：序言55.

等就是一视同仁、人人相等。事实上，人与人之间本来就是不平等的，而且还将继续不平等下去。真正理智、清醒并且合乎目的的处理方法就是争取在法律上平等待人。自由主义并不奢望得到比这更多的东西。

自由主义不是无政府主义，也不赞成无政府主义的观点。自由主义的观点十分鲜明，这就是：没有强制措施，社会就会面临危险；为了保障人们的和平与合作，必须制定人们共同遵守的规则，必须保留暴力和威慑手段，只有这样才不至于使任何人破坏社会秩序。自由主义学说赋予国家的任务是：保护私有财产，保护自由，保卫和平。

作者认为应当把民主提高到一个新的高度。作者通过对民主的阐述，批判了法西斯主义和暴力论，阐述了自由主义的生存环境，提倡人要有适度的宽容，认为政府应当对于社会和反社会的行为采取一定的措施，来进行褒扬合法的行为，而防止大多数人危害社会的公共利益。

第二章　自由主义的经济政策　本章主要从国民经济的组织、私有制及私有财产等角度出发提出了社会主义的不可实行性和资本主义是一切社会关系中唯一可行的制度这一观点。在这一观点的前提下，作者也对卡特尔、垄断以及官僚主义化的行为进行了分析，并对他们与自由主义的关系进行了深入的剖解。

作者首先将社会组织形式分为五种形式，即生产资料的私有制、在私有制前提下定期地没收私有者的财产并对其实行再分配的社会制度、工联主义制度、生产资料的公有制、干预主义制度。通过分析论证，作者认为我们的文明以及一切文明的基础是生产资料的私有财产制度。

在对批判者对私有制进行批判的考量之后，作者认为，对于生产资料的所有者享有优先权的问题，我们如果从全社会的角度对其进行考量的话，它则是具有存在的正当性。因而基于这个前提，作者对私有制财产与政府之间的关系进行了论证，指出私有制为个人创造了一个不受国家控制的领域，它对政府的意志加以限制，除了反对政治权力的扩张之外，它允许出现其他政治力量。同时，基于私有制所固有的优势和社会主义组织形式所存在的问题，作者指出了社会主义的不可实行性。作者认为导致其不可实行性的一个最大的弊端是在社会主义社会里，不可能对经济进行核算。这一点使任何社会主义都变得不可实行。因而，人们逐渐认识到一个健康的社会离不开财产的私有制。

那么，对于私有制下所出现的一些矛盾是否应当通过国家干预来克服？对于这一点作者是持否定态度的。作者认为：国家在以生产资料私有制为基础的经济体制中对企业的干预达不到预期的目的。这种干预不但没有意义，而且恰恰事与愿违，因为它不仅没有消除它想消除的"祸害"，反而让这些"祸害"得到了繁殖。从干预主义本身的观点来看，它是自相矛盾、毫无意义的。所以说，干预主义政策是一种没有意义的政策。

基于上述的分析以及自由主义内涵的界定，作者提出了资本主义是一切社会唯一可行的社会制度之一的论断。而对于在资本主义社会制度下出现的卡特尔等垄断组织以及官僚主义化的行为，作者也从自由主义的角度对他们进行了论述。

第三章 自由主义的外交政策 作者认为，对自由党人来说，内政与外交不是对立的，外交考虑是否应优先于内政考虑或者内政优先于外交这一经常被提出来并深入讨论的问题，在自由党人的眼里是多余的。这是因为自由主义在其政治蓝图中从一开始就涵盖了整个世界。而且它认为，它努力在最小范围内实现的思想，同样也适用于宏大的世界政治。如果说自由党人把外交和内政区别开来，那作者也只是为把巨大的政治任务的领域加以适当划分，而绝不是因为作者认为在外交政策中应该有个与国内政策不同的原则。

自由主义国内政策的目标亦是其外交政策的目标——和平，自由主义从国际分工这一事实中提出了反对战争的关键的、不可辩驳的理由。分工早已超越了政治联盟体的界限。

在上述分析的基础之上，作者进一步提出了自决权的概念：我们所说的自决权并非是民族自决，而是任何一块大到足以构成一个独立行政区的领土上的居民的自决权。本来，只要有可能，就应给任何个人以这种自决权。只是这一点行不通，因为出于强制性的管理技术上的考虑，国家对一片地区的管辖必须是统一规划的，所以，把自决权限制在地区居民多数人的意愿上是必要的，而这个地区应大到足以在地区行政管理方面构成一个统一的地区。因而，追求世界和平的基础便是只有通过不懈地、普遍地推行自由主义的纲领才能获得永久的和平。并在此基础之上，作者对民族主义、帝国主义和殖民政治等进行了很深程度的剖析，进而指出殖民政治和帝国主义从自由主义的视野来看是存在着弊端的。

在经济领域，自由主义者提倡生产资料和生产条件应当在他最佳的地方发挥作用，并基于此对于目前的关税保护措施进行了批判。因而，要允许生产资料的自由流动和人员的自由迁徙。而在更广泛的范围之内，作者也对合众国以及国际联盟的存在进行了自由主义视野下的分析。

第四章　自由主义与政党　本章主要针对反自由主义的政党对自由主义的"错误认识",揭示了现代政党及其意识形态的性质特点,论述了自由主义与现代政党及其意识形态的根本对立。

反自由主义的政党宣称,"自由主义并非像它标榜的那样纯洁,它也是一个代表着资本家、企业家以及资产阶级特权利益的政党,因此,自由主义是与其他阶层的利益相对立的思想体系"[①]。对此,作者站在自由主义的立场进行了针锋相对的反驳。

作者认为,所有的现代政党及其意识形态都是等级特权和特权利益的追求者们为了反对自由主义的思想而建立起来的。它们从一开始就制定了追求特殊权力和特殊利益的政治目标,并按照这一目标在事后制定了它们的思想体系,其目的是为了证明其政策的正确性。各个政党往往只强调它们所代表的那个阶层的特殊利益的重要性,它们在谋求全体人民的共同利益方面没有任何作为,对后者的重要性往往无动于衷。对于那些它们想要争取的社会阶层的利益也关心甚少。它们也无法否认,在各个利益集团相互斗争的情况下,社会的长治久安是不可能得到保障的。但它们没有能力改邪归正,超越自我,更谈不上为他人着想,放弃损人利己的行为。大多数人不关心后天或将来的事情,他们只为今天着想,或者最多只想到了明天会怎么样。他们也不会问,如果所有的人都像他们一样毫不关心全体人民的利益,全都拼命地追逐特权,那将会出现什么样的情况。这些人希望自己能够成功地贯彻自己的要求和主张,同时又要使其他人的要求无法实现。只有少数人以较高的标准衡量政党的行为,他们要求在政治生活中也要严格遵循道义上的准则。但是,在利益政党的思想体系中是不会存在这种道德准则的。

而自由主义与所有的这些利益政党毫无共同之处,它恰恰是这些政党的对立面。它不向任何人许诺特权,它要求所有的人为了维护社会而作出自我牺牲。准确地说,这种牺牲就是放弃直接的、可以得到的利益。毫无疑问,它只是一种暂时的牺牲,它很快可以通过更高级、更长远的收益而得到加倍的回报。但无论如何首先要作出牺牲。这样一来,自由主义在同各种政党之间的竞争中一开始就处在一种特殊的位置上。反对自由主义的候选人在竞选过程中向每个选民团体许诺特殊利益,他向制造商作出提高商品价格的承诺,

---

① 米瑟斯. 自由与繁荣的国度 [M]. 韩光明,潘琪昌,李百吉,等译. 北京:中国社会科学出版社,1994:180.

向消费者作降低物价的承诺，向政府官员许诺更高的薪水，向纳税人许诺减少税收，他非常愿意以牺牲国家和富人的利益为代价来满足人们的所有愿望。为了博得人们的欢心与支持，他乐于从国家的口袋里掏出合乎人们口味的特殊赠品，而且每个人得到的赠品都不会太少。而自由主义的候选人只能对所有的选民说，追求这种特殊利益的任何做法都是反社会的行为；自由主义只为所有的人，而不为某些人或某些社会集团的特殊利益服务。因为自由主义者清楚地认识到，一方面，一个较小的社会阶层所拥有的、不利于大多数人的特权是不可能长期维持下去的，它必然会导致内战；另一方面，人们也不可能使所有的人都享有特权。这是因为，一旦所有的人都享有特权，特权就会在其享有者那里彼此相互抵消，从而失去其特权的意义，最终导致社会生产力下降和物质财富减少的严重后果。

第五章　自由主义的前途　作者认为自由主义是必定胜利的，因为自由主义不是宗教，不是世界观，也不是代表特殊利益的党派。它不是宗教，因为它既不要求信仰，也不要求牺牲，因为它的周围没有任何神秘主义的东西，还因为它没有什么教义；它不是世界观，因为它不想解释宇宙，因为它什么也没有对我们说，也不想说关于人的存在的意义和目的这种事情；它不是一种利益党派，因为它没有向任何个人和团体许诺某种特殊好处，它不想，也没有去营造这种好处。它是一种完全不同的东西。它是意识形态，是关于社会上各种事物内在联系的学说，同时又是关于如何将这种学说应用到人在社会事务中的行为上面的学问。它不允诺任何超出社会和通过社会力所能及的东西。它只想给人们一样东西，和平地、不受干扰地提高所有人们的物质富裕程度，从而——只要社会机构有这个力量——使他们远离苦难的外在根源。减少痛苦，增加欢乐，这就是它的目标。因而基于这种目标的自由主义必定具有强大的生命力。

【意义与影响】

第一，这部著作可以称之为一部全面介绍古典自由主义思想体系的专著，具有重要的思想史价值。

当今世界上存在着两种主要的社会思想体系，一种是马克思主义，另一种是自由主义。前者是社会主义国家的指导理论，后者是资本主义世界的主流思想。自由主义是一种与马克思主义理论相对立的社会意识形态体系，这两种截然不同的思想体系代表着人类两种不同的前途。随着时代的变迁，自由主义思想体系中就如何解决社会现实问题的方法和侧重不断发生变化，形成了具有不同特点的各种流派。但长期以来，还没有人对这一思想体系的内涵和本质进行过总结性的表述。从这个意义上讲，米瑟斯的这部著作可以称之为一部全面介绍古典自由主义思想体系，更确切地说，是一部全面介绍古典自由主义向新自由主义过渡时期该思想的专著，具有重要的思想史价值。

第二，这部著作对于我们较系统地了解西方自由主义的本质具有重要的参考意义，同时，对于我们分析近现代乃至当代西方资产阶级社会思潮、政治哲学、经济理论的变迁原因及相互关系，分析当代资本主义国家政策的理论基础和演变趋势，亦有一定的借鉴作用。许多人观念中的自由主义仅仅局限于它作为政治思潮的方面。其实，自由主义是包含了经济与政治、国家与个人、政府与制度等多方面内容的社会思潮，但其核心就是主张私有制。米瑟斯指出："自由主义断言：在实行劳动分工的社会里，人类相互合作的唯一可行的制度是生产资料的私有制。"[①] 了解自由主义如何为私有制辩护，才能从根本上了解自由主义。

第三，这部著作对于我国来说具有特殊的现实意义。

随着市场化改革的深入，随着祖国统一目标的逐步实现，我们将在日益深入广泛的层面上面对私有制。如何认识和对待不断发展的私营经济？需要作理性的思考。从对私有制的认识中反观公有制，自由主义的思想可能会给我们一些启迪。私有制是目的指向，还是手段选择？这是米瑟斯掷给我们的一个问题。米瑟斯反复强调，使自由主义区别于其他意识形态的，不是使人类和世界普遍幸福这个终极目标，而是它所选择的途径就是生产资料私有制。不管这种主张是真诚的还是虚伪的，也不管通过私有制是否真能达到人类和世界普遍幸福的目的，自由主义把私有制看作是手段，使人们多了一种选择的可能。由此有必要深入思考：公有制是目的还是手段？在这种思考与讨论中，人们也许会对当今时代公有制与私有制、社会主义与资本主义的和平共处有更深刻的理解。

——【原著摘录】————————————————————

第一章　自由主义政策的基础 P60－96

P61　自由主义断言：在实行劳动分工的社会里，人类相互合作的唯一可

[①] 米瑟斯. 自由与繁荣的国度 [M]. 韩光明, 潘琪昌, 李百吉, 等译. 北京：中国社会科学出版社, 1994：序言 61.

行的制度是生产资料的私有制。……用一个唯一的词汇就能概括自由主义的纲领，这就是：私有制，即生产资料的私有制。

P61-62 "自由"与"和平"不仅仅是生产资料私有制这一基本思想的延伸与发展，而且同样是自由主义思想体系的重要组成部分。

P63-64 我们自由主义者从不认为上帝或自然界早已决定了所有的人都是自由的，我们不仅不愿传播上帝的意旨，而且还要从根本上避免将上帝和自然牵扯到围绕着尘世间事物的争吵中去。我们的唯一主张是：保障一切劳动者的自由，保障使人类创造出最高劳动效率的劳动制度。……假如人类继续保持一部分劳动者或全体劳动者的不自由状况，那么，过去一百五十年中人类经济的巨大发展就不会出现。

P68 分析旧自由主义纲领与新自由主义纲领之间的区别，最简单、最直观的方法是看它们如何理解平等问题。

P71 自由主义并不是为了维护业主的利益才赞成保护私有财产，也不是为了保护业主的权利才主张坚持私有制。一旦自由主义者认为取消私有制有利于全体人民的利益时，他们就会赞成取消私有制，而且毫不顾忌这样做是否会损害业主的利益。然而，保留私有制是全体人民以及各社会阶层的共同利益之所在。

P72 收入分配的不平等还有第二个功能，这一功能具有同上述功能同等重要的意义，即，它造成了富人的奢侈行为。

P73 今天的奢侈品就是明天的必需品，这就是经济历史的发展规律。人类生活的一切改善和进步都首先以少数富人奢侈的形式进入人们的生活领域，过了一段时间之后，奢侈品就变成了所有人生活的必需品。……工业的革新与进步、所有居民生活水平的逐步提高，都应当归功于奢侈。

P77 自由主义不是无政府主义，自由主义与无政府主义这两者之间毫无关系。自由主义的观点十分鲜明，这就是：没有强制措施，社会就会面临危险；为了保障人们的和平与合作，必须制定人们共同遵守的规则，必须保留暴力和威慑手段，只有这样才不至于使任何人破坏社会秩序。

P78 自由主义的观点是：只有在国家的进一步干预将导致消灭生产资料的私有制的情况下，自由主义才会断然拒绝国家的干预行为，因为自由主义者在生产资料的私有制这个范畴之内已经发现了合乎目的的社会共同生活的组织原则。

P81 民主是一种国家的宪法形式，即它可以保证在不使用暴力的前提之下使政府符合被统治者的意愿。假如一个按照民主的原则组成的政府不遵照大多数人的意愿执政，人们不用打内战就可以将它推翻，并将那些受到大多数人拥护的人推到政府的执政地位。

P90 自由主义认为，国家机器的任务只有一个，这就是保护人身安全和健康；保护人身自由和私有财产；抵御任何暴力侵犯和侵略。一切超出这一职能范围的政府行为都是罪恶。一个不履行自己的职责，而去侵犯生命、健康、侵犯自由和私有财产的政府，必然是一个很坏的政府。

P93 自由主义毫不妥协地反对任何不宽容的行为。……自由主义主张容忍一切不同的意见，容忍所有的教会与教派，同时，自由主义者也要求这些人约束自己的行为，避免一切不容忍其他人或其他教派的现象和越轨行为。

P95 其实，国家既不冷，也不热，它只是一个抽象的概念，在国家这一概念的名义下，是一样活生生的人在操纵着国家机器，处理政府事务。一切国家行为都是人的行为，人为的弊端给人造成了痛苦。维护社会的这一目标使国家机关的行为具有合法性，但由此带来的弊端并不因其合法性而不能称其为弊端，深受其害的人最能感受到弊端的存在。

P96 自由主义者坚信，国家权力和刑事法庭是社会在任何情况下都须臾不可缺少的机构。但是，他们还认为，刑罚的目的只有一个，即尽最大可能地制止和排除危害社会的行为。刑事处罚不应当成为报复和复仇的工具。

第二章 自由主义的经济政策 P97－134

P100 我们的文明以及一切文明的基础是生产资料的私有财产制度。那些想批判现代文明的人，都是从批判私有财产制度入手。一切使批评家不满意的东西，全都是因为私有制造成的，特别是那些恰恰从根本上是因为人们人为限制和压制财产的私有制，导致它无法发挥全部的社会影响的恶劣现象，也被说成是私有制的过错。

P103－104 所有的政治权力都具有一种内在的趋势，即力图毫无节制地发挥其影响，尽可能更多地扩张其影响范围，从而统治一切。不允许他人和事物在没有统治者干预的情况下自由发展，这是每个统治者秘而不宣的目标。这种倾向与私有制完全背道而驰。私有制为个人创造了一个不受国家控制的领域，它对政府的意志加以限制，除了反对政治权力的扩张之外，它允许出现其他政治力量。因此，私有制成为所有不受国家和强权控制的生活基础，成为自由、个人自治赖以植根和获取养料的土壤，它对人类的一切精神和物质的巨大进步产生了深远影响。人们在这个意义上将私有财产称之为个人发展的基本条件。

P108 社会主义社会的领导者面临着一个他们无法完成的任务。他们没有能力选择并决定，在无数可能采用的生产方法中，究竟哪一个是最赢利的。这样一来，社会主义经济就会走向混乱。在这个混乱中，很快会出现不可制止的普遍贫困化现象，从而不得不倒退到我们的祖先曾经历过的原始状态中去。

P118 无论我们从哪个角度来观察干预主义，其结果都是相同的。它带来的后果是其倡导者和追随者不愿看到的。从干预主义本身的观点来看，它是自相矛盾、毫无意义的。所以说，干预主义政策是一种没有意义的政策。

P120 主张生产资料私有制的人从不宣称，以私有制为基础的资本主义社会制度是完美无缺的。世界上没有尽善尽美的东西。资本主义制度也不例外，它也有这样或那样，部分或甚至是完全不合理的地方。但它同样又是唯一可行的社会制度。人们可以在不改变其性质，不损害其社会制度的基础——私有制的前提下，对这个社会的某个或某些机构加以改革。但从大体上应当顺应这种社会制度，因为人们别无选择。

P126 经济发展的事实表明，除了矿山及其相关的工业部门之外，根本还谈不上排除竞争的趋势。如果人们对自由主义提出抗议说，古典国民经济学和自由主义理想的创始人曾经坚持的竞争条件目前已经不复存在了，那么这种说法是毫无理由的。为了重新创造这些竞争条件，需要人们接受并采纳自由主义的主张，这就是：在国内市场上实行贸易自由化以及在国际市场上也实行贸易自由化。

P132 一个官僚化企业的最显著特点是，该企业缺乏评判企业经营成绩与取得这些成绩所付出的代价的尺度，即缺乏利润率这根准绳。为了弥补这一缺陷——尽管这些弥补措施远远不够，企业不得不用规章制度的形式来约束其经营活动和人事调整。

P133 一个完全遵照私有制经济的原则，即以追求最高利润为目的的私人企业，不论其规模有多大，都永远不会官僚主义化。

第三章 自由主义的外交政策 P135－173

P137 自由主义从国际分工这一事实中提出了反对战争的关键的、不可辩驳的理由。分工早已超越了政治联盟体的界限。今天，没有一个文明国家直接通过本国的生产自给自足地满足了自己的需求。……所以，一个国家若要考虑发生战争的可能性，则其政策必定是使国民经济能自给自足，就是说，它必须在和平时期就努力做到使国际分工停留在本国国界之外。

P139　在经历了世界大战以后，对长久和平的必要性的认识很可能已成为越来越多的人们的共识。然而，有一点还一直未被人们重视，即只有通过不懈地、普遍地推行自由主义的纲领才能获得永久的和平。

P155　在贸易交往完全自由的情况下，资本和劳动会被投放到能提供最佳生产条件的地方。只要能有地方在更有利的条件下生产，人们便不会去利用不太好的生产条件。通过交通工具的扩大，通过技术改进，通过对新开发地区的比较深入的研究，人们看到，有些地方的生产条件比现有生产地点强，于是生产地点便发生转移，资本和劳动努力从生产条件不太好的地区转向生产条件较好的地区。

P159－160　自由主义主张每一个人有愿留在哪里就留在哪里的权利。这当然不是"消极的"要求。每个人可以在他认为最好的地方工作和生活，这属于建立在生产资料私有制基础上的社会的根本品质。这个要求只是在那些限制劳动力自由迁徙的地方，才变得消极了。

P161　限制自由流动的影响与保护关税的影响是完全一样的，它导致世界上部分地区较好的生产条件得不到充分利用，而世界上其他部分地区不太好的生产条件却被竭尽利用。从人类的立场来看，它降低了人类劳动的效益，减少了供人类使用的物质财富。

第四章　自由主义与政党 P174－204

P174　自由主义精神的最深刻以及最终的基本含义是，它是构建并维护人类合作的社会大厦的一种思想体系。人们不可能在一种错误的和本末倒置的思想基础上建立起持久的社会建筑。没有任何事物能够取代促进人类生活进步以及对人类社会具有建设性意义的意识形态。

P177　自由主义主张消除一切等级特权，等级社会必须让位于一个全新的社会秩序。在这个新的社会里，只能有平等的国家公民。……只有在资本主义社会里，只有在按照自由的基本原则而建立的国家制度中，每个人才有希望成为国家政治建筑的直接参与者，只有在这种社会制度下，个人才能选择和决定他的政治目标和理想。

P192　特殊利益的政党在其政治活动中追求的唯一目标是为了保障它们所代表的集团的特权和优先权。它们使议会主义无法发挥作用，破坏国家和社会的统一。它们的所作所为不仅造成了议会主义的危机，而且也导致了国家和社会生活的危机。

P193 所有反对自由主义的政党都是利益政党，它们丝毫不关心整个社会大厦是否会变成碎片的问题，它们除了为其追随者谋取特殊利益之外，别无所求。

P195-196 自由主义与所有的这些政党毫无共同之处，它恰恰是这些政党的对立面。它不向任何人许诺特权，它要求所有的人为了维护社会而作出自我牺牲。准确地说，这种牺牲就是放弃直接的、可以得到的利益。毫无疑问，它只是一种暂时的牺牲，它很快可以通过更高级、更长远的收益而得到加倍的回报。但无论如何首先要作出牺牲。这样一来，自由主义在同各种政党之间的竞争中一开始就处在一种特殊的位置上。

第五章 自由主义的前途 P205-208

P205 一切比较古老的文明都衰落了，或至少是早在它们达到欧洲文明业已达到的那个物质发展阶段之前停滞不前了。……现代欧洲人成功地使个人和国家的社会联系密切起来，远远超过了历史上的任何时代。这是自由主义社会思想的功劳。

P208 今天的政治对立不是世界观的对立，而是在下述问题上的对立，即通过什么途径，用什么方法才能以最快的速度和最少的牺牲达到大家认为正确的目标。这个大家在努力达到的目标便是最充分地满足人的需求，便是福利和财富。这不是人类所追求的一切，但却是人类用外在的手段、通过社会合作可能追求到的一切。内在的物质——幸福感、心灵的安宁、思想情趣的升华——则需每个人独自去修炼。

【参考文献】

[1] 汤普逊. 中世纪经济社会史：下册 [M]. 北京：商务印书馆，1997.

[2] MCKAY J P, HILL B D, BUCKLER J. A History of Western Society [M]. 3rd ed. Boston：Houghton Mifflin Company，1987.

[3] 亨利·皮朗. 中世纪欧洲经济社会史 [M]. 上海：上海人民出版社，2001.

[4] 霍布豪斯. 自由主义 [M]. 曾汶，译，北京：商务印书馆，1996.

[5] 顾肃. 自由主义基本理念 [M]. 北京：中央编译出版社，2003.

[6] 顾肃. 自由的界限 [M]. 台北：台湾联经出版公司，2002.

三、《通往奴役之路》

[英] 弗里德里希·奥古斯特·冯·哈耶克　著
王明毅，冯兴元　等译
中国社会科学出版社，1997 年

【作者简介】

弗里德里希·奥古斯特·冯·哈耶克（1899—1992）是 20 世纪西方著名的经济学家和政治哲学家，当代新自由主义思潮的代表人物。

哈耶克 1899 年出生于当时奥匈帝国首都维也纳的一个书香门第。第一次世界大战结束后，他退役进入维也纳大学攻读法学。1921 年获法学博士之后，他转而研究经济学并到美国哥伦比亚大学给当时著名的经济学家们做助理研究员。1924 年返回维也纳，从师路德维克·冯·米塞斯。几年后，哈耶克以维也纳大学讲师身份受到伦敦经济学院院长列奥尼·罗宾斯之邀去伦敦经济学院任教，并发表其第一部主要著作《价格与生产》。这使他在英语学术世界初露头角。后于 1931 年迁居英国并于 1938 年获得英国国籍。20 世纪 30 年代，哈耶克因不同意凯恩斯货币理论而卷入了与凯恩斯和斯拉法的论战。稍后，哈耶克又在米塞斯与兰格关于社会主义的大论战中成为自由市场制度最坚决的卫道士。

他一生从事教学和著述，自 20 世纪 20 年代以来，先后执教于奥地利维也纳大学、英国伦敦经济学院、美国芝加哥大学和西德弗莱堡大学等著名学府。1974 年，鉴于哈耶克"在经济学界自亚当·斯密以来最受人尊重的道德哲学家和政治经济学家的至高无上的地位"，他和冈纳·缪尔达尔（Cunnar

Myrdal)一起获得诺贝尔经济学奖。此后,哈耶克无论是作为经济学家,还是作为政治哲学家,都一直处于一生中最辉煌的地位,而且他的新自由主义观点对西方思想界的影响也越来越大。在美国,他成为"公民拥有充分自由权"运动的领袖;在英国,连公认最保守的撒切尔夫人也自称是哈耶克的信徒。到了20世纪80年代末期,鉴于中央计划型社会主义经济的失败,人们对哈耶克思想的尊重达到了顶峰。

哈耶克被认为是20世纪最伟大的古典自由主义学者。在其六十余年的学术生涯中,对各种形式的计划经济、集体主义、社会主义、极权主义进行了不遗余力的批判,是坚定的自由主义捍卫者,是集众多20世纪伟大的自由主义者的"朝圣山学社"(the Mont Pelerin Society)的创立者,还是数个领域的精神领袖,一生涉猎的科学领域包括:经济学、心理学、政治理论、法哲学等。并且在所涉的每个领域都作出了卓越的贡献。在对众多领域作了跨学科的研究之后,哈耶克建立起了一个庞杂而坚固的自由主义思想体系。

他的主要著作有:《货币理论和商业盛衰周期性》(1928年)、《价格与生产》(1931年)、《货币民族主义与国际稳定》(1937年)、《利润、利息和投资》(1939年)、《资本的纯理论》(1941年)、《通往奴役之路》(1944年)、《个人主义与经济秩序》(1948年)、《约翰·斯图尔特·穆勒和哈里特·泰勒》(1951年)、《科学的反革命》(1952年)、《感觉的秩序》(1952年)、《自由秩序原理》(又译《自由宪章》,1960年)、《法律、立法和自由》(1973—1979年)、《不幸的观念:社会主义的谬误》(又译《致命的自负——社会主义的谬误》,1988年)。

【写作背景】

《通往奴役之路》是哈耶克在第二次世界大战期间在英国写成的,关于书名,哈耶克曾说:"灵感来自托克维尔,他谈过通往奴役(servitude)之路,我本来想直接用它,但觉得听起来不好听。于是,我把'servitude'换成了现在的'serfdom',纯粹是为了发音的原因。"[1] 其核心思想则来自他1938年一篇题为《自由与经济制度》的文章。当时,社会主义思潮在英、美、德等工业发达国家风靡一时。1929年爆发的资本主义经济危机普遍而持久,为社会主义运动提供了广泛的社会基础。第二次世界大战期间,政府对经济的战

---

[1] 艾伯斯坦·哈耶克传[M]. 秋风,译. 北京:中国社会科学出版社,2003:137—138.

时管制使得大部分经济部门都利用战争获得长足发展，于是，有人觉得，在和平时期也可以如法炮制，从而为社会主义大开方便之门。许多知识分子崇尚社会主义，认"社会正义""收入平等"和"就业保障"为理想目标。"铲除私有制度"和"推行计划经济"被认为是为了达到理想目标而必须采取的手段。哈耶克曾亲历德国社会主义运动并目睹希特勒上台，他认定法西斯统治与社会主义者鼓吹的"舆论一致""全民族最高利益""个体服从集体"等价值观念有着密切的联系。他之所以写《通往奴役之路》，按哈耶克自己所说，就是想澄清一点：纳粹主义并不是对社会主义的反动，而是社会主义本身发展的结果[1]。

【中心思想】

《通往奴役之路》一书是哈耶克将其古典自由主义理论和法治观念运用于分析当时社会现实的力作。全书除引言和结论外，共分为十五章。贯穿全书的一个核心思想是：社会主义的全权计划体制与自由不能相容，它把对全权计划体制失灵的讨论的论点从经济效益的低下扩展到它与自由的势不两立。

哈耶克认为，所有的集体主义社会，从希特勒的国家社会主义到斯大林的共产主义，都无可避免地会迈向专制极权。他在书中阐述道，实行中央计划的经济体制必须有一个小团体（统治阶级）决定资源和产品的分配与发放，由于没有市场机制和自由价格机制，这个小团体无从得知正确的情报，也因此根本无法作出正确的决策来分配资源和产品。对于经济计划在实践上的不同意见、加上中央计划者在分配物资上的不断失败，最后将导致计划者开始运用高压的强迫力量以维持计划的实行。另外，社会大众会感觉计划的失败是因为国家权力不够、无法有效推行目标所造成的，这样的感觉会使大众开始投票支持中央集权，并会支持那些看似"可以让计划付诸实现"的"强人"攫取政治权力。哈耶克指出，在经过这一连串的恶化后，一个国家将会无可避免地转变为极权主义。在极权主义体制下，政府具有极大的权力，个人仅仅是计划制订者心中的一个零件，这样的社会是没有个人自由可言的。

从经济方面来说，"任何控制一切经济活动的人也就控制了用于我们所有的目标的手段，因而也就必定决定哪一种需要予以满足和哪一种需要不予满足。这实际上是问题的关键。经济控制不仅只是对人类生活中可以和其余部

---

[1] 艾伯斯坦. 哈耶克传 [M]. 秋风, 译. 北京：中国社会科学出版社, 2003：140.

分分割开来的那一部分生活的控制,它也是对满足我们所有目标的手段的控制"①。

从政治方面来说,哈耶克反对民主崇拜,他认为,"民主本质上是一种手段,一种保障国内安定和个人自由的实用手段。它本身绝不是一贯正确和可靠无疑的。——只要民主不再是个人自由的保障的话,那么它也可能以某种形式依然存在于极权主义政体之下"②。

── 【分章导读】────────────────────────

引言 哈耶克介绍了本书的写作背景、思路。作者以其在奥地利、美国、英国等不同国家的生活经历及其对德国的了解,日益相信,在德国摧毁了自由的力量,至少有些也在其他国家作祟,而且这种危险的特征和根源,可能比在德国更少为人所认识。尚未为人认识的最大悲剧是,在德国,在很大程度上正是那些有着良好愿望的人,纵容了现在正为他们所憎恨的那些势力,因此他义正辞严地指出"我们有重蹈德国覆辙的危险"③,"我们竭尽全力自觉地根据一些崇高的理想缔造我们的未来时,我们却在实际上不知不觉地创造出与我们一直为之奋斗的东西截然相反的结果……"④。但作者并非宿命论者,"如果它们不可避免的话,写这本书就没有意义了"⑤,他相信,只要我们能够正视这种危险的特征和根源,接受以往的教训,就能避免相同过程的重复。

第一章 被离弃的道路 哈耶克重申了个人主义的重要性,认为西方文明是以个人主义为基础的。个人主义表现为自由主义,自由主义的基本原则不是静止不变的教条,而是发展的。但"由于对自由主义政策的迟缓进展日益不能忍耐,由于对那些利用自由主义的用语为反社会特权辩护的人的正当愤懑,以及由于已经取得的物质进步而被认为似乎是有根据无限度的雄心,结果到世纪之交,对自由主义基本原则的信仰,愈来愈被人放弃"⑥。而德国成为这种新背离的典型代表。

第二章 伟大的乌托邦 哈耶克对民主社会主义提出了尖锐的批评。作者指出,社会主义从一开始便直截了当地具有独裁主义性质,奠定现代社会

---

① 哈耶克. 通往奴役之路 [M]. 王明毅, 等译. 北京: 中国社会科学出版社, 1997: 90.
② 哈耶克. 通往奴役之路 [M]. 王明毅, 等译. 北京: 中国社会科学出版社, 1997: 71.
③ 哈耶克. 通往奴役之路 [M]. 王明毅, 等译. 北京: 中国社会科学出版社, 1997: 引言11.
④ 哈耶克. 通往奴役之路 [M]. 王明毅, 等译. 北京: 中国社会科学出版社, 1997: 引言13-14.
⑤ 哈耶克. 通往奴役之路 [M]. 王明毅, 等译. 北京: 中国社会科学出版社, 1997: 引言13.
⑥ 哈耶克. 通往奴役之路 [M]. 王明毅, 等译. 北京: 中国社会科学出版社, 1997: 26.

主义基础的法国作家们毫不怀疑，他们的种种思想只有通过强有力的独裁政府才能付诸实行；至于自由思想，在他们看来是19世纪社会的罪恶之源。只是在1848年革命前强大的民主潮流的影响下，社会主义才开始与自由力量联系起来，出现了新的"民主社会主义"。对更大自由的允诺成为社会主义宣传有效的武器之一，社会主义被绝大多数知识分子奉为自由主义传统的当然继承者。但在作者看来，这种社会主义是与自由主义不相容的，相反，它会转向法西斯主义，因此，"民主社会主义，最近几代人的伟大乌托邦，不仅不能实现，而且为之奋斗还会产生某种完全不同的东西，以至现在对之抱有希望的那些人中几乎没有人会准备接受这种结果"[①]。

第三章 个人主义与集体主义 作者论述了社会主义和"计划"的含义，认为社会主义和"计划"选择了一种不是自由放任而是合理的竞争框架的指导型经济，但"计划与竞争只有在为竞争而计划而不是运用计划反对竞争的时候，才能够结合起来"[②]，因此这种集中管理和竞争的结合具有致命的缺陷，不如其他任何一种制度。作者最后强调："对于本书的论证来说，最重要的是，读者要牢记：我们一切批评所针对的计划只是指那种反对竞争的计划——用以代替竞争的计划。这一点之所以更加重要，是因为在本书范围内，不能讨论那种用来使竞争尽可能有效和有益的非常必要的计划。"[③]

第四章 计划的"不可避免性" 哈耶克批评了那种认为计划具有不可避免性的论调。作者首先分析了技术上的变化，这种变化使竞争不可能，"现代技术的这种发展在多大程度上使广泛领域中垄断的发展不可避免"[④]，进而作者分析了垄断增长的原因，指出不只是技术上的变化，垄断的形成常常是规模大成本低以外种种因素的结果。而对计划的要求在很大程度上只是专家的狭隘看法，"他们寄托于计划的希望并不是对社会全面观察的结果，而是一种非常有局限性的观察的结果，并且常常是大大夸张了他们所最重视的目标的结果"[⑤]。哈耶克认为，计划和竞争只有在为竞争而计划而不是运用计划反对竞争的时候，才能够真正结合起来。他觉得国家干预主义的计划是会导致专断和自由的剥夺的，于是人们怀着最善良的愿望，却使国家走上德国所走过

---

① 哈耶克. 通往奴役之路 [M]. 王明毅, 等译. 北京：中国社会科学出版社, 1997：36.
② 哈耶克. 通往奴役之路 [M]. 王明毅, 等译. 北京：中国社会科学出版社, 1997：46.
③ 哈耶克. 通往奴役之路 [M]. 王明毅, 等译. 北京：中国社会科学出版社, 1997：46.
④ 哈耶克. 通往奴役之路 [M]. 王明毅, 等译. 北京：中国社会科学出版社, 1997：48.
⑤ 哈耶克. 通往奴役之路 [M]. 王明毅, 等译. 北京：中国社会科学出版社, 1997：57.

的道路。

第五章 民主与计划 作者指出,计划经济不能与民主相容。各种各样的集体主义有一个共同之处,首先,在于他们都坚持一个高于一切的共同社会目标;其次,在于他们达到目标的方法,他们都要将整个社会组织起来,控制社会的一切资源,以达到其单一的目标;再次,他们都拒绝承认每一个人都有一个自己的独立自主的领域,拒绝承认在该领域内个人自身的目标是至高无上不容侵犯的。而要推行作为理想的这种统一价值体系,专制制度乃是最有效的制度性工具。因此,这种中央管制的计划经济,是最典型的极权主义。其对个人自由的摧残程度,远远超过历史上专制政治。只有在自由竞争的经济制度内,民主政治才可能实行。然而,当民主政治受到集体主义教条支配时,民主政治将走向自我毁灭。但应当注意的是,自由而非民主才是终极价值。

第六章 计划与法治 作者首先指出:"最能清楚地将一个自由国家的状态和一个在专制政府统治下的国家的状况区分开的,莫过于前者遵循着被称为法治的这一伟大原则。"[1] 接着探讨了法治的含义,"法治的意思就是指政府在一切行动中都受到事前规定并宣布的规则的约束——这种规则使得一个人有可能十分肯定地预见到当局在某一情况中会怎样使用它的强制权力,和根据对此的了解计划它自己的个人事务"[2]。指出法治是自由的基础,而计划与法治不相容,"集体主义类型的经济计划必定要与法治背道而驰"[3],进而分析形式或实体的法规和法治的基本原理等问题。

第七章 经济控制与极权主义 哈耶克认为,不论是谁,一旦掌握了全部经济活动的控制权,也就掌握了我们生存的命脉,从而就有力量决定我们所追求的其他方面的价值以及替我们安排这些价值的优先顺序,进而让我们相信我们应当为什么样的目标而生活和奋斗。他深信,我们选择的自由,就一个竞争社会而言,依赖于这样的事实,若某人拒绝满足我们的愿望,我们可以转而与另一人谈判。但若我们面对的是一个垄断了我们命脉的权威,我们就只能寄希望于他的仁慈了。在这种情形下,个人将丧失一项最宝贵的权利——自由思想的权利。

第八章 谁战胜谁 哈耶克首先说明了自由与财产的关系,认为私有制

---

[1] 哈耶克. 通往奴役之路 [M]. 王明毅, 等译. 北京: 中国社会科学出版社, 1997: 73.
[2] 哈耶克. 通往奴役之路 [M]. 王明毅, 等译. 北京: 中国社会科学出版社, 1997: 73.
[3] 哈耶克. 通往奴役之路 [M]. 王明毅, 等译. 北京: 中国社会科学出版社, 1997: 74.

是自由的最重要的保障，这不仅是对有产者，而且对无产者也是一样。只是由于生产资料掌握在许多个独立行动的人的手里，才没有人有控制我们的全权，我们才能够以个人的身份来决定我们要做的事情。如果所有的生产资料都落到一个人手里，不管它在名义上是属于整个"社会"的，还是属于独裁者的，谁行使这个管理权，谁就有全权控制我们。进而作者分析了公正分配的标准、"平等"的观念以及"公道的"价格和"合理的"工资、中产阶级等问题。

第九章　保障与自由　作者指出，经济保障，像杜撰的"经济自由"一样而且往往是更有理由被人看成是真正自由所不可或缺的一个条件。在一定意义上，这是既正确而又重要的。然而，经济保障这一概念是不明确的，是含糊其词的，如果人们在过于绝对的意义上理解保障的话，普遍追求保障，不但不能增加自由的机会，反而构成了对自由的最严重的威胁。为此，哈耶克分析了两种保障，一种是有限度的保障，防止严重的物质匮乏，确保每个人维持生计的某种最低需要，它是大家都能够获得的，因而，不是什么特权，而是人们可以期望的正当目标。这种保障并不构成对自由的最严重的威胁。对于自由具有潜在的危险影响的这种保障计划，是另一种保障计划。这种计划意在保护个人或集团不会发生那种虽然并不是应有的，但在竞争的社会却是司空见惯的收入减少；保护他们免于遭受给人带来极大困苦的损失，虽然这种困苦在道义上并没有正当的根据，但它们却是与竞争的制度形影不离的。这种保障或公平似乎是与个人选择自己的工作的自由不相容的。

第十章　为什么最坏者当政　作者指出在计划经济为根本的极权主义社会中，总是最坏者当权。因为集体主义的道德原则是：目的可以使手段正确。因此，"只问目的，不择手段"是合法的。在极权社会中，一个基本的假定是：如果我们的行为是"为全体谋福利"的，则天下没有什么事不可做。其结果是对一切道德价值的否定。因此也是使那些肆无忌惮为非作歹的人得以爬上高位的关键。这就表明，一个国家如果有一个超乎一切的共同政治目标时，则任何普遍的道德绝无藏身之地。品格完善的人难于在极权社会中居于领导地位。因为在该社会中，许多坏事都是以"共同目标"的名义、以"革命"的名义而施行的。所以，存心干坏事，乃是增进权力，爬上高位的必由之路。因道德良知而无法做这些事的人，将被摈弃于权力之门外。这种现象绝非偶然，而是极权社会运行的基本法则，即"精英淘汰制"。在社会中，一个人数众多、组织严密、意识形态统一的团体，往往不是由社会中素质较高的人构成。原因在于，人们的教育水准越高，理智越强，其观点和口味就越独立，也就越多样化，因而就越不易认同一个统一的意识形态和价值体系。因此，高度划一的看法和意志，势必降低团体的道德标准。同时，也只有这样的群体，才便于专制者掌握控制，以达到其政治目标。另外，大多数人是并无自己的坚定信念的，足以成为被灌输的土壤。手法圆熟道德低下的政客利用忌妒等各种大众心理，强调"我们"与"他们"间的鸿沟，划分"敌我"，以凝聚自己的团体，故他们易于成功，这也是坏人易得势的原因。

第十一章 真理的终结 哈耶克指出，计划经济下，不可能有思想和学术的自由。那推动人类思想发展的原动力，之所以能够正常运转，并不在于每个社会成员是否有能力思考和写作，而在于每一种观点或判断是否可以被人们批评。只要不同意见不受压制，总会有人站出来怀疑和探究那些支配着同时代人思想的观点，并以新的观点投入到辩论和宣传中，去经受考验。哈耶克认为这种知识积累过程和思想发展过程是不可能被"计划"或"组织"出来的。思想的国有化正是工业国有化的伴随物。首先，极权国家集中控制宣传，一切宣传工具都被用来朝一个方向影响所有的人，隔绝外界，没有任何其他声音，天长日久，任何人都难免受其影响。民主国家虽也有众多宣传机构，但它们相互独立、互相竞争、目标各异、声音多元，二者截然不同。极权政府宣传的主要技巧之一，就是仍然使用旧字眼，但换上新的意义，如自由、民主、真理等。其次，则是控制一切信息来源，实施资讯垄断。决定一则新闻是否发布的唯一标准，是其是否会影响国民对政权的忠诚。再次，是严厉压制任何怀疑和不同见解。如此，在没有任何不同声音的环境下，人们的独立思考能力逐渐萎缩，在长期单一的垄断的声音的灌输下，统治者的思想就成了全体国民的思想，统治者的目标也就成了全体国民的目标，这一现象扩展至一切精神领域如科学、法律、历史、文学……政治权力与真理画上等号，真理也就死亡了。

第十二章 纳粹主义的社会主义根源 哈耶克首先指出在德国反自由主义势力得胜的原因在于社会主义的支持，接下来介绍和分析了桑巴特、普伦吉、伦施、施本格勒和缪勒·范·登·布鲁克等人的观点，从中探求纳粹主义的社会主义根源，得出社会主义是反对自由主义西方的武器的结论。

第十三章 我们中间的极权主义者 作者观察到，极权主义政府所犯下的罪行极为深重，它非但没有增加人们对这种制度可能有一天会在英国出现的担心，反而使人们更加确信，它不可能在我们这里产生。然而，在作者看来，目前民主国家的情况不是与现在的德国，而是与二三十年以前的德国越来越相似。当时有许多被看作是"典型的德国的"那些特点，现在在英国也同样司空见惯，而且有许多征兆说明它们正在向着同一方向继续发展。由此，作者分析了英国社会中的左派和右派，认为他们的经济观点变得越来越相同，并且他们共同反对向来成为大部分英国政治的共同基础的自由主义。作者并不否认这些人的大部分著作都出自真诚的理想主义，但正是这种反自由主义思潮在英国为极权主义开辟了道路。

第十四章 物质条件与理想目标 作者首先指出我们这代人中存在的经济恐惧症。作者指出："有些人争辩说，我们已经以令人惊骇的程度学会了如何驾驭自然力量，但可惜的是，我们在如何成功地利用社会合作的可能性这一方面是落后了。如果此话就此打住，那么它是相当对头的。但是，如果他们继续作出对比并且争辩说，我们必须像学会如何驾驭自然力量那样学会如何驾驭社会力量，那他们就错了。这不仅是一条通向极权主义的道路，而且是一条通向我们文明的毁灭的道路，一条必然阻碍未来进步的道路。"① 在自由社会里，没有一个单一的目标能被容许永久支配其他目标，甚至消除失业也不能。我们绝大多数的实现依靠迅速的经济进步。自由才是我们的理想目标。最后，评述了英国政治理想的衰落。

第十五章 国际秩序的展望 作者把视野投向国际，通过考察作者看到了国家计划与国际秩序之间的冲突，由于这种冲突的存在，在国际范围内指导经济活动产生了比在国内范围还要大的政治难题，解决这一难题，需要建立这样一个国际政治主管机构：它无权指挥各个民族必须如何行动，但必须能够制止他们采取损害其他民族的行动。它应能制衡各种经济利益集团，并在这些利益集团之间发生冲突的时候，由于正是它自己不参与经济角逐而能够真正保持公平。并且，甚至比在一国范围内更为紧要的是，应当由法治来严格限制国际主管机构的这些权力。

结论 哈耶克总结性地指出："要创造有利于进步的条件，而不是去'计划进步'。"② 我们"要把我们自己从那种最坏形式的当代蒙昧主义中解放出来，这种蒙昧主义试图使我们相信，不久以前我们所做的一切不是做得明智，就是非做不可的。在还没有领悟到我们做过了许多蠢事这一点之前，我们将

---

① 哈耶克. 通往奴役之路 [M]. 王明毅，等译. 北京：中国社会科学出版社，1997：195.
② 哈耶克. 通往奴役之路 [M]. 王明毅，等译. 北京：中国社会科学出版社，1997：226.

不会变得更为明智"①。

【意义与影响】

《通往奴役之路》一书在哈耶克的学术生涯中占有极其重要地位，这本书为他赢得广泛的注意，他的世界性声誉就是由此奠定的。

哈耶克超越同时代人，看出了计划经济所内在的巨大弊病，深刻地指出了一旦出现一个垄断了我们经济命脉的权威，我们就再无自由可言了，因此，这是一条通往奴役之路。除此之外，他也由当时这个非常实在的问题而阐发了一些保卫自由的大原则。所以，该书之重要影响，不仅表现在经济学方面，而且表现在其政治哲学方面和政治思想史方面。在经济学上，它雄辩地证明了，取消私有财产制度的中央计划经济，不仅会导致经济的毫无效率和停滞不前，而且生产资料的国有化必定导致思想的国有化，即从根本上取消个人自由，建立极权主义统治。因此说，国家对经济的干预、福利国家和计划经济，是一条通往奴役之路。而他在社会主义思潮盛行之时，以理论的洞见指出它对资本主义自由事业的根本性危险，从而在西方政治思想史上具有里程碑的地位。

这部著作从问世直到今天，一直在学术界中存有争议。其中，一个重要原因在于这本书本身的内在悖论。这本书的观点来源于关于市场和其他非主观设计的制度所具有的"自发秩序"的特性的思想。这种思想使哈耶克遇到一些难以解决的问题，使他不可避免地陷于社会进化和团体选择的争端之中。他对选择机制特点的论述与自由主义的关系并不总是清楚的。这些论点的非理性特征与其高度理性的几近乌托邦的新自由主义思想，形成鲜明的对照。《通往奴役之路》一书所存在的这种缺陷，日后也为作者本人意识到，他在后来出版的《自由宪章》和《法律、立法和自由》三部曲中，多处涉及并试图解决这个难题。至于这一尝试成功与否，尚有待评说，但哈耶克及其著作无疑对学术界产生了重要影响，并对政治思想领域中古典自由主义的复兴发挥了极大的作用。②

---

① 哈耶克. 通往奴役之路 [M]. 王明毅，等译. 北京：中国社会科学出版社，1997：226.
② 哈耶克. 通往奴役之路 [M]. 王明毅，等译. 北京：中国社会科学出版社，1997：译者的话 3—4.

【原著摘录】

引言 P10-17

P10 当代种种事件不同于历史之处，在于我们不知道它们会产生什么后果。

P13 我们这一代人的共同信念将把我们引向何处，并不是某一党派的问题，而是我们每一个人的问题，是一个有着最重大意义的问题。

第一章 被离弃的道路 P18-28

P22 在近代欧洲历史的整个时期中，社会发展的总方向，是使个人从他从事日常活动时束缚他的那些习惯和成规的羁绊中解放出来。至于自觉地认识到个人的自发的和不受拘束的努力能够产生一种经济活动的复杂秩序，则只有在这种发展已有某些进展之后才能达到。随后到来的拥护经济自由的有系统的论证，乃是经济活动自由发展的结果，而这又是政治自由的一种无计划的和预见不到的副产品。

P24 在自由主义的基本原则中没有什么东西能使它成为一个静止的教条，也不存在一成不变的一劳永逸的规则。

第二章 伟大的乌托邦 P29-36

P30-31 在人们能真正获得自由之前，必须打破"物质匮乏的专制"，解除"经济制度的束缚"。

P36 民主社会主义，最近几代人的伟大乌托邦，不仅不能实现，而且为之奋斗还会产生某种完全不同的东西，以至现在对之抱有希望的那些人中几乎没有人会准备接受这种结果；除非这种关联全方位地展开，否则是没有人会相信它的。

第三章 个人主义与集体主义 P37-46

P45 经济活动的完全集中管理这一观念，仍然使大多数人感到胆寒，这不仅是由于这项任务存在着极大的困难，而更多地是由于每一件事都要由一个独一无二的中心来加以指导的观念所引起的恐惧。

P45-46 竞争和集中管理二者如果是不完全的，都将成为拙劣的和无效率的工具，它们是用来解决同一问题的只能任择其一的原则，把两者混合起来就意味着哪一个也不能真正地起作用，其结果反而比始终只凭借二者之一的情况还要糟些。或者换一种说法：计划与竞争只有在为竞争而计划而不是运用计划反对竞争的时候，才能够结合起来。

第四章　计划的"不可避免性"P47－58

P49　大规模生产的有利条件必定不可避免地导致竞争的消灭这个结论是不能接受的。并且，应当注意，垄断的形成常常是规模大成本低以外种种因素的结果。它通过互相串通的协定而形成并为公开的政策所促进。当这些协定失效和当这些政策扭转过来时，竞争的条件是能够恢复的。

P51　在社会演进中，没有什么东西是不可避免的，使其成为不可避免的是思想。

P57　从纯粹的并且真心真意的理想家到狂热者往往只不过一步之遥。虽然失望的专家的激愤强有力地推动了对计划的要求，但如果让世界上每一方面最著名的专家毫无阻碍地去实现他们的理想的话，那将再没有比这个更难忍受和更不合理的世界了。

第五章　民主与计划 P59－72

P59　所有集体主义制度的共同特征，可以用一个各个流派的社会主义者都乐此不疲的词句，描述为一个为了一个明确的社会目标而精心构筑的社会劳动者组织。

P61　根据一个单一计划指导各种经济活动，这种企图将会引起无数问题，这些问题的答案只能由一个道德条规提供，而现存的道德根本回答不了这些问题，况且对人们应该做些什么也根本不存在一致的看法。人们对这些问题，要么不会有明确的看法，要么有的就是相互矛盾的看法，因为在我们生存的自由社会里，根本没有必要考虑这些问题，更没必要对此形成共同的意见。

P71　民主不能像阿克顿勋爵正确地论述自由时所说的那样，"是更高的政治目标的手段"。它本身就是最高的政治目标。它并非是为了一个良好的公共管理才被需要，而是为了保障对市民社会和私人生活的最高目标的追求。民主本质上是一种手段，一种保障国内安定和个人自由的实用手段。它本身绝不是一贯正确和可靠无疑的。

第六章　计划与法治 P73－86

P74－75　集体主义类型的经济计划必定要与法治背道而驰。计划当局不能约束自己只限于给陌生的人们提供机会，使他们能够随心所欲地利用这些机会。它不能事先用一般性的形式规则约束自己以防专断。当人民的实际需要出现时，计划当局必须预为准备，然后必须在这些需要之间进行有意识的选择。计划当局必须经常地决定那些仅仅根据形式原则无法得到答案的问题，并在做出这些决定时，必须将不同的人们的需要区分出尊卑轻重。

P79　由此（指对计划的强调——摘录者注）而来的必然而且仅在表面上看来有点荒谬的结果是，在法律面前的形式上的平等，是和政府有意识地致力于使各种人在物质上或实质上达到平等的活动相冲突并在事实上是不相容的，而且任何旨在实现公平分配的重大理想的政策，必定会导致法治的破坏。

P82　只有在自由主义时代，法治才被有意识地加以发展，并且是自由主义时代最伟大的成就之一，它不仅是自由的保障，而且也是自由在法律上的体现。

第七章　经济控制与极权主义 P87-98

P88　钱是人们所发明的最伟大的自由工具之一。在现存社会中，只有钱才向穷人开放一个惊人的选择范围——这个范围比在以前向富人开放的范围还要大。

P91　在一个有计划的社会中，当局所掌握的对所有消费的控制权的根源，就是它对于生产的控制。

P98　经济自由必须是我们经济活动的自由，这种自由，因其具有选择的权利，不可避免地也带来那种权利的风险和责任。

第八章　谁战胜谁 P99-115

P99　在竞争中，在决定不同的人的命运方面，机会与幸运常常是和技能与先见同样重要的。

P100　在竞争的社会里，穷人的机会比富人的机会所受到的限制要多得多，这一事实丝毫也不影响另一事实的存在，那就是在这种社会里的穷人比在另一不同类型的社会里拥有很大的物质享受的人要自由得多。

P102　私有财产制度是给人以有限的自由与平等的主要因素之一，而马克思则希望通过消除这个制度来给予人们以无限的自由与平等。奇怪得很，马克思是第一个看到这一点的。是他告诉我们：回顾以往，私人资本主义连同其自由市场的发展成了我们一切民主自由的发展的先决条件。他从未想到，向前瞻望，如果是他所说的那样，那些其他的自由，恐怕就会随着自由市场的取消而消逝。

P109-110　可以默认一种像平等规律那样的固定规律，并且，也可以默认偶然性或客观必然性；但由一小撮的人来衡量每一个人，给予这个人的多些，那个人的少些，都全凭他们自己的爱憎与判断，这种事是不能容忍的，除非它是来自被认为是超人一等，并以超自然的恐怖为后盾的人们。

第九章　保障与自由 P116-128

P116　经济保障这一概念与在这个领域内的许多其他用语一样,是不明确的,是含糊其词的,因此,对要求保障的普遍赞同可能是对自由的一种危险。其实,如果人们在过于绝对的意义上理解保障的话,普遍追求保障,不但不能增加自由的机会,反而构成了对自由的最严重的威胁。

P128　重要的是,我们应当重新学习坦白地面对这一事实:即只有花代价才能得到自由,并且,就我们个人来说,我们必须准备作出重大的物质牺牲,以维护我们的自由。……"那些愿意放弃基本自由来换得少许暂时保障的人,既不配得到自由,也不配得到保障"。

第十章　为什么最坏者当政 P129-145

P135　集体主义者哲学的内在矛盾之一是,虽然它将自身建筑在个人主义所发展起来的人本主义道德基础之上,但它只能够在一个比较小的集团里行得通。社会主义只有停留在理论的层面上时,它才是国际主义的,但一经付诸实施,无论是在德国还是在俄国,它就马上会变成强烈的民族主义。

P141　目的说明手段的正当性这个原则,在个人主义道德里面被认为是对一切道德的否定。而它在集体主义的道德里面却必然成为至高无上的准则;坚定彻底的集体主义者绝对不许做的事简直是没有的,如果它有助于"整体利益"的话,因为这个"整体利益"是他判定应当做什么的唯一标准。在集体主义国家里,不可能有任何限制界定什么是公民一定不要去做的事情;他的良心不许可他做的事是没有的,只要这是为集体已经确定的目标所需要的,或者这是他的上级命令他要达到的目标。

第十一章　真理的终结 P146-159

P146　社会计划所指向的目标,是一个单一的目标体系,要使每个人为这个单一体系服务的最有效方法,就是使每个人都相信那些目标。要使一个极权主义制度有效地发挥它的作用,强迫每个人为同样的目标而工作,还是不够的。重要的是,人们应当把它们看成是他们自己的目标。虽然必须替人们选择好信仰并强加在他们身上,但这些信仰必须要成为他们的信仰,成为一套被普遍接受的信条,以便使个人尽可能自愿地依照计划者所要求的方式行动。

P150　要使人民承认他们要为之服务的这些价值标准的正确性,最有效的方法是说服他们相信这些价值标准的确是和他们,或者说,至少是和他们当中的最优秀者一直所持有的价值标准相同的,只不过它们在以往没有得到应有的理解和认识罢了。

P155　真理这个词的本身已失去了它原有的意义。——它成了某种要由当权者规定的东西，某种为了有组织的一致行动的利益必须加以信任的东西，并且是在有组织的行动有迫切需要的关头又必须加以更改的东西。

P157　集体主义思想的悲剧在于：它起初把理性推到至高无上的地位，却以毁灭理性而告终，因为它误解了理性成长所依据的那个过程。

第十二章　纳粹主义的社会主义根源 P159－172

P159　国家社会主义学说是一个长期的思想演变的顶点，是远在德国国境之外具有极大影响的思想家们都曾参加过的一个过程的顶点。不管人们怎样看待他们的出发点的前提，不能否认的是，那些建立新学说的大都是具有强大影响的著作家，他们的思想给整个欧洲的思想留下了烙印。他们的体系是持续不断地发展的。人们一旦接受了它的出发点的那些前提，就不能逃避它的逻辑。它是彻底的集体主义，所有可能阻碍它的实现的个人主义传统的遗迹，都被清除一空。

第十三章　我们中间的极权主义者 P173－191

P187　在许多情况下，甚至旨在反对垄断者的措施在事实上却只有助于加强垄断的权力。对垄断利润的每一次袭击，不管它是为了个别集团还是为了整个国家的利益，都容易产生新的既得利益，它又反过来会助于垄断的扩张。

P188　私人垄断很少是完全的垄断，更难长时期地存在下去，或者私人垄断通常不能忽视潜在的竞争。而国家的垄断则是一个受到国家保护的垄断——保护它不致受到潜在的竞争和有效批评。这在许多场合下就意味着，一个暂时性的垄断获得了一种总是保障其地位的权力，也就是一种差不多一定要被利用的权力。

第十四章　物质条件与理想目标 P192－207

P195　有些人争辩说，我们已经以令人惊骇的程度学会了如何驾驭自然力量，但可惜的是，我们在如何成功地利用社会合作的可能性这一方面是落后了。如果此话就此打住，那么它是相当对头的。但是，如果他们继续作出对比并且争辩说，我们必须像学会如何驾驭自然力量那样学会如何驾驭社会力量，那他们就错了。这不仅是一条通向极权主义的道路，而且是一条通向我们文明的毁灭的道路，一条必然阻碍未来进步的道路。

P195　个人自由是和整个社会都必须完全地、永久地从属于某个单一目的的至上性这一观念水火不容的。

第十五章 国际秩序的展望 P208-225

P208 在新近的经验教训中,现在正在缓慢地和逐步地被人们体会珍惜的那一部分是:在全国规模内独立实行的好多种经济计划,就其总体效应而论,即使是从纯经济观点来看,也必定是有害的,而且它们还必定会产生国际上的严重摩擦。只要每一个国家都自由地起用从它自身的眼前利益看来认为可取的任何措施,而不考虑这些措施对于其他国家可能有何损害,那就很少有建立国际秩序或实现持久和平的希望可言。

P220 联邦原则是使各个民族能够联合起来建立一个国际秩序,而对他们合理的独立愿望并不加以非分遏止的唯一形式。

P222 如果都由一个大得远非一般人所能测度或理解的组织所独揽一切权力和作出大多数重要决定,我们将丝毫不能维护和培育民主。

【参考文献】

[1] 安德鲁·甘布尔. 自由的铁笼:哈耶克传 [M]. 王晓冬,朱之江,译. 南京:江苏人民出版社,2005.

[2] 邓正来. 规则·秩序·无知——关于哈耶克自由主义的研究 [M]. 北京:三联书店,2003.

[3] 邓正来. 自由与秩序:哈耶克社会理论的研究 [M]. 南昌:江西教育出版社,1998.

[4] 何信全. 哈耶克自由理论研究 [M]. 北京:北京大学出版社,2004.

四、《自由秩序原理》（上、下）

[英] 弗里德里希·奥古斯特·冯·哈耶克　著
邓正来　译
生活·读书·新知　三联书店，1997 年

── 【作者简介】

弗里德里希·奥古斯特·冯·哈耶克（1899—1992）是 20 世纪著名的经济学家和政治哲学家，当代新自由主义思潮的代表人物。作者简介见上篇。

── 【写作背景】

哈耶克是一位入世型学者，其理论体系的建构无一不是围绕着自身所处的社会和历史时代中的问题而展开的。随着 1929—1933 年经济危机的爆发，古典自由主义式微，强调国家干预的凯恩斯主义盛行，罗斯福实施新政并影响日广，苏联社会主义吸引西方，传统自由主义被战后民主社会主义思潮所取代，福利国家广泛兴起，这一切都推动着国家在西方社会的政治和经济生活中日益广泛和强劲的干预，从而也使国家权力随之得到自资本主义出现以来从未有过的膨胀，个人重新面临集中的组织化强权的强制、侵犯乃至奴役的威胁。再加上法西斯极权国家的建立及其发动的世界大战的巨大危害给西方人带来的深刻反思和警醒，使得自由主义的传统议题：个体自我与国家的关系、个人自由和权利的保障与对国家强权的防范——这一一体两面的问题再度备受关注。正是这一时代巨变和自由主义思想路线的逆转，致使哈耶克致力于重申英国古典自由主义的原则和价值，并为其提供新的知识论基础和

进行更加全面有力的论证。[①]

在两次世界大战的冲击下，传统的西方文明遭遇了深刻的怀疑和反省，而传统的自由主义理论也毫不例外地走入低谷。《自由秩序原理》就是哈耶克试图通过以提供新的知识论基础来回应古典自由主义受到的挑战而著的一部力作，他在《导论》中也交代了其写作的理论背景："本书的撰写规划以及其中观念的确定，萌发于我对以下事实的认识：一些实际上完全相同的知识思潮，却藉着各种不同的称谓或伪装，在世界各地摧毁着人们对自由的信仰的基础。如果我们想有效地抵抗这些思潮，那么我们就必须明了这样一个事实，即这些知识倾向的表达形式虽然各异，但却是以某些共同的要素为支撑的；因此，洞见和把握它们的共同要素便是关键之所在。"[②] 于是，他试图通过《自由秩序原理》一书来重述那些具有普遍效力的原则。

【中心思想】

自由的含义与价值为何？法治下的自由在社会中如何达致？这些都是哈耶克终身都在不断追索的重要问题。在他看来，长期以来，人们在理解自由社会中那些与经济政策相关的原则方面，一直存在着许多尚未厘清和阐明的重大混淆。只有"通过对自由哲学之基本原则的综合性重述"[③]，才能回答和解决这个时代诸多迫切的社会问题。在《自由秩序原理》一书中，哈耶克通过研究自由的含义与价值、自由与法律的关系以及历史上限制国家权力的种种努力，对自由与法治这一主题进行了深刻的理论探讨，认为"自由"即意味着强制之不存在，而"法治"则意味着对作为强制之不存在的自由的维护，并产生出了一种把一般原则与具体法律区分对待的法律观念。

《自由秩序原理》是一部典型的跨学科、交叉式、综合型研究著作，构成全书主体的三个部分总体上都紧紧围绕"自由"这一核心概念展开，依次在哲学层面、制度层面和具体问题层面对"自由"的内涵与外延进行了深刻的理论探讨。具体来说，在第一部分《自由的价值》中，哈耶克在一般且抽象的意义上对自由进行了哲学上的阐述，认为自由是在社会中人对人的强制减

[①] 此处对"社会背景"的总结参考了林少敏《免于强制的自我与无根的自由——哈耶克自由理论的困境》，载于《北京师范大学学报（社会科学版）》2011年第4期。

[②] 哈耶克. 自由秩序原理·导论：上 [M]. 邓正来，译. 北京：生活·读书·新知三联书店，1997：5—6.

[③] 哈耶克. 自由秩序原理·导论：上 [M]. 邓正来，译. 北京：生活·读书·新知三联书店，1997：5.

四、《自由秩序原理》（上、下）| 051

至最小可能之限度的一种状态。在第二部分《自由与法律》中，哈耶克在制度层面对自由进行了法理学的分析，认为符合自由原则的法律观是将法治视为对作为强制之不可能的自由的维护，具体的法律制度不能违背"元法律原则"。在第三部分《福利国家中的自由》中，哈耶克结合福利国家中出现的一些紧迫的时代问题对自由的一般原则进行了具体验证，认为福利国家中的行政自由裁量权应当得到有效限制，否则就会危及个人自由，最终阻碍"自生自发秩序"推动自由社会的形成。

总之，该书意在增进人们对自由的理解，唤醒或巩固人们的个人自由意识，拯救已被摧毁或面临着强制与专断之虞的自由社会。全书洋洋洒洒共计24章，逾50万字。

── 【分章导读】────────────────

第一部分　自由的价值

第一章　自由辨　哈耶克在本章主要阐述了原始意义的自由与政治自由、内在自由、作为能力或力量的自由等其他意义的自由之间的关系和差异，并考察了否定性自由与自由权项之间的关系。

哈耶克是在原始意义上来阐述"自由"的含义的，在他看来，"自由"是一种人的状态（condition），"在此状态中，一些人对另一些人所施以的强制（coercion），在社会中被减至最小可能之限度"[1]。这种"一个人不受制于另一人或另一些人因专断意志而产生的强制的状态"[2]，"乃是一种生活于社会中的人可能希望尽力趋近但却很难期望完全实现的状态"[3]，它"意味着始终存在着一个人按其自己的决定和计划行事的可能性"[4]。在此意义上，"自由"仅指涉人与他人间的关系，而与人于某一特定时间所能选择的各种物理可能性的范围大小，并无直接的相关性。个人是否自由，"取决于他能否期望按其现有的意图形成自己的行动途径，或者取决于他人是否有权力操纵各种条件以使他按照他人的意志而非行动者本人的意志行事"[5]。

哈耶克认为，作为强制之不存在的自由和人们通常所谓的"政治自由"

---

[1] 哈耶克. 自由秩序原理：上 [M]. 邓正来，译. 北京：生活·读书·新知三联书店，1997：3.
[2] 哈耶克. 自由秩序原理：上 [M]. 邓正来，译. 北京：生活·读书·新知三联书店，1997：4.
[3] 哈耶克. 自由秩序原理：上 [M]. 邓正来，译. 北京：生活·读书·新知三联书店，1997：4.
[4] 哈耶克. 自由秩序原理：上 [M]. 邓正来，译. 北京：生活·读书·新知三联书店，1997：4.
[5] 哈耶克. 自由秩序原理：上 [M]. 邓正来，译. 北京：生活·读书·新知三联书店，1997：6.

不同，后者"是指人们对选择自己的政府、对立法过程以及对行政控制的参与"①，是一种集体的自由。享有政治自由的民族未必就是一个由自由人构成的民族，而要成为一个自由的个人也不必以享有这种集体自由为前提条件。作为强制之不存在的自由也和人们通常所谓的"内在自由"不同，"内在自由所指涉的乃是这样一种状态，在这种状态中，一个人的行动，受其自己深思熟虑的意志、受其理性或持恒的信念所导引，而非为一时的冲动或情势所驱使"②。个人有无内在自由，取决于其自身的情绪、道德、知识方面的状况，而与他人是否施以强制并无必然关联。作为强制之不存在的自由亦和人们通常"视自由为能力或力量的观点"不同，后者"无异于将自由解释为做我们想做的任何事情的有效力量"③。这种自由存在于许多人的梦想之中，然而却荒诞至极：它使某些人可以以自由的名义去支持那些摧毁个人自由的措施，甚至使有些人可以以自由的名义去规劝人民放弃其自由。在哈耶克看来，他所主张的"原始意义的个人自由"与"政治自由""内在自由""作为能力或力量的自由"等其他意义的自由不能混为一谈，这些概念之间是不可通约的，它们各自所意指的状态之间也不具有共通的品格。

哈耶克指出，他的自由概念属于否定性的概念一类，但"自由绝不会因其所具有的这种否定性品格而减损其价值"④。自由只有一种，当自由缺失时，"自由权项"（即"某些群体及个人在其他人或群体多少不自由的时候仍可获致的具体的特权或豁免"⑤）才会凸显。自由与"自由权项"间的区别在于：前者许可做除规则所禁止的以外的一切事项；后者禁止做除一般性规则明文许可以外的一切事项。

在哈耶克看来，对自由的定义，取决于强制概念的含义。所谓"强制"是指，"一人的环境或情境为他人所控制，以至于为了避免所谓的更大的危害，他被迫不能按自己的一贯的计划行事，而只能服务于强制者的目的。除了选择他人强设于他的所谓的较小危害之情境以外，他既不能运用他自己的智识或知识，亦不能遵循他自己的目标及信念"⑥。强制是一种恶，它妨碍人

---

① 哈耶克. 自由秩序原理：上[M]. 邓正来，译. 北京：生活·读书·新知三联书店，1997：6.
② 哈耶克. 自由秩序原理：上[M]. 邓正来，译. 北京：生活·读书·新知三联书店，1997：8.
③ 哈耶克. 自由秩序原理：上[M]. 邓正来，译. 北京：生活·读书·新知三联书店，1997：11.
④ 哈耶克. 自由秩序原理：上[M]. 邓正来，译. 北京：生活·读书·新知三联书店，1997：15.
⑤ 哈耶克. 自由秩序原理：上[M]. 邓正来，译. 北京：生活·读书·新知三联书店，1997：14.
⑥ 哈耶克. 自由秩序原理：上[M]. 邓正来，译. 北京：生活·读书·新知三联书店，1997：16—17.

的"自由行动",而使人彻底沦为实现他人目标的工具,然而,强制却不能完全避免。

第二章　自由文明的创造力　"本章集中探究社会个人成员所拥有的分散的知识、不同的技巧、各种各样的习惯及机会,是如何帮助他们并使其活动与日益变化的环境相调适的"[①]。

由于"人对于诸多有助于实现其目标的力量往往处于必然的无知状态之中"[②],因而承认我们的无知对于我们理解和认识社会有着深刻的意义。在哈耶克看来,"文明始于个人在追求其目标时能够使用较其本人所拥有的更多的知识,始于个人能够从其本人并不拥有的知识中获益并超越其无知的限度"[③]。文明是人的行动的产物,"然而这并不意味着文明是人之设计的产物,甚至更不意味着人知道文明功用或其生生不息之存续所依凭的所有基础性条件"[④],因为人的心智本身也在努力使自己适应外部环境的过程中不断发生着变化,人的心智的发展是文明发展的一部分,它不能预见其自身的发展。哈耶克认为,我们的知识不仅包括我们的智识(个人有意识的和明确的知识),也包括人们对于这些环境所做的一切调适,我们的习惯、技术、偏好、态度、工具、制度等,都是我们对过去经验的调适。这些"理性不及"的因素和我们有意识的知识一样,都是我们行动得以成功的不可或缺的基础。

在哈耶克看来,文明的进程包括两个方面:"一是我们累积的知识在时间上的传承,二是同时代人之间就其行动所赖以为基础的信息所进行的传播。"[⑤]科学领域中传承和累积的知识只是我们所承继的知识中的一部分,除此之外,我们还拥有许多由前人逐渐形成并构成适应其所处环境之措施中重要内容的"工具"。

这些"工具"既包括物质性的器具,也包括我们所谓的"传统"和"制度"——它们是累积性发展的产物,而非任何个人心智设计的产物。文明的发展与维系"取决于我们是否能为未知之事象(或偶然之事象)的发展提供最多的机会"[⑥],甚至可以说,我们关于自由的主张必须以承认无知为基础。哈耶克指出,某人为做有益于社会的事情而可能需要的那种自由比我本人愿

[①] 哈耶克. 自由秩序原理:上 [M]. 邓正来,译. 北京:生活·读书·新知三联书店,1997:27.
[②] 哈耶克. 自由秩序原理:上 [M]. 邓正来,译. 北京:生活·读书·新知三联书店,1997:19.
[③] 哈耶克. 自由秩序原理:上 [M]. 邓正来,译. 北京:生活·读书·新知三联书店,1997:19.
[④] 哈耶克. 自由秩序原理:上 [M]. 邓正来,译. 北京:生活·读书·新知三联书店,1997:21.
[⑤] 哈耶克. 自由秩序原理:上 [M]. 邓正来,译. 北京:生活·读书·新知三联书店,1997:25.
[⑥] 哈耶克. 自由秩序原理:上 [M]. 邓正来,译. 北京:生活·读书·新知三联书店,1997:29.

意行使的那种自由更重要,自由的助益也并不局限于享有自由的人,做某事的自由的重要性若与想做此事的人数挂钩,就势必会使社会产生不自由和停滞。因此,自由往往是少数未知者的机会。

哈耶克认为,自由不能仅仅被局限于智识领域,被唯智主义视为非理性而加以忽视的"理性不及的因素"也是社会做出的成功调适的一部分,因此,"行动的自由"与"思想的自由"具有同等的重要意义。"文明的所有手段或工具,都必须在人们追求其当下目标的过程中证明其自身的效度,无效者将被否弃,有效者将被保留。"① 如果人们完全扼杀了促使新知识出现的机会,就会使其文明停滞不前。

第三章　进步的常识　本章通过揭示进步的含义以及阐释进步与不平等之间的关系,进而得出了文明的发展有赖于持续的进步的结论。

在哈耶克看来,那种长期以来笃信进步之不可避免且始终有助益于人类的观点是虚幻且天真幼稚的。他认为,"进步"是"一种人对其智力进行组合和修正的进程,亦即一种调适和学习的进程,在此进程中,不仅为人们所知道的种种可能性,而且亦包括各种价值和欲求,都在持续不断地发生着变化"②。因此,进步的结果是不能预见的,新的事态不一定比旧的事态更能满足我们的需求。进步是一种为运动而运动的过程。在一个进步的社会中,个人所努力追求的大多数事情只有通过更深一层的进步方能达致。经济上高速率推进的进步不可能以一种齐头并进的平均发展方式进行,而只能以先后相继的梯队发展方式进行。正是这种先行者与后继者之间的"不平等",才使得普遍的进步具有了可能性,在某种程度上我们可以说,后继者的发展有赖于先行者的成就。也就是说,在一个进步的社会中,"贫困"是一个相对概念,必定有人领先,其他人继而追进。长远看来,这种貌似残酷的"不平等"实有利于社会的持续发展,也会使后进者受益无穷。

从国际方面来说,世界之一切创造物并非集体统一努力的结果,若以情感不涉的方式来看待平等问题,我们就必须承认,后发达国家在以更为有效的方式运用知识和积累财富等方面是受益于西方国家的领先示范作用的。一般而言,在迅速进步持续一段时间以后,领先者对后进者的累积性助益将会使二者之间的进步长期速率渐渐拉平,那些一开始促使不平等现象自动升级

---

① 哈耶克. 自由秩序原理:上[M]. 邓正来,译. 北京:生活·读书·新知三联书店,1997:37.
② 哈耶克. 自由秩序原理:上[M]. 邓正来,译. 北京:生活·读书·新知三联书店,1997:44.

的各种力量也会逐渐发生反动。因此，若从长远的立场来看，减少不平等和消除贫困就不能以凭空设计的再分配的方式来进行。

哈耶克指出，虽然进步常因其不受人欢迎的结果而被多数人视为一非自愿的事情，但是我们还是别无选择地参与到进步的进程之中。"我们必须牢记：阻碍领先者进步，很快就会变成对所有其他后进者的进步的阻碍，而这种结果乃是我们最不愿意见到的事情。"① 我们的文明是昔日进步的结果，其绵延也有赖于持续的进步，因而我们的使命就是继续领先，不断创造进步。

第四章 自由、理性和传统 本章梳理了自由理论的两种传统（英国自由传统和法国自由传统）的区别及其效应，并在反唯理主义的立场上探讨了理性的作用。

哈耶克总结道，我们当下在自由理论方面拥有两种不同的传统：经验的且非系统的英国自由理论传统和思辨的及唯理主义的法国自由理论传统。英国传统主要由大卫·休谟、亚当·斯密和亚当·福格森等一些苏格兰道德哲学家所阐明，"立基于对自生自发发展的但却未被完全理解的各种传统和制度所做的解释"②；法国传统主要由百科全书派的学者和卢梭、重农学派和孔多塞等启蒙运动的代表人物所阐述，其间充满了笛卡尔式的唯理主义，"旨在建构一种乌托邦"③。

尽管上述两个传统的代表人物都被视作现代自由主义的先驱，但他们关于社会秩序的进化及功用，以及自由在其间所起的作用的观点却是各个殊异的。经验主义世界观下的英国传统认为，制度的源起并不在于构设或设计，而是以一种累积性发展的方式逐渐形成的，是适应性进化的结果。秉持唯理主义思维进路的法国传统则认为，制度是人之理性的发明或是由一种原初的"社会契约"所建构的，是预先设计的产物。在哈耶克看来，唯理主义进路在对各种传统的作用的认识上并没有恰当判定在漫长岁月中并非有意识发展起来的所有其他成果的价值，必然与自由及其所有独特的成果为敌。

哈耶克指出，文明社会中的成员都自愿遵循像道德规则这类并非有意构建的行为模式是自由社会得以有效运行所不可或缺的条件。道德规则属于那些我们生而就被给定的价值框架，是理性发展的先决条件之一。道德规则既

---

① 哈耶克. 自由秩序原理：上 [M]. 邓正来，译. 北京：生活·读书·新知三联书店，1997：58.
② 哈耶克. 自由秩序原理：上 [M]. 邓正来，译. 北京：生活·读书·新知三联书店，1997：61—62.
③ 哈耶克. 自由秩序原理：上 [M]. 邓正来，译. 北京：生活·读书·新知三联书店，1997：62.

是一种工具，也是一种价值本身，因而必须被视为"一种我们必须追求但却毋须追问其在特定情形中的合理根据的居间性目的"①。无论是个人行动，还是集体性的政治行动，都离不开道德原则的支撑。毋宁说，个人自由的原则就是政治行动的道德原则，因为在哈耶克看来，自由是一个自由社会的最高原则和终极理想。

哈耶克认为，虽然理性是我们所拥有的最为珍贵的秉赋，但理性也不是万能的，如果我们不顾理性用途的确当限度而滥用理性，就极有可能摧毁理性。若要捍卫理性并对之加以明智地运用，我们就必须维护那个不受控制的、理性不及的却不可或缺的领域，这也是自由政策的题中之意。

第五章 责任与自由 本章在责任与自由的关系框架中探讨了责任的含义、作用及范围。

哈耶克指出，"自由不仅意味着个人拥有选择的机会并承受选择的重负，而且还意味着他必须承担其行动的后果，接受对其行动的赞扬或谴责。自由与责任实不可分"②。遗憾的是，由于一种"智识上的糊涂"，现在人们对责任的信念同对自由的尊重一起衰落了。

在哈耶克看来，责任概念既是一个法律概念又是一个道德概念。就法律上说，责任是法律以明确无误的标准对一个人的行动所判定的义务或惩罚；从道德上讲，责任概念是我们认识人的道德义务的基础，其意义远远超出了强制而主要在于引导人们进行自由决策。

课以责任的做法预设了人具有采取理性行动的能力，因而会对人们在将来采取的行动产生影响，它鼓励人们在考虑周到的情况下理性地采取行动。自由与责任的关联性或互补性意味着对自由的主张只能适用于那些具有责任能力的人。信奉个人责任也并不是泛利他主义，其主要作用在于使我们在追求个人目的的过程中充分运用我们自己的知识和能力。而一个自由社会施予个人的为自己的命运负责的责任，是使个人所具有的知识得到最大限度的使用并以之实现其个人社会价值的机会和动因。

若将个人责任的范围过分扩大，就会使责任感被削弱。哈耶克认为，责任应当仅指涉两种情况："一是他预见课以责任对其行动的影响，从人的智能上讲是可能的；二是我们可以合理地希望他在日常生活中会把这些影响纳入

---

① 哈耶克. 自由秩序原理：上 [M]. 邓正来, 译. 北京：生活·读书·新知三联书店, 1997：78.
② 哈耶克. 自由秩序原理：上 [M]. 邓正来, 译. 北京：生活·读书·新知三联书店, 1997：83.

其考虑的范围。"① 欲使责任有效,责任就必须明确且有限度,这也是自由的要求。此外,有效的责任还必须是个人的责任,而非由一群体的成员共同承担的集体责任,倘若人人有责,也便是人人无责。

第六章 平等、价值与品行 本章在平等与自由的关系框架中探讨了平等的含义,并基于个人间的差异阐释了按品行获酬的观念或做法与自由社会的不相容性。

在争取自由的斗争中,人们常常将法律面前人人平等的原则扩大至包括道德的和社会的行为规则,然而在哈耶克看来,"一般性法律规则和一般性行为规则的平等,乃是有助于自由的唯一一种平等,也是我们能够在不摧毁自由的同时所确保的唯一一种平等。自由不仅与任何其他种类的平等毫无关系,而且还必定会在许多方面产生不平等"②。对自由的主张并不否认个人间的差异,要求法律面前人人平等实质上也是在承认人们事实上存在差异的前提下给予其平等对待。因此,"人人生而平等"的说法有悖于"人人生而不同"的事实,所谓"机会平等"事实上也是一个假命题。不仅如此,在法律面前人人平等与物质的平等之间,我们只能实现一种,不可兼得。总之,在一个自由的社会中,不能将平等与平均主义简单地等同起来加以诉求。

个人的能力及潜力存在着广泛的差异不仅是人类具独特性的事实之一,而且是实现自由的重要依据和动力。个人间的差异既有与生俱来的,也包括后天培育的,然而,在一个自由的社会中,"任何社会成员获得做某些可能有价值的事情的新能力,都必须始终被视为是其所在社会的获益"③,不论这些素质是生而具有的,还是在较为优越的物质环境或家庭环境中培养出来的。若欲以铲除家庭、继承、教育等因素所产生的不平等现象而实现一种个体之间毫无差异的绝对平等,便只能是一种由对成功人士的妒忌伪饰而成的正义诉求,这将对自由构成严重威胁。

就大多数人所反对的报酬与品行不符的事实来说,虽然表达的是一种值得赞美的、希望更公正地分配这个世界上美好事物的愿望,但是,"在一自由制度中,所给予的物质报酬应当与那些被人们所承认为品行的东西相符合的做法或主张,一般来讲,既不是可欲的,也不是可行的;而且一个人的地位未必就应当依赖于其他人对他具有的品行所作的评价,可以说是自由社会的

---

① 哈耶克. 自由秩序原理: 上 [M]. 邓正来, 译. 北京: 生活·读书·新知三联书店, 1997: 99.
② 哈耶克. 自由秩序原理: 上 [M]. 邓正来, 译. 北京: 生活·读书·新知三联书店, 1997: 102.
③ 哈耶克. 自由秩序原理: 上 [M]. 邓正来, 译. 北京: 生活·读书·新知三联书店, 1997: 106.

一个基本特征"①。在哈耶克看来,并不是所有的价值都是道德价值,若将价值与品行混淆起来,必会摧毁那些使人们能够行动自决的激励因素,因而也必定不是维续一个自由社会的明智之举。

第七章　多数统治　本章在民主与自由的关系框架中阐述了民主的含义、正当性以及维续民主的条件。

哈耶克是在一种特定的意义上来讨论"民主"的,即"只用它来指称一种统治方式——例如多数统治"②。这种意义上的民主与自由主义明显不同:"自由主义乃是一种关于法律应当为何的原则,而民主则是一种关于确定法律内容的方式的原则。"③ 因此,我们不能将自由主义与民主等而视之。作为一种方法,民主在实现某些目的时可能是最佳的,但它并不涉及统治目的的问题,它本身也不是一种终极的或绝对的价值,我们不能将民主的任何扩展一概视为善事。

教条式的民主主义者将"人民民主"理解成多数统治是没有限制的(也是不可限制的),在哈耶克看来,这种观念有违民主理想想要阻止一切专断权力的初衷,会使其变成一种新的专断权力。民主的原则并不保证多数在道德上的优越性,若将民主政治等同于无限的政府,则会面临堕落成暴民政治的危险。

在民主之为正当的众多理由中,哈耶克认为,民主制度的存在极大地影响着人们普遍了解公共事务的程度是最强有力的。"民主的主要优长,并不在于它是一种遴选统治人员的方法,而是在于这样一个事实,即由于大部分人都积极参与了形成意见的活动,所以有相应数量的人员可供遴选。"④ 但是值得注意的是,这种多数意见必须是在独立于政府的情况下形成的才会具有意义。同时,多数决策并非一种更高的超个人智慧,而集体行动也不能放弃原则的指导。这就要求政治哲学家们要以不断提出多数所不愿考虑的新观念或持守被多数视为麻烦的一系列原则来证明其价值所在,而不能对多数所持有的信念简单屈从。

哈耶克极为赞同自由主义者对多数权力施以限制的主张,他认为"无限民主"会使多数的权力落入那些负责实现特定目标的行政官员之手,从而使

---

① 哈耶克. 自由秩序原理: 上 [M]. 邓正来, 译. 北京: 生活·读书·新知三联书店, 1997: 113.
② 哈耶克. 自由秩序原理: 上 [M]. 邓正来, 译. 北京: 生活·读书·新知三联书店, 1997: 126.
③ 哈耶克. 自由秩序原理: 上 [M]. 邓正来, 译. 北京: 生活·读书·新知三联书店, 1997: 126.
④ 哈耶克. 自由秩序原理: 上 [M]. 邓正来, 译. 北京: 生活·读书·新知三联书店, 1997: 132.

个人自由受到专断意志的威胁。民主并非无所不能，也并不是正义的源泉，毋宁说，民主只是确保正义的手段。那些法治传统中的对政府的种种限制性措施，亦即是民主得以成功运作或维续的必要条件。

第八章　雇佣与独立　本章主要探讨了前述在原有社会中得到有效遵循的自由原则在我们当下这个雇佣等级社会中的有效性问题。

哈耶克观察到，我们当下的社会已渐渐沦为了一个庞大的雇佣等级社会，大多数人都成了被雇佣者，根据别人的指令行事。他认为"此一被雇佣人员多数的发展，不仅不能构成自由社会的驱动力量，而且往往还与这些力量相反对"[1]。被雇佣者往往意识不到自行决策的必要性，也几乎没有进行决策的机会，更有甚者，他们倾向于认为那些独立人士对自由的运用无甚必要。这些状况都会对自由构成严重的威胁。不仅如此，被雇佣的事实会使一个人减损乃至于丧失其原创力、主动精神和责任感，从而与那些根据自己意志主动行事的独立者发生重大区别。

哈耶克指出，统一的雇佣等级中不可能有自由。在一个自由社会中，拥有独立资产的人十分重要，因为他们不仅以其资本追求物质利益，也将其资本用来实现那些并不带来物质利益回报的目的。他们既是一个自由社会经济秩序的维护者，也是一个自由社会思想观念的创造者和传播者。显贵且独立的知识阶层的完全消失将是社会的严重缺陷，不幸的是，当下我们的社会明显呈现出了这一发展趋势。哈耶克将此视为我们时代的大悲剧之一，并预言这将造成一个停滞或日益衰败的世界的出现。

第二部分　自由与法律

第九章　强制与国家　本章在与"自由"相对的意义上阐述了"强制"的含义、性质、程度及影响，并考察了国家强制的正当性问题。

如前所述，哈耶克曾将自由界定为强制（coercion）的不存在，因此，他是在与"自由"相对的意义上讨论"强制"的。这就意味着，"强制"并非是受物理性的环境或情势所迫，而是受他人或机构在意志和行动上的驱使。"当一个人被迫采取行动以服务于另一个人的意志，亦即实现他人的目的而不是自己的目的时，便构成强制。"[2] 强制的发生需要两个条件同时满足：一是要有施加损害的威胁，二是要有通过这种威胁使他人按强制者的意志采取某种

---

[1]　哈耶克. 自由秩序原理：上 [M]. 邓正来，译. 北京：生活·读书·新知三联书店，1997：145.
[2]　哈耶克. 自由秩序原理：上 [M]. 邓正来，译. 北京：生活·读书·新知三联书店，1997：164.

特定行动的意图。强制是一种恶，它减损或摧毁了一个人充分运用他的思考能力并以之去为社会做出他所可能做出的最大贡献的可能性。因此，强制是自由的反面。

强制与权力不同，权力本身是实现一个人愿望的能力，而强制却使一个人在被施加损害的威胁下沦为他人实现其意志的工具。强制也不同于垄断，只有在某个垄断者能够控制或拒绝出售某一为人们生活所不可或缺的商品或服务的情况下，经济关系或社会关系中的垄断权才会具有强制性。

强制有程度的不同：最高者为奴隶主对奴隶的支配或暴君对其臣民的支配，在此情形中，完全服从他们的君王或主人的意志是人们在无限的惩罚权力的逼迫下的唯一选择；较低者为施加某种灾难的威胁，在此情形中，被威胁者无从规避的是服从威胁者的意志和承受灾难的两难困境。当然，对于那些内心强大、坚不可摧或宁折不弯的个人来说，任何强制的企图都只能是徒劳无功。

哈耶克认为，个人只有在由某个拥有必要权力的当局机构提供的确获保障的私域中才能得到保护并抵御来自他者的强制，这就意味着，只有通过威胁使用强制的方式，才能阻止强制。对私有财产权的承认，是界定确获保障的自由领域的首要措施，因而也是阻止强制的基本条件。

在一个自由的社会中，国家威胁使用的强制绝大多数都是可以避免的。国家法律并不指向特定的个人，通过实施这类抽象且一般的法律规则便可以使强制减至最小限度，即国家法律对个人的重要性大致与自然规律相同。当然，国家威胁使用的强制也有一些是不可避免的，例如纳税和服兵役。防止或阻止强制并不是国家威胁使用强制的唯一正当理由，政府对强制的运用还可以确保个人活动之最佳境况，那些支撑政府所进行的非强制性活动或纯粹服务性活动的财政支出，也是以强制性手段取得的。但是，这些理由都只能在公共领域中成立，私域内部的行为是不能进行国家强制性干预的。

第十章　法律、命令与秩序　本章在法律与自由的关系框架中阐述了理想形态的法律的含义、特性和作用，并指明了其与具体命令和特定秩序的区别。

和19世纪的大法学家冯·萨维尼一样，哈耶克视法律为自由之基础，这里的法律乃是指从无意识的习惯渐渐发展而来的、据以界定个人自由领域的一般且抽象的规则，而非任何法律。哈耶克认为这些规则才是严格意义上的"法律"或理想形态的法律。与具体而特定的命令不同，这种法律指向不确定的任何人，是对所有时空下的特定境况的抽象——这种抽象性或一般性可以由具体的习惯转变为法律的过程来说明，很可能是法律所具有的最为重要的特性。个人遵循这些规则以追求自己的目的，并不是服务于其他人的目的或者受制于其他人的意志，因此，个人在这些规则框架中存在和行动实际上是自由的（在此意义上，我们可以说这是法治而非人治）。甚至可以说，这些禁止性规定既是个人行动的基本依据，也是个人得以运用的手段和工具。

在哈耶克看来，"作为一种具体命令的'法律'，亦即那种仅因为它产生于立法当局就被称之为'法律'的命令，实际上是一种重要的压制性工具"[1]。这种法律概念只具有形式意义，如果将其与那种实质意义上的法律概念混为一谈，并丧失法治的信念，就会导致自由的衰微。只有那种抽象且一般意义上的规则，即，实质意义上的法律才会使我们获得自由。只要人们根据这些一般性的规则存在或行动，法律就作为一般性知识和个人自己的具体知识之间构成知识分工，确使个人的行动不与他们所在社会的某些一般的或恒久的特性相违。

自由秩序以一般性法律为基础的观点基于这样一种事实，即"人类活动的有效合作，并不需要某个有权下达命令的人进行刻意的组织"[2]。换句话说，在我们的社会生活中明显存在着一种非命令的秩序，它并非统一或集中指挥的结果，而是在个人与环境相调适的过程中自生自发的。在这种博兰尼所谓的"多元中心秩序"的形成过程中，有许多因素是我们力不能控者，因此，我们不能为各种社会要素安排确定的方式，而只能够为社会秩序的型构创造一些条件。通过这些条件，社会秩序"得以自生自发地型构起来并得以不断地重构"[3]。在一个自由的社会中，立法者的任务正是创造这样的条件，而不是冒着专断、特权和歧视的风险去建立某种特定的秩序。

第十一章 法治的渊源 本章在视法律为自由之基础的法律观下回溯了英国法治思想的渊源。

哈耶克认为，作为权力斗争的副产品，现代的个人自由始于17世纪的英国。随后的两百多年里，不仅"个人自由的维护和完善渐渐成了英国的支配

---

[1] 哈耶克. 自由秩序原理：上 [M]. 邓正来，译. 北京：生活·读书·新知三联书店，1997：194.
[2] 哈耶克. 自由秩序原理：上 [M]. 邓正来，译. 北京：生活·读书·新知三联书店，1997：199.
[3] 哈耶克. 自由秩序原理：上 [M]. 邓正来，译. 北京：生活·读书·新知三联书店，1997：201.

性理想，而且英国的自由制度和传统也已然成了文明世界的示范"①。英国得以开创自由的现代发展进程，很大程度上受益于古典法治思想的遗产。在这份珍贵的遗产清单中，既有中世纪的"法律至上"的观念，也有古希腊的"法律平等适用于各种人等""由法律统治而非由人统治"的观念，还有古罗马的"立法应当有助于保护个人自由"的观念。

古典著作家们的自由精神下的法治思想久经沉寂后，终于在伊丽莎白统治时期又获得了广泛的影响力。随后，这些古典思想在英国人反对特权的斗争中渐渐复兴，"法律平等地适用于所有公民"的观念成了议会向国王争取权力的主要武器，而"法律应当为王"也成了在斗争中贯穿始终的支配性观点，"成文宪法"和"权力分立"这两个至关重要的新观念也渐渐形成。再经过洛克在其名著《政府论下编》中对辉格党理论的爬梳和集大成，上述观念在英国、美国和欧洲大陆都产生了持久的决定性影响。

18世纪上半叶是法治理想在英国得以巩固的主要时期，"当时法治的理想正渐渐地渗透进人们的日常生活实践之中"②。在这一时期，17世纪英国人为之斗争的绝大多数原则得以平稳扩张。18世纪下半叶，主要通过大卫·休谟等历史学家对事件的解释，法治理想得以传播至公众。18世纪晚期，那些已经被人们视为当然的法治理想，经过布莱克斯通、帕雷等人的重述，更加深刻和具体了。

英国对自由诸原则的贡献终结于18世纪末，随着新自由主义和功利主义在英国大行其道，唯理原则在很大程度上摧毁了英国自中世纪承袭下来的部分信念。自此以后，直到19世纪中叶，"法国的政治自由观念渐渐取代了英国的个人自由理想"③。

第十二章 美国的贡献：宪政 本章详细考察了英国的法治理想在17世纪获致的成就在美国的进一步发展，即宪政。

在作为英国的殖民地的时期，美国人在确保个人自由方面的努力实际上渊源于英国传统的自由观念。特别是在英国议会主张无限权力从而使其宪法诸原则丧失实质意义的时候，殖民地人民却进一步发展和传播了自由政府的权力不应当毫无限制的理想，并通过主张宪法的确定性和政府权力的有限性

---

① 哈耶克. 自由秩序原理：上 [M]. 邓正来, 译. 北京：生活·读书·新知三联书店, 1997: 203—204.
② 哈耶克. 自由秩序原理：上 [M]. 邓正来, 译. 北京：生活·读书·新知三联书店, 1997: 215.
③ 哈耶克. 自由秩序原理：上 [M]. 邓正来, 译. 北京：生活·读书·新知三联书店, 1997: 220.

而重新建构起业已失去的宪法基础。这可谓是美国对法治理想的独特贡献。

宪法之理念涉及两种等级观,一是权威或权力的等级观,二是规则或法律的等级观。因此,宪法既规定可以调整或支配被授权的立法机构所颁布的法规法令的一般性原则,也包含实际有效的实质性规则。在这里,常规立法必须受到更高等级的一般性规则或法律的支配,这就是宪法与常规法律间的根本区别;立宪机构的权限也止于规定最一般性的统治原则,而不具有通过或颁布任何具体法律的权力。以新兴的美国所确立的《联邦宪法》为典范的宪政体制所内在要求的权力分立,实质上是一种通过限制权力,即保护个人以反对一切专断性强制,而确保个人自由的措施;它所预设的最为重要的一项原则就是,政府应当是法治的,而非人治的。在哈耶克看来,权力分立始终能够有效限制权力的原因有二:"首先,彼此分立的权力机构会通过彼此的忌妒而阻止对方僭越自己的权力;其次,更为重要的乃是这样一个事实,即实施某些类型的强制,需要对不同的权力予以共同的和协调一致的使用,或者要求对若干种手段加以共同的和协调一致的运用,因此,如果这些手段操握在彼此分立的机构的手里而得不到协调运用,那么任何机构都根本不可能实施上述类型的强制。"① 换句话说,彼此分立的权力机构之间既相互排斥,又相互依赖的矛盾关系在宪政体制下架设了一个充满张力和生机的生存空间。

哈耶克认为,从总体上说,美国在宪政方面的尝试取得了卓越的成就,但是,作为一种历史上的新政体,美国模式也还只是一项尚有巨大发展空间的试验。

第十三章 自由主义与行政:"法治国" 本章主要考察了美国宪政模式在欧洲大陆,特别是法国和德国的示范效应,即欧洲大陆的自由主义者试图通过建立"法治国"而追求法治下的自由的历程。

18世纪中叶以前,大约两百年的君主专制统治作为一种迥异于英美的历史背景,使欧洲大陆的自由主义者在新自由复兴运动中面临着一种新因素:强有力的中央集权式的行政机构。这种科层结构里的职业行政人员后来竟成了人民的主要统治者,是尤显法治式微的不幸事实。因此,新自由运动从一开始就以建立法治为目标。

1789年的法国大革命,虽然为法治的理想作出了充满艰辛的努力,亦被史家誉为"法律的降临",然而在哈耶克看来,"它是否真正推进了法治的进

---

① 哈耶克.自由秩序原理:上[M].邓正来,译.北京:生活•读书•新知三联书店,1997:232.

程仍属疑问"①。一方面，它未能颁布一部对立法权力施以限制的宪法；另一方面，"法律面前人人平等"这一法治理想的基本原则从一开始就受到了代之以"事实上的平等"的威胁。法国大革命之后，行政机构的权力几经变换，却不仅未能受到限制，反而得到增强。由于个人自由的保障问题在19世纪大部分时期的法国付之阙如，"行政法"从此身负恶名。

德国的法治运动始于普鲁士，康德的法律哲学被视为它的主要渊源。在哈耶克看来，"康德的主要贡献乃是他所提出的道德规范的一般理论，该理论将法治原则变成了一种对一更具一般性的原则的特殊运用"②；他所提出的"绝对命令"，"事实上乃是对构成法治基础的基本伦理观念之一般领域的扩展"③。哈耶克认为，普鲁士在18世纪的法律发展中产生了两项重要成就：一是由弗里德利希二世发起的法律编纂运动，促使人们对一些构成法治基础的一般性原则作出了明确的规定，特别是从形式上承认了"法无明文规定不为罪不处罚"的原则。二是使公共行政的权力受制于司法审查，这是"深刻影响19世纪自由运动的支配性理想"，被哈耶克视为"18世纪普鲁士在实现法治的方面所做出的最为独特的贡献"④。在此基础上，"法治国"的概念在19世纪早期的德国得到了系统的发展，"根据宪法限制政府的一切权力，特别是根据法院可实施的法律限制一切行政活动"⑤，成为新自由主义运动的核心目标。令人遗憾的是，这一目标并没有得到实现。但是，哈耶克指出，在今天，我们在解决专职行政人员的权力对个人自由造成的威胁时，德国人曾提出的旨在制约行政人员的种种制度，仍然是极其宝贵的思想资源。

第十四章　个人自由的保障　本章通过对前述章节中所讨论过的各种历史趋势的汇总分析，系统地阐明了实质性法律的特性，和法治下的个人自由得以保障的基本条件。

首先，哈耶克指出，法治原则关注的不是法律是什么，而是"法律应当是什么，亦即关注具体法律所应当拥有的一般属性"⑥。法治本身绝不能与立法者所制定之法律那种意义上的法等而视之，它是一种"元法律原则"（"超

---

① 哈耶克. 自由秩序原理：上 [M]. 邓正来，译. 北京：生活·读书·新知三联书店，1997：246.
② 哈耶克. 自由秩序原理：上 [M]. 邓正来，译. 北京：生活·读书·新知三联书店，1997：250.
③ 哈耶克. 自由秩序原理：上 [M]. 邓正来，译. 北京：生活·读书·新知三联书店，1997：250.
④ 哈耶克. 自由秩序原理：上 [M]. 邓正来，译. 北京：生活·读书·新知三联书店，1997：250—252.
⑤ 哈耶克. 自由秩序原理：上 [M]. 邓正来，译. 北京：生活·读书·新知三联书店，1997：252.
⑥ 哈耶克. 自由秩序原理：上 [M]. 邓正来，译. 北京：生活·读书·新知三联书店，1997：260.

法律原则")或政治理想。在此意义上,"法无明文规定不为罪不惩罚"的原则是法治理想的最为重要的结果,也是法治原则中的核心原则。在当下,"法"被用来指称立法机构以适当形式赞成通过的任何文献,但其中绝大部分是只具有形式合法性的国家指令,只有极小的一部分是调整私人间关系或私人与国家间关系的"实质性"法律,即真正的法律。实质意义上的法律有三个特性:第一,它们应当是一般且抽象的,这些规则在本质上应当是"长期性的措施,指涉的也是未知的情形,而不指涉任何特定的人、地点和物"①,其效力也必须是前涉性的。第二,它们应当是公知且确定的。这些规则应当在法院的行动前先行存在,且不会导致诉讼。第三,它们应当是平等的。这些规则应当平等地适用于人人,其"合法性必须得到经选择而确立起来的某一群体中的人与此一群体之外的人的共同承认"②,即使国家及其代理人也不能免受这些规则的管辖。

其次,上述"实质性"法律的特性,必然要求在法治中遵循权力分立的原则。在权力分立原则中,立法时不能考虑具体情形,司法时只能依据一般性规则,执法时也不能任意行事。行政机构的强制性行动必须受制于司法审查,这就涉及对行政自由裁量权的限制问题。这是一个涉及整个行政范围的问题,不仅针对政府特定机构之权力,而且针对整个政府之权力。在哈耶克看来,当行政干涉公民私域的时候,"法治原则实际上意味着,行政机构在这方面不得享有任何自由裁量权"③,因为"在法治之下,私人公民及其财产并不是政府行政的对象,也不是政府为了实现其目的而应加以运用的手段"④。

再次,为了抵制行政权力机构对个人自由领域的侵犯,必须保障私人的基本权利和公民自由。为此,权利法案要以保护个人以反对一切对个人自由做出的重大侵犯为目的,并载有一条保护个人在过去实际上所享有的那些豁免权以对抗政府干预的一般性条款。⑤ 行政权力机构若要干预个人自由领域,就必须满足一个条件,即社会的公共收益作为补偿,明显大于个人因正常期望受挫而蒙受的损害。否则,"无正当补偿便不能剥夺"。

最后,哈耶克指出,任何程序性的保障措施都只有在法治中才具有保障

---

① 哈耶克. 自由秩序原理:上[M]. 邓正来,译. 北京:生活·读书·新知三联书店,1997:264.
② 哈耶克. 自由秩序原理:上[M]. 邓正来,译. 北京:生活·读书·新知三联书店,1997:266.
③ 哈耶克. 自由秩序原理:上[M]. 邓正来,译. 北京:生活·读书·新知三联书店,1997:271.
④ 哈耶克. 自由秩序原理:上[M]. 邓正来,译. 北京:生活·读书·新知三联书店,1997:271.
⑤ 哈耶克. 自由秩序原理:上[M]. 邓正来,译. 北京:生活·读书·新知三联书店,1997:273—274.

个人自由的价值，仅仅遵循司法程序的外部形式是远远不够的，我们必须将对法治的信奉和对司法程式的尊重结合起来。

第十五章 经济政策与法治 本章通过论述法治下经济领域中的政府合法活动的范围，揭示了经济政策在自由的法治社会中所应符合的合法性标准。

哈耶克指出，经济活动的自由是指法治下的自由；古典学派在原则上反对的政府"干预"，仅指那种对私域的侵犯，并非完全否弃政府在经济领域的行动。在他看来，"一个功效显著的市场经济，乃是以国家采取某些行动为前提的；有一些政府行动对于增进市场经济的作用而言，极有助益；而且市场经济还能容受更多的政府行动，只要它们是那类符合有效市场的行动。但是，对于那些与自由制度赖以为基础的原则相冲突的政府行动，必须加以完全排除，否则自由制度将无从运行"①。这即是说，我们看待经济领域的政府活动，只能以其性质是否符合法治下的自由制度为标准；欲使自由经济顺利运行，遵循法治乃是一个必要的条件。

政府合法活动的范围不能一概而论。在服务性活动中，首先，"那些有助于促进人们获得关于那些具有普遍重要性的事实的可靠知识的行动"② 都属于合法的行动，例如：提供一个可靠且有效的货币体系等。其次，"所有那些明显可欲的但竞争性企业又不全力提供的服务"也属于合法的行动，例如：公共卫生服务、医疗保健服务、市政建设等。再次，政府为了保护军备的秘密，或鼓励增进某些领域的知识而从事的活动，在一定时期内也是合法的。最后，制定那些调整经济活动的一般性管理规章，特别是调整生产技术的规章，也在合法活动的范围之内。

在强制性活动中，因为授予政府的只是一种有限的自由裁量权，政府的合法活动就仅限于那些服务于一般性的且长远的目的的活动，即便如此，政府在活动中也不能对不同的人做区别对待。对于"那些仅仅通过实施一般性规则并不能实现它的目的，而只有在对不同的人施以武断性的差别待遇的前提下方能实现其目的的措施"③，例如价格管制和数量控制等，法治是从原则上予以否弃的。

总之，从原则上讲，政府合乎自由制度的活动，范围很广，种类颇多。在法治中，我们不能用传统的自由放任原则或不干涉原则去评断政府活动是

---

① 哈耶克. 自由秩序原理：上 [M]. 邓正来，译. 北京：生活·读书·新知三联书店，1997：281.
② 哈耶克. 自由秩序原理：上 [M]. 邓正来，译. 北京：生活·读书·新知三联书店，1997：282.
③ 哈耶克. 自由秩序原理：上 [M]. 邓正来，译. 北京：生活·读书·新知三联书店，1997：287.

否与自由制度相容合。当然，法治也不允许政府强制性地实施一种运用特定手段去实现特定目的的"统制经济"或分配正义。

第十六章　法治的衰微　本章主要梳理了从自由主义转向社会主义或福利国家的过程中，德国、俄国、英国、美国所发生的反法治取向。

在德国，法治的理论曾经在这个国家得到了最为深刻的发展，然而在政治情势的变化和纯粹的智识发展的合力下，对法治的反动也始于该国。[①] 在哈耶克看来，反对用法律规则去限制政府权力的主要学派有四个，它们是：法律实证主义、历史主义、"自由法"学派和"利益法理"学派，其中最重要的是法律实证主义。法律实证主义从一开始就反对元法律原则，它剥离掉了法治理想的实质内容，使之转变成仅仅是形式合法性方面的问题——纯粹形式的观念取代了实质性的法治国观念。历史用事实证明，这种思想状况为实现一种无限的专制政制提供了可能性。

在俄国，法律理论家一开始就沿着否定法治的方向发展，"力图根据与法治原则相反对的诸原则建设国家"，法律的彻底消亡也被视为共产主义必将实现的目标之一。

在英国，社会主义法学家和政治科学家在实证主义的支配性影响下，对法治观念展开了激烈的批判。结果使英国的行政机构在个人私域中的支配权迅速增加，新的社会立法和经济立法也使行政机构的自由裁量权日益增大。最为极端的是，法律居然授予行政机构以确立"一般性原则"的权力。

在美国，公共行政运动激烈抨击传统上保障个人自由的种种措施，"行政专家"认为"为自由而自由"是一毫无意义的观念，他们反对法院对行政行动和立法行动施以严格控制，并在一种极为幼稚的"科学的"程序观的指导下努力创建一门行政"科学"。

在哈耶克看来，这些反法治取向虽然造成了法治的衰微，但幸运的是，在许多国家又出现了法治复兴的种种迹象。

第三部分　福利国家中的自由

第十七章　社会主义的衰落与福利国家的兴起　本章主要阐述了在社会主义的衰落与福利国家的兴起这一历史转向中，自由捍卫者的任务的改变。

哈耶克认为，在今日的西方世界，那种实现社会正义的特定方法的社会主义已经名存实亡了。导致人们对社会主义的基本方法感到失望的主要

---

① 哈耶克. 自由秩序原理：上 [M]. 邓正来，译. 北京：生活·读书·新知三联书店，1997：295.

原因有三个："第一，人们日益认识到，社会主义式的生产组织，其生产效率并不比私有企业高，相反，而是远远低于后者；第二，人们还更为清楚地意识到，同此前的制度相比，与其说社会主义导向了那种曾被认为的更大的社会正义，不如说它意味着一种新的专断的、更无从逃避的等级秩序；第三，人们还认识到，社会主义不仅没能兑现其所允诺的更大的自由，反而意味着一种新专制的出现。"[1] 社会主义时代所产生的最为严重的后果，乃是它摧毁了传统上对国家权力的限制手段。然而，这一后果对西方世界的持续性影响至今未除。

和社会主义不同，"福利国家"是一个含义十分不明确的术语，它并不意指一种明确的制度，毋宁说它是一种包含着许多异质性因素的混合体。其中的一些因素可能会有益于自由社会，而另一些因素则可能会对自由社会的存续构成潜在的威胁。当下盛行于西方世界的福利国家，在哈耶克看来，其诸多福利活动虽然从表面上看是纯粹服务性的，但还是对自由构成了威胁，因为"它们事实上却构成了对政府的强制性权力的实施，并且是以政府宣称其在某些领域拥有排他性权利为基础的"[2]。这种情形使得自由捍卫者的任务在当下变得更加困难。彻底否定福利国家的所有行动显然是不明智和不可能的，我们必须对那些正当的目标和应予否弃的目标加以明辨。

第十八章 工会与就业 本章通过阐述福利国家中的工会组织的历史、现状、合法功能及现实中的运作方式，批判地分析了工会僭越权力的做法对自由社会的法治基本原则造成的损害及其严重后果。

在对工会发展历史的梳理中，哈耶克观察到，所有的国家在支持工会的时候都趋向于把工会的形式合法化解释为工会的主要目的的合法化，即承认它们有权做任何实现它们的目的所必需的事情。在他看来，这种对工会毫无批判地一味支持的法律立场存在着根本的错误，而且工会随之的越权行为会危及自由社会的整个基础。

哈耶克指出，"工会被允许实施的强制，主要是对同行工人实施的强制"[3]，包括对雇主实施的强制性权力，也只是强制其他工人的结果。通过对不同的工人群体的相对工资施加影响和对现金工资水平施以持续上升的压力的方式来行使工会的强制权会造成两个后果：一是使市场制度渐渐失效，二

---

[1] 哈耶克. 自由秩序原理：下 [M]. 邓正来，译. 北京：生活·读书·新知三联书店，1997：5—6.
[2] 哈耶克. 自由秩序原理：下 [M]. 邓正来，译. 北京：生活·读书·新知三联书店，1997：10.
[3] 哈耶克. 自由秩序原理：下 [M]. 邓正来，译. 北京：生活·读书·新知三联书店，1997：24.

是控制经济活动方向的权力也渐渐落入工会的手中。这些后果的主要危险在于，"工会将通过其在提供各种劳动力方面所确立的有效垄断而扼杀竞争的功能，使其无法成为配置所有资源的有效调节器"[①]，这就给全面的社会主义计划制度替代市场制度创造了机会。显然，这一趋向既不利于工会的根本利益，更不符合自由社会的基本原则。

在哈耶克看来，工会现有的强制性权力若能得到有效限制，它们就会发挥出一些潜在的重要功能。一是使工人在要求雇主增加工资或增进福利待遇时据以强大的群体性意向而处于更为有利的地位；二是使工人可以以工会组织为依托，通过与雇主缔结多边协议契约而获得一定程度的自治权；三是为工人提供一种可以互帮互助以抵御行业风险的形式。

鉴于此，哈耶克指出，我们既不能简单地反对工会，也不能简单地支持工会；基于自由原则的做法是，以一种居间的立场保存工会运动中有价值的部分，同时恢复法治，限制一直以来被工会滥用的强制性权力。

第十九章　社会保障　本章批判性地考察了福利国家中政府在社会保障方面的垄断性行为所造成的个人自由危机。

在哈耶克看来，西方福利国家中日益普及的公共救济和强制性保险制度在本质上并不违背自由原则，但晚近发展的趋势表明，社会保险在走向由政府垄断经营而非按照商业规则运作的过程中却渐渐遗忘了它的初衷。政府在社会保险中被授予的排他性权力既破坏了保险行业中自由竞争的多样性，又使保险制度最终异化为一种对收入进行强制性再分配的工具，这些后果无一不使个人自由受到严重威胁。

在对老年者提供的社会保障中，整个保险制度已经演变成一种政治工具，向所有人都提供适当的退休金的方案，一方面会造成老年者和年轻人之间在利益上的紧张关系，另一方面也会迫使老年人丧失自助的可能性而对政府的救济产生更大的或者绝对的依赖性。在健康保险与免费医疗方面，国有化的措施既会使需求者在健康与生命等问题上失去自我选择权，也会使医学领域的发展水平受到政治性的限制。在为失业者提供的救济中，强制性的失业保险方案从长期来看也只可能使它原本力图救治的弊端更趋恶化。

哈耶克指出，真正的社会保障危机并不是社会保障制度在各个领域所遭遇的棘手问题，而是以对收入再分配为手段而救济贫困的制度会使政府的社

---

① 哈耶克. 自由秩序原理：下 [M]. 邓正来，译. 北京：生活·读书·新知三联书店，1997：29.

会服务机构拥有极大的专断权——从某种程度上讲，这将使福利国家转变成那种对个人自由极为不利的传统社会主义的替代物。

第二十章　税制与再分配　本章通过阐述作为福利国家进行收入再分配的主要手段的累进税制的发展历史、依据、效应等问题，批判地分析了政府在税制与再分配中存在的专断性和强制性，以及对自由制度所造成的损害，并在与比例税制的对比中探讨了确立合理的税制所应遵循的基本原则。

作为福利国家现在对收入进行再分配的主要手段，累进税制最早兴起于法国大革命时期，此后又在社会主义运动中一再得到发展，起初旨在达到牺牲的平等，而不在于对收入进行再分配。进入现代发展的征程后，累进税制转变为一种明确的政治要求，即被看成是一种无需科学论证的"企图把一种由多数决策所决定的分配模式强加给社会的努力"[①]。在哈耶克看来，公共财政的需要并不是累进税制的必要条件，这种经由累进税制而对收入进行再分配的做法，既会产生不负责任的民主行动，也会使政府政策的专断趋势有增无减。

哈耶克认为，与累进税制相比，比例税制更符合自由制度：累进税制会与"同工同酬"的经济公正原则相抵触，并导致在很大程度上对资源的误用和对劳动分工的限制；而比例税制却能保持不同种类工作的净报酬之间的关系不变，并促进市场对资源进行有效的配置。此外，累进税制也不利于合法报酬形式的多样化发展，进而会严重影响到私有企业的自由竞争制度，并最终在种种准垄断的情形中使经济趋于僵化。长远看来，累进税制不仅不会实现其原本要减少不平等现象的目的，反而会摧毁自由社会中对不平等现象进行补救的最为重要的机制——自由企业制度。

在哈耶克看来，"如果要确立一合理的税收制度，人们就必须将下述观念作为一项原则予以承认，即决定税收总量应为多少的多数人，也必须按照最高的税率来承担税负"[②]。

第二十一章　货币框架　本章主要通过分析经济领域中的通货膨胀现象的本质与影响，揭示了福利国家中政府在货币政策上滥用强制权所造成的严重后果，以及政府在自由社会中控制货币政策的权力所应当遵循的有效限度。

经验表明，稳定的货币体系不能完全依靠市场的自发力量来建立和维持，

---

① 哈耶克. 自由秩序原理：下 [M]. 邓正来，译. 北京：生活·读书·新知三联书店，1997：77.
② 哈耶克. 自由秩序原理：下 [M]. 邓正来，译. 北京：生活·读书·新知三联书店，1997：93.

政府对这一领域进行适当的干预无论如何都是必需的,哈耶克一开始就指出他并不主张断然取消政府在货币政策方面享有的控制权,毋宁说他所批判的明确目标是政府在货币领域对权力不加节制的滥用。在他看来,政府控制货币政策所导致的主要威胁就是通货膨胀,"通货贬值主要都是由政府造成的"①,福利国家的各个主要特征都对通货膨胀产生了刺激性的影响。

哈耶克指出,通货膨胀和通货紧缩都是错误,但通货膨胀是人们更容易犯的错误。人们对通货膨胀的偏执,主要原因在于,和通货紧缩相比,通货膨胀在短期内不会给人们造成的痛苦,并且会带来昙花一现的繁荣。然而,这却会使人们耽于对通货膨胀的幻想而无法察觉或预估其最终要走向自我倒转的危险。"当政府政策主要考虑特殊情况而非一般情形、主要考虑短期问题而非长远问题的时候,它就极难抵御通货膨胀的影响。"② 因此,哈耶克认为,现今对通货膨胀的偏执主要是由于在制定货币政策时盛行急功近利的短视所造成的,欲使在今天主要承担制定货币政策责任的政府财政机构正确行事,就必须为其自由裁量权划定范围或施以限制。

在哈耶克看来,当下我们可以用来限制货币政策的主要做法就是以维持某种稳定的价格水平为制定货币政策的目标,而非以维持某种稳定的就业水平为制定货币政策的目标。事实上,当我们以一个稳定的综合价格水平为目标时,高水平的稳定就业率就自然会成为可欲的。而矫正这一目标的困难不仅是经济性的,更是政治性的。

第二十二章　住房与城镇规划　本章主要考察了政府在都市生活的住房租金政策、公房政策、贫民区经济问题、城镇规划与地产权、土地用途、建筑管理、工业选址等方面广泛存在的滥用管理权力的现象,并批判地分析了这些现象所造成的对自由原则的侵犯。

在住房租金问题上,一般只是在应付某种即时的紧急情况时为政府所采取的"封顶"措施,现在却变成了一种永久性的安排。哈耶克认为这项措施在限制自由和阻碍繁荣等方面所起的作用,仅次于通货膨胀政策。在公房问题上,作为福利国家通过提供公房或建筑补贴来降低人口中较贫困者的住房费用的永久性政策,如果不对其在实施范围和适用方法等方面施以极为谨慎的限制,就会使大众的人身自由或个人自由受到严重威胁。在贫民区经济问

---

① 哈耶克. 自由秩序原理: 下 [M]. 邓正来, 译. 北京: 生活·读书·新知三联书店, 1997: 99.
② 哈耶克. 自由秩序原理: 下 [M]. 邓正来, 译. 北京: 生活·读书·新知三联书店, 1997: 105.

题上，清除贫民区可供选择的任一方案都将使政府对贫民区的居民享有决定权和控制权。在城镇规划与地产权问题上，中央指令替代价格机制的做法给权力当局授予了专断且不受控制的权力。在对土地用途的控制问题上，任何力图在土地交易领域中终止市场机制的作用并替之以中央指导的努力，都注定会授予权力当局以完全控制一切开发的权力。在建筑管理问题上，少数领域中政府的管理措施也存在着权力滥用的现象，这无疑会成为经济发展的严重障碍。在工业选址的问题上，中央规划取代自由竞争的结果就是，自由力量的有益作用被消除了。

总之，政府在这些方面的管理权力若不能得到有效限制，就会一方面使城市弊端不能得到有效治理，另一方面使个人自由的私域遭到侵害。

第二十三章　农业与自然资源　本章主要考察了政府在农业发展与资源保护等方面存在的滥用管理权力的现象，并批判地分析了这些现象所造成的对自由原则的侵犯。

在农业发展方面：第一，农业和其他行业之间出现的人力再分配，本来是农业与其他职业间收入差距的自发产生的适应性调整，而推行一种把农业人口滞留在农村的政策却滞延了这种自发性运动。第二，价格管制与"平价"政策会造成对生产的直接控制和对各种自发性力量的否弃。第三，对农业人口的政府监护行为会使农民成为"所有生产者中蒙受控制最严、接受监督最多的一种生产者"。第四，在农业知识与信息的传播方面，政府将提供信息的排他性权利据为己有会阻碍能取代政府这些功能的自愿性机构的发展。第五，不发达国家中的农业就经济活动采取全盘计划和进行总体指导的做法，也是与自由制度不相容的。

在资源保护方面：第一，在自然资源的开发上，若政府采取广泛的控制措施，必会由"相邻效应"而导致采用浪费的开发方法。第二，对自然资源保护实行中央指导和管理的垄断性做法，在自由社会中是不可欲的。第三，通过引导投资社会所预见到的某些即将耗竭的特殊资源来对其加以保存的做法，会导致未来的收入下降。第四，一种例外的情况是，"当保护自然资源的目的乃在于提供娱乐活动场所及设施或机会时，或者当保护自然资源的目的在于保护自然风光、历史名胜古迹、具有科学价值的区域等等时"[①]，政府控制私人活动的做法是可欲的。

---

① 哈耶克. 自由秩序原理：下 [M]. 邓正来, 译. 北京：生活·读书·新知三联书店, 1997：157.

第二十四章　教育与研究　本章主要考察了政府在教育与研究等方面存在的滥用管理权力的现象，并批判地分析了这些现象所造成的对自由原则的侵犯。

在教育方面：第一，公共教育制度中对所有的教育都根据某些明确的价值观念加以指导的措施，无疑会产生强制和专断的危险。第二，公立教育制度会阻碍成就的多样性，因此是有危害的和不必要的。第三，教育领域中的心理技术的发展会使蓄意地型塑人们的心智成为可能，这将是对自由的最大威胁。第四，由权力当局来决定谁可以获致由公费来支付的较高程度的教育，显然是不平等的。第五，由政府控制享受高等教育的机会，并以机会平等为出发点对教育实行平均主义的做法，无论动机多么值得称道，都是根本不可能实现的，甚至会造成一种新的等级秩序的出现。

在科学研究方面：第一，政府对旨在实现某一已知目标的工作进行指定性的安排和组织的做法，会使真正具有顶尖水平的人数奇缺。第二，由外行的政府机构对科学研究做单一统筹的规划和指导，或者由一些具有最高声望的科学家和学者组成的学术评议会对科学研究进行单一统筹的规划和指导的做法，都会妨碍学术自由。第三，对研究经费的控制权，会真正威胁到科学进步；只有分散对物质资源的控制权，才能在思想和精神领域内保持自由。

当然，智识自由需要以更为宽泛的自由作为基础才能实现。哈耶克最后指出："自由的终极目的乃在于扩大人们超越其前人的能力，对此，每一代人均须努力贡献自己的一份力量——亦即为知识的增长和为道德信念和审美观念的不断进步作出自己的贡献。在此一领域中，任何上级或上级机构都无权将一套关于何为正确或何为善的观念强加给人们，而只有进一步的经验才能决定什么观点应当盛行。"[①]

── **【意义与影响】** ───────────────

第一，在现代自由主义理论的转向和发展中，哈耶克为其贡献的"知识增量"无疑具有极为重要的作用。他的理论被晚近出版的诸多关于政治理论尤其是自由主义的论著反复征引，西方知识界在20世纪70年代以后也出版了大量研究哈耶克理论的专著，而讨论和批判其思想的论文更是不计其数。不仅如此，哈耶克的理论还给我们带来了诸多相当有意义的启示：首先，哈

---

① 哈耶克.自由秩序原理：下[M].邓正来，译.北京：生活·读书·新知三联书店，1997：182.

耶克阐发的"必然无知"和"自生自发秩序"的理论,有力地批判和澄清了唯理主义的谬误,为经验中的"默会知识"和"一般原则"的存在与作用提供了知识论上的说明。其次,从某种意义上说,哈耶克的"自生自发秩序"理论的建构与其"规则"研究范式的结合,既为我们思考内部秩序所遵循的内部规则如何分立于组织规则、人们如何设定各种组织的权力范围及外部规则的适用范围等问题确立了一个极具助益的路径,也为我们破解"国家行动与自生自发秩序"这个理论难题开放出了某种可能性。再次,哈耶克立基于人之理性限度和社会自生自发性质的社会理论而重述和建构的自由主义,不仅是对其所处时代的体认和回应,而且也具有超越特定时代的一般性借鉴意义。[①]

第二,哈耶克对自由的论述所依凭的是西方自由主义传统下的话语方式和逻辑体系,未必普适于与西方不同的社会或国家。有论者即认为,对于市场经济社会而言,哈耶克的思想在维护个人的基本权利,维护市场经济的秩序方面的积极价值是不容否认的,但我们不能把哈耶克的自由观看成是对人的自由的终极理解,也不能认为以哈耶克为代表的自由主义所主张的这种自由能够免除人对人的强制和奴役,哈耶克的自由理论实质上是为维护资本主义的统治服务的。[②]

第三,正如哈耶克在《自由秩序原理》一书的序言中所自述的一般,他的目的只是在于勾画一种理想,而他对自由理念的论述也表现得过于强调一般性规则和实质性含义等抽象层面的内容,这就造成了其理论在现实中未必具有可操作性。

【原著摘录】

第一章 自由辨 P3-18

哈耶克论"自由"

P3 本书乃是对一种人的状态(condition)的探究;在此状态中,一些人对另一些人所施以的强制(coercion),在社会中被减至最小可能之限度。在本书中,我们将把此一状态称之为自由(liberty or freedom)的状态。

P4 "自由"……它所意指的乃是一种生活于社会中的人可能希望尽力

[①] 邓正来. 哈耶克关于自由的研究 [J]. 哲学研究. 2008 (10).
[②] 陈晏清,阎孟伟. 是自由还是奴役?——评哈耶克的自由观 [J]. 求是,2008 (17).

四、《自由秩序原理》（上、下） | 075

趋近但却很难期望完全实现的状态。

P4　我所采用的自由的含义，恰似该词的原始意义。……自由意味着始终存在着一个人按其自己的决定和计划行事的可能性；此一状态与一人必须屈从于另一人的意志（他凭借专断决定可以强制他人以某种具体方式作为或不作为）的状态适成对照。

P5　在本书的讨论中，"自由"只有一种，其差别不在种类而在程度。

就此一意义言，"自由"仅指涉人与他人间的关系，对自由的侵犯亦仅来自人的强制。这尤其意味着，人于某一特定时间所能选择的各种物理可能性（physical possibilities）的范围大小，与自由并无直接的相关性。

P6　个人是否自由，并不取决于他可选择的范围大小，而取决于他能否期望按其现有的意图形成自己的行动途径，或者取决于他人是否有权力操纵各种条件以使他按照他人的意志而非行动者本人的意志行事。因此，自由预设了个人具有某种确获保障的私域（some assured private sphere），亦预设了他的生活环境中存有一系列情势是他人所不能干涉的。

P12　如果欲对自由进行明确且严格的讨论，那么对自由的定义就毋须取决于是否每个人都视这种自由为一善物。一些人很可能不会珍视我们所关注的自由，也不认为他们从此一自由中获致了巨大的裨益，甚至还会为了获取其他的利益而随时放弃此种自由；有些人可能更极端，甚至认为按自己的计划和决策行事的必要性，与其说是一种利益，毋宁说是一种负担。

第二章　自由文明的创造力 P19－41
构成我们行动基础的"理性不及"的因素（non-rational factors）

P24　过去的经验业已融入于我们的环境之中，因此，只有在我们对知识的解释包括了人们对于这些环境所做的一切调适的时候，知识的增长与文明的发展，才是同一回事。但是，此一意义上的知识并非都属于我们的智识（intellect），而我们的智识亦非我们的知识之全部。我们的习惯及技术、我们的偏好和态度、我们的工具以及我们的制度，在这个意义上讲，都是我们对过去经验的调适，而这些调适水平的提升，乃是通过有选择地摈弃较不适宜的调适行为而达致的。它们是我们行动得以成功的不可或缺的基础，一如我们有意识的知识。需要指出的是，在这些构成我们行动基础的"理性不及"的因素（non-rational factors）当中，并不全都会始终有助于我们获得成功。一些因素的功用或早已失去，却仍被保留了下来，有些因素甚至在已成为障碍而非助益时，也仍被人们保留了下来。然而不论如何，我们的所做所为却不能没有它们作为基础;甚至成功地运用我们的智能本身,亦需依赖于对这些理性不及的因素的不断的使用。

"理性不及的因素"的重要性

P35 虽然影响我们行动的大多数理性不及的因素,可能具有上述意义上的非理性,但是我们在行动中预设并运用的许多"纯粹习惯"(mere habits)和所谓"无意义的制度"(meaningless institutions),却是我们实现目的的基本条件;当然,它们也是社会做出的成功调适的一部分,它们一方面经常为人们所改进,而另一方面它们又是人们能够实现多少成就所赖以为据的基本条件。发现它们的缺陷固然重要,但是我们的发展却一刻也不能不以它们为基础。

第三章 进步的常识 P42-60

哈耶克论"进步"

P44 更为确当的观点乃是把进步视为一种人对其智力进行组合和修正的进程,亦即一种调适和学习的进程,在此进程中,不仅为人们所知道的种种可能性,而且亦包括各种价值和欲求,都在持续不断地发生着变化。由于进步在于发现尚未知晓之事象,因此它的结果必不可预见。由于进步始终将人们导向于未知领域,所以我们至多能够期望的便是对那些导致不断进步的诸种力量加以理解。如果我们想努力创造种种有利于进步的条件,那么对这种累积性发展进程的特性,做出上述那种一般性的理解便是不可或缺的,但是我们必须注意的是,这种理解却决不是那种能使我们做出具体预测的知识。

P45 人类智识得以证明自己者,并非昔日之成就,而是当下生活中的努力和为未来所做的奋斗。进步乃是一种为运动而运动的过程,因为人们正是在学习的过程中以及在习得某些新东西所产生的结果中,享受着人类智能的馈赠。

哈耶克论"不平等的结果"

P48-49 正是由于先行者发现了目标,人们方能为那些较不幸运者或能力较弱者建造起通向此一目标的道路。有些物品在今天之所以会被认为是奢侈品或浪费者,只是因为它们是一些只为少数人享用甚或为大众所不敢梦想的东西;但是,我们却必须指出,正是这些奢侈品或浪费者,是人们尝试一种最终会为大众所享用的生活方式的代价。我们可以说,那些将得到尝试并在日后得以发展的物品之范围的扩大,以及那些能使大众受益的经验之积累,在很大程度上乃是对现存财富的不平等分配的结果。如果对新商品的尝试能够早在绝大多数人得以享用这些商品之前便可以展开，那么进展的速率便会大大提高。许多改进之物，如果不能在早期就为一些人所享用，则更不可能为大众所享用了。如果所有的人都不得不等到新物品能够为所有的人都享用的那一天才可以做出进一步的追求，那么我们可以认定，这一天在许多情形下就永远不会到来。我们甚至还需要指出，即使是最贫困者在当下所享有的相对富裕的物质生活，也是昔日不平等的结果。

第四章　自由、理性和传统 P61-82

自由是一系列原则的体系

P79-80　对自由的主张，从终极的角度来看，实是对一系列原则的主张，也是对集体行动中权宜性措施的反对；一如我们所见，这就等于说，只有法官而不是行政人员可以命令采取强制性措施。……自由是一种体系，在此一体系中，所有政府行动都受原则的指导；但除此之外，自由还是一种理想，此一理想如果本身不被作为一种支配所有具体立法法规的最高原则来接受，就不能得到维续。如果不把这一基本规则作为一种不会对物质利益做任何妥协的终极理想而予以严格的遵守——这样一种理想，即使在某种短暂的紧急状态中而不得不遭暂时的侵损，也必须构成所有恒久性制度安排的基础——那么自由就几乎肯定会一点一点地蒙遭摧毁。

理性并非万能

P80-81　自由的政策不仅要求制止主观刻意的管制，而且还极力主张接受不受指导的自生自发的发展，因此读者很可能会产生这样一个疑问，即在安排社会事务的过程中，理性还具有什么样的作用。我们对此所做的第一个回答是，如果有必要对理性之用途寻求确当的限度，那么发现这些限度本身就是一项极为重要的且极为棘手的运用理性的工作。我们的第二个回答是，如果说我们在这里的侧重点始终在于理性的限度方面，那么我们的意思就一定不是说理性根本不具有任何重要的建设性使命。毋庸置疑，理性乃是人类所拥有的最为珍贵的秉赋。我们的论辩只是旨在表明理性并非万能，而且那种认为理性能够成为其自身的主宰并能控制其自身的发展的信念，却有可能摧毁理性。我们所努力为之的乃是对理性的捍卫，以防理性被那些并不知道理性得以有效发挥作用且得以持续发展的条件的人滥用。这就要求我们真正地做到明智地运用理性，而且为了做到这一点，我们必须维护那个不受控制的、理性不及的领域；这是一个不可或缺的领域，因为正是这个领域，才是理性据以发展和据以有效发挥作用的唯一环境。

第五章　责任与自由 P83－101

"自由与责任实不可分"

P83　自由不仅意味着个人拥有选择的机会并承受选择的重负，而且还意味着他必须承担其行动的后果，接受对其行动的赞扬或谴责。自由与责任实不可分。

责任概念既是一个法律概念，也是一个道德概念

P89　责任概念之所以日渐演化成了一个法律概念，或者说主要是一个法律概念，其原因在于就一个人的行动是否造成了一项法律义务或是否应使他接受惩罚而言，法律要求有明确无误的标准以资判定。但是需要指出的是，责任当然也是一个道德概念，此一概念构成了我们认识人的道德义务的基础。

自由与责任的关联性或互补性

P90－91　自由与责任的这种关联性或互补性，意味着对自由的主张只能适用于那些被认为具有责任能力的人。它不能适用于未成年人、精神病患者。它假定一个人能够从经验中习得知识和教训，并能够用这种方式习得的知识和教训去引导他的行动；因此对自由的主张，对于那些从经验中尚未习得足够的知识或无能力习得知识的人，不具有适用力。

第六章　平等、价值与品行 P102－124

哈耶克论平等

P102　争取自由的斗争的伟大目标，始终是法律面前人人平等（equality before the law）。

P102　一般性法律规则和一般性行为规则的平等，乃是有助于自由的唯一一种平等，也是我们能够在不摧毁自由的同时所确保的唯一一种平等。自由不仅与任何其他种类的平等毫无关系，而且还必定会在许多方面产生不平等。这是个人自由的必然结果，也是证明个人自由为正当的部分理由：如果个人自由的结果没有显示某些生活方式比其他生活方式更成功，那么个人 P103 自由的主张亦就丧失了大部分根据。

"人人生而平等"的说法有悖于"人人生而不同"的事实

P104　将人与人之间先天性差异的重要性减至最低限度，而将人与人之间所有重要的差异都归于环境的影响，几乎成了当下的一种时尚。然而，不论环境如何重要，我们都不应当忽视这样一个事实，即个人生来就极为不同，或者说，人人生而不同。即使所有的人都在极为相似的环境中长大，个人间差异的重要性亦不会因此而有所减小。作为一种对事实的陈述，"人人生而平

等"的说法就显然与事实相悖。

法律面前人人平等与物质的平等实则相互冲突

P104—105 从人们存在着很大差异这一事实出发，我们便可以认为，如果我们给予他们以平等的待遇，其结果就一定是他们在实际地位上的不平等，而且，将他们置于平等的地位的唯一方法也只能是给予他们以差别待遇。因此，法律面前人人平等与物质的平等不仅不同，而且还彼此相冲突；我们只能实现其中的一种平等，而不能同时兼得二者。自由所要求的法律面前的人人平等会导向物质的不平等。

"任才能驰骋"

P111 "任才能驰骋"（la carriere ouverte aux talent）。这一要求包括三个含义：一是阻碍某些人发展的任何人为障碍，都应当被清除；二是个人所拥有的任何特权，都应当被取消；三是国家为改进人们之状况而采取的措施，应当同等地适用于所有的人。

第七章 多数统治 P125—143

哈耶克论"民主"

P126 "民主"（democracy）一词的含义也颇为宽泛且相当含混。但是，如果我们对它做严格的限定，并只用它来指称一种统治方式——例如多数统治（majority rule），那么它所指的问题就显然不同于自由主义所指的问题了。自由主义乃是一种关于法律应当为何的原则，而民主则是一种关于确定法律内容的方式的原则。只有为多数所接受者才应当在事实上成为法律，这一点在自由主义看来是可欲的，但是它并不认为这种法律因此就必然是善法（good law）。

人民主权

P129—130 人民主权（popular sovereignty）乃是教条式的民主主义者的关键观念。对于民主主义者来讲，这个观念意味着多数统治是没有限制的，也是不可限制的。民主的理想，其最初的目的是要阻止一切专断的权力（arbitrary power），但却因其自身不可限制及没有限制而变成了一种证明新的专断权力为正当的理由。

维续民主的条件

P143 一般性的思考及当下的经验都表明，只有当政府将它采取的强制性行动严格限于那些能以民主的方式实施的任务时，民主才能有效地运行。如果民主是一种维护自由的手段，那么个人自由便无异于民主运行的一项基础性条件。

第八章　雇佣与独立 P144－162

人口中被雇佣者的增加并不构成自由社会的驱动力量

P145　从许多方面来看，此一被雇佣人员多数的发展，不仅不能构成自由社会的驱动力量，而且往往还与这些力量相反对。

确保足够多的独立人士的存在乃是被雇佣者的长期利益之所在

P146　坦率而言，如果被雇佣者这一多数不能认识到，确保足够多的独立人士的存在乃是他们的利益之所在，那么社会渐渐变成一个庞大的雇佣等级社会这种状况就很可能无从避免。这是因为他们如果不认识到这一点，那么我们就会发现我们的自由都会遭到侵损，一如他们自己也将发现的那样，如果没有足够多的且各不相同的雇主可供他们选择，那么他们这些被雇佣者的地位亦将大大衰落。

被雇佣者与自由

P146－147　许多对自由的运用，对于被雇佣者而言，并不具有什么直接利益，而且被雇佣者也常常不易认识到他们的自由乃依赖于其他人能够进行决策的事实，尽管从表面上看这些决策与被雇佣者的整个生活方式并无直接关联。由于被雇佣者能够不做此类决策就可以生活（当然他们也是不得不承受这种境况），所以他们也就意识不到自行决策的必要性，而且由于被雇佣者在生活中几乎没有进行决策的机会，所以他们也往往低估这些机会的重要性。独立人士在发挥其作用时所必不可少的对自由的运用，在被雇佣者那里却被视作无甚必要；他们所具有的奖惩观念以及对适当报酬的评价，也完全不同于独立者。因此，在当今世界，被雇佣者这一多数将他们的生活标准和观念强加于其他人的趋向，对自由构成了严重的威胁。

第九章　强制与国家 P163－182

强制

P164　当一个人被迫采取行动以服务于另一个人的意志，亦即实现他人的目的而不是自己的目的时，便构成强制。

P164　强制必须同时以下述两种情况为要件：一是要有施加损害的威胁，另一是要有通过这种威胁使他人按强制者的意志采取某种特定行动的意图。

P165　强制是一种恶，它阻止了一个人充分运用他的思考能力，从而也阻止了他为社会做出他所可能做出的最大的贡献。尽管被强制者在任何时候仍会为了自己的利益而竭尽努力，但是在强制的境况下，他的行动所必须符合的唯一的综合设计却出于另一个人的心智，而非他自己的意志。

强制与权力

P165 所恶者，恰恰不是权力本身——即实现一个人愿望的能力；真正的恶者只是强制的权力，亦即一个人通过施加损害的威胁而迫使其他人去实现其意志的权力。

第十章 法律、命令与秩序 P183-202

一般性法律与具体命令间的最重要的区别

P186 一般性法律与具体命令间的最重要的区别就在于，指导一项特定行动的目标和知识，究竟是由权威者来把握，还是由该行动的实施者和权威者共同来把握。

法治下的自由

P190-191 法治下的自由观念（the conception of freedom under the law），乃是本书所关注的首要问题，它立基于下述论点，即当我们遵守法律（亦即指那些在制定时并不考虑对特定的人予以适用的问题的一般且抽象的规则）时，我们并不是在服从其他人的意志，因而我们是自由的。正是由于立法者并不知道其制定的规则将适用于什么特定的案件，也正是由于适用这些规则的法官除了根据现行规则与受理案件的特定事实做出其判决以外，别无其他选择，所以我们可以说这是法治而非人治（laws and not men rule）。由于法律规则是在并不考虑特定案件的状况下制定的，而且任何人的意志都不能决定是否以强制的手段去实施该规则，所以这种法律并不是专断的。然而，法律若想不成为专断，还需要满足一项条件，即这种"法律"乃是指平等适用于人人的一般性规则。这种一般性（generality），很可能是法律所具有的特性（亦即我们所称之为的"抽象性"）的一个最为重要的方面。由于真正的法律不应当指涉任何特定者，所以它尤其不应当指向任何具体的个人或若干人。

法治下的自由

P193 我们还应当牢记的是，就人们的行动与他人的关系而言，自由的意义仅意指他们的行动只受一般性规则的限制。既然任何行动都不可能不影响到他人的确受保障的领域，故不论是言论、出版，还是宗教，都不可能是完全自由的，这就是说这些活动领域亦将受到一般性规则的限制。换言之，在所有上述领域中（一如下文所述，其中还将包括契约的领域），自由意味着，也只能意味着，我们的所作所为并不依赖于任何人或任何权威机构的批准，只能为同样平等适用于人人的抽象规则所限制。

第十二章 美国的贡献：宪政 P221-243

宪政中的权力观

P228 宪政（constitutionalism）意味着一切权力都立基于下述认识，即必须根据为人们所共同接受的原则行使权力，被授予权力的人士须经由选举产生，然而选举他们的理由乃是人们认为他们极可能做正确的事情，而不是为了使他们的所做所为成为"应当正确"的事情。归根结底，宪政立基于这样一种认识，即权力从终极上看终究不是一种物理事实（a physical fact），而是一种使人们服从的观念状态（a state of opinion）。

权力分立就是限制权力

P232 在不同的权力机构中进行分权，之所以始终能够减少其间任一机构所能行使的权力，其原因并不是人人都能够理解的。首先，彼此分立的权力机构会通过彼此的忌妒而阻止对方僭越自己的权力；其次，更为重要的乃是这样一个事实，即实施某些类型的强制，需要对不同的权力予以共同的和协调一致的使用，或者要求对若干种手段加以共同的和协调一致的运用，因此，如果这些手段操握在彼此分立的机构的手里而得不到协调运用，那么任何机构都根本不可能实施上述类型的强制。

第十四章 个人自由的保障 P260-278

作为一种"元法律原则"的法治

P260-261 首先，我们必须强调指出的是，由于法治意味着政府除非实施众所周知的规则以外不得对个人实施强制，所以它构成了对政府机构的一切权力的限制，这当然也包括对立法机构的权力的限制。法治是这样一种原则，它关注法律应当是什么，亦即关注具体法律所应当拥有的一般属性。我们之所以认为这一原则非常重要，乃是因为在今天，人们时常把政府的一切行动只须具有形式合法性（legality）的要求误作为法治。当然，法治也完全以形式合法性为前提，但仅此并不能含括法治的全部意义：如果一项法律赋予政府以按其意志行事的无限权力，那么在这个意义上讲，政府的所有行动在形式上就都是合法的，但是这一定不是法治原则下的合法。因此，法治的含义也不止于宪政，因为它还要求所有的法律符合一定的原则。

P261 从法治乃是对一切立法的限制这个事实出发，其逻辑结果便是法治本身是一种绝不同于立法者所制定之法律那种意义上的法。无疑，宪法性规定（constitutional provisions）可以使侵犯法治变得更加困难，也可能有助于阻止普通立法对法治的非故意侵犯。但是，最高立法者（the ultimate legislator）绝不可能用法律来限制他自己的权力，这是因为他随时可以废除他自己制定的法律。法治（the rule of law）因此不是一种关注法律是什么的规则（a rule of the law），而是一种关注法律应当是什么的规则，亦即一种"元法律原则"（a meta-legal doctrine，亦可转译为"超法律原则"）或一种政治理想。然而需要指出的是，法治只在立法者认为受其约束的时候才是有效的。在民主制度中，这意味着除非法治业已构成了此社会共同体之道德传统的一部分（亦即那种为多数所信奉且毫无疑问地接受的共同理想），否则它就不会普遍有效。

实质性法律的特性

P264 一般且抽象的规则，乃是实质意义上的法律；一如我们所见，这些规则在本质上乃是长期性的措施，指涉的也是未知的情形，而不指涉任何特定的人、地点和物。这种法律的效力必须是前涉性的（prospective），而绝不能是溯及既往的。法律应当具有这种特性乃是一项原则，而且已是一项为人们普遍接受的原则，尽管它并不总是以法律形式表现出来的；这便是那些元法律规则的范例：欲使法治维续效力，就必须遵守这类元法律规则。

P264 真正的法律所必须具有的第二个主要属性乃是，它们应当是公知的且确定的。

P265 真正的法律的第三个要件乃是平等（equality）。

个人的自由领域

P273-274 在自由的统治下，一切未被一般性法律所明确限制的行动，均属于个人的自由领域。

第十五章 经济政策与法治 P279-294

政府对强制的垄断

P282 一般而言，一个自由的社会不仅要求政府拥有对强制的垄断（the monopoly of coercion），而且还要求政府只拥有对强制的垄断，从而在所有其他方面，政府的行动应与任何其他人的行动处于平等的地位。

与自由制度相容合的政府行动

P292 与自由制度相容合的政府行动，至少从原则上讲，不仅范围相当广，而且种类也相当多。传统的自由放任原则（formulae of laissez faire）或不干涉原则，并没有为我们区别自由制度所许可的政府行动与不许可的政府行动提供一适当的标准。在那个恒久的法律框架内，有着足够大的空间，可供进行试验与改进；而正是这样一种可不断改进的法律框架的存在，有可能使自由社会发挥更为有效的作用。不论从哪个角度讲，我们都不敢妄断，以为我们业已发现了能使市场经济发挥最大作用的最佳安排或制度。

【参考文献】

[1] 哈耶克. 自由秩序原理：上、下［M］. 邓正来，译，北京：生活·读书·新知三联书店，1997.

[2] 哈耶克. 自由宪章［M］. 杨玉生，等译，北京：中国社会科学出版社，1999.

[3] 邓正来. 自由主义社会理论：解读哈耶克《自由秩序原理》［M］. 济南：山东人民出版社，2003.

[4] 邓正来. 哈耶克社会理论［M］. 上海：复旦大学出版社，2009.

[5] 林少敏. 免于强制的自我与无根的自由——哈耶克自由理论的困境［J］. 北京师范大学学报（社会科学版），2011（4）.

[6] 邓正来. 哈耶克关于自由的研究［J］. 哲学研究，2008（10）.

[7] 陈晏清，阎孟伟. 是自由还是奴役？——评哈耶克的自由观［J］. 求是，2008（17）.

五、《自由论》

[英] 以赛亚·伯林　著
胡传胜　译
译林出版社，2011 年

【作者简介】

以赛亚·伯林（1909—1997），英国哲学家和政治思想家，20 世纪著名的自由主义知识分子之一。1909 年出生于俄国里加，父母为经营木材的俄国犹太富商。1921 年随家迁居英国伦敦，在圣保罗学校念书。1928 年进入牛津大学攻读文学和哲学，毕业后历任新学院和万圣学院研究员，期间与艾耶尔、奥斯汀等参与了日常语言哲学的运动。第二次世界大战期间，先后在纽约、华盛顿和莫斯科担任外交职务。1946 年，重回牛津大学教授哲学课程，并把研究方向转向思想史。1957 年，成为牛津大学社会与政治理论教授，并获封爵士。1966—1975 年担任牛津大学沃尔夫森学院院长。

除了第二次世界大战期间受命在美国负责报告美国政治情况之外，伯林的一生都与牛津大学相系连，但他丝毫没有学究气。他深知人类所珍视的所有价值或美德不可能在一个生命中、在一种社会或一个历史时段中全部体现，因而他常说自己不想做圣人，只想做个好人。他热爱生活，乐意与各种人物交往，从尽可能广阔的范围中去理解人类的种种动机、希望与恐惧，他在这方面的智慧和洞察力实属罕见。伯林酷爱文学、音乐和艺术，曾兼任英国著名歌剧院科文特加登剧院的院长、国立美术馆理事和英国皇家科学院院长。

伯林于 1997 年 11 月 5 日在牛津去世，享年 89 岁。各类媒体均用最高级的形容词描述他："20 世纪最伟大的自由主义思想家、哲学家、政治理论家和观念史家""世界上最健谈的人""本世纪最伟大的演说家""本世纪最富于灵感的读者""我们时代一颗最完善的心灵"。人们甚至说他是"天才"。

主要著作有：《卡尔·马克思》（1939 年）、《概念与范畴》（1958 年）、《自由四论》（1969 年）、《维柯与赫尔德》（1976 年）、《俄国思想家》（1978 年）、《反潮流》（1979 年）、《个人印象》（1980 年）、《扭曲的人性之材》（1990 年）、《现实感》（1996 年）、《浪漫主义的根源》（1999 年）、《启蒙的三个批评者》（2000 年）、《苏联的心灵》（2004 年）。

【写作背景】

自启蒙运动以来，西方一直以"自由、平等、博爱"为信条向着自身所向往的社会迈进。可是爆发于 1914 年的第一次世界大战和 1939 年的第二次世界大战，让人类以血的教训开始对自身的行为进行反思。人类以何种方式追求"自由、平等、博爱"才是可取的？伯林的这部著作就是这反思大潮中的一部分，努力寻找着最终的答案。

第二次世界大战结束后，在反思人类行为的大背景下，自由主义开始复兴了。柏克、托克维尔、贡斯当等一批思想家的理论开始备受关注。自由的概念又开始被重新清理与修正。伯林的著作就是自由主义理论复兴过程中的一部分。

【中心思想】

全书由四部分内容构成，分别是自由五论、论自由的其他作品、传记性附录、伯林及其批评者。全书共 33.3 万字。本书核心部分是自由五论。

"这本书的核心纲领是伯林的价值多元论，即他的这种信念：人所追求的价值不仅是多元的，而且有时是互不相容的；这不仅适用于整个文化，即价值体系的层面，而且适用于某一特殊文化或个体的价值。各种一元论宗教与政治意识形态的一个基本特征是：声称得救的道路只有一条，正确的生活方式只有一个，真正的价值结构只有一个。正是这种主张得到狂热的表达时，导致原教旨主义、迫害与不宽容。多元主义要预防的就是这种危险。它是自由主义的宽容之源：不仅仅是那种等待错误被改正的不稳定的宽容，而且是那种深刻的、持久的宽容，这种宽容接受并欢迎那些与我们自己所奉行的生活见解根本不同的生活见解。"①

【分章导读】

自由五论 自由五论包括导论、20世纪的政治观念、历史必然性、两种自由概念、穆勒与生活的目的、自由立于希望与恐惧这些部分，后五篇文章是这部分的主体。

导论 一般情况下书籍都是先写导论再写之后的内容，可是《自由论》这本书却没有遵照这种惯例。《自由论》这本书是先写了自由五论中的实质部分，这其中有部分内容都已经发表了。可是由于有许多人对伯林所发表的内容提出了异议，所以伯林对这些人的质疑在导论中给出了回应。所以这本书导论不仅具有引导读者进入问题的作用，还有回应书中问题的作用。书中伯林回应读者质疑的这部分内容，对于绝大部分初次读这本书的读者来说，由于不了解争论的背景，可能在阅读这部分内容时理解起来有一些困难，建议读者在读完自由五论的实体内容后再回来读一次这部分内容。因为这部分内容虽然起初由于不了解背景理解起来有些困难，但是却非常重要。伯林自己认为这部分内容可以从这样几个方面阐述："第一，决定论以及决定论与我们有关人与人的历史的观念的关系；第二，价值判断，特别是道德判断在历史与社会思考中的地位；第三，在政治理论领域，在现代作者所谓的'积极自由'与'消极自由'之间作出区分的可能性，这种区分自由与自由的条件之间的进一步区分的关联，以及这种区分与下述问题的关联：什么东西使得这两种自由内在地值得追求或拥有；最后，关于一元论，即人类各种目标的统一与和谐的问题。"②

除上述针对他人批评的部分，伯林在导论部分还向读者介绍自由论中核心部分自由五论每篇分别讨论的内容："首先涉及这个观念在我们这个世纪意识形态斗争中的兴衰变迁；其次涉及那些对历史学与社会学的假定与方法进行检审的历史学家、社会科学家与作家在著作中赋予自由这个词的意义；再次涉及自由的两种主要概念在观念史上的重要性；第四讨论个人自由的理想在 J.S. 穆勒这位自由的最热心斗士之一的思想中的作用；最后则讨论知识与

---

① 以赛亚·伯林. 自由论 [M]. 胡传胜, 译. 南京: 译林出版社, 2011: 英文版编者絮语 2.
② 以赛亚·伯林. 自由论 [M]. 胡传胜, 译. 南京: 译林出版社, 2011: 4.

自由的关系"①。

二十世纪的政治观念 "想过上平静生活的人，在20世纪真是生不逢时。"——L. 托洛茨基。②

在这一讲中伯林分析了20世纪的政治观念的一些特点，并把19世纪的政治观念与20世纪的政治观念进行了对比。我们想研究任何一个对象，我们都必须要了解它的历史，我们想要探究20世纪政治观念的奥秘当然也要从它的观念史中发现其观念的来源。所以伯林对观念史作了简要而深刻的分析。

伯林非常强调观念史的主观性，他认为人们平时所深信的具有客观依据的观念史归根结底是一种主观的解释。因为他认为"不管多么谨慎与周详，观念史家也会感觉到无法逃避根据某种模式来感知他们的材料"③。这种模式实际上是人们的主观性带给观念史的，随着不同的模式的出现，出现了所谓的"新历史"，而这种新历史只不过是人们对待问题的不同的视角。

而通常人们研究19世纪时，总是提及人道主义的个人主义与浪漫主义的民族主义。这两者有一个共同的特点是：相信人们的智力和德行得到发展之后，人类将告别无知与邪恶，个人与社会之间的种种问题也将得到解决。而20世纪虽然是19世纪的后继者，可是它与19世纪有着明显的区别，因为它引入了新的因素：无意识和非理性的力量。它们都胜过了理性，成为了20世纪的主导。19世纪的老传统与20世纪的非理性之间相互碰撞，这个碰撞形成了20世纪的政治观念。

马克思主义就是在对自由主义的批判中产生的，但是马克思主义在苏联被"扭曲"。自由主义者们看重理性，认为人们采取理性的方式可以解决人类的问题，而马克思看到了自由主义者们尊重这种理性而忽视人的尊严，让人成为资本的奴隶的社会现实。所以马克思要推翻这种压迫，提出无产阶级"革命"的理论，马克思的这种理论是属于19世纪的。而伯林认为马克思的这种理论在苏联的应用并没有使人得到解放，相反却使人陷入了新的枷锁中。由于苏联过度强调"革命"，导致了民主、自由和个人权利的丧失，最终造成"始于绝对自由而达到绝对专制"④的后果。

伯林认为19世纪与20世纪政治观念的一个很大的不同在于人的信念。

---

① 以赛亚·伯林. 自由论 [M]. 胡传胜，译. 南京：译林出版社，2011：3—4.
② 以赛亚·伯林. 自由论 [M]. 胡传胜，译. 南京：译林出版社，2011：55.
③ 以赛亚·伯林. 自由论 [M]. 胡传胜，译. 南京：译林出版社，2011：55.
④ 以赛亚·伯林. 自由论 [M]. 胡传胜，译. 南京：译林出版社，2011：71.

20世纪的人们对知识的功能与价值信念的认识变化了,所以人们的政治观念也变化了。而这种信念对历史的发展起着非常重要的作用,因为这种信念是人们行动的依据,也是人们评判事物的价值尺度。观念的这种转变让20世纪人们的生活与之前人们的生活迥然不同。伯林认为19世纪的政治观念追求的是理性,倡导人们追求真理,可是20世纪则不再像以往那样强调真理的重要性,而是建构完善的制度框架。这种意识是为极权思想和极权社会服务的。这种思想使人"技术化","技术化"的目的是指向最大的福利,而"技术化"的后果却是人不用再去追求自身思想的个性,因为社会已经按照社会福利最大化的要求为每个人的生活设定了良好的模式。20世纪极权思想成为政治思想的主流,而这种极权思想扼杀了个人的个性发展,人的自由被集体所淹没。这种通过消除人的个性而达到消除社会危险的方式,处理了19世纪所不曾解决的那些问题。

伯林认为,这种情况的典型代表就是苏联。"苏联的模式是清晰的、简单的、从'经过科学检验的'前提中推演出来的。实现这种模式必须依赖于技术上训练有素的信仰者,他们随心所欲地处置人类;在科学所揭示的范围内,人类是无限可塑的材料。"①

伯林认为,典型的极权国家通过意识形态来保证国家的极权,如利用"专家"为其政策等提供支持。这些国家可能会向民众宣传说人如果要自由选择就会像在黑暗中摸索一样让人痛苦,而听信权威可以解除这种痛苦。

20世纪的这种政治思想敌视人的创造性,而只强调"同一性",如果人试图想要展示自身的个性,就会被社会这个大集体的其他成员所嘲笑,让人因其个性而成为"异类",利用大众舆论、政治手段等让个人"屈服"。人与社会之间的力量对比是悬殊的,如果个人不能得到社会的认可,那么他就不能从社会那里获得医疗、教育等一系列的福利,所以人们在现实面前会选择放弃自己的"个性与自由"而与其他社会成员趋于同一。

从社会层面来看,整个社会的目的是为了获得福利或者成功。为了这个目的,每个成员被压抑成整齐划一的个体,就会出现"压制是为了生存,而生存主要是去压制"②的恶性循环。伯林认为在这种被扭曲的社会肌体里面是不可能造出健康的个体的。在这样的社会中,人们不仅没有自由表达而且会

---

① 以赛亚·伯林. 自由论 [M]. 胡传胜, 译. 南京: 译林出版社, 2011: 82.
② 以赛亚·伯林. 自由论 [M]. 胡传胜, 译. 南京: 译林出版社, 2011: 91.

造成社会的包容度低下等众多恶果。

伯林认为人不应该处于这样的一个不健康的社会肌体中。个体应该追求个性，社会应该使人们的个性可以得到张扬，应该为人的这种多样性创造良好的社会环境。在社会中人们不仅可以随心所欲地进行创造，甚至可以无目的生活而不会被社会所阻挠，这样的社会才是个人或者民族生活的最佳社会。

历史必然性　在这一部分，伯林对历史的发展规律进行了研究，并给出了自己的观点——伯林并不断然地判定现存的历史决定论的说法是错误的，而是客观地认为现存的历史决定论的论证并不是结论性的。

历史的发展是否像物理学那样存在着不变的规律？人是否有自由选择的能力？这些问题一直困扰着每个时代的哲学家们。许多哲学家都对上述问题提出了自己的见解。

谢林、黑格尔就认为民族、文化等因素相对于人类个体来说是真正的"实体"，而个体相对于这些具有集体性的"实体"来说只是实体的一个属性，相对于实体来说个体处于次要地位。之所以这么说是因为在历史的进程中，历史的规律客观地体现在整个机体的特质中，而并不体现在个体中。历史的规律会按照"世界精神"所规定好的方向前进，"世界精神"是历史发展的客观规律。而马克思则认为历史发展的规律在于人与环境和人与人之间的交互关系。这种交互关系决定着历史的发展方向。还有哲学家认为事物有它的本性，并在时间中不断发展，人的关于事物的认识可能只是人的一种自我安慰。人对于事物的发展和历史的发展实际上不会起太大作用。

还有哲学家认为人们的生活是为了一种目的，人们生活所经历的一切都是由这个目的决定的。这个目的高于人们的认知，人们实际上无法摆脱这个目的的决定。伯林认为"目的论是一种既不能为任何一种经验所证实也不能为任何一种经验所驳斥的信仰形式"[①]。

还有一种观念认为：在世界的外部存在着一种无时间的、永久的超验的事物，它是世界存在的依据。

伯林认为所有这些理论（目的论、形而上学、机械、宗教等）归根结底都是一种决定论，因为在这些理论中个人选择的自由是不存在的，人们被客观规律所决定，人的所有行为都能在因果链条上找到他们的依据。人类所谓的"自由选择"实际上是因为人们对事物的无知。这些决定论有一个共同的

---

① 以赛亚·伯林. 自由论 [M]. 胡传胜, 译. 南京：译林出版社, 2011：107.

特点，就是人并不是历史的主体，是有高于人的"整体"存在。这个"整体"是支配着人的活动的，而实际上如果真能够达到对这个"整体"的认知，人类个体的种种行为实际上可以从逻辑中推理出来。所以历史不会按照人的选择去发展，而是按照客观的规律去发展。

决定论的一个结果是对个人责任的消除。按照决定论的理论，在历史发展的过程中起决定作用的是那个高于人类的更大的实体，所有发生的事说到底都是由这个实体所决定的，个人选择对这样的历史发展进程的影响是微乎其微的甚至可以忽略不计，那么每个个体就不应该对所发生的一切负有责任。这样当人们看到有人做让人们感到不悦的事情时，人们再对那些个体进行评价是没有意义的。因为让他做坏事的并不是他自己的选择，而是有一个更高的实体驱使他这样做。这些人不应该为他们的"恶行"承担责任。再者，从个人而言，当他做了一件让其他人讨厌的事时，他的心里可以产生羞愧，而不会产生懊悔。"因为懊悔着这样的信念：我们不仅能够不这样，而且能够自由选择不这样。"正是因为历史被人所决定，而不是被我所左右，所以我并不需要对历史负责。

伯林认为让人们接受决定论的理论是一件非常困难的事情。这就好比让人们想象生活在一个没有时间的十七度空间中一样。而当人们真正了解在人们背后起着决定作用的那个主体时，人们会发现在实际生活中可以选择的范围是非常狭小的。比如说，人们现在所抓获的盗贼，我们现在可能认为他是一个为了自己私利而去行不义之事之人，所以他有罪。可是当我们具备了相关的知识后，我们可能会发现这个人实际上患有一种喜欢偷盗的病。我们现在对这个人进行治罪的行为可能是错误的，正确的方式是送这个人去治疗。"只有无知才产生荒谬的关于自由意志与无原因的选择的信念，而这些信念将随着科学与形而上学的真理之光而消散。"[①] 现实世界实际上全部都是合情合理的，可是由于人们认为世界的一部分是邪恶、痛苦、愚蠢的，造成这种情况并不是因为世界本来就是这个样子，而是人们无法把那些所谓的坏的部分与整个世界有效地联系在一起，缺少对它们的认知。这种决定论会让人们懂得谦逊，不应对任何事物妄下结论是因为我们对这个世界了解得太少，我们有一种谦逊的态度才能避免独断论，从而获得智慧。而当人们真正了解这个世界之时，人们可能就会宽恕这个世界。

---

① 以赛亚·伯林. 自由论 [M]. 胡传胜，译. 南京：译林出版社，2011：127—128.

两种自由概念 在这一部分，伯林对两种自由概念（消极自由与积极自由）进行了研究，认识到了两种概念在现实生活中可能带给人们的利弊。通过分析，伯林认为，应该建立一个多元的价值体系，这样才能避免人们因为只追求单一的价值而带来的各种不利因素。

一个教授在他的研究中所"培育"出来的观念可能给一个文明带来毁灭性的灾难。也许有很多人认为这是在危言耸听，可是上述的一个观念毁灭一个文明的事件却真的在历史中出现过很多次。可见观念对于政治生活来讲是非常重要的。所以要想研究政治运动，首先要理解导致这种政治运动发生的观念。

要想研究自由自然也要首先研究自由的观念。伯林认为自由是一个漏洞百出的概念，以至于关于它的解释是站不住脚的。自由虽然众说纷纭，可是伯林认为自由应该从两个方面进行理解，即"消极自由"与"积极自由"。所谓"消极自由"是指"主体（一个人或人的群体）被允许或必须被允许不受别人干涉地做他有能力做的事、成为他愿意成为的人的那个领域是什么"[①]；而"积极自由"，是指"什么东西或什么人，是决定某人做这个、成为这样而不是做那个、成为那样的那种控制或干涉的根源"[②]。

想要谈及"消极自由"，首先要了解自由。"我们一般说，就没有人或人的群体干涉我的活动而言，我是自由的。在这个意义上，政治自由简单地说，就是一个人能够不被别人阻碍地行动的领域。"[③] 人获得自由关键在于人有关于自由的意识，一旦人们意识到有人或物阻碍了他们实现自己的愿望，那么人们会把它们当做一种压迫。所以思想家们都力图在自己的理论中为人们的"自由"留出足够的空间。要在公共领域与个人领域间画出一条界线，这个界线并不是绝对的，因为没有任何人的自由能是完全绝对的私人性的。因为人需要在公共领域中生活，人实际上必须是社会的人，人与人之间实际上是相互依赖的。"'狼的自由就是羊的末日'；一些人的自由必须依赖于对于另一些人的限制。"[④]

虽然人的自由并没有完全绝对的、不受限制的，但是自启蒙运动以来，几乎所有的思想家都认为这个属于公民的私人领域是必不可少的，不论这个

[①] 以赛亚·伯林. 自由论 [M]. 胡传胜，译. 南京：译林出版社，2011：170.
[②] 以赛亚·伯林. 自由论 [M]. 胡传胜，译. 南京：译林出版社，2011：170.
[③] 以赛亚·伯林. 自由论 [M]. 胡传胜，译. 南京：译林出版社，2011：170.
[④] 以赛亚·伯林. 自由论 [M]. 胡传胜，译. 南京：译林出版社，2011：172.

领域是大还是小。伯林转述了穆勒关于自由重要性的论述,"除非个体被允许过他愿意的生活,'按只与他们自由自己有关的方式',否则文明就不会进步;没有观念的自由市场,真理也不会显露;也就将没有自发性、原创性与天才的余地,没有心灵活力、道德勇气的余地。社会将被'集体平庸'的重量压垮。所有丰富与多样的东西将被习惯的重量、人的恒常的齐一化倾向压垮,而这种齐一化倾向只培育'萎缩的'能力、'干枯与死板'、'残疾与侏儒式的'人类"①。

这种自由虽然在逻辑上与民主或自治基本上没有关联,但是相对于其他制度来说,民主自治却是这种自由成长的最好的环境。虽然个人自由与民主统治之间没有必然的联系,但是二者之间却涉及两种自由(消极自由与积极自由)。以上所讨论的自由即消极自由。

伯林认为,"'自由'这个词的'积极'含义源于个体成为他自己的主人的愿望。我希望我的生活取决于我自己,而不是取决于随便哪种外在的强制力"②。"我希望意识到自己是一个有思想、有意志、主动的存在,是对自己的选择负有责任并能够依据我自己的观念与意图对这些选择做出解释的。只要我相信这是真实的,我就感到我是自由的;如果我意识到这并不是真实的,我就是受奴役的。"③

伯林认为这种积极的自由可能会出现一种"膨胀的状态",这种"自由的自我"变为超人的实体——国家、阶级等,这些膨胀的自我同样追求自我所实现的积极的自由。这种膨胀体在容易被操作者我所驾驭,而个人的积极自由被这个膨胀体等同化,使个人自由偏离了它的正常轨迹。

积极的自由呼唤人们的主体意识,主体让人们去实现属于自己的自由。可是这种自我实现并不一定能够实现,人们在追求自己目标时可能遇到挫折。可能由于我遇到的这些挫折,我开始对世事不那么关注而只关注我自己的内心,从而保证自己是安全的。这种抵制欲望的方法常被一些宗教人士所采用以抵抗世界对自身的冲击。当人们在外在世界寻找不到希望时开始在自我内在的城堡中寻求一种理性的神圣自我的实现,这样的做法可以在个人主义中找到影子。可是这种内心的实现并不是人的自由的真正的应有之义,而只是一种逃避。伯林指出:"无法拥有的东西就必须学会不去企求,被消除或被成

---

① 以赛亚·伯林. 自由论 [M]. 胡传胜,译. 南京:译林出版社,2011:175—176.
② 以赛亚·伯林. 自由论 [M]. 胡传胜,译. 南京:译林出版社,2011:179—180.
③ 以赛亚·伯林. 自由论 [M]. 胡传胜,译. 南京:译林出版社,2011:180.

功抵制的欲望与实现了的欲望一样是好的,这样的学说是高尚的,但在我看来,这不折不扣地是一种酸葡萄学说:我没有把握得到的东西,就不是我真正想要的东西。"[1] 伯林认为这种理论就像退回到家里以抵抗敌人一样,这样虽然能够保护自我,但是绝对不能认为这样的做法比击败敌人更能够获得自由。

自由只有经过我的可以外化的实现之后它才是真正自由的,所以这种自由注定要被应用于社会领域。在社会领域不是只有我要进行自由的实现而且还有我的同伴,如何保证每个人在实现自己自由的时候不与其他人发生冲撞?理性主义者给出的答案是让所有人都成为完全理性的人,因为这样人们会认同统一的理性的标准,对这统一的理性标准的尊崇可以让人们依据它行事从而避免人与人的冲突。因为理性主义者所服从的这个理性的标准实际上是理性主义者自己制定的,所以他们认为他们实际上是在服从自己,所以他们是自由的人。伯林认为这种假说虽然有着悠久的历史可以追溯到苏格拉底的"德行即知识",但是伯林对此提出了疑问:"它的那些基本假定却没有一个是可以证实的,甚至没有一个是真的?"

伯林认为人们在对自由的理解过程中,人们常常把一些与自由并不是一回事的概念等同于自由。比如说人们常把自己所要求的"承认"当作自由。所谓承认,是让人们能够感觉到自身是一个负责的行动者,是得到社会其他成员的认同,其他人认为我是一个值得考虑的对象。承认的深层含义是对人所在的特定圈子中成员地位的确认,如果人们失去了这种承认那么他会感觉到这是对它的地位的一种侮辱。然而这种承认实际上与自由并不是一回事,由于人们对自由这个词的理解是含糊的,所以导致了这种情况的发生。

在《两种自由概念》的最后部分,伯林表明了他追求多元主义的倾向。伯林认为虽然积极自由让人的自我觉醒激活了人强大的自我力量,但是人们不能把这种价值作为唯一评判世界的标准。人们要想选择自己生活的自由,那么人们的生活中必须有多种价值的评判标准。所以自由必须得到限制。因为对自己自由的尊重实际上隐含着对他人自由的尊重。如果只顾自己,将让弱者失去尊严,可能令事情走向自由的反面。

穆勒与生活的目的 在这一章中,伯林通过介绍穆勒成长及其思想转变的过程,向人们揭示出如果人们只是追求价值的一元性的话会出现的种种问题,从而告诫人们应该给自由留出空间,给其他的价值留有容身之所。

---

[1] 以赛亚·伯林. 自由论[M]. 胡传胜,译. 南京:译林出版社,2011:188.

约翰·斯图亚特·穆勒是一位伟大的思想家，可是他在小的时候所受到的教育与一般的孩子是不一样的。因为他的父亲詹姆斯·穆勒是一位坚定的理性主义者，所以从小约翰·穆勒接受的教育完全是理性的。这种纯粹理性的教育在传授知识内容方面是成功的，约翰·穆勒在十二岁的时所拥有的知识水平就可以超过许多三十岁的人。但是按照正常的社会标准这个小神童并不是完美的，因为在小神童的世界里面只有理性与知识，其他的价值标准都被他的家庭挡在门外。虽然约翰·穆勒拥有广博的知识，但是在他成年的早期他开始感到绝望，因为他感到缺乏目的、缺少继续生存的动力，甚至想死。

约翰·穆勒开始从反叛他父亲理性化的教育。伯林认为对于他来说，"人之有别于动物的首要之处，既不在于拥有理性，也不在于发明了工具与方法，而在于能选择，人在选择而不是被选择时才最成为自己"①。"可想而知，追求的方式越多，人的生活就变得越丰满；个体间相互影响的领域越广，新的和预料之外的机会就越多；沿着新鲜而未被探索的方向改变其自身性格的可能性越多，展示在每一个个体面前的道路也就越多，他的行动与思想的自由就越宽广。"② 约翰·穆勒在经过思想的阵痛之后，并没有像他父亲一样成为一个理性主义者，而是与父亲和老师边沁越走越远。约翰·穆勒所认为的幸福不再像他的老师那样带有功利主义色彩，在约翰·穆勒那里幸福意味着类似于一个人愿望的实现。

在体验到理性一元性给自身带来的种种痛苦后，约翰·穆勒开始对自由产生了无限的向往。在自由的环境中，人们不至于走向集体平庸，不至于让人们丧失创造性与个人的天赋。在自由的环境中，人们应该对他们自身的反对者采取宽容的态度，而不应该漠视。穆勒相信人的这种自由必须要得到保证，所以要对强制权进行严格的限制。只有这样才能让人在某个小的领域中真正的不受侵犯，否则人就不会具有完整人格。在这个自由的领域中，人可以具有它的多样性，可以按照他自己所认为的好的方式发展自身。在这个自由的领域中，人应该具有抗议的权利，穆勒认为抗议是公正的保障。同时，人们还应该有言论的自由。穆勒还肯定了教会在精神领域与私人领域区分所起的作用，这个区分使得舆论自由成为可能。

穆勒认为人具有获得这种自由和保卫这种自由的权利，如果有必要的话，

---

① 以赛亚·伯林. 自由论［M］. 胡传胜，译. 南京：译林出版社，2011：226.
② 以赛亚·伯林. 自由论［M］. 胡传胜，译. 南京：译林出版社，2011：227.

人可以为了自由而战。关于自由，穆勒指的是"人不受阻碍地选择自己的崇拜对象与崇拜方式的状态"[①]。人只有有了自由，有了可以自由的空间才能实现自我。"实现这个状态，穆勒视为比生命本身还要宝贵的理想"[②]。

自由立于希望与恐惧　康德的名言："世界上有两种事物使我越想越感到恐惧，一是天上的星空，二是心中的道德。"虽然康德的这句话可以有多种理解，但是笔者认为康德的这段话写出了人的渺小。在人的头上是浩瀚的宇宙，每一颗闪闪发光的"小星星"实际上都是一个比地球要大不知多少倍的星体，而整个宇宙中有无数颗这样的星星，与这样浩瀚的宇宙相比，我们人类每一个个体甚至是我们整个人类整体与它相比都显得是那么的渺小。这是第一方面外部自然会给人们带来的感受。另一方面是人心中的道德，这里的道德在一定程度上指的是人的自由。面对着浩瀚的外部世界，人类这个处在弱势地位的群体如何才能实现他们的自由？人类如何才能获得自由这个古老的哲学问题一直困扰着人类。伯林在这一部分就对这个问题进行了探讨。伯林选取的角度是知识与自由的关系。

自启蒙运动以来，人们更加确信理性对于人们的重要性，并从把理性应用到各种社会领域中尝到了甜头，比如说工业革命让人们的生产力迅速提高。在人类理性顺利地发展这样的大背景下，一些思想家认为："自由是自我实现与自我导向的自由。"[③]这种自由中所强调的自我实现与自我导向就类似于人们在工业生产领域所取得的成功，只要人们对生产的过程有了全面的认识，消除了生产过程中障碍，那么人就能"自由"地生产。自我实现的自由也是一样，只要人们清除了人们认识中的障碍，达到了对自我和外部自然的充分认识，那么人就可以成为现实世界的主人，获得自由。

伯林认为这种"自我实现的自由"有这样一些共同的假定："（1）事物和人具有本性——确定的结构，不受他们是否被认识之影响；（2）这些本性与结构受普遍的、不可改变的规律支配；（3）这些结构与规律，至少从原则上讲，是可知的；拥有关于它们的知识，便会自动地使人免于在黑暗中失足，使人不再做丧失理智的行动；根据事物与人的本性以及支配它们的规律，无理智的行动是注定要失败的。"[④]

---

① 以赛亚·伯林. 自由论[M]. 胡传胜，译. 南京：译林出版社，2011：256—257.
② 以赛亚·伯林. 自由论[M]. 胡传胜，译. 南京：译林出版社，2011：257.
③ 以赛亚·伯林. 自由论[M]. 胡传胜，译. 南京：译林出版社，2011：258.
④ 以赛亚·伯林. 自由论[M]. 胡传胜，译. 南京：译林出版社，2011：259—260.

也就是说如果人的行为没有被正确的导向所引导，那么人注定是不自由的。理性才是人获得自由的正确导向。世界对人来说是如此的庞大，人只有通过理性认识了它们，找到事物为何如此行事的原因后，根据世界的规律来办事人才是自由的。人们之所以不自由就是由于缺乏对世界的了解。知识的增加会增进人们的自由，只要我们对世界具有了足够的知识，那么我们的自由也会随之增加。持有这种观点的人会出现这样一种情况：当理性的人们对事物的认识达到绝对充足之时，人们对同一事件的处理方式应该是唯一的。因为人们对世界了解越多，那么他们会根据理性获得处理此问题的"最优"答案，这个答案应该是唯一的。所以原本以为是由人类自由选择来决定的行为，实际上是受因果律支配的。

伯林认为这种把自由理解为自我选择的学说有很大的局限性。伯林认为"自由意味着能够不受强制地做选择；选择包含着彼此竞争的可能性——至少两种：'开放的'、不受阻碍的选项"。而知识并不一定是与这种自由必定融合在一起的。"说知识是一种善是一回事；就自由这个词最常的用法，说知识在任何情况下都必然与自由相容而且与之相包含（或者，正如某些人似乎假定的那样，他们在字面上是同意的），是完全另外一回事。"[1]

论自由的其他作品

这部分包括《自由》《希腊个人主义的兴起》《最后的回顾》三篇文章，伯林在《自由》这篇文章中主要讲述了他对政治自由的理解。伯林认为"以一种粗糙的和（有人会坚持说）扭曲的形式，极权与权威制度"代表者有机论的观点和自由主义的政治观的变种和连接是可能的，他们是两种基本的、彼此对立的观念，并主导着文艺复兴以来的世界。在《希腊个人主义的兴起》一文中，伯林把公元前4世纪、文艺复兴与浪漫主义时期视为个人主义的三个主要阶段，分别介绍了这三个阶段希腊一些主要代表人物关于个人主义的看法和论述。在《最后的回顾》中，伯林主要是对《历史的不可避免性》和《两种自由的概念》的主要内容作了简要的回顾和评价。

传记性附录

这部分由三篇文章构成，在《目的证明手段合理》这篇文章中，伯林介绍了关于乌里茨基的谋杀故事。乌里茨基一向残忍，干事以"目的证明手段合理"为信条，杀害了很多人，包括彼得的爸爸。最后被彼得暗杀，从而证

---

[1] 以赛亚·伯林. 自由论 [M]. 胡传胜, 译. 南京: 译林出版社, 2011: 285.

明了伯林所要说明的"目的证明手段合理"的目的。在《致乔治·凯南的信》中主要与乔治讨论了道德问题。在伯林看来道德问题是关乎一切的根本问题。在《关于偏见的笔记》中主要介绍了几种偏见。伯林认为"没有什么东西比这种信念更有害：某些个体或群体认为只有他、她或他们唯一拥有真理特别是那些关于怎样生活，成为什么与做什么的真理；而与他们不同的人不仅是错误的而且是邪恶与疯狂的因此需要意志与镇压"是错误的，会导致极权与冲突。伯林认为导致可以避免冲突的另一个根源是成见。还有"民族主义在今天大概是最强大也是最危险的力量"，要消除偏见只有通过知识才能达到目的。

伯林及其批评者

在这部分，伊安·哈里斯分析伯林的知识观时，认为伯林的价值多元论补充了新康德主义的观念。事实上，存在着两种观念："一种观念认为自然的事实是彼此调和且允许作决定论解释的，另一种观念则认为人类生活的明显特征，包括价值，是彼此不调和的，且主要是自由选择的结果。"持调和论者，思想往往走向决定论。法国启蒙运动就是这种决定论的产物。人的行为是可以被决定的，历史也是可以被决定的，就像物理自然可以被决定一样。随后，卢梭将这类观念翻译为一种政治习语，影响了几代人的政治思想。与此相反，伯林认为：必须存在个体不受社会与政治干预的领地；人有决定其自身行为的能力；历史不应该是被决定的。而这类思想，都源于他的价值不可调和但可以共存的多元论。价值多元论堪称伯林思想的"内在城堡，一种支配他的思想、形成他的世界观的基本认知"，是他"真正在捍卫的东西"。

── 【意义与影响】 ──────────

第一，伯林的这本著作是关于自由的著作中非常重要的一部，地位非常之高。在英国政治思想史上，伯林的这本《自由论》，被誉为继弥尔顿《论出版自由》、穆勒《论自由》以后的第三部里程碑式的著作。

第二，伯林因此书表达的思想，在政治哲学界引起了持续的辩论。《自由论》这部著作让伯林成为20世纪复兴古典主义价值的重要的思想家之一。

第三，伯林开创性地区分了消极自由与积极自由，这在学术界是首次，具有重要意义。伯林通过区分积极自由与消极自由，力图倡导一种多元主义的价值观，来消除一元论所带来的种种恶果。罗尔斯对伯林的这一思想给予了这样的评价：平等的公民各有其不同的因而也是不可公度、不可调和的善的观念，伯林的这个毕生信念，对自由主义来说是核心性的。

【原著摘录】

编者絮语 P1－24

P2　这本书的核心纲领是伯林的价值多元论，即他的这种信念：人所追求的价值不仅是多元的，而且有时是互不相容的；这不仅适用于整个文化即价值体系的层面，而且适用于某一特殊文化或个体的价值。各种一元论宗教与政治意识形态的一个基本特征是，声称得救的道路只有一条，正确的生活方式只有一个，真正的价值结构只有一个。正是这种主张，当得到狂热的表达时，导致原教旨主义、迫害与不宽容。多元主义要预防的就是这种危险。它是自由主义与宽容之源：不仅仅是那种等待错误被改正的不稳定的宽容，而且是那种深刻的、持久的宽容，这种宽容接受并欢迎那些与我们自己所奉行的生活见解根本不同的生活见解。

自由五论 P3－288

导论 P3－54

P4　第一，决定论以及决定论与我们有关人与人的历史的观念的关系；第二，价值判断，特别是道德判断在历史与社会思考中的地位；第三，在政治理论领域，在现代作者所谓的"积极自由"与"消极自由"之间作出区分的可能性，这种区分自由与自由的条件之间的进一步区分的关联，以及这种区分与下述问题的关联：什么东西使得这两种自由内在地值得追求或拥有；最后，关于一元论，即各种人类目标的统一与和谐的问题。

P3－4　首先涉及这个观念在我们这个世纪意识形态斗争中的兴衰变迁；其次涉及那些对历史学与社会学的假定与方法进行审视的历史学家，社会科学家与作家在著作中赋予自由这个词的意义；再次涉及自由的两种主要概念在观念史上的重要性；又次讨论个人自由的理想在 J. S. 穆勒这位自由的最热心斗士之一的思想中的作用；最后则讨论知识与自由的关系。

P4　在我看来，在"消极自由"与人类寻求的其他更积极的社会或政治目标——如统一、和谐、和平、理性的自我导向、公正、自治、秩序、追求共同目标时的合作之间，有时似乎构成不太有利的对立；这种对立在某些情况下扎根于古代的一个教义中。根据这个教义，所有真正好的事物都在一个单一、完美的整体中互相关联，或至少彼此相容。

P35　我所说的自由是行动的机会，而不是行动本身。如果，我虽然享有通过敞开的门的权利，我却并不走这些门，而是留在原地什么也不做，我的自由并不因此更少。自由是行动的机会，而不是行动本身。

P41－42　我主要想确定的是，不管它们之间有没有共同基础，也不管哪一个容易受到严重的歪曲，消极自由与积极自由并不是一回事。它们二者本身都是目的。这些目的有可能无法协调地相互冲撞。当时冲撞发生的时候，选择与偏好问题就会不可避免地产生。

二十世纪的政治观念 P55－92

P55　想过上平静生活的人，在20世纪真是生不逢时。——L. 托洛茨基。

P55　不管多么谨慎与周详，观念史家也会感觉到无法逃避根据某种模式来感知他们的材料。

P71　始于绝对自由而达于绝对专制。

P82　苏联的模式是清晰的、简单的、从"经过科学检验的"前提中推演出来的。实现这种模式必须依赖于技术上训练有素的信仰者，他们随心所欲地处置人类；在科学所揭示的范围内，人类是无限可塑的材料。

P91　压制是为了生存，而生存主要是去压制。

历史必然性 P93－166

P107　目的论是一种既不能为任何一种经验所证实，也不能为任何一种经验所驳斥的信仰形式。

P114　决定论的这些形式，尽管语调可能不同——要么是科学的、人道主义的、乐观主义的，要么是暴怒的、天启的与狂喜的——但他们都同意：世界具有某种方向并受规律支配；通过运用适当的研究方法，这种方向与这些规律在某种程度上是能够发现的；更进一步，只有那些认识到个体的不管是精神方面还是物质方面的生活、性格与行动受他们所属的更大的"整体"支配的人，才能把握这些规律的作用；正是这些"整体"的独立演化，才构成所谓的"力量"（force），而根据这些力量的方向，真正"科学的"（或"哲学的"）历史才能被阐明。

P125　自由与因果律的界限应该被划定在什么地方，这是一个关键的实践问题。关于这种界限的知识，对于无知与非理性，乃是一种有力而不可缺少的解毒剂，并能为我们提供新的解释类型——以前时代所缺乏的历史学的、心理学的、社会学的与生物学的解释。我们无法改变的东西，或者我们无法像我们设想的那样改变太多的东西，不应该作为反对或赞成我们作为自由的道德主体的证据。它会使我们感到骄傲、羞愧、遗憾、有兴趣，但不是懊悔；它可能被羡慕、向往、贬抑、享受、害怕、好奇，但不会被（除了在某种半美学的意义上）称赞或者谴责；我们的愤怒得到了抑制，我们的判断被终止。

P127—128　只有无知才产生荒谬的关于自由意志与无原因的选择的信念，而这些信念将随着科学与形而上学的整理之光而消散。

两种自由概念 P167—221

P170　主体（一个人或人的群体）被允许或必须被允许不受别人干涉地做他有能力做的事、成为他愿意成为的人的那个领域是什么？

P170　什么东西或什么人，是决定某人做这个、成为这样而不是做那个、成为那样的那种控制或干涉的根源？

P170　我们一般说，就没有人或人的群体干涉我的活动而言，我是自由的。在这个意义上，政治自由简单地说，就是一个人能够不被别人阻碍地行动的领域。

P172　"狼的自由就是羊的末日"；一些人的自由必须依赖于对另一些人的限制。

P175—176　除非个体被允许过他愿意的生活，"按只与他们自己有关的方式"，否则文明就不会进步；没有观念的自由市场，真理也不会显露；也就将没有自发性、原创性与天才的余地，没有心灵活力、道德勇气的余地。社会将被"集体平庸"的重量压垮。所有丰富与多样的东西将被习惯的重量、人的恒常的齐一化倾向压垮，而这种齐一化倾向只培育"萎缩的"能力，"干枯与死板"、"残疾与侏儒式的"人类。

P179—180　"自由"这个词的"积极"含义源于个体成为他自己的主人的愿望。我希望我的生活与决定取决于我自己，而不是取决于随便哪种外在的强制力。

P180　我希望意识到自己是一个有思想、有意志、主动的存在，是对自己的选择负有责任并能够依据我自己的观念与意图对这些选择做出解释的。只要我相信这是真实的，我就感到我是自由的；如果我意识到这并不是真实的，我就是受奴役的。

P188　无法拥有的东西就必须学会不去企求，被消除或被成功抵制的欲望与实现了的欲望一样是好的，这样的学说是高尚的，但在我看来，这不折不扣地是一种酸葡萄学说：我没有把握得到的东西，就不是我真正想要的东西。

穆勒与生活的目的 P222-257

P226 人之有别于动物的首要之处,既不在于拥有理性,也不在于发明了工具与方法,而在于能选择,人在选择而不是被选择时才最成为自己。

P227 可想而知,追求的方式越多,人的生活就变得越丰满;个体间相互影响的领域越广,新的和预料之外的机会就越多;沿着新鲜而未被探索的方向改变其自身性格的可能性越多,展示在每一个个体面前的道路也就越多,他的行动与思想的自由就越宽广。

P230 穆勒的确补充说:"当两种或两种以上次级原则发生冲突的时候……对某种第一原则的直接诉求将成为必需。"这个原则就是功利,但是他并没有指出这个概念在抽干了它的老式的、唯物主义的但也是可以理解的内容之后,还如何使用。

P247 对穆勒来说,没有抗议的权利,没有抗议的能力,就不会有公正,也不会有值得追求的目的。

P256-257 人不受阻碍地选择自己的崇拜对象与崇拜方式的状态。

自由立于希望与恐惧 P258-285

P258 自由是自我实现与自我导向的自由;通过个人自己的行动来实现其本性与真实目的(不管对它们作何定义),他的本性和真实目的受到了他的那些关于世界以及人在世界中的位置的错误观念的阻碍。

P259-260 (1)事物和人具有本性——确定的结构,不受它们是否被认识之影响;(2)这些本性与结构受普遍的、不可改变的规律支配;(3)这些结构与规律,至少从原则上讲,是可知的;拥有关于它们的知识,便会自动地使人免于在黑暗中失足,使人不再做丧失理智的行动;根据事物与人的本性以及支配它们的规律,无理智的行动是注定要失败的。

P271 完全理性的人并不选择他的目的,因为他的目的是给定的。他对人与世界的本性理解得越多,他的行动就会变得越和谐与成功,但是就像一个数学家从一个真实的前提可以逻辑地导出不可避免的结论一样,他不会面临在两种同样可以接受的可能性之间作选择这样一个严重问题。他的自由存在于这个事实:他不会按照他不知其存在,也不能正确理解其影响之本性的那些原因行事。

P285 说知识是一种善是一回事;就自由这个词最通常的用法,说知识在任何情况下都必然与自由相容而且与之相包含(或者,正如某些人似乎假定的那样,它们在字面上是同义的),是完全不同的另外一回事。

论自由的其他作品 P319－336

P334 这就是我想要探讨的"自由"的两个核心含义。我认识到它们是不同的，是对两种不同性质问题的回答，它们虽然同源，但在我看来它们却并不冲突，也就是说对其中一种问题的回答并不必然决定对另一问题的回答。两种自由都是人类的终极目的，两者都必须受到限制，两种概念在人类历史上都可能被滥用。

P336 这就回到了一种天真的观念：每一个问题都只有一个正确答案：如果我知道这个正确的答案而你不同意我，那是因为你的无知；如果你知道真理，你必然会相信我所相信的；如果想你不服从我，只能说明你是错误的，因为那个真理并没有像显示给我那样显示给你。这种说法替人类历史上一些最令人发指的压制与奴役形式辩护；而且这的确是积极自由观念的最危险、最凶残的含义，特别是在我们这个世纪。

【参考文献】

[1] 邓晓芒. 伯林自由观批判 [J]. 社会科学论坛，2005 (10).

[2] 周枫. 为伯林自由观辩护——对邓晓芒"伯林自由观批判"的批评 [J]. 社会科学论坛，2006 (5).

[3] 邓晓芒. 不成功的辩护——对周枫《为伯林自由观辩护》的回应 [J]. 社会科学论坛，2006 (10).

[4] 刘明贤. 伯林的两种自由概念探析 [J]. 哲学动态，2004 (9).

[5] 张德怀，邓春梅. 论消极自由理论的发展——从本杰明·贡斯当到以赛亚·伯林 [J]. 重庆邮电学院学报，2005 (5).

六、《自由主义、社群与文化》

［加拿大］威尔·金里卡　著
应奇，葛水林　译
上海译文出版社，2005 年

【作者简介】

威尔·金里卡（1962— ），1962 年出生于加拿大，先后在加拿大女王大学和牛津大学就读，1984 年获女王大学（Queen's University）哲学和政治学学士学位，1987 年获牛津大学哲学博士学位，从 1998 年起在加拿大女王大学哲学系任教并担任其政治哲学研究协会主席。在女王大学任教前，他曾在其他多所加拿大、美国和欧洲的大学就职，是布达佩斯中欧大学民族主义研究项目的客座教授。

金里卡研究兴趣集中在民主和多元性问题上，特别是研究在多文化社会里公民权和社会公正的模型。他出版了 8 本著作以及发表 200 多篇文章，其作品被译成 32 种语言，并多次获奖。他与作家苏珊·唐纳森（Sue Donaldson）结为夫妻，共同出版了《动物权利的政治理论》（牛津大学出版社，2011）一书，获得了 2013 年加拿大哲学家协会颁发的比恩尼尔图书奖。

金里卡著作的中译本主要有：《自由主义、社群与文化》（2005 年）、《少数的权利：民族主义、多元文化主义和公民》（2005 年）、《中西政治文化论丛》（第五辑）（与马德普、葛荃、常士闾等合编）（2006 年）、《中西政治文化论丛》（第六辑）（与马德普、葛荃、常士闾等合编）（2007 年）、《多元文化公民权：一种有关少数族群权利的自由主义理论》（2009年）、《当代政治哲学》（2011年）等。

【写作背景】

自近代以来，标榜着自由、民主、平等和个人权利的自由主义就是西方社会占主流地位的政治哲学。19世纪末到20世纪30年代，传统自由主义的主导地位在西方经济危机的冲击下被倡导国家干预的新自由主义所取代，并保证了第二次世界大战后到20世纪70年代欧美国家经济的繁荣发展，盛极一时。为了解救70年代中期后出现的资本主义滞涨危机，以恢复古典自由主义为主要内容的新古典自由主义也称为保守自由主义（西方经济学界仍称他们为新自由主义）在80年代登上历史舞台，反对新自由主义的国家干预，倡导"弱政府、强社会"，主张社会自治和自由市场，促进了资本主义的再度繁荣，对90年代的东欧剧变、冷战结束等重大历史事件也起到了思想舆论上的先锋作用。然而，西方朝野陶醉于为自由民主体制"不战而胜""历史终结"欢呼时很快发现在许多国家和地区，种族、民族矛盾以前所未有的尖锐程度凸显，对自由主义理论与实践构成现实的挑战。

20世纪60年代以来，欧美发达国家和地区由于原住民、移民、外侨等日益复杂的人口、种族、民族及其文化冲突以及黑人意识觉醒、民权运动兴起等原因，既面临融合不同种族、民族的文化与寻求社会公平和正义的任务，又存在着如何保障个体自由和权利的民主课题，不得不陆续实行多元文化主义政策。政治实践调整引发了讨论和争议，西方各政治哲学流派运用不同的方法，从不同的理论视角出发对自由主义进行批判的同时纷纷做出了自己的解释和应对方案。1971年美国哲学家罗尔斯发表了《正义论》，不仅在哲学、伦理学和政治学等领域产生了广泛而深远的影响，而且直接引发了新自由主义与社群主义的激烈交锋。以罗尔斯为代表新自由主义放弃了功利主义传统，强调正义、公平和个人权利的优先地位。80年代兴起的社群主义从方法论和规范理论两个方面对新自由主义发起了全面的反攻，成为唯一足以与罗尔斯为代表的新自由主义理论相抗衡的政治哲学流派。社群主义主张应该把个人放到其所在的社群、文化和历史背景中进行考察，批判自由主义缺乏对人的社会性的关注，导致人的原子化、公共利益弱化；认为在文化多元化的时代背景下，自由主义理论无法解释和解决少数群体的权利问题，进而无法实现其提倡的个人自由、民主和平等的理念。

面对自由主义和社群主义的交锋及其困局，金里卡力图以加拿大、美国等陆续实行的多元主义文化政策为实践根据，努力调和自由主义和社群主义之争，维护并修正和发展了自由主义理论。金里卡的自由主义的多元文化主义是当代西方极有影响的政治哲学流派之一。

【中心思想】

《自由主义、社群与文化》中译本共计 26.4 万字，包含自由主义、社群、自由主义与文化成员身份三大部分以及两篇附录。全书主旨在于反驳社群主义对自由主义政治理论的质疑和批判，中心思想是为西方自由主义传统辩护并加以修正和改进。本书的核心议题是：自由主义是否如社群主义等批评者所指责的一样，忽视人们在社群和文化中的成员身份的重要性因而导致"原子主义"和"个人主义"？对此，金里卡通过此书，以左翼自由平等主义的理念为基础，以个人与社群、国家间基本关系的论述为基线，挖掘和发扬自由主义传统自身在自由、平等、正义、责任、身份认同、共享价值等方面的理论资源，来反驳社群主义者及其他批评者，阐明了捍卫自由主义的重要观点：作为自由主义基础的个人主义并不以脱离或牺牲人们的社会性即共享的社群为代价，而是植根或定位于人们共享的社会环境；自由主义承认每个人在社群中的生活的价值，并以人们能够自觉接受的方式促进这种共享的价值，是一种与社会世界相一致而非对抗的个人主义。无论社群主义者和共产主义者怎样反对，自由主义是适合于支配现行政治制度和实践的一种可行的政治道德理论。

【分章导读】

第一部分即第一章　导论　金里卡在该部分阐明了本书研究的出发点、动机、每一章要研究的主要问题。金里卡认为，自由主义并非只探讨个人和国家关系以及限制国家对公民自由的干涉，它也包含了对个人和社会关系的探讨，尤其是对于个人在社群和文化中的成员身份的分析；他指出，作为自由主义基础的个人主义价值不是以牺牲人们的社会性或社群为代价，而是植根或定位于人们共享的社会环境。

金里卡指出，世界上绝大多数国家都存在着各种不同的文化群体，每个文化群体都有自己独特的文化身份。关于文化多元化性的思考引起了自由主义者对文化成员身份及其利益等问题的关注，成了自由主义关于个人和社群之间关系的观念的中心，这曾是 19 世纪晚期和 20 世纪早期的自由主义理论与实践的不可分割的组成部分。他试图挖掘和重估自由主义在个人自由、文化成员身份和少数群体权利等问题的传统精神及其理论资源，为自由主义进行辩护，并加以修正和推进。

第二部分　自由主义　该部分由第二章和第三章构成。金里卡在该部分主要对自由主义传统精神进行梳理，区分了自由主义内部的一些争论；通过对自由主义在正当与善的关系上的某些最常见的混淆和误解，认为自由主义的原则是正当的，因为对美好生活来说非常重要，反驳了社群主义者对自由主义的质疑。

第二章　自由主义　为了回应不同批评者对自由主义的责难，金里卡在本章中首先明确限定他为之辩护的自由主义类型，是"作为一种规范的政治哲学，作为关于政治行动和制度的正当理由的一类道德论证的自由主义"[1]，即现代的"社会民主党人"的新自由主义；接着指出，这种自由主义的政治道德的基本主张是"我们的根本利益在于过一种好的生活"。要实现人们过好生活的根本利益，不同于罗尔斯将其诉诸人们形成和修正生活的理性计划的能力，也不同于马克思则将其诉诸人们从事自由的创造性劳动的能力，金里卡提出两个前提条件：一是根据人们关于价值的信念从内部过自己的生活；二是在质疑信念上是自由的，不会由于异端的宗教信仰或异常行为等原因受到惩罚。他认为，对根本利益的这种理解构成自由主义的政治理论基础，并可以根据德沃金的"抽象的平等主义的高地"理论，即"社群成员的利益是重要的，而且是同等重要的"观点来阐发：人们"最根本的利益在于正确地取得这些信念并根据它们而行动，政府就应当通过为每个人提供审视这些信念并根据这些信念行动所需要的自由和资源，用平等的关心和尊重把他们当做平等者来对待"[2]。因此，这是传统的自由主义者关心公民自由、人身自由、言论自由、教育等的根本原因，也是现代自由主义正义理论的基础和政治道德。

金里卡举例分析了自由主义的批评者对其存在着常识的误解。比如，贾加尔关于自由主义理论的出发点是"人类个体本质上是孤独的，具有独立于他人的需要和利益"的假设等看法。金里卡指出，这是对自由主义理论的一

---

[1] 威尔·金里卡. 自由主义、社群与文化［M］. 上海：上海译文出版社，2005：9.
[2] 威尔·金里卡. 自由主义、社群与文化［M］. 上海：上海译文出版社，2005：14.

种无根据的推论,在自由主义理论中没有片言只语的文本支持,自由主义绝不是"脱离社会的抽象的个人主义"这种荒谬的主张,它恰恰是穆勒等人所批判的;通过穆勒和罗尔斯关于个人品格、目标和利益与社会互动相关的理论阐述,驳斥了这些关于自由主义的错误观点。再比如,针对昂格尔和贾加尔关于自由主义者是关于不同的善的观念的理性辩护的怀疑论者论调,金里卡通过穆勒在《论自由》和《功利主义》中对自由的论证进行了反驳;阐明自由主义不是道德的怀疑主义,自由之重要是希望通过教育等社会互动了解关于善的知识,能够质疑和修正人们生活中关于价值的信念,从而达到正确的选择并据此行动,以便生活得更好。

第三章　正当与善　金里卡在本章中主要通过对罗尔斯关于正当或善的优先性思想的比较分析,提出了一个重要的论点:正当与善哪个优先问题的争论是虚假的。

罗尔斯把功利主义和自由主义分别称为"目的论的"和"义务论的";前者赋予善对于正当的优先性,后者则相反;功利主义是将正当定义为善的最大化,从而在善的分配方面力图为了实现最大化总体的善而牺牲个人的善,是从个人到社会的反个人主义。金里卡认为,"罗尔斯误述了功利主义并因而误述了关于分配的争论"①,把功利主义当作一种平等考虑的理论不会取消关于分配的争论;正当与善的优先性的问题实际上与分配无关,而是对善的恰当定义以及至善论和罗尔斯自己的非至善论的区别。

金里卡对功利主义进行了新的更好解释:"一种意欲用平等的关心和尊重把人们当做平等者来对待的道德理论。"② 根据这种解释,正当的原则就是对给予每个人的善以同等的考虑,实现了善的最大化。那么,罗尔斯和功利主义正义观的争论与正当或善的优先性毫无关系,他们只是在如何最好地定义和促进人的善这方面产生了分歧,都是对"同等的考虑"的某种解释,功利主义本质上是一种"义务论的"理论,和自由主义是一致的。

第三部分　社群　该部分包含三章,即第四章、第五章和第六章。金里卡依次考察、反驳了来自社群主义、马克思主义等对自由主义的批评,阐明了自由主义的正义观,最终得出结论:自由主义是一种可行的政治道德和政治制度。

---

① 威尔·金里卡. 自由主义、社群与文化 [M]. 上海:上海译文出版社,2005:24.
② 威尔·金里卡. 自由主义、社群与文化 [M]. 上海:上海译文出版社,2005:25.

第四章　社群主义与自我　金里卡在本章中主要考察并有力地反驳了来自社群主义者的批评即自由主义依赖一种不恰当的自我观，为自由主义辩护。

（1）自由主义自我观是空洞的。泰勒认为自由主义让"情境化的"自由服从理性自决的愿望以及基于它自身的原因而被追求，是空洞的；麦金太尔认为自由主义否认了社群作为给定的"权威的视界"。金里卡认为这些批评误解了自由主义自由观，自由主义者对自由的追求并不是因为自由自身，"因为我们的生活必须按照我们关于价值的信念从内部来过，我们就应当拥有形成、修正并根据我们的生活计划行动的自由"[①]。这没有任何空洞性。

（2）违反了我们的自我感知。桑德尔认为，自由主义强调自我先于它的目的，就把自我理解为本质上没有负担的，这与人们最深的自我感知意义上的自我理解不相符，自我并不先于目的，与其目的不可分。金里卡指出，这种"自我感知的论证"是对自由主义的误导。对自由主义至关重要的不是人们先于它的目的感知自我，而是在对任何目的或目标都必须质疑和重估以便实现正确的选择意义上，自我先于其目的。

（3）无视了我们在社群的实践中的被植入性。桑德尔认为社群是具有共同的自我认知的成员构成的，人们通过对社群的需要、认同和忠诚等以"发现"自我而获得目的，这种被植入或被情境化于社群关系的自我，被自由主义忽视了。对此，金里卡明确指出：社群主义把实践理性当做自我发现，自由主义把实践理性当做判断，自我发现并不能代替或排除关于怎样过我们的生活的判断；自由主义也看重一个人的价值是在社群中发展出来的，并且社群是作出选择的重要背景，只要"通过选择"获得目的和目标，就是达到自我发觉的更大程度的自我意识，恰恰是桑德尔违背了人们最深的自我理解。

（4）无视了对我们个人判断的社会认可的必要性。金里卡承认，人类作为自主的道德存在物必须独自作出价值判断，其他人或社会认可对坚固信念、增加判断自信十分必要。为促进社会认可，社群主义鼓励社群价值，通过社群的实践和传统这一"权威的世界"实现人们的道德自信。但是，人们道德判断中的自信本质上是一个副产品：建立在根据正当理由作出正确判断基础上，不能直接追求；甚至有副作用：限制个人的反思和选择，社群或政治实现的背后操作造成不透明和扭曲。

（5）伪称具有一种不可能达到的普遍性或客观性。理查德·罗蒂谴责

[①] 威尔·金里卡. 自由主义、社群与文化 [M]. 上海：上海译文出版社，2005：46.

"康德式的"自由主义者（如罗尔斯和德沃金）把"理性"和"道德"解释成超文化的和非历史的自由主义道德观，要求抛弃这些康德式立论，转向"黑格尔式的"自由主义者（如杜威）的道德真理：政治道德必须诉诸特定的历史传统或社群的共享价值。金里卡对比分析了这两种自由主义的观点后，认为它们的意义理论上没有根本区别，差异只在方法的说明上；最后阐明，罗蒂对罗尔斯和德沃金道德观的批评存在以下问题：在道德语言的意义上是错误的；在道德商谈的起点上看是伪造的；在道德商谈的限度上是独断的。

第五章　泰勒的社会论题　金里卡对泰勒只要共同善的政治而不要中立关心的自由主义政治的社会论题主张，从概念与经验论证上进行了考察，以此反驳泰勒对自由主义不关注社会论题、忽视了义务及过分强调权利的批判。

概念上，泰勒反对自由主义的个人选择凌驾于社会的善之上及其"中立的政治关心"，提出应该被"共同善的政治"取代。金里卡认为，自由主义正义原则遭到了误解，因为自由主义国家的政策以促进社群成员的利益为目标，也可以说是促进共同善的；如果宽泛地使用"共同善的政治"这个术语，"自由主义的共同善之所以是一种善恰恰是因为它保证了个人在好生活的观念中进行自由选择的能力"[①]。共同善的政治和中立性的政治没有根本区别，两种观念真正的差别在于看待共同善的方式。

经验上，泰勒的关切集中在"自由文化"的不安定性上，认为人们有"归属于或维持"某种文化群体的职责和义务，文化的脆弱性的经验事实要求人们超出中立关心的政治的桎梏。金里卡指出，自由主义理论家们没有否认泰勒的维持那种文化的积极义务，约瑟夫·拉茨强调了这种义务的重要性，而罗尔斯和德沃金的理论中都提供了关于个人具有促进自我选择的自由所要求的社会条件的详细说明，"自由主义者认识到保护和促进这种社会条件的义务的重要性，而且接受那种义务恰恰是因为它们促进了自由主义政治的目标，而不是与这些目标相冲突"[②]。

经验上更深入的怀疑：泰勒认为中立关心支配的政治制度将不能维持合法性，因为合法性需要公民参与，而自由主义政治并不包含这种参与。金里卡反驳指出，泰勒关于合法性必然与社群主义密切联系主要基于：一是对早期社群的浪漫化观点，即合法性是自由地给出和得到的、是建立在对共享的目

[①] 威尔·金里卡. 自由主义、社群与文化[M]. 上海：上海译文出版社，2005：76.
[②] 威尔·金里卡. 自由主义、社群与文化[M]. 上海：上海译文出版社，2005：77.

的的有效追求的基础上。金里卡以18世纪新英格兰乡镇政府为例说明它的合法性是通过排斥妇女的成员身份而保持的，说明泰勒无视了一个非常重要的事实："在所有成员中间保证合法性的通常的办法是排除某些人的成员身份。"① 二是支配性实践的朴素观点：通过制度安排要求边缘化的人们更大程度的公民参与。金里卡通过美国法律实践的问题以及对桑德尔支持整顿色情作品的论证中的矛盾分析说明，问题的关键在于必须赋予边缘化的人们以平等地位、自由选择并定义自己的实践和认同的能力与权利，邀请其参与政治才是有意义的。否则，边缘化的团体的成员不得不调整他们的个性和实践以便不冒犯社群的支配性价值。泰勒的社会问题不能证明社群主义的政治参与观念或正义观念是唯一可行的。

金里卡认为，面对现实的挑战，或许自由主义需要自我调整，但是"平等主义的中立关心原则是最有可能在一个像我们这样的社会中——这种社会是内在地多样化的，历史上是种族主义的和性别歧视的——确保公众的同意的政治原则"②。并预测，中立关心原则的完全贯彻会更接近市场社会主义而不是福利资本主义。

第六章　马克思主义与对正义的批判　金里卡在本章中主要通过批驳马克思对正义的批判，维护自由主义的正义。金里卡从假定利益的同等重要出发，自由主义"提出一种法律上的平等来促进人们道德上的平等"③，马克思却予以反对。金里卡把马克思反对正义的观点分为三个次要论证和一个潜在的主要论证。

三个次要论证是马克思对资产阶级平等观及其分配理论只在分配上大做文章而不放在更根本的生产问题上的局限以及必然带来不平等、分裂等后果的分析。金里卡反驳认为，这些次要的反对意见都没有说服力，论证薄弱，且有策略性，有平等的视界总比没有好；自由主义正义观并不仅限于收入分配，罗尔斯和德沃金都把生产资料作为正义分配的社会资源考虑在内；马克思反对正义只不过它妨碍了社会主义运动的统一，一旦抛开这种先在的统一性，诉诸正义不仅没有削弱也许是创造统一性所需要的。金里卡认为，马克思关于正义是补救性的这一核心主张是错误的，将共产主义诉诸物质的丰裕以超越正义不仅不可能，且低估了正义在未来社会中的价值。"即使我们减少

---

① 威尔•金里卡. 自由主义、社群与文化 [M]. 上海：上海译文出版社，2005：84.
② 威尔•金里卡. 自由主义、社群与文化 [M]. 上海：上海译文出版社，2005：94.
③ 威尔•金里卡. 自由主义、社群与文化 [M]. 上海：上海译文出版社，2005：102.

利己主义并创造相当的资源的丰裕，某些潜在的冲突和伤害仍然是不可避免的（包含在家长主义中的潜在冲突和伤害就是因为帮助他人的能力和愿望而出现的一个例子）。"①

最后，金里卡重申："作为自由主义的基础的个人主义并不是以我们的社会性或我们共享的社群为代价得到珍视的。"② 他还郑重声明：接受力图更好地完善自由主义关于正义和个人自由的理想的那些批评，而共产主义者或社群主义者已经给予的拒斥理由并不适合。"无论共产主义者和社群主义者怎样反对，自由主义的正义似乎是适合于支配我们的政治制度和实践的一种可行的政治道德。"③

第四部分　自由主义与文化成员身份　该部分共包含八章，即第七章到第十四章。在该部分，金里卡把论述集中在了自由主义者回应文化多元局面的方式上，围绕着文化成员身份这一新概念，讨论了自由主义与文化成员身份的关系，涉及文化成员身份的价值、少数群体文化的权利等问题；考察了晚近的社群主义的少数群体权利观点和少数群体权利的批评者经常借用的南非种族隔离政策，对自由主义做了总结和辩护，阐明完善、发展自由主义理论与实践的方向和意义。

第七章　文化多元社会中的自由主义　金里卡在本章中对社群进行了分类：政治社群与文化社群，提出了文化成员身份这一新概念："处于相同文化社群中的人们彼此拥有共同的文化、语言和历史，正是这些东西规定了他们的文化成员身份（culture membership）。"④ 并提出了自由主义理论所面对的最具挑战性的时代课题：如何去回应一种文化多元的现象。他给出的答案是：取决于文化成员身份在自由主义理论中的角色，这是个触及自由主义关于自我和社群关系的观念的核心问题，并引发了一个重要的政治问题，即少数群体文化的权利问题。金里卡以北美拥有特殊法律和政治地位的土著权利为典型案例，尝试着在自由主义框架内分析解决这些问题。

金里卡从一个普遍假定出发：自由主义者必须反对少数群体文化的集体权利。他用 1954 年美国布朗诉教育管理委员会案驳倒对黑人实行的种族隔离法及其辐射式影响的历史经验说明，在把公民纳入国家的"普遍的"模式、

---

① 威尔·金里卡. 自由主义、社群与文化 [M]. 上海：上海译文出版社，2005：119.
② 威尔·金里卡. 自由主义、社群与文化 [M]. 上海：上海译文出版社，2005：125.
③ 威尔·金里卡. 自由主义、社群与文化 [M]. 上海：上海译文出版社，2005：124.
④ 威尔·金里卡. 自由主义、社群与文化 [M]. 上海：上海译文出版社，2005：129.

同不公正的立法作斗争中,自由主义原则的巨大作用和显著成就。与此对比,金里卡通过1969年加拿大政府建议修改印第安人法案、终结其特殊宪法地位的失败的历史经验说明,北美土著将居留地制度及其伴随物——对印第安人和非印第安人婚姻与选举权的限制,视为保存印第安人的文化社群所必需的,面对是捍卫维护少数群体权利的加拿大传统还是促进自由主义的平等这个选择,法院选择了维护少数群体的权利。

金里卡认为,这也许造成了"尊重个体"与"尊重集体"直觉上的冲突,但他更相信真正的冲突是体现对人的尊重的两种不同考虑方式的冲突。在选择的背景条件下,那种绝对的无任何差别对待的平等观没有包含对个体文化成员身份的认同,它将制造单一的文化,并对少数群体实行同化。但在多元文化的社会中,为保护一个文化社群的生存免遭危害甚至毁灭——文化成员身份的丧失,不同的公民身份权利或许是必要的。因此,对少数群体权利的维护并不违背自由主义的原则。

第八章　文化成员身份的价值　金里卡在本章中通过分析罗尔斯和德沃金的有关自由主义理论,重新考察了与个人主义和平等主义有关的一些基本的自由主义前提,探讨了文化成员身份与个人自由的关系以及它在自由主义理论中具有的恰当地位,对文化多元国家中少数群体文化地位进行了辩护。

金里卡指出,罗尔斯理论中公民自由的优先性以及自由是基本善的主张形成于他相信:个体选择的自由是追求过好生活这一根本利益的一个关键前提。但金里卡认为,可供选择的观念是在由文化遗产决定的具体选择范围内实现的,选择的范围本身不可选。作为选择背景的文化结构和文化社群,文化成员身份对追求过好生活的根本利益而言十分必要。因为只要每个人在他归属的社群内有自己应得的一份资源和追求自己选择生活方式的自由,那么"文化成员身份仍然是一种基本的善,对它的考虑是表现对个体平等关怀的一种重要部分"[①]。这不是一个反自由主义的观念。

最后,金里卡阐明了文化成员身份在自由主义理论中有着比通常意识到的更重要的地位;罗尔斯和德沃金之所以没有明确给予文化成员身份在自由是基本善的基础地位,是他们假定了单一民族国家中政治社群和文化社群是重合的,这不妨碍文化成员身份在文化同质国家依然是一种基本的善,也不能削弱它对个人自由的重要性;罗尔斯和德沃金以含蓄的方式承认了文化成

[①] 威尔·金里卡. 自由主义、社群与文化 [M]. 上海:上海译文出版社,2005:158.

员身份是基本的善,在多元文化国家的作为文化背景的文化社群中,它依然是维护个人自由和少数群体权利的必要条件。

第九章 少数群体文化的平等 金里卡主要通过罗尔斯和德沃金在单一民族国家范围内给出的自由主义的平等主张,说明了对少数群体文化身份的维护不是一个选择问题,而是一个境况问题,以此为少数群体文化的特殊地位进行辩护,阐明了以资源为基础的平等观,对自由主义平等观做了某种修正。

金里卡从自由主义理论前提"抽象的平等主义高地",即同等程度地关注社群中每个成员的利益出发,认为罗尔斯的正义原则和德沃金的资源分配方案都是一种发展道德平等观念的尝试。但是对于如加拿大的少数群体而言,根据两种制度或秩序——经济市场和多数人统治的政治决策对土著人权利的保护,却由于一些人在运用经济和政治程序使少数全体权利受伤害。金里卡认为,这种核心冲突是由于土著人没有获得同等份额的社会资源。人们之间在资源上的差异也许是主动选择造成的,需要自己负责;但是因为禀赋或境遇导致的差异,不是他们自己的责任。他还主张把土著权利看作是对少数群体所处不平等境况的回应,对因境况不同造成的损失,应给予补偿,亦是特殊的政治权利对不平等的纠正,与每个人都该获得平等法律保护的要求不冲突。因此,"少数群体的权利可以构成被普遍认可的自由主义平等理论的一个重要组成部分"[①]。

第十章 少数群体权利与自由主义传统 金里卡以历史主义的方法,全面考察了少数群体权利和自由主义的关系,阐述了社群及文化成员身份在第二次世界大战前后的自由主义理论与实践中的不同境遇,为自己对少数群体权利的辩护寻找理论支持。通过梳理早期的自由主义者如穆勒、格林、霍布豪斯以及杜威等人对文化成员身份及其重要性的各种相关论述,表明少数群体权利在自由主义传统中拥有一席之地,是从另一种视角实践自由主义的理念。

金里卡认为,战后"无种族歧视"的意识形态发展歪曲了自由主义的本质和传统,"要挑战自由主义平等的无种族歧视模式的霸权地位,我们需要表明少数群体的权利是如何以一种承认文化成员身份价值和少数群体特殊要求

---

① 威尔·金里卡. 自由主义、社群与文化 [M]. 上海:上海译文出版社,2005:181.

的公正性的自由主义理论为基础的"[1]。

第十一章　沃尔泽与少数群体权利　金里卡主要研究了沃尔泽基于政治社群的文化成员身份理论的缺陷,阐明沃尔泽对共享意义和实践的强调,实际上削弱了支持少数群体权利的论证。

金里卡认为,沃尔泽把人们作为文化创造者去尊重、并把该文化载体的社群界定为政治社群,就破坏了少数群体文化社群的共享意义。政治的确能建立起共性的纽带,但在多民族和多元文化国家如加拿大,只能增加少数群体受主流文化决定的被强制程度,公民身份的平等是虚构的。从文化社群向政治社群转移的结果实际上是牺牲历史社群去实现共同的公民身份,尤其是沃尔泽迁移的权利讨论中少数民族社群必须成为充分独立国家、以满足他政治社群的设定的观点,只有诉诸局部性的共享意义,实际上是破坏了少数民族文化争取正义的可能性。沃尔泽论述的文化成员身份理论是薄弱的,政治上将是灾难性的。

第十二章　社群主义与少数群体权利　金里卡主要论证了社群主义者错误的自我观念没有提供维护文化成员身份的可靠基础。

金里卡认为,麦克唐纳从文化成员身份的重要性在于能反思自己的历史角度出发,设定社群生活的标准是人们必须分享对"生活形式"的认同:"承认或发现,而非选择或创造"的认同。但他错误地把人们的目的和角色计入不可选择的因素之列,导致在两个方面削弱了土著权利的辩护:土著权利要么是被施舍,要么是没有任何道德分量的非法性要求。说明,放弃自由主义的平等框架的少数群体权利的辩护方案缺乏理论和实践的可靠支撑。

第十三章　南非的种族隔离　金里卡通过研究和批判南非的种族隔离政策与实践,说明借南非种族隔离制度反对少数群体权利合理性的立场和观点是站不住脚的。

金里卡通过南非人援引印第安人居留地这一不能类比的类比指明,"南非种族隔离不是建立在对文化群体的任何平等尊重的概念基础之上,而是建立在露骨的种族主义基础之上"[2],强行施加的黑人家园制度是被设计用来维护种族主义的,文化成员身份的观点和使文化境况平等的原则不适用于维护南非种族隔离政策的正当性。

---

[1] 威尔·金里卡. 自由主义、社群与文化 [M]. 上海:上海译文出版社,2005:204-205.
[2] 威尔·金里卡. 自由主义、社群与文化 [M]. 上海:上海译文出版社,2005:230.

最后，金里卡表明要弥补自由主义少数群体权利论证的局限，即除了公民身份的平等外，要扩大视野，补充把文化成员身份作为尊重个人的政治表达这样一个关键点。两种视角的综合平衡有利于判定文化多元国家文化自治制度与实践的正义性及其界限。

第十四章　结论　金里卡主要对自由主义作了总结和辩护："自由主义的个人主义是以对个人的自我引导角色和在一个正义的社群中担负的责任以及对支撑这两者的道德平等原则的信仰为基础的。"[①] 金里卡认为，这种自由主义非但与社群的理想不冲突，反而为它提供了一种解释。但是，自由主义的社群和文化理论的可利用资源被它的批评者误述和简单低估了，被自由主义者本身忽略了。

金里卡还针对社群主义对自由主义的错误批评和北美司法制度与实践的事例，阐明了文化身份问题给予自由主义者在哲学上的机遇和政治上的挑战以及完善、发展自由主义的方向和意义："对文化成员身份的性质和价值的考察不仅使我们进入到自由主义的自我理论的最深处，而且使我们接触到现代世界一些非常紧迫的正义和不正义的问题。"[②]

第五部分　附录

附录一　自由主义的个人主义与自由主义的中立性　作者在该部分主要研究了批评者在罗尔斯正义理论的语境中建立的中立性和个人主义的联系，批驳了对罗尔斯理论是极端个人主义的歪曲，提出了国家的至善论和社会的至善论的区别，力图说明自由主义中立性的价值和意义。

金里卡在对"中立性"观点进行明确界定基础上，根据拉茨区分的罗尔斯中立性的两种原则即"中立的政治关心"和"理想的排除"，提出了与国家政策相关的两个中立性观念——后果的中立性和辩护的中立性，并根据罗尔斯正义的两个原则——对自由的尊重和物质资源分配中的公平，排除了后果的中立性。将罗尔斯的中立性误解为极度个人主义的三个版本：物质利益最大化的占有性个人主义；国家无权干涉文化市场，否则无法保证多元主义文化存在的原子式的个人主义；对善的判断应当由依赖于共享经验和集体商议的个人作出。针对上述观点，金里卡一一反驳，他认为，罗尔斯正义的两个原则体现了独特的两个观念：自由选择生活方式和为选择的成本负责，这不

[①] 威尔·金里卡. 自由主义、社群与文化 [M]. 上海：上海译文出版社，2005：237.
[②] 威尔·金里卡. 自由主义、社群与文化 [M]. 上海：上海译文出版社，2005：241.

是出于占有性个人主义而是出于责任，是一种市民社会的至善论和国家的至善论之间的选择问题。"自由主义的中立性并没有否认个人自主的这些共享的社会条件，而是为它们提供了一种解释。"① 自由主义对国家中立性的信奉并未表现出抽象的个人主义，关于中立性的争论与个人主义无涉。"中立性要求对个人判断和文化发展的非国家的论坛和过程的运作的某种信念，而不信任评价善的国家的论坛和过程的运作"②，但无论是其批评者还是支持者都没有对关键性的主张提供充分的辩护。

金里卡以美国移民被排除在主流文化之外为例说明国家的至善论给社会带来的后果，而"自由主义的中立性在它的潜在的包容性，否定边缘化的和从属的团体必须顺应历史实践，即由支配性的群体定义的'生活方式'上确实具有巨大的优点"③。尤其是存在多种文化成员身份的当代自由民主体制国家，自由主义中立性是特别适合的。

附录二　自由平等主义与公民共和主义：朋友抑或敌人？ 金里卡在该部分主要研究了桑德尔划分的两种美国国内政治的世界观——"公民共和主义"和"程序自由主义"，批驳了桑德尔关于程序自由主义取代了公民共和主义以及给美国带来的灾难性后果——对民主的不满，论证了公民共和主义和程序自由主义在大多数问题上是盟友而非敌人。

金里卡在程序自由主义中的右翼自由至上主义即敌视任何形式的国家强制执行再分配政策和肯定矫正不应得的不平等的左翼自由平等主义中，认同了后者，阐述了自由平等主义的三个特征，即理性的可修正性、非至善论的国家、对道德上专横的不平等之纠正，并将其看做是左翼程序自由主义的核心。

针对桑德尔关于程序自由主义造成美国人丧失了群体感和掌握自己命运的感觉，必须通过致力于增进共同体认同和公民美德以消除不满，程序自由主义却无法增进的反对意见，金里卡认为桑德尔简单地将身份认同与美德混同于善的观念，他以"美国人"为例说明善的观念不是共同体认同的基础，而是成员的归属感；即使提倡共同体认同也是为增强维持正义所必需的相互义务感，这属于"正当"而不属于"善"的范畴，与自由主义中立性不冲突。相反，"自由主义国家一直就提倡某种负责的公民权美德和某种民族认同——事实上，提倡这些美德与身份认同或许正是自由主义理论家赞成强制性教育

---

① 威尔·金里卡. 自由主义、社群与文化 [M]. 上海：上海译文出版社，2005：264.
② 威尔·金里卡. 自由主义、社群与文化 [M]. 上海：上海译文出版社，2005：264.
③ 威尔·金里卡. 自由主义、社群与文化 [M]. 上海：上海译文出版社，2005：268.

的主要理由"①。

金里卡以美国和其他西方民主国家对比说明，左翼自由主义的基础很薄弱；以枪支管控等政策和最高法院拒绝重新划定国会选区的界限以产生黑人占多数选区的判例，说明美国严重偏向右翼。因此，他认为，桑德尔关于程序自由主义的胜利导致了对民主的不满，或许是错误地诊断了在美国产生不满的原因，没有理由赞同桑德尔用公民共和主义取代自由平等主义的观点。同时，他还策略地论证了自由平等主义和公民共和主义在大多数问题上的论证相得益彰，方法虽不同但能得出同样的结论，没必要非此即彼，夸大二者的分歧在哲学上令人怀疑，在政治上无益。

最后，金里卡表达了相信桑德尔不会从根本上反对自由主义的平等原则，积极评价了桑德尔对自由平等主义的批评和怀疑，有助于自由平等主义的可持续性进步；在可能遇到的需要建立新的自治政府、再分配机制以及新的身份认同等问题上，自由平等主义和公民共和主义可以而且应该携手合作。

【意义与影响】

《自由主义、社群与文化》中文版是威尔·金里卡在牛津大学念书时博士论文的修订版，值得推介，理由如下。

第一，该书对自由主义和社群主义进行了成功的融合，开创了自由主义的多元文化主义的新局面。金里卡面对社群主义与自由主义之间几乎无解的理论纷争，采取平和宽容的心态以及规范性与经验性相结合的治学精神，以维护自由主义个人自由、平等、正义等核心价值观为根本，通过务实地吸取社群主义重视社群和文化环境等合理主张，挖掘和发扬自由主义传统精神，对自由主义的个人与社会、国家关系理论进行了重构。"威尔·金里卡（Will Kymlicka）正是以一种用自由主义包容社群主义和文化多元主义的独特的多元文化公民权理论著称于世，并已经成为当代英语世界继罗尔斯和德沃金之后最重要的政治哲学家之一。"②

第二，该书开创了人权论证新视界、新范式，实现了政治哲学研究的当代转向。置身于当今多民族国家与多元文化社会的历史语境，金里卡以敏锐的思维和理性直觉创造性提出"社会文化"（Societal Cultural）和"文化成员

---

① 威尔·金里卡. 自由主义、社群与文化 [M]. 上海：上海译文出版社，2005：282.
② 威尔·金里卡. 自由主义、社群与文化 [M]. 上海：上海译文出版社，2005：297.

身份"(Multi-cultural Citizenship)的新概念,将个体幸福与他们所处的社会关系和文化背景之间的关系进行了更清晰和深入的阐释,进一步充实了个体与社群关系理论,"社会文化不仅能够为我们提供可供选择的空间和资源,而且也使得这种选择更有意义和价值。同时,文化公民身份也在塑造个体认同和归属感中具有重要意义"[①]。突破了单一民族国家和文化同质性视域考察公民身份及其身份认同的界限,不仅为加拿大也为世界其他多民族国家少数群体身份认同和权利保护的理论与实践开辟了新的视界,开创了人权论证范式,具有理论和实践的双重价值。正如这部著作的译者应奇指出的:"看似从地方性问题和本土经验出发的多元文化公民权理论就获得了普遍性的意义。"[②]

第三,该书所以引起世界学术界广泛关注,还在于提供了西方自由主义和社群主义两大政治哲学思潮及其观点交锋的大全,值得一窥究竟。对此,英国学者鲍曼曾指出:"如罗纳尔多·贝纳(另一项有影响的研究《自由主义怎么啦》[University of California Press]的作者)所言,这是'一本具有洞察力、高度启蒙和思路清楚的著作'。在我看来,使金里卡的著作如此令人感兴趣,并引起广泛评论的原因是,他直接面对了由最有影响的社群主义的代言人(如阿拉斯代尔·麦金泰尔、迈克尔·桑德尔、查尔斯·泰勒和迈克尔·沃尔泽)所提出的反对自由主义理论的观点,而且是带着散布这样观点的意图提出的:或指出他们对自由主义原则的反对在整体上是虚假的,或把他们引进自由主义的'新进改进版本'。"[③]该书遂成为政治哲学、政治学、民族学领域或支持或反对自由主义研究的代表性学术著作,也是许多国家政治思想史或政治哲学教程及政治学年鉴收录的宠儿,虽然招致了很多批评,但也获得了高度评价。

第四,该书在一定程度上为我国坚持民族平等和团结,巩固和发展民族区域自治制度,保护少数民族文化的政策措施方面提供了理论支持。

需要指出的是,该书始终是以西方自由民主的立场和核心价值为根本,立场所决定的局限性不可避免。

首先,书中对马克思反对正义观的批驳存在明显的问题,建立在金里卡对马克思正义批判理论的误解上。(1)他把马克思正义批判的理论基础设定

---

① 卞绍斌.当代政治哲学前沿:多元立场、公民身份与全球视野[J].马克思主义与现实,2013(2):96.
② 威尔·金里卡.自由主义、社群与文化[M].上海:上海译文出版社,2005:297.
③ 鲍曼.后现代性及其缺憾[M].北京:学林出版社,2002:228.

为马克思自由观,并对其进行了抽象的人类学理解。他认为,"马克思之所以认为自由地选择的活动是我们的根本利益,是因为这是把我们与其他物种区别开来的东西——就是说,它是定义人之为人的东西"①。进而断定马克思的自由观是建立在"种差"论证基础上空洞的"绝对自由观",没有认识到马克思关于人自由自觉的创造性类本质的社会性内容。(2)把马克思正义批判的条件单纯诉诸物质的丰裕,没有认识到马克思关于共产主义社会及人的自由全面发展都建立在生产力和生产关系条件相统一的基础上,并把马克思将超越资产阶级正义的观点等同于马克思彻底否定了正义的价值,是对马克思正义批判观的误解甚或是歪曲。

其次,书中某些观点的阐述还存在模糊或者自相矛盾之处。如"文化成员身份"把认同形成的背景限制在民族或文化社群本身,把民族认同置于其他形式的身份认同的优先地位,无形中把金里卡"所描绘的民族认同的价值相当于一种特殊的善的观念……由国家推进这种认同将会意味着对关于善的观念的自由主义中立原则的违反"②。同时,少数权利论及的是族群的外在保护,无法直接应用于在民族社群内部个人自由、平等、权利等问题,如何实现外在和内在保护的统一在书中是个"盲点"。书中阐述的在西方自由民主观念和体制的框架内对少数群体权利施以保护,并不是要结束或推翻社会不平等结构,无法从根本上实现真正的平等。

再次,我国学者和普通读者不可夸大书中的少数群体权利对我国少数民族制度和政策的借鉴意义。一是该书理论观点属于西方二元对立的思维方式的产物,与中国传统的天人合一以及家国意识相悖;二是金里卡少数权利理论在政治上"已放弃了自由民族主义希望国家与民族重合的传统目标,而代之以把国家考虑为自治民族的联邦"③。因此,夸大其作用容易模糊甚至抹杀我国多年少数民族保护成就,被民族分裂势力利用来制造国家和民族分裂的舆论。

── 【原著摘录】────────────

第一章　导论 P1—5

P1　作为一种政治哲学,自由主义经常被看作主要是与个人和国家的关

---

① 威尔·金里卡. 自由主义、社群与文化 [M]. 上海:上海译文出版社,2005:98.
② 翟学伟,甘会斌,褚建芳. 全球化与民族认同 [M]. 南京:南京大学出版社,2009:225.
③ 杨立峰. 从自由民族主义到自由文化主义——威尔·金里卡的少数族群权利理论 [J]. 马克思主义与现实,2011 (4):72.

系以及与限制国家对公民自由的干涉有关的。但是，无论明确的还是不明确的，自由主义也包含了对个人与社会的关系的一种更为广泛的说明——特别是对于个人在社群和文化中的成员身份的一种说明。

P5 无论在理论上（例如霍布豪斯）还是在实践上（例如国际联盟），少数群体权利都曾是19世纪晚期和20世纪早期的自由主义中不可分割的组成部分。这种自由主义者在个人自由、文化成员身份和少数群体权利之间的关系上持有的信念应当被现代自由主义者复兴和重估。

第一部分 自由主义 P7-42

第二章 自由主义 P9-20

P9 我所关心的是作为一种规范的政治哲学，作为关于政治行动和制度的正当理由的一类道德论证的自由主义。

P13 要实现我们过一种好生活的根本利益，有两个前提条件。一是根据我们关于赋予生活以价值的东西的信念从内部来过我们的生活；二是我们在质疑那些信念，在根据我们的文化能够提供的不管什么样的信息、事例和论证来审视它们这一点上是自由的。

P13 传统的自由主义者关心公民自由和人身自由。而个人必须具有有利于获得关于好生活的不同观点的意识以及获得理智地审视和反省这些观点的能力的文化上的条件。因此，传统的自由主义者同样关心教育、言论自由、出版自由、艺术自由，如此等等。这些自由使我们能够以我们能够判断这些事物的唯一的方式，即通过探讨我们集体的文化遗产的不同方面——判断什么是生活中有价值的东西。

P14 依照自由主义，正因为我们最根本的利益在于正确地取得这些信念并根据它们而行动，政府就应当通过为每个人提供审视这些信念并根据这些信念行动所需要的自由和资源，用平等的关心和尊重把它们当做平等者来看待。

第三章 正当与善 P21-42

P21 是正当优先还是善优先的问题现在被看作是当代政治理论的一条重要的分水岭。

P33 罗尔斯相信功利主义者无视人的独特性的全部道德意义是因为他们无视人的独特性。这是一个错误。功利主义与罗尔斯的正义观之间的争论并不是关于人们是否具有独特的要求，而是关于我们在形成正义原则时如何给予每个人的要求以同等的价值的争论。

P35　罗尔斯并不是因为关心正当而不关心善才支持基本善的分配的。他只是对我们的善是什么，促进我们的根本利益的是什么并因此对赋予每个人的利益以同等的分量意味着什么有一种不同的说明。罗尔斯和至善论者的分歧并不在于正当和善的相对优先性上。他们只是在如何最好地定义和促进人的善这方面产生了分歧。

第二部分　社群 P43－126
第四章　社群主义与自我 P45－70

P46　我们的计划是我们的生活中最重要的东西，但正因为我们的生活必须按照我们关于价值的信念从内部来过，我们就应当拥有形成、修正并根据我们的生活计划行动的自由。因此，选择的自由并不是为了它自身而被追求的，而是作为追求那些自身就有价值的计划和实践的前提条件被追求的。

P51　对自由主义的观点至关重要的并不是我们能够先于它的目的感知自我，而是在没有一种目的或目标免于可能重新审视的意义上，我们把我们的自我理解成先于我们的目的。

P59　对个人自由的辩护不是以每个人的目的的可修正性为基础的，而是以不同人的目的的多元性为基础的。只要不同的人有不同的目的，那么相互尊重就会要求政府不应当偏袒某一个团体。

第五章　泰勒的社会论题 P71－94

P76　自由主义的共同善之所以是一种善恰恰是因为它保证了个人在好生活的观念中进行选择的能力。

P94　平等主义的中立关心原则是最有可能在一个像我们这样的社会中——这种社会是内在地多样化的，历史上是种族主义的和性别歧视的——确保公众的同意的政治原则。

第六章　马克思主义与对正义的批判 P95－126

P124　无论共产主义者和社群主义者怎样反对，自由主义的正义似乎是适合于支配我们的政治制度和实践的一种可行的政治道德。

P125　作为自由主义的基础的个人主义并不是以我们的社会性或我们共享的社群为代价得到珍视的。

第三部分　自由主义与文化成员身份 P127－242
第七章　文化多元社会中的自由主义 P129－153

P129　处于相同文化社群中的人们彼此拥有共同的文化、语言和历史，正是这些东西规定了他们的文化成员身份（culture membership）。

P132　自由主义者必须反对用集体权利的名义提出的、限制个人权利的任何自治性建议，已是广为接受的老生常谈。但我认为那是一个错误，这个错误已经对北美的土著居民和其他自由民主国家内的少数民族文化成员造成了严重伤害。

P145　为了保存少数群体的文化，某些已被认可的自由主义公民身份的权利和自由必须受到限制和不平等的分配。

第八章　文化成员身份的价值 P154-171

P157　关于该如何规划我们生活的决定最终虽然必须是我们自己作出的，但是这个决定却总是一个从提供的各种选择中挑选我们自己认为是最有价值的选择，以及从提供了不同的生活样式的选择背景中进行抉择的问题。

P168　人们必然在一种重要的程度上受制于他们自己的文化社群。我们不能直接把人们从一种文化移植到另一种文化中，即使我们可以提供学习其他语言和文化的机会。一个人的出身不是随便就可以抹杀的，它是也仍然是形成他是谁的一个构成部分。文化成员身份影响了我们对个人认同和能力的理解。

第九章　少数群体文化的平等 P172-192

P181　少数群体的权利可以构成被普遍认可的自由主义平等理论的一个重要组成部分。

P182　通过纠正歧视措施和少数群体权利去补偿不平等环境的要求并不与每个人应该获得平等法律保护的要求相冲突。相反，它有助于指导法官们如何去解释那个基本要求。

第十章　少数群体权利与自由主义传统 P193-205

P203　少数群体政策不是依据针对群体纳入的任何简单明了的规则作出的，而是依据国内和国际因素的无数变化作出裁决的，尊重少数群体的合法要求在其中扮演了一个始终变化的角色。

P204-205　假如我们要挑战自由主义平等的无种族歧视模式的霸权地位，我们需要表明少数群体的权利是如何以一种承认文化成员身份价值和少数群体特殊要求的公正性的自由主义理论为基础的。

第十一章　沃尔泽与少数群体权利 P206-221

P213　从文化社群向政治社群转移的结果是使得渴望作为一种文化的成员和共同创造者的个人的平等被一种虚构的作为一个自治国家公民的个人的平等给取代了。

第十二章 社群主义与少数群体权利 P222—228

P223 对所有社群主义者来说，割裂与历史社群中成员身份的联系，等于是砍掉了部分的自我，截去了部分的个人身份。

P228 在要求肯定文化成员身份重要性的同时，社群主义者没有提供保护这种身份的可靠基础。

第十三章 南非的种族隔离 P229—235

P231 文化成员身份的观点和使文化境况平等的原则，并不能为那些希望为南非当前的所作所为辩护的人提供任何论据。被纳入南非的那些群体是用与文化成员身份相抵触的强加的种族分类去定义的。这种纳入方式是被设计用来维护与境况平等的要求相矛盾的特权体系的。与把文化成员身份看作是正义理论的一部分相去甚远的是，种族隔离亵渎了文化成员身份，从而保护了不公正。

P235 要想知道任何特定的文化自治制度实际上是否是在实施平等的尊重，我们必须把目光扩展到公民身份的平等之外。我们必须以把文化成员身份看作是尊重个人的政治表达的一个关键点这样一个视角去补充我们对公民身份的强调。两种视角的适当平衡有助于确定文化多元国家的一部公平和正义宪法的界限，无论是在今天的加拿大，还是在明天的南非。

第十四章 结论 P236—242

P237 自由主义的个人主义决不是信仰自我利益，而不信仰爱；或者是信仰前社会的利益，而不信仰由文化塑造的利益。也并不准备把个人的选择和不偏不倚置于社会的承诺和依附之上。

P237 自由主义的个人主义是以对个人的自我引导角色和在一个正义的社群中担负的责任以及对支撑这两者的道德平等原则的信仰为基础的。

P241 对文化成员身份的性质和价值的考察不仅使我们进入到自由主义的自我理论的最深处，而且使我们接触到现代世界一些非常紧迫的正义和不正义的问题。

附录 P243—295

附录一 自由主义的个人主义与自由主义的中立性 P245—271

P264 无论就共享的文化情境对有意义的个人选择的重要性，还是就经验和论证的共享对关于那些选择的有意义的个人评价的重要性而言，自由主义对国家中立性的信奉并未表现出抽象的个人主义。自由主义的中立性并没有否认个人自主的这些共享的社会条件，而是为它们提供了一种解释。

P264　中立性要求对个人判断和文化发展的非国家的论坛和过程的运作的某种信念，而不信任评价善的国家的论坛和过程的运作。

P271　问题并不是个人价值和自主是否需要处境化在社会关系中，而是相关的关系是否是必要的或可欲的政治关系。这应当是关于中立性的争论中的真正问题，而解决这个问题需要比无论是辩护者还是批评者迄今提供的对于社会、文化与国家之间的关系的一种更为缜密的考察。

附录二　自由平等主义与公民共和主义：朋友抑或敌人？P272-295

一　什么是程序自由主义？P273-277

P275　每一个人应该有能力理性地思考他目前所认可的目的，并且一旦他认为这些目的不再值得他去效忠，他应该有能力修正它们。国家必须使个人有可能发展和实践这种理性的修正能力，国家可以部分地通过为儿童提供一种有利于发展这种能力的合适的自由教育，部分地通过禁止其他个人或团体阻止人们实践这种能力的企图，来实现这一目标。

P275　国家应在诸多的善的观念中保持中立，也就是说，国家不应该通过对某些特定的善的观念的内在价值进行分级排列来为其立法活动辩护。国家的角色是保护个人判断不同的善的生活观念之价值的能力，并公平地分配权利和资源，使之能够追求自己的善的观念。

P276-277　正如德沃金指出的，根据左翼自由主义的分配正义观，分配应该"敏感于选择"而"不敏感于境况"（be choice-sensitive but circumstance-insensitive），即它应该承认基于人们的选择而产生的财产不平等，但应该纠正基于人们的自然资质或社会环境而产生的不平等。

二　自由平等主义是不满的对象？P277-283

P278　自由平等主义的价值可能在一个拥有某种共同体认同与公民美德的社会中完美地实现，甚或实际上只能在这样的社会中实现。

P281　自由主义者强调，不管公共政策的对象是什么——无论是合法的权利、经济资源、政治机构、公民美德，还是共同体认同——国家政策的目的都应该是促进正当的原则而不是特殊的善的观念。

三　这就足够了吗？P283-293

P282　自由主义国家一直就提倡某种负责的公民权美德和某种民族认同，事实上，提倡这些美德与身份认同或许正是自由主义理论家赞成强制性教育的主要理由。

P287　美国比起其他西方民主国家，公民之间存在着更高（并且是渐增的）程度的不平等，存在着更低（并且是渐减的）程度的再分配。就美国曾受自由主义的影响而言，它所受的是拒绝纠正不平等（并拒绝接受国家应该提倡一种美德与身份认同以鼓励人们履行其平等主义的正义义务这一观点）的右翼观点的影响。

P288　依我之见，有证据表明在这些国家中，左翼程序自由主义并没有妨碍政府成功实施促进公民美德与共同体身份认同的政策，更常见的倒是，它也没有妨碍政府提供不但参与程度比美国 P289 高，而且满意程度也比美国高的政治参与。

P293　在一个自由平等主义者看来，促进正义的一个可能有益的副作用是提高政治参与的质量，在一个公民共和主义者看来，提高政治参与质量的一个可能有益的副作用是获得更大的社会正义。在绝大多数情况下，这些论证是相得益彰的，因而没有必要只坚持其中的一种。

四　长期的可持续性（Long-Term Sustainability）P293－295

P295　如果自由主义关于国家制度的传统观点，即它是实现集体自治政府与分配性正义之所在的观点不再有效，那么自由主义者将需要建立新的自治政府形式、新的再分配机制以及相应的新的身份认同与美德形式。所有这些都将与自由平等主义的正义保持完美的契合，并且事实上为自由平等主义的正义所必需。自由平等主义的正义仍然是评价政治制度与政策的标准，但是自由主义者应当对什么样的制度与政策、在何种层面能最好地服务于这些原则的问题上大度开明。同大多数问题一样，自由平等主义者和公民共和主义者在这个问题上可以而且应该携手合作，一道寻求促进社会正义和参与性民主的富有想象力的计划。

【参考文献】

[1] 卞绍斌. 当代政治哲学前沿：多元立场、公民身份与全球视野 [J]. 马克思主义与现实，2013（2）.

[2] 鲍曼. 后现代性及其缺憾 [M]. 郇建立，等译. 北京：学林出版社，2002.

[3] 翟学伟，甘会斌，褚建芳. 全球化与民族认同 [M]. 南京：南京大学出版社，2009。

[4] 杨立峰. 从自由民族主义到自由文化主义——威尔·金里卡的少数族群权利理论 [M]. 马克思主义与现实，2011（4）.

[5] 闻晓祥. 重构新自由主义平等待人的理念——兼评金里卡的道德直觉说 [J]. 社会科学辑刊，2009 (6).

[6] 李海平. 少数族群差异权利的证成——金里卡多元文化自由主义 [J]. 学术研究，2012 (1).

七、《重申自由主义——选择、契约、协议》

[英] 安东尼·德·雅赛 著
陈茅，徐力源，刘春瑞 等译[①]
中国社会科学出版社．1997年

【作者简介】

安东尼·德·雅赛 1925 年生于匈牙利的布达佩斯，曾就学于匈牙利的布达佩斯、西澳大利亚的珀斯及英国牛津，于 1948 年匈牙利转为社会主义制度之时离开其家乡匈牙利。1957—1962 年为英国牛津大学纳菲尔德学院的经济学研究员，讲授经济学。然后转而自 1962—1979 年在法国巴黎从事金融及投资银行业务。其后定居于法国诺曼底过着退休生活。实际上由于他退休后辛勤著述，我们几乎不能将这种生活称为退休生活。

他的著述活动远远超越单纯经济学范畴，他的学术兴趣已从经济学转到了政治哲学，在这方面出了两本著作，即《国家》（1985 年）及《社会契约，免费乘车》（1989 年）。伦敦经济事务所[②]先前曾发表过他的《市场社会主义面面观》（1990 年）[③]。

---

① 中国社会科学院青年社会科学研究中心组织翻译，根据伦敦经济事务研究所 1991 年版译出。
② 伦敦经济事务研究所是 1955 年依照一份委托书作为一个研究与教育机构成立的，于 1957 年开始定期出版作品，论述市场与价格体系如何为轻重缓急的选择与资源的配置起技术机制的作用。
③ 安东尼·德·雅赛. 重申自由主义——选择、契约、协议 [M]. 陈茅，徐力源，刘春瑞，等译. 北京：中国社会科学出版社，1997：4、5、10.

【写作背景】

自由主义形成于17、18世纪，经历了传统自由主义和现代自由主义两个历史时期。自由主义思想的始祖是英国哲学家洛克，美国的《独立宣言》《美利坚合众国宪法》《权利法案》和法国的《人权与公民权宣言》等历史性文件，则以政纲形式和法律形式阐述并确立了洛克所提出的自由主义原则。18、19世纪，自由主义成为资本主义反对封建制度的有力武器。19世纪末20世纪初，随着经济、社会的发展，自由主义由传统向现代过渡，其具体表现就是由主张自由放任转向主张国家干预。现代自由主义比传统自由主义更不定型，现代自由主义者往往对社会问题采取实用主义的处理方法，也许正是有感于这种理论上的混乱，本书作者安东尼·德·雅赛撰写了这部著作。作者从将"松散的自由主义"与"严格的自由主义"进行对照的角度阐述了自由主义的基本原则。[1]

【中心思想】

在本书中，安东尼·德·雅赛以明晰的思辨力关注了过去"左派"思维的一个特别方面。恰恰从这一方面可以显现出自由主义的基本观念是多么令人感到陌生，它事关个人的"权利"概念，原来属于自由主义所关心的核心问题。实现它原本是所有自由主义政策的目的。本书不是自由主义的教条，作者抛出了六块经过精雕细琢的"基石"，自由主义理想大厦可以由此构筑。这样抓住了自由主义本质，抓住思想的混乱和学理上的变质，认为有必要对自由主义进行严格的界定。对授予权利的做法加以制度化，从而为赢得权利做好准备。[2]

本书反映了三个方面的信念：第一，一套严密完整而又稳定的政治理论对于理顺社会及其政府之间的关系是有好处的。它并不能保证政府一定是好政府，甚至不能起码保证政府一定是有限的政府，但是它有助于划定我们理应追求的那一类界限。第二，将这样一套理论放进无可争议的基本原则的混凝土中去，是一件困难但又引人入胜、值得一试的事业，哪怕不一定有成功

---

[1] 安东尼·德·雅赛. 重申自由主义——选择、契约、协议 [M]. 陈茅, 徐力源, 刘春瑞, 等译. 北京：中国社会科学出版社, 1997：1.

[2] 安东尼·德·雅赛. 重申自由主义——选择、契约、协议 [M]. 陈茅, 徐力源, 刘春瑞, 等译. 北京：中国社会科学出版社, 1997：3—8.

的把握。第三，自由主义在意念上的变质，并不能怪罪于历史的进程，而是由于它的预制构件太软弱，它的设计又太吸引人去对它加以敲敲打打、修修补补、东改西改。

本书第一部分将探讨这种变质的原因并且考察一下那些仍然留在所谓的"松散自由主义"范围之内的若干学说。第二部分试图根据基本的原则，为"严格自由主义"作出简化的设计。要对严格的自由主义加以评估，最好是把它同它的松散的对立面放在一起对照。①

【原著导读】

本书共六章，分为两部分，每部分各三章。本书结构清晰，语言风趣流畅，通俗易懂，贯穿政治哲学、经济学知识脉络，共 145 页，约 11.5 万字。

第一章 南腔北调，七嘴八舌 作者批判了自由主义是多元主义的，认为它的本质就是对多种多样的目的、"善的观念"予以容忍，而不问这些目的彼此是否能相容。为了让这些目的各得其所，就需要彼此有所得又有所失，价值与价值之间的折衷交易，就被视为合情合理的了。自由主义的多元现象远非概念混乱与学说自相矛盾的表现，实际上这正是符合它的根本的一条对它的一切价值都一视同仁的自由豁达原则，亦即"价值中立"的原则。价值中立只不过是不持至善论罢了，政府无论晴天也好，下雨也好，都是拥有特殊例外的、垄断性的、强制权力的，甚至连它进行说服与教育的权力，归根结底也要仰赖于它的征税权。这样可怕的权力，必须受到一些以稳定原则为基础的明确限制，而这些原则之一，恰恰就是"针戏与诗"意义上的价值中立。

作者认为，"针戏与诗"对于政府以及对于那些通过自己的影响力对政府起出谋划策作用的人们，是要求他们作出相当严格的自我克制的。另外，"百花齐放"则鼓励政治上的活跃，吸引尽量多的压力集团纷纷出台来要求支持，并且创造出一个让政府能同它所扶植的价值一道繁荣昌盛的气氛。无论这是值得欢迎的还是值得惋惜的，它仍然是符合现今已成为自由主义主流的那一套思想的。这样，我们就发现，有两套有关价值中立的说法，代表了两条彼此对立的原则、两套根本对立的政策指导思想。历史上早先的"针戏与诗"

---

① 安东尼·德·雅赛. 重申自由主义——选择、契约、协议［M］. 陈茅，徐力源，刘春瑞，等译. 北京：中国社会科学出版社，1997：12—13.

论，要求"各人有各人的价值"。他要实现这个价值，就让他自己想办法去实现好了。不能对别人施行强制，逼别人去帮他实现他的价值。"百花齐放"论则是较后才出现的，它主张"每个价值都有平等的机会"。既然没有市民社会，那就只能由国家来施行机会平等。

作者得出对自由主义原则不同的理解源于其深层逻辑结构：一个最大化的公设——对于各种政治安排的评判，其依据是能期待这些安排对一个压倒一切的目标有多大的帮助。这些安排，其目的就是要在尽可能大的限度内实现这个目标。遵守一条规则（或一个规则系统）：政治安排无论是为了什么目的而设计的，都必须依照这条规则办事。一条最根本的规则，就是政策必须符合该国的宪法（宪法的实质内容可以由一个辅助性的理论勾勒出来）；或是自然的正义必须得到伸张；或是必须强制实行人与人之间的某些平等关系。然而，自由主义既能够赞扬某一特定的政治做法或体制，亦能对之加以谴责。其所以能如此含糊，原因就是在于它的那个"最大化加规则"框架本身就是含糊不清的。广义地说，它的最大化目标是自由，而它的规则是自由的形式，可以因为要保护他人的利益而受到限制。① 所以，自由主义已丧失本来面目。

第二章 自由 作者强调将自由最大化不是无限制的自由选择。因此，如何定下一些限制性的规则，使自由免于陷入荒谬之中，这个问题也就应运而生了。哈耶克曾经提出"负面的表达"和"正面的表达"，作者在此一一进行了阐释。

"负面的表达"即：

（一）"无强制"就等于"我行我素"。最低限度的强制意味着自由在某种正当的、不荒诞的意义上已经被最大化了。

（二）"必要的强制"稍微贴题一些，因为它所指的是某一特定程度与方式的强制，这种强制既不是零，也不是仅仅"最低限度"，不像人们所追求的那种恰当的、使损害最小化的限度。

（三）"任意摆布和应被最大化地免受任意摆布的保障"，是哈耶克的一个将自由定为目标的替代表述方式。它同"必要的强制"一样似乎有吸引人的完整性和稳固性。但是我们如果真的要免受任意摆布，我们就可能要受到非任意的摆布。二者之间，如果有清晰可见的分界线的话，这条分界线是由法

---

① 安东尼·德·雅赛. 重申自由主义——选择、契约、协议 [M]. 陈茅，徐力源，刘春瑞，等译. 北京：中国社会科学出版社，1997：14—24.

律来划定的。这都归于松散的自由主义，是负面的表达。

"正面的表达"即：

（一）"自由行动"，它所主张的是：在其他一切都相等的情况下，自由取决于一个人的种种重大的、非琐事性的抉择彼此处于怎么样的相对地位。如果差得很多，那么，两个抉择（或一组多个抉择）当中，就没有"真正"或"真正可以接受"的能取代最佳抉择的另一办法了。因此，作出这一抉择的人，并没有"真正的"作出任何其他抉择的自由。从这个观点看来，就没有"正面"自由的余地，所有各种抉择，并不一定非同等地"可以接受"不可。非强制于是就将自由原则的种种要求接了过去。如果公共政策要提供大堆可供采纳的抉择时要使所有这些抉择都"可以接受"而且使其中最佳的抉择不至于因"代价过高"而非摈弃不可，那么，这个政策就必须标榜另一种目标、原则或是准则。

（二）更多更好的抉择，这是"正面自由"的一个替代性主张。作者认为，自由行动所针对的是最佳抉择和次佳抉择之间的差距。"更多更好"所针对的则是可供采取的种种抉择的绝对水平与数目。自由主义者同别人的区别在于他们力图要显示，相关的强制是为了使自由最大化而施行的。既然结果对自由有好处，那么，对那些为了某种别的公开宣称的目标而实行的再分配持质疑态度的人们来说，他们的心目中就应该觉得强制是可以接受的了。总之，这是政府事务中并非完全无关紧要但肯定是边缘性的一部分。这条原则根本没有涉及中心部分，它"根本没有谈及政府应该如何分配那些稀有的资源，例如收入"，以及具有重大社会与经济意义的其他问题。

作者认为，两者通常在其各自的边缘发生冲突，越是严格遵守，目标的最大化就越受到限制。原因在于"最大化规则"的框架本身就是含糊不清的。自由主义框架中的限制性规则说明，以保护利益的正当理由，可以对自由加以限制，但是这种利益的范围也是松散的。而损害原则是这一框架中的主要内容。损害这个概念，不可避免是道德性、评价性的。有关损害的含义如何论述并无真伪之分。人们可以主张，对损害是什么的正当理解应该局限于对某一利益不正当的伤害，而"不正当"的含义大体上相当于一般法律所理解的侵权。当损害再也不必是普通法律意义上的不正当，就可以成为有效的理由，去强迫人们去做他们本来不做的事，或禁止他们去做他们本来要做的事之时，损害原则的指导作用，就同它最初的本意背道而驰了。它对于国家的行为，就起推波助澜的作用，而不是按其原意起抑制作用了。当这个原则完全普遍化，芸芸众生每日挤在一起为生计奔波因而产生出许多不受欢迎的副产品即消极性的外在情态，这些外在情态全都变成援用损害原则的潜在根据之时，情况正是如此。外在情态，是行动所产生的某些即使已预见到但仍不属行动动机范围之内的后果。

作者认为将损害原则同外在情态结合起来，就会产生一片丰腴的土壤，让种种要求扩大合法强制举措的政策纷纷滋长。因为尽管有人提出严厉的驳斥，但是在受过教育的公众的心目中，外在情态总是顽强地同一个观念难解难分，就是认为这是社会代价同私人代价之间、社会效益同私人效益之间的无谓的而且不公正的不一致。沿着损害原则的阶梯往上走，最后一级——再也看不见有别的更加彻底的一级了——就是将"造成损害"同"不予援助"合二为一。推而论之，到了极端，不做善事就可以等于造成损失。究竟是否等于，因而必须强制做善事，归根结底是一个政治上决断的问题。其所以如此，是因为没有别的可能，理由简单得很，再加上没有别的权威当局，无论是道义上的或是什么别的，具有就此作出最后决定的权限。在作者看来，就把人类绝大部分的行为都包括在国家强制力下，政府在事实和法律上具有广泛的自由裁量权。①

第三章 权利 为了解决以上理论的混乱，作者在第二部分"严格的自由主义"中，提出了有关选择的三个原则，即个人主义原则、政治原则、无支配原则，以及有关社会共存的三个基本原则，即契约原则、优先原则和排斥原则。在第三章，作者将主张权利而非自由的观点称为基于权利的理论或权利的自由主义。这一理论主张一切人都享有某些不言自明的权利。各种政治理论，以及标榜这些理论的各个政党、团体及运动都抓住权利和有关权利的谈论不放，越来越带劲，这是十分自然的现象。自由主义对权利的强调（某些作者对权利总是念念不忘），产生了整套被理解为"基于权利"（同"基于目标"相对）的理论。它的权利不需要再实证意义上认证是否真正存在，也不需要在规范意义上认证是否理应如此。

现代自由主义也正是以这种形式来基于权利的。每一项真正有意义的权利，也就是说，不光是流于空谈而是会产生有潜在价值的实际后果的权利，都涉及两个人（或两组人，或两个法律实体）之间的关系，即一方是权利持

---

① 安东尼·德·雅赛. 重申自由主义——选择、契约、协议 [M]. 陈茅，徐力源，刘春瑞，等译. 北京：中国社会科学出版社，1997：25—47.

有人，另一方为其对方。凡是权利为权利持有人保障的利益，都有一个镜子的反面照影，那就是另外至少一个人的义务，这义务就是要作出给予这利益的行为，或是不做可能减少这利益的行为。创造权利，也就意味着创造义务，一条直截了当的最大化原则（"给越多的人的权利越多就越好"），就必须有它的形影部分的必然结果，即义务的最大化。"内部矛盾"之一，就是"基于权利"的理论，在关键上是依赖于一个效果决定论的论点的，这个论点就是：它的权利体系的发展所带来的好处，在某种意义上超过了由于相应地扩大了义务而加上的负担。

作者认为权利自由主义却在损害原则原应占有的位置当中塞进了一大堆分别列举的权利，号称是一切属于特定的范畴的人所应享有的。每一项权利都要成为一个碉堡，保护那个特定的权利持有人的相应利益不受任何意图的侵犯，包括整个政治群体的意图。毫不奇怪，权利的通胀，使权利贬值，而那种以对越来越丰富、越来越充分的权利的承认作为一个政治秩序的基础的做法，证明了是自寻失败，因此，到了某一地步时，一个"不偏不倚的观察家"就大可以作出判断，认为某些权利是谬误，认为将权利最大化是一个从道德角度与实际角度（姑且假定两种考虑是可以彼此分开的）来看根本错误的目的。

作者看来某些权利之存在，是人们凭经验就知道的事实。这些权利存在的证据，可以在契约、习惯、习惯法和成文法中找到。而另一些权利之存在或是人们声称它们之存在，靠的则是道德上的直觉。第一类是基于凭经验的证据，就是"已经如此"的权利，而第二类则是"理应如此"的权利。各种政治理论正常的作用，就在于肯定某些经挑选的"理应如此"的权利之存在。并且鸣锣开道，使这些权利通过立法程序、司法机构的造法功能或是政府的行政部门的实践，进入"已经如此"的权利的范畴。

显然，有两种不同的"事实"，一个事实就是：有某一"已经如此"的权利存在，另一事实则是：为了某一理应如此的权利而提出的道义诉求，是一个有效的诉求。然而，举证之责还另外有一个切入点，它对于决定自由主义思想究竟是松散的还是严格的，具有更为强劲、更为举足轻重的力量。这个切入点关系到权利的划分，即按照如何达成一项对权利加以维护的判断的逻辑顺序，来将权利划分为两类。有一类权利，按其内在本性，举证之责落在声称这些权利存在的人们身上，而另有一类权利，其举证之责则落在声称这些权利并不存在的人们身上。权利是分配性的，若忽视了举证之责，就丧失了自我规定性和约束力。

本章最后罗列权力关系的基本架构，加以阐述分析权利逻辑的基本架构以及行为彼此的关系。①

第四章 基本原则 作者认为在选择基本原则时，除了仅仅在一定程度上受到了我们所要求的严谨而连贯的结果的制约以外，我们因可供选择的对象很罕有而受到了限制。但这丝毫不能成为结果不佳的理由。作者归纳出六条基本原则，其中三个是有关选择的原则，三个是有关社会共存的原则：

（一）个人能够选择，并且只有个人才能选择

这条原则将被称为"个人主义原则"。这条原则的原理取决于限定"选择"这个词的含义。这里所说的选择，含义不仅仅是从若干相互排斥的选择方案中选取一个，因为按照这种解释，一群动物，一群人，一个团体，总之任何看上去可以协调行动的集合体，都可以"选择"……个人之所以被认为能够思考选取某一选择方案而不选取另一选择方案的理由，就因为有一个普遍接受的假定，那就是只有个人才有思维能力。群体、团体、国家，都不能思考，或只能在比喻的意义上思考。

（二）个人能够为自己选择，为别人选择，或者既为自己也为别人选择

我们将称这一原则为"政治原则"，并从论证其名称着手解释这一原则。如果一个人只能为他自己选择，那么他只能选择那些他能够"承受"其成本的选择方案。他可以上教堂，但他不能专门建一座教堂。如果他不是太穷的话，他可以买一辆汽车，但即使他相当富有，他也不能把汽车要使用的道路都买下来。对于他来说，只有两类事物可供选择。一类是不求报酬的事物，即上天或同胞的馈赠。还有一类事物则是不可分割的，教堂就是一个恰当的例子。教堂可能不会接受"企业"待遇（如果只允许付钱的教徒进入教堂，教堂就失去了其主要意义），至于如果个人只能为他们自己而不能为别人选择，教堂还能不能建起来，这还是个尚未解决的问题。多数人不能强迫少数人作出贡献，只有自愿的和意见一致的团体才能共同承担起像修建教堂这样的任务。

（三）选择的意义在于选取所偏爱的选择方案

这条原则将被称为"无支配原则"，其意义是如果选择的结果是获得一个

---

① 安东尼·德·雅赛. 重申自由主义——选择、契约、协议[M]. 陈茅，徐力源，刘春瑞，等译. 北京：中国社会科学出版社，1997：49—70.

"被支配的"选择方案,选择就没有意义。所谓"被支配的"选择方案,就是一个在一系列相互排斥的选择方案中比任何其他选择方案都差的选择方案。再说一遍,这并不是说人们绝不选择被支配的方案,而只是说选择被支配的方案就是浪费选择能力。

这条原则中所说的"偏爱",是经济学家们倾向于使用的广义的"偏爱"。自由主义并不是论述以直接的和具体的方式改善人们处境的理论,而是论述一个社会——一个人们最有可能学会改善自己处境的社会——的组织原则的理论。如果说它有一个结果决定论的辩护理由的话,那就是这个更长远的和间接的理由。

(四)承诺必须兑现

这条原则是单方面义务和契约制度的道德基础,是整个社会共存的基石。在下面的论述中,这条原则将被称为"契约"原则。有些契约,即交换同时进行的契约,是自我强制执行的。或者说是倾向于自我强制执行的。然而另一些契约则在它们的时间——执行结构中含有对不履约的刺激。这样的契约需要强制执行,唯有如此,一方的义务才能让另一方觉得可信。然而重要的是不要把有关承诺的两个独立的论断混淆起来。一个论断是,做出可信承诺的可能性是经济关系中的一个进步,有助于解决一个人们之间也许本来是无法解决的冲突。

另外一个关于我们的义务的道德主张并不直接来自任何我们能够期待的收益(尽管存在一个间接的关系)。相反,它来自康德关于一种能力之内在意义的见解——一种在论述"无支配"原则时已经提到过的见解。说话的意义在于向另一个人传达信息。说谎也许可以满足说谎者的特殊需要,但是如果大家都说谎,说话的意义也就被消除了,因为没有任何人还相信所传达的东西。此外,如果说不论给受约人造成什么损害,违背承诺都是错误的话,那么不论承诺是否依报酬而定,违背承诺也都是错误的。

(五)先来后到

这条原则称为"优先"原则,其作用是帮助调节在一个拥挤的社会环境中行使"自由权"。正如我们在前面对权利所做的逻辑分析中发现的那样,自由权在原则上是没有限制的,除非行使自由权会侵犯另一个人的权利,从而证明存在限制。然而也有这样的情况:虽然没有任何权利限制一个自由权,没有任何存在限制的证明,但一个人行使自由权与他人行使自由权发生了冲突。

用"先来后到"的办法来调节是任意性,但再调节就必然带有相对于任意性而言的倾向性，必然带有对这个或那个道德性分配原则的偏向，而一个机械性分配装置则是不偏不倚的，并不企图确定道德上的赏罚。合法的原始取得问题困扰了几代社会学家，其实解决这个问题无须比这更复杂的规则。

（六）所有权都是私有的

这条原则被恰当地称为"排斥"原则，因为它允许得到一项产权的个人将他人排斥于与这项产权有关的决定及其后果之外。这项产权既不是"我们的"，也不能按照"应有的权利"、需要或投票等来分享。有一种观点认为，所有权的拥有者对于非拥有者们负有某种义务，他必须让非拥有者参与到与拥有者的所有权及其产生的收益有关的决定中去。"排斥"原则否定了这样的观点。

所有权的起因与动因扎根于人、行为和物之间不同的逻辑关系。这些关系都是抽象的。它们之间的相互作用虽然产生刺激和阻力，但并不取决于时间和地点。我们一定要细心体会这是什么意思。这并不是说一种产权制度像另一种产权制度一样适合，一样值得尊重和保护；不是说应由"社会"选择它将加以保护的制度。这基本上是最早的功利主义的立场，也是松散的自由主义所倾向的立场。①

第五章　惯例与契约　作者认为选择必须可行，本章作者在不预先对法的存在和根源作出判断之前，分析自发产生的惯例和协议创造的权利如何为可行的选择设置界限。作者首先分析了作为无言之契约的惯例。惯例通常被理解为一种非正式的无言的契约，对大部分人有宽松的约束力。惯例最简单的目的是大家遵守一个共同的规则。说惯例宽松，是因为它并不要求完全遵守，而只要求尽可能遵守。如果有一部分人在任何时候都遵守这个规则，无言的契约就得到了遵守，惯例就达到了其目的，并保留下来。惯例只能比喻成契约，它不明确要求遵守，甚至不含蓄要求遵守。大家实际上不想相互承担义务，但是又不知不觉处于一种相互关系之中，每个人都寄很大希望于别人遵守自发产生的规则。尽管契约与惯例不是一回事，把惯例比喻成契约仍然具有诱惑力，因为二者基本上都是自愿形成的，用专门的术语说，都代表着所谓的帕累托改善。

阐述惯例比阐述契约更加困难。而且理解惯例的更大困难告诉我们，总的来说惯例更难以捕捉所有可能的益处从而通向帕累托最佳状态，并且与契

---

① 安东尼·德·雅赛. 重申自由主义——选择、契约、协议[M]. 陈茅，徐力源，刘春瑞，等译. 北京：中国社会科学出版社，1997：75—98.

约不同的是,惯例在表面上就没有这种可能。然而从单纯的帕累托改善达到帕累托最佳状态,也就是说从好达到最好,通常需要求助于集体选择或集体强制。在另外一种类型的选择——协调问题中,一个惯例一旦形成将会使所有人受益,并且没有任何人会得益于背离这个惯例。但其形成不可能产生于纯粹的偶然现象。以优先行使权和避免相撞的问题为例:惯例要成为自愿约束个人选择的自由主义结构的一部分,就必须自我强制执行,即使不马上如此,最终也要如此。由这种附属惯例所实施的强制不违背任何自由主义秩序的原则,因此可以被认为是合法的。作出这一推论的根据是,甚至连知道不定什么时候自己也可能遭到强制的人都会理智地不反对实施强制,因为只有主要惯例保存下来,能够供人滥用,并且不因缺乏强制而崩溃,他们才能从滥用中获得免费搭车的好处。

接着作者分析了权利的起源,他认为继惯例之后,选择必然受到权利的限制。契约是权利的显而易见、不言而喻的根源。只有契约才能证明相关的义务是得到义务人同意的,因此义务的存在并不依有争议的要求而定。如果情况是这样,并且也正因为情况是这样,契约权利就肯定存在,也许非契约的权利也存在,但说存在这种权利的人基本上都是受益于这种权利的人,他们在认识论上和伦理上的立场是完全不同的。这就是对同一概念有不同解释的根源。严格的自由主义理论不能不认为,缔约之所以是自由的,是因为没有任何相反的权利能够得到证明(或至少没有任何相反的权利得到过证明),而契约必须得到遵守是因为许诺必须兑现。作为契约这张弓的第二根弦,严格的自由主义理论认为,契约之所以必须是自由的,必须得到遵守,就因为它们是帕累托最佳,而我们看重那种状态所蕴含的经济效能。契约自由允许缔约者达成一个相互有益的协议,其副作用是不经其他人同意就将成本强加给他们。如果情况是这样,契约自由就可能既无效能也不公正。这两项指责需要分别加以回答。

最后作者认为,契约自由与所有权是相辅相成的,缺了一个,则另一个就没有意义。试图把两者分开,结果就是理论上的混乱、法律和经济事务中的悲哀。让所有权隶属于"社会的意志"——隶属于集体选择——是一回事,将社会处置限定于在仍然承认私有财产权的同时限制契约的内容是另一回事。①

---

① 安东尼·德·雅赛. 重申自由主义——选择、契约、协议[M]. 陈茅,徐力源,刘春瑞,等译. 北京:中国社会科学出版社,1997:100—123.

第六章　对政治的认可　作者认为最基本的政治就是作出和执行集体的选择。这样的政治是一个具有非凡力量的工具，既可以带来大利，也可以带来大害。介于二者之间的是大量的中利和中害。政治之所以引起争议的两个根本原因就在这里。在这方面，严格的自由主义与众不同。它主张，尽管没有必要也没有可能全盘否定政治，但也不应该拥抱政治。对政治必须认可，但只能是有条件的和有戒心的认可，而且一定不能像标准的社会契约理论那样，认为认可是不可撤销的，一旦给予，就永世有效。就像具体的集体选择要不断接受严格的审查一样，对政治的认可也要一而再再而三地争取才能保持。这显然不是政治如何运作的道理。政治的本性不是驯服的，它有着自己内在的动力，不会温顺地满足于有限的、只有未经撤销才能拥有的权力和作用。

作者认为如果说集体选择的迅捷与迟缓是由作决定的条件所决定的，那么显然集体选择越有力，集体选择的范围就越宽广。作者认为自由主义的原则是：选择的意义在于选取不受另一选择方案支配的选择方案。最后的结果是，"个人价值归自己"。换句话说，无支配就等于不把任何共同的价值、共同的目标强加于人。因此这与一个旨在弘扬确定的价值和追求具体目标的政治制度是不相容的，甚至与追求自由本身也是不相容的。作者得出最理想的宪法在程序上必须允许由尽可能少的人，也就是勉强过半数的人作出的集体选择。这是达到最理想程度的一个必然的特征，因为其利益可能受到践踏的失的一方人数越多，得的一方，也就是决定的那一部分人可能获得的利益就越大。

总之，如果非一致的决定预先得到了认可，政治就有可能以非暴力的方式运作。一旦出现这种情况，有决定权的那一部分人就会不仅努力挑选出按照某一宪法规则是可行的最佳选择方案，而且出于同样的原因还要挑选出使最佳的选择方案可行的规则。换句话说，集体选择将"以集体的方式做出"。到了再改变规则也不可能获得更多利益的时候，也就找到了支配性的选择。宪法到了不可能更民主的时候，也就最终处于平衡状态了。

最后，作者提出再分配的选择同无支配原则是矛盾的，而自由主义作为一种我们能够把之与其他理论区别开来的政治学说正是随无支配原则而起伏的。再分配中的失者并不情愿有所失；因此实际结局是帕累托较差，并且不是价值中立。一个不可知论的政府没有任何可以想象的基础作出有利于它的判决。不论强制还是要实施再分配选择的威胁都不是合法的。按照标准的社会契约理论，如果并且因为用于实现集体选择的程序是合法的，强制执行集体选择也就是合法的。在这方面，严格的自由主义与标准的社会契约理论有着鲜明的区别。对于严格的自由主义者来说，一种按照宪法（在符合一个可能被所有人通情达理的接受的规则的意义上）作出的集体选择仍有可能是未经授权运用集体选择之权力的行为。这主要是因为，如果不清除掉其循环和自我参照的特性，规则就可以想象是得到一致同意的。规则的循环和自我参照性使严格的规则能够以非一致的方式放宽，从而使集体选择得以选择自己的范围。

在再分配的选择之后，另一类本身属于集体性的选择也使用强制或强制所隐含的强制执行合作安排的威胁。这里的合作安排主要是指惯例和契约，其特点会使自我强制执行无效。被认为需要以集体的方式强制执行的传统的合作安排，是生产公共利益的合作安排。一个人想用某项公共利益的程度并不取决于他为生产这项利益作出了什么贡献，或没有作出什么贡献。对一项公共利益而言，任何个人得到的边际利益与他付出的边际代价之间并无联系。

因此，政治选择并不像已经有好几代人都习惯于相信的那样，是极端的选择：它不是要么大治，要么大乱；也不是要么以强制生产公共利益，要么放任自流而没有任何公共利益。相反，政治选择的范围是十分广阔的，其中当然包括各种各样（并且不断翻出新的花样）以集体的方式选择的公共利益，为这些公共利益作贡献是强制性的。除了这些当然包括的公共利益之外，还包括有可能以不完善、不完全和分散的地方性安排提供的种类有限的公共利益。

不用说，如果国家提供了公共利益，那么任何自愿的尝试就都没有实际意义了。因此，凡是国家成了一个成熟的、营业发达的公司，集体选择成了日常事务的地方，就很少有甚至就没有检验是否自愿的机会了。这时，对是否自愿的检验只不过是一个思维试验，一个进行评审、进行逐案调查的规则。在这里，谁认为一项公共利益是一个人们宁愿为之纳税也不能不要的支配性选择方案，谁认为这一方案最好以集体的方式选定，谁就承担举证的责任。

作者的意图是找到和提出一些最基本的原则，作为对自由主义进行严格而稳定的阐述，并阐明这些原则的含义。作者并没有提出诸如自由和有限政府这样的标准的自由主义标准，没有设计一种最有可能实现这些目标的政治秩序——这种做法像其他以价值和目标为导向的设计一样，既能促进，也有可能阻碍这些目标的实现，也没有假定存在某种以所有人必须接受相应义务为条件的权利。从相对简单的基本原则出发，无须明确的提倡，似乎就可以确立对自由和有限政府的向往。让集体的决定遵守由于得到认可而取得程序上的合法性的规则，这对于结局并不是重要的。有限政府是既在程序上合法，也在实体上合法的政府。由于许多在程序上合法的东西可能超出了在实体上合法的范围，遵守程序就无助于，甚至不可能有助于实体上的合法性。

政治学说之塑造政治秩序，并不是通过提出政治秩序的设想，而基本上是通过引导人们承担某些根据抽象推理得出的义务。以严格的，并且作者相信是合理而又连贯的方式重新阐述自由主义，就是要为"正确的"义务作出贡献。作者认为这只是一个学说，只是提供了基本的指针，让人视野变得更加宽广。[①]

在全书的结尾处，作者指出，它只是提供了一个学说，没有提出标准的自由主义的目标。但他同时又认为，只有抽象的学说，才能提供基本的指针，使眼界更宽广。

【意义与影响】

第一，自由主义是西方一些国家制定政策的理论基础，本书用大量的实例说明，绝对的自由是不存在的，个人自由总是受许多规则的限制。本书对自由主义的基本原则进行了较严密的论述，作出了较严格的界定，这就为我们了解现代自由主义的发展和分支提供了一个参照。除此之外，西方国家的执政者对于自由主义理论是如何采取实用主义态度的，西方理论家又是如何根据社会现实"发展"理论的，从本书中也可窥见一斑。[②] 本书对自由主义发展的流脉把握清晰，分析也入情入理。然而把第二次世界大战以来西方国家对社会经济全面介入归结为自由主义理论的松散，明显是无视战后西方的政治现实，试图通过重申自由主义的基本原则来构筑新的政治秩序，是一种乌托邦式的想法。

第二，本书试图重申自由主义基本原则来构建新的政治秩序，是不切实际的。随着第三次科技革命的深入，社会分工逐渐复杂化，反映出以私有制为基础的社会领域对新的变化已束手无策，只能试图通过从外部寻找有效方

---

① 安东尼·德·雅赛. 重申自由主义——选择、契约、协议 [M]. 陈茅, 徐力源, 刘春瑞, 等译. 北京：中国社会科学出版社, 1997：125-145.

② 安东尼·德·雅赛. 重申自由主义——选择、契约、协议 [M]. 陈茅, 徐力源, 刘春瑞, 等译. 北京：中国社会科学出版社, 1997：1-2.

法来不断应付新情况、新问题。但是在西方,政府对社会的干预却未能深入社会内部,只是在社会结构的外部修改和制定一些活动规则,并通过国家强制力加以保障。这是自由主义植根于西方国家所共有的特点。马克思认为,资本主义国家的阶级本质无法解决这些问题,只有通过无产阶级突破现代国家的狭隘界限,摆脱国家,才能从根本上解决问题。在这一过程中,通过职能转换、机构调整、制度创新等方式使国家社会化,是不可避免的重要步骤。在本书中,作者面对西方的政治现实,提出了很多深刻的问题。但在解决这些问题时,作者并未给出正确的方法。

第三,本书提到的一些理念,让我们更加深入理解自由主义的深层次含义。对我们改革开放,融入世界经济大潮具有一定的思想借鉴意义,尽管有些思想是不为我们所认同的,甚至是偏激的、错误的。本书表面漫不经心、诙谐幽默,实质内容结构清晰,批评入木三分,毫无教条感觉,发人深省。本书中作者面对西方政治现实,提出了许多发人深省的问题,树立了作者严厉批评家的形象,但是显而易见,作者最终是选错了药方子,抓错了药。本书游刃于政治哲学和宏观经济学之间,体现出作者的高超本领,目光锐利,语言得当。权利是哲学、政治学、经济学等很多方面的共同话题,作者显示出高超的造诣,从基本的东西出发,分析问题抓住了本质,力图对自由主义作出更为严格的界定,使后面的分析更为容易,哲学同经济学之间的关系更加趋于明朗。[①]

──【原著摘录】────────────────────────

第一章 南腔北调,七嘴八舌 P17-24

P17-18 而反之,自由主义则是多元主义的。它的本质就是对多种多样的目的、"善的观念"予以容忍,而不问这些目的彼此是否能相容。为了让这些目的各得其所,就需要彼此有所得又有所失,价值与价值之间的折衷交易,就被视为合情合理的了。自由主义的多元现象远非概念混乱与学说自相矛盾的表现,实际上这正是符合它的根本的一条对它的一切价值都一视同仁的自由豁达原则,亦即"价值中立"的原则。

P22 自由主义的结构是由两个成分合成的:

---

① 安东尼·德·雅赛. 重申自由主义——选择、契约、协议[M]. 陈茅,徐力源,刘春瑞,等译. 北京:中国社会科学出版社,1997:4-9.

（一）一个最大化的公设：对于各种政治安排的评判，其依据是能期待这些安排对一个压倒一切的目标有多大的帮助。这些安排，其目的就是要在尽可能大的限度内实现这个目标。

（二）遵守一条规则（或一个规则系统）。政治安排无论是为了什么目的而设计的，都必须依照这条规则办事。一条最根本的规则，就是政策必须符合该国的宪法（宪法的实质内容可以由一个辅助性的理论勾勒出来）；或者是自然的正义必须得到伸张；或是必须强制实行人与人之间的某些平等关系。

第二章 自由 P25-48

P25 我们不妨不嫌赘叙，回过头来想一下，为什么自由本身不能独自作为目标，为什么它必须受到一套合适的规则的约束。

P27 （一）"无强制"就等于"我行我素"。最低限度的强制意味着自P28 由在某种正当的、不荒诞的意义上已经被最大化了。

（二）"必要的强制"稍微贴题一些，因为它所指的是某一特定程度与方式的强制，这种强制既不是零，也不是仅仅"最低限度"，不像人们所追求的那种恰当的、使损害最小化的限度。

P31 （一）"自由行动"，它所主张的是：在其它一切都相等的情况下，自由取决于一个人的种种重大的、非琐事性的抉择彼此处于怎么样的相对地位。在一些相互排斥的抉择（嫁给约翰、同理查德同居、同妈妈在一起、当修女、在咖啡馆里洗盘子）当中，最好的抉择同次好的抉择之间的差距不应过大；次好的抉择不应该是差得多的。如果差得很多，那么，两个抉择（或一组多个抉择）当中，就没有"真正"或"真正可以接受"的能取代最佳抉择的另一办法了。因此，作出这一抉择的人，并没有"真正的"作出任何其他抉择的自由。

P34 自由主义者同别人的区别在于他们力图要显示，相关的强制是为了使自由最大化而施行的。既然结果对自由有好处，那么，那些对为了某种别的公开宣称的目标而实行的再分配持质疑态度的人们来说，他们的心目中就应该觉得强制是可以接受的了。

P42 损害这个概念，不可避免是道德性、评价性的。有关损害的含义如何论述并无真伪之分。人们可以主张，对损害是什么的正当理解应该局限于对某一利益不正当的伤害，而"不正当"的含义大体上相当于一般法律所理解的侵权。

第三章 权利 P49-72

P49 各种政治理论，以及标榜这些理论的各个政党、团体及运动都抓住权利和有关权利的谈论不放,越来越带劲,这是十分自然的现象。它们一直在宣布一张张单子上列举的各种人权、公民权利、少数权利、妇女权利、"经济与社会权利"、受教育权、就业权、机会与保障权、"民主"权利、"发展权"、文化权利以及其他许多含义和实效远远不一定清楚的权利。

P53 权利自由主义却在损害原则原应占有的位置当中塞进了一大堆分别列举的权利,号称是一切属于特定的范畴的人所应享有的。每一项权利都要成为一个碉堡,保护那个特定的权利持有人的相应利益不受任何意图的侵犯,包括整个政治群体的意图。但是,在这些堡垒之外,在无人地带,群体的全局性的目标,只要不打破任何一个碉堡,还是可以最大化的。至于在碉堡的内部,则个人的利益比之共同的目标更有优先权;在碉堡之外却是相反。共同的目标可以使任何一个最大化目标——"效益"、国内生产总值、"平等"或是艺术的繁荣。它也可以是自由,虽然(正如我们在前面已有机会看到过的)现代的权利自由主义并不单独把自由分出来给予特殊的青睐。

P55 权利自由主义原先标榜的主张,实行起来却产生了如此明显的自相矛盾,这就是指明了同现时如此流行的那句话恰恰相反,权利并不是什么"王牌"。德沃尔金的论点是:权利是"王牌",但只到一定程度为止。

P59 这些权利并不是什么保护个人利益不受普遍福祉要求所侵犯的碉堡,因为这些权利就是普遍福祉。这些权利,含含糊糊的但又没有任何明确的劲敌在望,本身就是自由主义国家中的政治权威所应追求的普遍的、综合的最大化目标。

P65 然而,举证之责还另外有一个切入点,它对于决定自由主义思想究竟是松散的还是严格的,具有更为强劲、更为举足轻重的力量。这个切入点关系到权利的划分,即按照如何达成一项对权利加以维护的判断的逻辑顺序,来将权利划分为两类。有一类权利,按其内在本性,举证之责落在声称这些权利存在的人们身上,而另有一类权利,其举证之责则落在声称这些权利并不存在的人们身上。

第四章 基本原则 P73—98

P76 (一)个人能够选择,并且只有个人才能选择

这条原则将被称为"个人主义原则"。这条原则的真理取决于限定"选择"这个词的含义。这里所说的选择,含义不仅仅是从若干相互排斥的选择方案中选取一个,因为按照这种解释,一群动物,一群人,一个团体,总之任何看上去可以协调行动的集合体,都可以"选择"……个人之所以被认为

能够思考选取某一选择方案而不选取另一选择方案的理由，就因为有一个普遍接受的假定，那就是只有个人才有思维能力。群体、团体、国家，都不能思考，或只能在比喻的意义上思考。

P77 （二）个人能够为自己选择，为别人选择，或者既为自己也为别人选择。

我们将称这一原则为"政治原则"，并从论证其名称着手解释这一原则。

如果一个人只能为他自己选择，那么他只能选择那些他能够"承受"其成本的选择方案。他可以上教堂，但他不能专门建一座教堂。如果他不是太穷的话，他可以买一辆汽车，但即使他相当富有，他也不能把汽车要使用的道路都买下来。对于他来说，只有三类事物可供选择。

P80 （三）选择的意义在于选取所偏爱的选择方案

这条原则将被称为"无支配原则"，其意思是如果选择的结果是获得一个"被支配的"选择方案，选择就没有意义。所谓"被支配的"选择方案，就是一个在一系列相互排斥的选择方案中比任何其他选择方案都差的选择方案。再说一遍，这并不是说人们绝不选择被支配的方案，而只是说选择被支配的方案就是浪费选择能力。

P84 选择是在某种常规和权利的框架内实施的，在一些情况下用于缓解不同的选择方案之间的冲突，在另一些情况下则用于裁定这些冲突。这个框架的建立有赖于通过道德直觉找出有关社会共存的基本原则来。关于社会共存的基本原则中有三条似乎是有益于这个框架的自愿性和自发性的。这三条原则有助于使这一框架符合关于选择的原则，特别是符合"无支配"原则。

P84 （四）承诺必须兑现

这条原则是单方面义务和契约制度的道德基础，是整个社会共存的基石。在下面的论述中，这条原则将被称为"契约"原则。

有些契约，即交换同时进行的契约，是自我强制执行的。或者说是倾向于自我强制执行的。然而另一些契约则在它们的时间——执行结构中含有对不履约的刺激。这样的契约需要强制执行，唯有如此，一方的义务才能让另一方觉得可信。

P88 （五）先来后到

这条原则称为"优先"原则，其作用是帮助调节在一个拥挤的社会环境中行使"自由权"。正如我们在前面对权利所做的逻辑分析中发现的那样，自由权在原则上是没有限制的，除非行使自由权会侵犯另一个人的权利，从而证明存在限制。然而也有这样的情况：虽然没有任何权利限制一个自由权，没有任何存在限制的证明，但一个人行使自由权与他人行使自由权发生了冲突。

第五章　惯例与契约 P99－123

P99　所有的选择都限定于若干相互排斥的可选择事物……可能性的限制是真正的选择概念中所固有的，只是出于形式上的完整才需要加以说明。然而如果谈论的是选择得不到的事物，那就是荒谬的了。另一方面，由于人的共存（以及生物的共存），并非所有可能的选择都是可行的。

P103　阐述惯例比阐述契约更加困难。而且理解惯例的更大困难告诉我们，总的来说惯例更难以捕捉所有可能的益处从而通向帕累托最佳状态，并且与契约不同的是，惯例在表面上就没有这种可能。然而从单纯的帕累托改善达到帕累托最佳状态，也就是说从好达到最好，通常需要求助于集体选择或集体强制。

P122　契约自由与所有权是相辅相成的，缺了一个，则另一个就没有意义。试图把二者分开，结果就是理论上的混乱、法律和经济事务中的悲哀。让所有权隶属于"社会的意志"——隶属于集体选择——是一回事，将社会处置限定于在仍然承认私有财产权的同时限制契约的内容是另一回事。前者最终固定于这样一个社会主义原则：个人既不应拥有自己，也不应拥有生产性财产，只有社会才拥有之。这样一种立场是说得过去的。

第六章　对政治的认可 P124－145

P125　这显然不是政治如何运作的道理。政治的本性不是驯服的，它有着自己内在的动力，不会温顺地满足于有限的、只有未经撤消才能拥有的权力和作用。然后按照严格的自由主义，这就是政治应该如何运作的道理。一个自由主义秩序的关键功能，就是创造出使政治如此运作的条件。

集体选择是克服一个集体中一部分人的反对，为该集体选定可选择事物的领域。一部分人的反对意味着，并且由于缺乏其他独立证据而被认为等于说，这个选择方案是帕累托较差，并且受到至少另外一个选择方案的分配，也就是说反对者有他们的至少一种不同的选择方案。

P127　如果说集体选择的迅捷与迟缓是由作决定的条件所决定的，那么显然集体选择越有力，集体选择的范围就越宽广。选择范围划分为三类：

1. 有些事物基本上是私人性的，出于人性考虑，即使在绝对集体主义的政治制度中也属于个人选择的范围；

2. 另外一些事物可以由个人来选择，但要受集体选择制约，集体选择可以任意压倒个人选择；

3. 最后一类事物本身就是集体性的。这类事物不可能由个人选择，因为它们的基本特性之一，就是它们不会被集体中的某一部分（"失败的联盟"）所选择。它们对于起决定作用的小集体（"得胜的联盟"）的价值恰恰在于它们对于每一个人，包括"失败的联盟"都具有约束力。

P129　自由主义的原则是：选择的意义在于选取不受另一选择方案支配的选择方案。

P145　有限政府是既在程序上合法，也在实体上合法的政府。由于许多在程序上合法的东西可能超出了在实体上合法的范围，遵守程序就无助于，甚至不可能有助于实体上的合法性。政治学说之塑造政治秩序，并不是通过提出政治秩序的设想，而基本上是通过引导人们承担某些根据抽象推理得出的义务。以严格的，并且我相信是合理而又连贯的方式重新阐述自由主义，就是要为"正确的"义务做出贡献。

【参考文献】

[1] 安东尼·德·雅赛. 重申自由主义：选择、契约、协议 [M]. 陈茅，徐力源，刘春瑞，等译. 北京：中国社会科学出版社，1997.

[2] 周霓华.《重申自由主义》评析 [J]. 宁波职业技术师范学院学报，2003，6 (2).

[3] 姚开建，梁小民. 西方经济学名著导读 [M]. 北京：中国经济出版社，2005.

[4] 约翰·罗尔斯. 正义论 [M]. 北京：中国社会科学出版社，2001.

八、《自由与法律》

［意］布鲁诺·莱奥尼　著

秋风　译

吉林人民出版社，2004年

── 【作者简介】───────────────

布鲁诺·莱奥尼（1913—1967）是意大利的著名学者，西方当代自由主义的杰出代表，他的一生充满活力，精力充沛，紧张而又复杂，而他把自己短暂的一生均致力于传播他的自由主义的理念。

莱奥尼既是学者、律师、商人，又是业余的建筑设计师、音乐家、艺术、语言学家。当然最重要的，他是他所坚定信奉的个人自由原则的捍卫者。曾是意大利帕维亚大学法律理论与国家理论教授，曾出任该校政治学系主任，政治学研究所所长。作为著名学者，他曾遍访各大学府，他曾在牛津大学、曼彻斯特大学、弗吉尼亚大学、耶鲁大学等名校授课，此外，他还是一位高超的语言学家，除了母语意大利语之外，他还可以流利地使用英语、法语、德语等与他人交流。他也是执业律师，开办了自己的法律事务所，又是他所居住的都灵方法论研究中心的活跃人物。他偶尔还挤出时间，为都灵的一家财经报纸撰写专栏。在第二次世界大战德国占领意大利北部期间，他成功地拯救了很多盟军人物的生命，这使他不仅赢得了一块金表，上面镌刻着"致布鲁诺·莱奥尼，他为盟军作出了应有的贡献，1945年"，而且赢得了救出来的人永恒的感激。

1967年9月，在法国维希举行的朝圣山学社全体会议上，他当选为学社主席，而在此之间，他曾长期担任学社秘书。莱奥尼兴趣广泛，在其短暂的一生中，著述颇丰。在其去世后，其后人整理他已发表的著述清单，有80多种。遗憾的是，因为其英年早逝，莱奥尼没有来得及将其著述加以系统地整理，而1961年出版的《自由和法律》是其留给后人的最为重要的著作。1967年11月21日，在其事业的高峰期，在其精力的巅峰状态，在其人生最有活力的时刻，布鲁诺·莱奥尼不幸去世。

【写作背景】

从1954年到1959年，加利福尼亚州克莱门特学院经济学教授阿瑟·肯普，组织了六期专门研究自由与竞争性企业的短期培训班，这些短训班主要是提供经济学和政治学研究课程。每期短训班都会邀请三位著名学者亲自授课，对作为经济和政治原则之源泉的自由进行分析，对自由市场机制及其运作进行剖析，对私人企业制度的哲学基础、特点、优劣进行研究。

每期短训班大约有30名学员参加，他们是从很多申请报名的人中选出的，大部分是经济学、政治学、企业管理、社会学、历史学的教授和讲师。还有一些是研究人员或作家，甚至还有一两位系主任。六期短训班总共有190位学员参加，他们来自美国的40多个州以及加拿大、墨西哥的90多所学院、大学。著名的授课者除了布鲁诺·莱奥尼之外，包括艾智仁教授（Armen A. Alchain）、格茨·布里夫兹教授（Goetz A. Briefs）、科斯教授（Ronald H. Coase）、米尔顿·弗里德曼教授（Milton Friedman）、哈耶克教授（F. H. Hayek）、赫伯特·希顿教授（Herbert Heaton）、约翰·朱克斯教授（John Jewkes）、弗兰克·奈特教授（Frank H. Knight）、费利克斯·摩莱伊博士（Felix Morley）、雅克·吕夫（Jacques L. Rueff）、戴维·麦考·莱特（David MaCord Wright）。为了能够提高国际思想交流的质量、增加数量，他们尽最大努力做到，每期短期培训班都至少有一位讲课者代表欧洲的学术传统。

阿瑟·肯普1957年在瑞士St. Moritz举行的朝圣山学社会议上第一次见到莱奥尼，他们两人都是加入比较晚的会员，在一次会议上，他们同时递交了正式的论文。回到美国后，他说服他的同事，邀请莱奥尼为下一次短训班授课。莱奥尼接受了他们热情的邀请。1958年，莱奥尼与弗里德曼、哈耶克一起成为第五期自由与竞争性企业短训班授课人，举办时间是6月15日到28日。这一时期的学术水平引人注目，哈耶克教授的课程后来收入《自由宪章》，弗里德曼教授德讲座形成了《资本主义与自由》，莱奥尼的讲座则成为这本《自由与法律》。

【中心思想】

莱奥尼在本书中，极其广泛地讨论了现代社会中的政治学、经济学和法学等诸领域的问题，并且避免分割去谈论它们，而是试图消除它们在学科上的传统界线，以跨学科的方式进行研究，试图得到怎样保持法律之下的个人安全和自由的平衡的结论。

莱奥尼从一个现象开始自己的思考，立法正在泛滥。立法几乎成为法律的代名词，即使在典型的普通法国家英国、美国也不例外。当代西方号称"法治"的国家中的大多数立法，用19世纪中期的自由主义政治经济学家弗里德里克·巴斯夏的话来说，不过是少数掠夺多数或多数掠夺少数的工具；用莱奥尼的话说，"立法之法总是涉及某种形式的强制，受其约束的个体总是要遭受无可逃避的强制"[①]。根据他们的看法，这样的立法越多，离真正的法律之治就越远，个人自由的范围就越来越小。

莱奥尼认为，真正能够确立并保障个人自由的，是普通法，或者更准确地说，是普通法背后的自发的法律秩序。对于珍惜个人自由的人士来说，这样的法律之所以是可取的，是因为这样的法律是不依傍于统治者的意志的，因而，不可能成为掠夺的工具，成为政治的附庸和权力的婢女；因为个人，也就是说，是每个涉入司法活动的人，都参与了法律的创造，因而，才有可能是公平正义的。只有这样的法律，才能真正地反映"公意"。

【分章导读】

导论 作者在导论中，出于对个人自由的珍视与重新审视个人在作为一个整体的法律制度中的位置，对"立法膨胀"进行了分析批判。

莱奥尼认为，自由就是不存在强制。在此，无可置疑的是自由本身具有否定性内涵，即起码它是指对于"强制"持一种否定性态度。而当代社会的立法膨胀，却几乎将"强制"发挥得淋漓尽致。通过对"立法膨胀"的分析，深刻揭示了立法膨胀的恶果，同时表达了对当代社会自由法治之可得的某种思路、某些关怀。首先，莱奥尼清理了有关"自由"的语义混乱，指出自由

---

① 莱奥尼. 自由与法律 [M]. 秋风，译. 长春：吉林人民出版社，2004：导论18.

不仅仅是一个经济或政治概念，并且可能首先是一个法律概念，因为自由必然涉及一整套复杂的法律上的因果关系。如果要成功地厘清自由概念，我们应当着眼于社会科学的特殊性，力求实现经济的、政治的或者哲学的研究方法的融合。其次，莱奥尼从黄金律"己所不欲，勿施于人"出发，表达出对普通法或法律家的法律观的倡导，即法律是有待于发现的过程，而不是可以制定颁布的东西。

第一章　哪种自由　本章主要针对"自由"一词的含义，及如何定义"自由"进行阐述。莱奥尼对"自由"一词进行了一些基本的语言学分析。他说，用手指着东西这种简单的方法，是操不同的语言的人们，或者操同一语言的人们进行交谈的基础。但是，当我们试图为一件不是实物的东西下定义而又不知道我们所使用的单词的含义的时候，就会碰到麻烦，因为我们不可能指着某种实实在在的东西说这是什么。"自由"概念就是如此。"自由"作为一个术语，其指涉的是一种普遍性的政治原则，因而在不同的政治体系中，各自所具有的含义可能只是在表面上有所近似而已。甚至，"自由"这个词在同一种法律体系的历史演变过程中，也会产生不同的含义和关联。而更令人吃惊的是，就是在同一时代的同一种体系中，其含义也会因人、因环境而异。因此，讨论自由，首先需要对"自由"这个词作出一个明晰的定义，否则我们就无法使用这个词，也不可能对其给予正确的理解。但从"实在论"的角度对"自由"下定义是不可能成功的。因为在这个世界上，在谈论"自由"的人之外，并不存在一种独立的可以被叫作"自由"的实物。换言之，我们不可能像指着某件实物定义该物品那样，给"自由"也作出一个定义。

第二章　"自由"与"强制"　承接第一章，进一步分析了"自由"与"强制"的关系。本章同样引入语言学的分析手法。作者指出，"实在论"不能用来给"自由"定义，通常更为谨慎的定义方法是将定义分为规定性的和词典式的定义。规定性的定义是指下定义的人自己赋予该词的含义；而词典式的定义则描述了一般人普遍能接受的该词的含义。作者也看到了语言学中的新趋势，即是非描述性定义——说服性定义，它的目的不是描述某样东西，而是为了诱使人们皈依某种信念或采取某种行为模式，而刻意改变人们所熟悉的语词的传统含义。但在作者看来，讨论说服式定义不是学者的正当使命，学者的职责是对"自由"给出规定性的定义，只有这样学者才可避免被人指责利用含糊的定义达到欺骗的目的。但进一步的分析使得莱奥尼质疑能否给"自由"下个规定性定义。规定性定义仅仅是某种工具性手段，旨在向他人传达我们想要他们知道的某些事情。换句话说，规定性定义是交流或传递信息的手段，但信息本身是不可能由我们规定的。因此，如果我们给"自由"下一个规定性定义，但没有向他人传递某种已被人们普遍接受的蕴藏在该词中的信息，这样的定义就没有太大用处。因此，莱奥尼得出结论，"自由"一词的真正有效的定义必然是词典式的定义。当然作者并不否认规定性定义，对"自由"作出一个规定性的定义是可能的，或许也是有用的，甚至还是必要的，但是要作出规定性定义就不得不对其所具有的含义进行词典式的研究，因为唯有这样的研究进路，才能揭示人们在日常语言中赋予这个词的含义。

接着，作者从"自由"和"强制"的关系角度阐述了自己的自由观。作者指出，"自由"一词及与之相关的"自由的"一词所蕴含的是否定性含义，是指对于"强制"持有的一种否定性态度。但对于"强制"必须恰当理解。如果他人可以以某种方式"自由"地强制某人，则我们不能说该人相对于他人是"自由"的。如果每个人都可以以某种方式强制他人使之不对自己的某些方面施加强制，则该人是"自由"的。从这个意义上说，"自由"和"强制"必然联结在一起，而当人们谈论"自由"的时候，却经常忘记这一点。在日常话语中，"自由"本身决不会是强制，不可避免地与自由联系在一起的强制，仅仅是指否定性的强制；完全是为了使他人放弃对自己的强制而对其施加的强制。以上讨论结束后，引入本书全新并最为重要的一点"自由市场"的概念，自由市场也蕴涵着某种强制的意思，即社会中的所有成员都有权对劫匪、窃贼之类的人物施加强制。自由市场不需要从外部强加某种强制性权力。自由市场本来就是这样一种状态：那些从事市场交易的人都有权强制自由市场之敌。

第三章　自由与法治　本章通过对西方国家法治理论与实践的历史考察，论述了法治的含义、特征。作者指出，法治的含义在过去的几十年中一直在变化，但迄今尚未有人去描述过这一过程的完整形态。这个过程是隐而不显的，但是这个过程却涉及西方所有国家曾经、并且现在依然共同坚守的东西——"法治"这个词语所蕴含的司法理想，以及"自由"这个词语所表示的政治理想。因此有必要进行一番考察。

作者重点考察了戴雪和哈耶克的法治思想。在戴雪看来，法治的主要特征是"法律至上"，由此引出了法治的三个含义：政府不拥有惩罚其公民或采取侵害其生命或财产行为的专断权力；所有人，不论其社会地位或境遇，都须遵守王国之普通法律，接受普通法庭的审判；法律精神在英国政体中占据某种支配地位。而在哈耶克看来，法律具有普适性、平等性、确定性，行政部门的自由裁量权在采取强制性行为即干涉个体公民之人身和财产的行为时必须始终接受独立的法庭的监督。作者认为，戴雪和哈耶克的法治思想大致是相同的，但也存在细节差别。比如，关于平等性问题，他们两人都坚信，为了确保公民在法律之下的平等，独立的法庭是至关重要的；但两人对于法庭功能的解释都似乎存在着一些细小的分歧：戴雪不承认存在着两种不同的司法秩序，即一种用于解决普通公民之间的纠纷，而另一种用于专门解决普通公民与国家官员之间的纠纷。而哈耶克则认为，存在两种司法秩序本身并无不妥之处，只要这两种司法秩序都独立于行政部门即可。

在法律的确定性上，作者着重分析了哈耶克的经典阐释——"普适的、明晰表述的、事先颁布的"，认为"这也可能是对法律的确定性含义所做的最著名的表述"①，并对之进行了历史考察，认为在欧洲大陆，一系列的历史事件也使这种法律的确定性理念得以扎根，并不断获得强化。"我们不得不承认的是，相对于暴君们心血来潮的指令和无可预料的政令来说，用明晰的词句来表述的普适性的规则，确实是一个重要的进步。"但是，作者也看到了这种确定性理念面临的困境——"所有这些并不能保证我们将'免于'遭受权力当局之侵害"②。所以，如果我们希望获得真正的自由所需要的"确定性"，就不能满足于通常人们理解的这种确定性理念，而应探寻其另外一种含义，值得庆幸的是，"这并不是西方人使用和理解'法律之确定性'一词的唯一含义。这个词还有另一层含义，这个含义与英国人和美国人所理解之'法治'理想更加契合，至少在'法治'理想与个人自由紧密相关的时代是如此，而此处所谓的个人自由，就是指免于他人（包括政府）之侵害的自由"③。

第四章　自由与法律的确定性　本章详细讨论了"自由与法律的确定性"的问题。作者结合西方政治和法律制度史，区分了"法律的确定性"的两种含义——"法律的短期确定性"和"法律的长期确定性"，并认为，只有"法律的长期确定性"，才能更好地保障个人自由。

古希腊人早期认为，法律是由民众普遍参与的立法大会所制定和颁布的，立法大会以成文的形式颁布的普适性规则，法律的确定性就等于成文法的确定性。这种法律当然比暴君们作出的那些变幻无常的指令更能保护个人自由。

---

① 莱奥尼. 自由与法律 [M]. 秋风, 译. 长春：吉林人民出版社，2004：导论77.
② 莱奥尼. 自由与法律 [M]. 秋风, 译. 长春：吉林人民出版社，2004：导论78.
③ 莱奥尼. 自由与法律 [M]. 秋风, 译. 长春：吉林人民出版社，2004：导论79.

然而古希腊人在公元前 5 世纪下半叶开始认识到，立法大会的这种造法过程事实上极其不方便。通过这种立法大会制定的法律，固然所有的法律都是确定的——也就是说都是通过成文法的形式得以精确表述的，但是，法律的确定性如果仅仅就是指书面表述非常精确，那么实践中就会不可避免地形成这样一个状态：现有的法律不断地被后来的法律所取代。造法的过程越密集、越迅速，现有的法律还能在多长时间内保持效力就越是一个不确定的问题。谁也无法准确预测，这部法律何时会被一部同样具有这种"确定性"的法律所取而代之。因此作者称这个意义上的"法律的确定性"为"法律的短期确定性"。

但在作者看来，在西方国家的政治和法律制度中，短期化的"法律确定性"概念并不是唯一一种对"法律之确定性"的理解。因为在罗马人那里，"法律的确定性"这一概念的真正含义是：法律永远不会在谁也无法预料的情况下突然发生改变。而在一般情况下，法律也永远不会受制于某一次立法会议或某一个人（包括元老或国家的其他执政者）的随心所欲或其拥有的专断性权力，这也就是"长远意义上的'法律的确定性'"，也可以将它称之为罗马人对"法律确定性"所特有的概念。① 对于罗马人在商业及所有私人生活领域中所享有的自由而言，这种"法律确定性"的概念是极其重要的。正是这种"法律的长期确定性"确保了"个人自由的理想（即包括政府在内的任何他人所施加之强制的不存在）"②。

第五章　自由与立法　本章详细讨论了"自由与立法"的关系问题。作者首先分析了当代西方国家的一个突出特点，即官员的权力越来越大，官员已经获得了管制其同胞生活的巨大权力。有些情况下，官员们刻意地用他们自己的意志取代法律的规定，他们还相信这是在改进法律，以法律没有的明言方式去实现他们自己认为法律应当去实现的目标。由此引出一个重要论点：在过去一百年间，在西方各国，个人自由正在逐渐萎缩，其原因并不仅仅甚至并不主要是由于官员犯法而导致的侵犯和侵害，而主要是由于法律，即成文法律，使官员有权力从事一些活动，而根据以前的法律这些活动肯定会被判定为滥用权力和侵害公民的个人自由。因此，珍视个人自由的人们不仅要对行政官员们有所警惕，还应该对立法者保持更多的警惕和戒备，因为恰恰

---

① 莱奥尼. 自由与法律 [M]. 秋风，译. 长春：吉林人民出版社，2004：导论 88.
② 莱奥尼. 自由与法律 [M]. 秋风，译. 长春：吉林人民出版社，2004：导论 98.

是通过立法活动，官员们获得了并将继续获得他们拥有的权力。

莱奥尼批判地分析了当代西方国家普遍存在的一个根深蒂固的政治信念：由于立法之法是经议会审议通过的，而议会是人民选举产生的，人民就是立法过程的源头所在，人民的意志起码是选民的意志在政府决定所有事物过程中发挥了决定性的作用。

本章还对社会主义者和自由主义者关于自由的争论进行了分析。作者重申了书中所谈到的自由概念，就是指不存在包括政府在内的他们之强制，既包括私人生活方面的自由，也包括商业活动自由。而社会主义者的理论一向坚持认为，在一种法律、政治制度下，尽管人人被赋予平等的权利，但如果有些人缺乏足够的手段，则权利平等这样的优势，并不能保证这些人从这些权利中得到多少好处。相反，自由主义的理论则认为，社会主义者所鼓吹或强制实施的，把政治自由"整合"到穷人所享有的"免于匮乏的自由"的种种努力，必将导致制度内部的冲突；他们所设计的制度如果不压制人们的政治和法律自由，即免于他人之强制自由，就不可能赋予所有人以免于匮乏的"自由"。而自由主义理论进一步论证说通过政府对经济活动发布指令或进行指挥，并不能真正实现"免于匮乏的自由"，这一目标只有通过自由市场才能实现。

本章还进一步探讨了社会主义与立法活动的相互依赖及其原因；市场领域的个人决策与政治领域的群体决策的区别等。作者最后指出：立法之法，在当代是群体决策的产物，它必然包含着那些对遵循立法规则的人们之某种程度的强制，对于那些参与制定规则过程的人们，也构成相应的强制。任何政治制度，只要进行群体决策就无法避免这种麻烦，包括民主制度在内。

第六章 自由与代议制 本章仔细辨析了"自由与代议制"的关系问题。作者结合西方国家的政治理论与实践指出，政治意义上的代议制，从其发源之初开始，就与下面这一观念紧密相关——即"代表"本质上就是他人的代理人，所以要根据委托人的意愿来实施各种行为。但迄今为止，没有任何一个国家，能够维护代议制的灵魂，即保证那些代表们，真正按照他们所代表的民众具有的意愿去实施活动。在作者看来，在政治代议制中，我们之所以面临困境，很可能并不是由于我们缺乏智慧，或因为具有不良的意愿，或者由于委托他人"代议"的民众都表现得很冷漠，而是由于在政治生活中，需要应付的问题太多，也太复杂了，受托的代表和委托他们代议的民众，对于很多问题都并不是那么清楚。因此在大多数情况下，民众不太可能去给代表们发出特定的指令。因此,如果那些事实上是"自封"的代表们无法反映所谓的"委托他人代议之民众"的真实意愿,又或者,如果基于种种理由,我们认为代表们与其所代表之民众,对于所讨论的问题无法达成一致,那么在共同体的政治生活中,就会出现诸多困境。

人们习惯于认为,不管怎么说,目前实行的"代议制"都比别的制度要好,因为据说它能使民众通过某种方式去参与政策的制定,尤其是去参与制定那些合乎他们个人选择之自由的法律。而在作者看来,在当代的政治制度中,相对于维护个人自由这个目标而言,立法之法太多了,群体决策太滥了,选择太僵硬了,而个人决策太少了,自由选择也太少了。当然这并不是说,我们应当完全废弃立法之法,完全放弃群体决策和多数规则;作者完全同意,在有些情况下,问题会涉及所有人,而又不可能通过自发调整和个人作出彼此相容的选择来解决这些问题,此时立法之法、群体决策和多数规则就是必需的。但作者想指出的是,在当代社会,那些所谓不得不借助群体决策才能决定,或者那些所谓仅仅适合于群体决策的范围,实际上都被大大地高估了;而同时,那些必须由个人自发调整,或者仅仅适合于个人自发调整的范围,却受到了过于严格的限制。但如果我们想真心去维护那些贯穿西方历史的伟大理想所具有的传统价值,那么我们就必须扩大后者的范围。

第七章 自由与公意 本章详细讨论了第五章、第六章出现的个人决策和群体决策问题,并对"公意"一词的内涵进行探讨。人们通常认为,在政治领域,对于很多问题,人们的看法不可能达成全体一致,群体决策及由此衍生的强制性程序、多数规则等都是无可避免的。那些群体决策中的赢家们也总是喜欢宣称,"他们是为了公众的利益,按照'公意'原则进行决策"[1]。但在作者看来,情况未必如此。在一定意义上,作者赞同熊彼特的论断:"在现代政治共同体中,'公意'纯属假冒欺骗。"[2]

作者结合西方国家的政治法律实践认为,只要群体所作出的决策意在强制少数出让自己的财富,或者强制房主在他们本身并不情愿的情况下向他人出租他们的房子,实际上就不可能获得群体中全体成员的一致同意。很多人确实因此而认为,由于在这种情况下,一致的同意难以形成,恰恰正说明了需要存在一种决策集团以及相应的强制性程序。但在作者看来,如果我们承

---

[1] 莱奥尼. 自由与法律 [M]. 秋风,译. 长春:吉林人民出版社,2004:137.
[2] 莱奥尼. 自由与法律 [M]. 秋风,译. 长春:吉林人民出版社,2004:137.

认改革的一个主要目标就是要恢复个人主义的自由,恢复个人免于他人强制的自由,那就没有任何理由在我们的制度中,为人数较多的人借以强制人数较少的人而制定的那些决策留出空间。因为在这一类决策中,断然不可能有所谓的"公意",除非我们把"公意"等同于多数的意愿,而全然不顾属于少数派的人们所应当享有的自由。

当然,作者并未绝对否定"群体决策""公意"与个人自由的相容性,作者指出,如果公意仅仅是掩饰多数强加给少数之强制的遮羞布,那么,个人主义的自由与这种"公意"是断然无法相提并论的。但是如果公意的目标符合"己所不欲,勿施于人"这一规则所体现的原则,那么公意与个人主义的自由就是相容的。至于个人自由也完全有可能与决策集团和群体决策相容,只要后者所体现的,是群体中所有成员自发参与某种公意之形成过程的产物,比如,独立于立法活动的造法过程所产生的结果。而个人自由与所有那些不诉诸决策集团和群体决策而形成公意的过程,则是完全相容的。

然而,个人自由与立法活动之间的相容却是靠不住的,因为"公意自发形成"这一理念,与立法活动中经常表现的、"透过强制性程序表达该公意"这一理念,二者之间隐藏着一种潜在的冲突。因此作者最后指出,"基于支持个人自由的立场,我们不仅仅要对官员和统治者保持警惕,也要对立法者保持怀疑"[①]。

第八章 一些难点的分析 本章通过对一些难点的分析,进一步论述了其自由主义思想。作者指出,在当今,越来越多的人越来越习惯于认为,政府对私人活动施加干预,可以带来极大的好处。如有谁认为,大政府和奉行家长制统治原则的立法机构,应当让位于个人的创造性,那么马上就会有人申辩:"我们不可能把时钟再拨回去",以及"自由放任的时代已经永远过去了"等等。但在作者看来,尽管舆论十分重要,但显然公众的看法并不代表一切,即使在自由社会中也同样是如此,正如有人所说,成千上万个人的"无知"并不能拼凑成一种"知"。

作者进一步指出,在当代社会上演的这一出攻击个人自由的公共舆论大戏中,真正的主角并非群众,而是知识分子,正是知识分子把群众转向了社会主义和干预主义那边。要想逆转这一潮流,就必须改变知识分子的精神状态,尔后群众就会随之改变。而且作者乐观地认为,我们是有可能说服普通

---

① 莱奥尼. 自由与法律 [M]. 秋风,译. 长春:吉林人民出版社,2004:174.

民众的，在适当的时候，民众会在比今天更为广泛的问题上，更加一贯地采取自由主义的原则。按照自由主义的理念，想说服人们发现并实行某种自由主义的制度，只需要接受少数几条一般性的假设就可以了。因为这些假设是自由主义制度的本质所在，它们可以让人们按自己认为最合适的方式去行动，只要不侵害他人即可。而且，不管是在经济领域，还是在政治领域，这种可以令人们自由选择的制度，都给人们提供了一种宝贵的可能性。一方面，它可以使每个人不去理会那些他自己觉得太复杂、太困难但也并不是很重要的问题；另一方面，它也能使每个人在解决他觉得对他自己来说很重要但却难以搞定的问题时，可以请求他人给予一定的合作。当然这并不是说，只要有了社会上那些方方面面的专家，那么就可以解决全部的疑难问题。然而，就某一个具体的问题而言，即使不可能找到一个客观的解决办法，我们也不能从中得出这样的结论：个人应该在政府的指导下活动。恰恰相反，我们的结论应该是——政府应当克制自己。

最后，作者批判了英国民主社会主义在支持企业国有化问题上的三大原则，进一步论述了自由主义的理念。

第九章 结语 结语部分对这本书作为讲稿时人们提出的比较有代表性的问题进行了分析和回答。作者梳理提炼了如下五个最突出的问题：一是，第八章中所说公共舆论"并不是一切"是什么意思？二是，有没有可能将"莱奥尼模式"运用到当代社会？三是，假如存在第二个问题所说的那种可能性，那么文中提到的那种"黄金律"如何能够使我们得以区分立法之法与普通法二者各自的范围？根据这一模式，划分立法之法和普通法各自范围的一般界线又是什么？四是，由谁来指派这一类法官或者法律家，或者其他类似的人士？五是，如果我们承认，当前社会的总趋势是与个人自由背道而驰，而不是有利于个人自由，那么，如何保证法官、法律家以及其他类似人士能够不受这种趋势的影响？通过对五个问题的分析论述，作者进一步重申了其自由主义的理念和信念。

── 【意义与影响】 ──────────────

《自由和法律》自第一次出版以来，已经获得了法学与经济学研究者相当大的关注。在很多人看来，《自由与法律》是莱奥尼著作中最不拘泥俗见、最具有挑战性的著作。哈耶克教授曾经说，该书试图构筑一道桥梁，打通"把法律研究与理论社会科学研究分割开来的那道鸿沟……也许只有那些一直沿着这一思路研究的人士，才能完全看清本书所蕴含的启发之丰富性"[1]。

莱奥尼的这本《自由与法律》兴起了两门新学科，它们记录了人类对人与社会生活的思考——公共选择，法律经济学。前一门学科是将微观经济学原理运用于分析政治和政府行为。后一门学科则是将同样的原理运用于分析法律的内容与程序。莱奥尼的出色之处在于他预见到了，并强烈要求发展这两门学科。他画了一条线，将关于经济、政治学和法学间的最初的跨学科的联系，与今天大多数学者从信息角度对这些新兴学科的关注区分开来，今天在他的研究的基础上能有助于深入把握以前在知识上互相分离的市场、法律和政治领域之实质及其之间的关系。[2]

人们常说市场经济就是法治经济，政府管理经济的行为要"有法可依、有法必依、执法必严、违法必究"。这当然是没错的，但我们需要进一步思考的是，这里的"法治"是一种怎样的"法治"？"有法可依、有法必依、执法必严、违法必究"的"法"，又是怎样的一种"法"？如果法律就是国家的专断性命令，如果法治就是对这种体现国家专断性权力之法律的遵守和执行，那么这样的法律、这样的法治能与真正的市场经济相符合吗？莱奥尼对"立法之法"的膨胀和泛滥的批判性论述，对于市场经济中的法治建设不无警示意义。[3]

【原著摘录】

第一章　哪种自由 P31-47

P31　阿克顿勋爵在《自由史》一开头给自由下的定义就是"实在论"方法的典型："我用自由一词指某种保证，使每个人在做他认为属于自己之义务的事情的时候，都可以受到保护而不受任何权力当局、多数、习俗和舆论之左右。"

第二章　"自由"与"强制" P48-62

P54　从这个意义上，我们可以说，"自由市场"也必然蕴涵着某种"强制"的意思，也即，市场社会中的所有成员都有权对劫匪、窃贼之类的人物施加强制。（自由市场本身就内在地具有强制力）"自由市场"不需要从外部强加某种强制性权力。自由市场本来就是这样一种状态：那些从事市场交易

---

[1] 莱奥尼. 自由与法律 [M]. 秋风, 译. 长春：吉林人民出版社, 2004：第三版前言7.
[2] 莱奥尼. 自由与法律 [M]. 秋风, 译. 长春：吉林人民出版社, 2004：第三版前言262-264.
[3] 莱奥尼. 自由与法律 [M]. 冯辉, 译. 长春：湖南教育出版社, 2008：代译者前言3-4.

的人都有权强制自由市场之敌。一些集中强调"自由市场"、进而将自由市场视同政府强制之对立面的学者，对这一点可能强调不够。

P57 历史上充满了暴力、抢劫、强占土地等等事例，于是，很多思想家觉得，可以公正地说，私有财产权完全起源于暴力，因而，也就认为，不管是在原始时代，还是在当代社会，它都是完全不正当的。比如，斯多葛学派就想象，地球上所有土地最初是由所有人共有的，他们将这种传奇式的状态称为"原初共有"（communis possessio originaria）。后来的基督教神父们，尤其是拉丁语系国家的神父们，又讲起这种假设。于是，著名的米兰大主教圣安布罗斯（Saint Ambrose）在15世纪写道，大自然所赐予的东西应当由所有人共有，而私有财产则是起源于非法侵占。他引用了斯多葛学派的论述，指出，陆地上和海洋中的所有东西，都是为了全人类共同使用才创造出来的。

第三章 自由与法治 P63-79

P77 在欧洲大陆，一系列历史事件也使这种法律之确定理念扎下根来，并不断强化。几百年间，在拉丁各国，在日耳曼各国，查士丁尼《法典》曾风行一时，这部法典所体现的法律确定性之理想形态，就是成文法之确定性。——每个欧洲大陆国家都采用了成文法典和成文宪法，都接受了下面的观念：明确表述的条款能够保护民众免受一切形式的暴政之凌虐。政府和法院都接受对法律的确定性的这种解释：法律的确定性就是立法机构所颁布之成文法规的精确无误。这一点并不是欧陆国家采用成文法典和宪法的唯一原因，但至少也是一个重要原因。简而言之，欧陆所说的法律的确定性，就等于用明晰的词句对法律规则予以书面表达。这种确定性概念在很大程度上可以理解为"精确"。

P79 所幸，这并不是西方人使用和理解"法律的确定性"一词的唯一含义。该词还有另一层意思，这一含义与英国人和美国人所理解之"法治"的理想更为契合，至少在"法治"理想与个人自由紧密相关的时代如此，而此处所谓的个人自由，就是指免于他人（包括政府）之侵害的自由。

第四章 自由与法律的确定性 P80-99

P80 古希腊人所持有的法律的确定性概念，说的是成文法的确定性。我们这儿尽管不直接涉及历史研究问题，但古希腊人，尤其是较早时期的古希腊人也曾经持有习惯法或更一般意义上的未成文法的观念。

P85 基督教信仰一般所强调的，不是现世的生活，而是未来的生活。而现在的人们越来越不相信未来世界了，所以他们也就越来越执著于现世生活，他们相信，个人的生命是短暂的，他们的欲望总是永难餍足。这种心态就造成了在当代，不管是西方还是东方，宗教信仰都世俗化了，即使是像佛教这样根本不关心现世的宗教，也被其中某些信徒赋予世俗的"社会"含义，而这个词实际上是具有"社会主义的"含义的。美国当代学者瑞恩斯在其论述沉思的著作中说，"教会已经放弃了与神的沟通，而转向了书评和政治。"

P88 对于罗马人在商业及所有私人生活领域中所享有的自由而言，这种法律确定性概念当然是至关重要的。从某种程度上说，这种确定性对于公民间的法律关系的重要性，十分类似于自由市场对于公民间的经济关系的重要性。法律，作为一个整体，其使公民免于强制的作用，不下于自由市场。事实上，如果一个市场不是根植于可以使公民免于权力当局或他人之专断（即突然、不可预测）干涉的法律制度之上，则我实在无法设想该市场会是自由的。

P89 按照贯穿于整个普通法发展过程中的英国法治之原则，规则决不是某个人行使其专断意志的产物。它们是普通法院（courts of judicature）进行不带偏见的探究的结果，同样，罗马法的规则也是罗马法学家对诉讼当事人提交他们审议的案件进行不带偏见的研究的结果。

P93 加图指出，造法的过程，决不是某个具体的个人、某个集中了一切人的智慧的人（brain trust）、某个时代或某代人所能完成的。如果你竟然认为能够完成，那我上面说的那些话算是白说了。

P98 简单概括一下：不管是在古代，还是在现代，都有很多西方国家认为，个人自由的理想（即包括政府在内的他人所施加之强制的不存在）是其政治和法律制度的本质所在。而这一理想的显著特征一向包括法律的确定性。然而，对于法律的确定性，却存在两种看法，而这两种看法可能是不相容的：第一种看法认为，确定性就是指立法者颁布的成文法文本之精确，第二种看法是，尽可能地允许个人根据几个世纪、数代人形成的一整套规则制定长远计划，这套规则是民众自发采行，而由法官揭示出来的。学者们很少，甚至从来没有明确地区分过这两种"确定性"概念。不管是在欧洲大陆，还是在英语国家，一般人所秉持的"确定性"一词的含义依然相当含糊。

第五章　自由与立法 P100-114

P105 自古雅典以来，在西方国家，自由和民主就是一对相辅相成的理念。然而，历史上，一些思想家，比如托克维尔和阿克顿勋爵都曾经指出过，只要多数不够宽容或少数桀骜不驯，或者更一般而言，只要在一个政治社会中存在着劳伦斯·罗威尔所说的"势不两立局面"，个人自由与民主制度就可能互不相容。

P107 自由交易制度的一个突出特征是，它与、并且可能只与很少、甚至从来就不诉诸立法活动，最起码与通过立法干涉个人私生活和商业活动的法律、政治制度不能相容。

P113 与其他类型的造法过程，比如与罗马法和普通法的造法过程相比，强制并不是立法活动唯一的特征。我们上面已经论证过，不确定性是立法活动的另一特征，不仅是那些不得不遵守立法颁布的规章的人，即便是立法机构的成员本身，也都能感受到这种不确定性，因为他们在投票的时候，根本不知道投票的结果，只有到了作出群体决策后才能知道。

第六章　自由与代议制 P115－135

P119－120 动词"代表"（represent）源出拉丁文的 repraeentare，意思是 P120 再次出场。在早期英语中，它被赋予了好几个含义，但第一次从政治上使用该词用来指某一获得授权的机构或代表的活动，可以追溯到1651年伊萨克·本宁顿（Isaac Pennignton）的一本小册子。

P124－125 代议制扩展涵盖了政治共同体中尽可能多的个人。对于代议制原则来说，这可不是一件好事，范围越扩展，越难以达到其目标。经济学家和社会学家已经让我们注意到了下面的事实：在规模庞大的私人公司中，代议制的表现很糟糕。学者们指出，股东对经理层只有很小的影响力，在企业中，经理所"代表"的股东的数量越来越多，经理的自由裁量也越来越大——这既是我们这个时代"管理革命"的结果，也是其根源。

P132 请读者不要以为我在兜售政治上的犬儒主义。我只是在指出这种犬儒主义的政治底蕴，如果我们确实可以将这种理论称之为犬儒主义的话。谁有权，谁就可以制定法律。这不假，但那些没有掌握权力的人该当如何呢？上面的说法显然对此避而不谈，而我推想，批评性地看待依托政治权力的法律的限度，应该是自然而然地从这一理论中引申出的结论。

第七章　自由与公意 P136－154

P136－137 决策群体常常令我们联想到强盗团伙，关于这种团伙，美国著名学者劳伦斯·洛威尔曾这样评论：当他们在一个偏僻的地方等候一个路人，然后冲上去抢劫他的钱包的时候，他们并不构成"多数"。按照洛威尔的看法，即使强盗是一伙人，而遭抢的是一个人，一伙强盗也不能称为"多数"，而遭抢的那一个人也不能称为"少数"。在美国及其他国家，宪法、刑法等等法律就是旨在防止形成这样的"多数"。然而，不幸的是，在我们这个时代，不少多数，常常跟洛威尔所描述的这种独特的"多数"有太多相通之处。……唯一的区别在于：后者是该国的成文法律所不允许的，而前者却是法律允许的。

P137　然而，只要他们所作出的决策准备强制少数出让自己的财富，或者让那些他们并不乐见的人租住他们的房子，就不可能获得群体中全体成员的一致同意。很多人确实因此而认为，这里不能达成一致同意，恰恰就说明了需要搞出决策集团和强制性程序。不过，这并不能真正驳倒我上面提出的改革。如果我们承认，这一改革的一个主要目标就是要恢复个人自由，恢复个人免于他人之强制的自由，那么，我们就会发现，没有理由在我们的制度中，为人数较多的人借以强制人数较少的人的那些决策留出空间。在这类决策中，是不可能有所谓的"公意"的，除非我们把"公意"等同于多数的意愿，而全然不顾属于少数派的人们的自由。

P150　透过群体决策或多数规则，绝不可能得出真正科学的结果。整个西方现代科学发展的历史已经证明了，不管是多数，是暴君，还是强制措施，从长远的角度看，都不可能压倒个人，只有个人能够确切地证明，他们的科学理论可以比其他理论更好地发挥作用，他们关于事物的观点可以比其他观点更好地解决麻烦和难题，不管后者是不是有人数优势、有权威或者有权力，都无济于事。

P152　哈耶克教授是当代最有力地支持以成文的、普适的、确定的规则来抵制专断行为的人士，他本人完全意识到下面的事实：法律之治"并不足以实现"保障个人自由的"目的"，他承认，法律之治并"不是个人自由的充分条件，因为它依然为国家之可能的活动留出了广阔的空间。"

P154　从个人自由的支持者的立场上看，我们不仅要对官员和统治者保持警惕，也要对立法者保持怀疑。就此而言，我们不能接受孟德斯鸠给自由下的著名的定义：自由就是"做法律允许我们做的事情的权利。"本雅明·贡斯当曾对此作出如下评论："毫无疑问，如果人们不能做法律允许他们做的一切事情，他们当然没有自由；不过，法律也可以禁止人们做很多事情，从而完全取消自由。"

第八章　一些难点的分析 P155—173

P165　在经济学中，不管是经验方法，还是先验方法，都不能完全令人满意。

P166　当代坚持社会主义解决之道的人士很少会承认，他们的理论并不是立足于客观的论证。而这完全足以让我们得出结论：他们之反对个人选择范围的最大化，乃是建立在不大可靠的哲学甚至是伦理学假设之上的，至于为其所用的经济学论证则更为可疑。

P169　还有一些人，为了证明国有化是正当的，就区分了所谓的"欲望"（wants）与"需要"（needs），"欲望"是个体消费者能够支付的，而"需要"是个人不能甚至不愿支付的，他们声称，私人企业只会满足人们的"欲望"，而国有化的目的则是要满足人们的这些"需要"。这种区分同样是个经不起推敲的想法，它假设，政府部门更有能力发现，甚至满足个人的"需要"，而单个公民如果可以自由选择，却不可能，甚至根本就不想去满足这些"需要"。

第九章　结语 P174-188

P174-175　1. 我说（第八章）公共舆论"并不是一切"，这句话是什么意思？关于第一个问题，我想指出，公共舆论不仅可能是错误的，也有可能通过理性的论证而得到修正。这确实可能需要一个非常漫长的过程。整整用了一个多世纪的时间，民众才逐渐熟悉了社会主义的观念；可能需要花费更长时间，民众才能拒绝这些观念。但我们没有理由因此而放弃努力。

P177　2. 有没有可能将莱奥尼模式运用到当前社会？……要将法律制度的重心从立法活动转换到其他形式的造法过程，在短期内是无法做到的。但是，随着公众对有关个人自由的立法活动的范围和重要程度的看法发生变化，这种转换是有可能的。

【参考文献】

[1] LEONI B. Freedom and the Law [M]. 1st ed. New York：Nostrand，1961.

[2] HAYEK F A. The Constitution of Liberty [M]. London：Routledge，1960.

[3] HAYEK F A. Law, legislation and Liberty [M]. London，New-York：Routledge，1982.

[4] 布鲁诺·莱奥尼. 自由与法律 [M]. 秋风，译，长春：吉林人民出版社，2004.

[5] 林语堂. 吾国与吾民 [M]. 北京：外语与教学研究出版社，2000.

九、《政治自由主义》

[美] 约翰·罗尔斯 著
万俊人 译
译林出版社，2011 年

【作者简介】

约翰·罗尔斯（1921—2002），是美国著名的政治哲学家、伦理学家，也是 20 世纪 70 年代西方新自然法学派的重要代表人物之一。他被认为是 20 世纪英语世界著名的政治哲学家之一，其正义学说使得政治哲学在 70 年代以后重新受到重视和发展，对自由主义式的政治哲学贡献巨大，受到当代政治哲学家们的广泛推崇。

1921 年 2 月 21 日，罗尔斯出生于美国马里兰州巴尔的摩的一个富裕家庭，是家里的第二个孩子，从小体弱多病，并有口吃。童年的不幸经历使他对于那些先天或后天形成的弱者具有强烈的同情心。1943 年他从普林斯顿大学毕业。时值第二次世界大战期间，罗尔斯应征入伍并服役于太平洋战区，退伍后返回大学继续读书。1950 年获得普林斯顿颁发的博士学位并留校任教。1950—1962 年期间他曾先后在普林斯顿大学、康奈尔大学、麻省理工学院任教，1962 年后在哈佛大学担任教授直到 1991 年退休。1999 年他获得时任美国总统克林顿颁发的奖章。2002 年 11 月 24 日去世，终年 81 岁。

1951 年他发表《用于伦理学的一种决定程式的纲要》，在这之后他转向关于社会正义问题的理论研究并专注于此。先后陆续发表了《作为公平的正义》（1958 年）、《宪法的自由和正义的观念》（1963 年）、《正义感》（1963 年）、

《非暴力反抗的辩护》（1966年）、《分配的正义》（1967年）、《分配的正义：一些补充》（1968年）等文章。在写作这些文章期间，罗尔斯撰写了他一生中最重要的著作《正义论》，并于1971年正式出版，在学界引发了广泛的研究和讨论，对政治学、哲学领域都产生了深远的影响，并被赞誉为20世纪下半叶政治哲学领域最重要的理论著作。除此以外，罗尔斯的著作还包括《政治自由主义》（1993年）、《万民法》（1998年）、《道德哲学讲演录》（2000年）、《作为公平的正义——正义新论》（2001年）等。在《作为公平的正义——正义新论》出版后不久他就病逝了，因而该书成为他的最后一部著作。

尽管罗尔斯的著作不多，但对学术界的影响极大。其核心思想正义理论开创了政治哲学的新纪元，使沉寂良久的政治哲学终于得以复苏。无论赞同与否，他的思想都是政治哲学研究过程中不可避免的重要存在。罗尔斯政治哲学最大的特色在于他对于"作为公平的正义"这种政治原则的思考与探索，坚持正义的首要性，而且重视平等，并由此引领了新自由主义的发展。

【写作背景】

1971年《正义论》出版后，在学术界引发了大范围的讨论和研究，也奠定了罗尔斯作为20世纪后半叶重要社会政治学家的地位。在引起广泛反响的同时，也伴随着大量的质疑和反对声浪。针对这些问题以及对自身理论的进一步研究，罗尔斯在《政治自由主义》中对自己的思想进行了进一步的阐释和修正。

【中心思想】

在《政治自由主义》中，罗尔斯修正了他在《正义论》中提出的正义理论。他解决了在《正义论》一书中未解决的普遍的道德学说与纯粹的政治观念之间的区分问题，特别强调了公平正义观念作为政治学说所具有的政治价值与完备性学说的普遍价值不同。

罗尔斯提出正义观念的两个基本问题，第一个基本问题是：在自由、平等的公民的社会合作之中，起着保障合作公平作用的正义观念是什么。第二个基本问题则是各种合乎理性的完备性学说的多样性下的宽容问题，也就是对理性多元论的宽容基础问题。为了解决基本问题，罗尔斯指出现代社会存在着理性多元论的事实，亦即各种合乎理性的完备性学说共存的情况，并且这个事实情况将是长期持久的。政治自由主义试图获得一种能够获得这些完备性学说共同支持的正义观念，也就是"重叠共识"。公平正义原则作为理性多元论下的重叠共识，是完全独立于完备性学说之外的纯粹的政治观念，避免了完备性学说之间的矛盾冲突，只在政治领域的范围内运作并发挥作用。

他还提出，公平正义的组织化理念就是社会合作理念，即一种由自由平等的人所参与的、世代相传的、公平合作的社会系统。规范这种社会公平合作体系的公平原则则是在假定的"原初状态"下进行的。所有参与原则选择的成员被置于"无知之幕"下，对自身与他人的背景情况一无所知，在对终极目的的追求下，通过理性选择公平原则。作为秩序良好的社会，每个社会成员都支持指导社会合作的正义原则，并具有强烈的正义感。罗尔斯认为，公共理性是民主国家的特性。这种理性的目标是公共善。公共理性从三个方面来讲是公共的：作为公民自身的理性；目标是公共的善；本性和内容是公共的。具有公共理性的社会成员是进行社会公平合作的基础。通过本书，罗尔斯更进一步地阐述了政治自由主义的基本观点，使得公平正义观念更加完备。

【分章导读】

本书主要收录了罗尔斯的多篇演讲，共分为四部分，第一部分《政治自由主义：基本原理》，包含前三讲；第二部分《政治自由主义：三个主要理念》，包含第四讲到第六讲；第三部分《制度框架》，包含第七讲到第九讲；第四部分《重释公共理性的理念》，包含导言和正文两部分。全文约32万字。

第一部分　政治自由主义：基本原理　此部分包括第一讲到第三讲。

第一讲　基本理念　共八节。在第一讲中，罗尔斯为了解决政治自由主义的定义问题，首先提出了关于政治正义的两个基本问题。第一个基本问题是：在自由、平等的公民的社会合作之中，起着保障合作公平作用的正义观念是什么。第二个基本问题则是各种合乎理性的完备性学说的多样性下的宽容问题，也就是对理性多元论的宽容基础问题。在罗尔斯看来，在自由和民主问题的表达和冲突中体现了一个问题，那就是现代社会缺乏对基本民主制度的一致看法。针对这个问题罗尔斯提出了两个正义原则：第一个是"每一个人对平等的基本权利和基本自由之完全充分的图式都有一种平等的要求，该图式与所有人同样的图式相容；在这一图式中，平等的政治自由能——且只有这些自由才能——使其公平价值得到保证"[①]。另一个是"社会的和经济

[①] 约翰·罗尔斯. 政治自由主义［M］. 万俊人，译. 南京：译林出版社，2011：5.

的不平等要满足两个条件：第一，它们所从属的各种岗位和职位应在机会公平均等的条件下对所有人开放；第二，它们要最有利于那些处境最不利的社会成员"[1]。这两个原则共同作用，而且第一原则要优先于第二原则。

罗尔斯认为现代社会中存在着许多不同的合乎理性的完备性学说，例如宗教、哲学，它们分别受到不同群体的认可和遵循。在诸多因素的限制下，无论哪一种完备性学说都无法获得全体公民的认可，都不能作为一种共同的社会基础来发挥自己的作用。因而，政治自由主义试图获得一种能够获得这些完备性学说共同支持的正义观念，也就是罗尔斯所说的"重叠共识"。这样就能够解决第一个基本问题，并为第二个问题的回答奠定基础。公民的公共理性需要一种共同的政治观念的引导，而且这种政治观念"将是政治的，而不是形而上学的"[2]。所以政治自由主义的最终目的就是寻找这种纯粹政治意义上的正义观念。

在罗尔斯看来，公平正义的组织化理念就是社会合作理念，即一种由自由平等的人所参与的、世代相传的、公平合作的社会系统。那么在这种社会合作理念之中，公平的合作条款是如何制定的呢？罗尔斯引入"原初状态"的理念来解决这个问题。对于公平正义来说，公平的合作条款是由参与社会合作的成员所一致同意并制定的，而这个条款的制定是在一定的条件下进行的。这些条件必须满足使得所有参与制定的成员都处于平等的地位的要求，必须排除一切外在影响因素。在原初状态下，各种社会、历史和自然等偶然因素被抽离开来，公民被置于无知之幕之下，每个人都不了解自己以及彼此的地位、身份等有可能会影响其选择结果的背景。罗尔斯就是通过假定这种脱离现实社会背景的原初状态来解决自由和平等的问题。接下来，罗尔斯也谈到了包含在社会合作理念之下的秩序良好的社会的理念。作为秩序良好的社会，首先意味着在这个社会中的个人都接受相同的正义原则，其次就是社会的基本结构能够满足这些正义原则，再次就是社会的公民在正常情况下都具有有效的正义感。这种秩序良好的社会具有高度理想化的特点，其主要原因在于理性多元论的社会事实。在这种事实条件下，正义的观念必须得到多种不同的合乎理性的普遍性学说的支持，才能有效地对社会秩序进行规范。而且由于这种多样性的普遍性学说是公共文化的永久特征，所以这种秩序良

---

[1] 约翰·罗尔斯. 政治自由主义 [M]. 万俊人，译. 南京：译林出版社，2011：5.
[2] 约翰·罗尔斯. 政治自由主义 [M]. 万俊人，译. 南京：译林出版社，2011：9.

好社会里的正义观念必须是而且只能是一种政治领域的观念。

第二讲 公民的能力及其表现 共八节。在提出政治自由主义的两个基本问题和两个正义原则之后，罗尔斯进一步讨论了对于重叠共识的理念来说十分重要的理性的（rational）与合理的（reasonable）理念。他认为，在公平正直之中，理性的与合理的是两个完全不同的理念，两者之间不能相互推导。在公平合作体系的社会的理念之下，自由和平等的人制定并遵守公平合作条款，那么这些人在这个方面就是理性的。这种理性的人的行为是由本身的欲望而非普遍的善所推动的。在社会中，他们主张相互性，别人与自己都能够获得利益。而合理的理念不同于理性的地方在于，合理的适用于具有自己特殊利益的单独个体或联合主体。尽管他们同理性的人一样，都具有逻辑判断能力，但他们缺乏某种与公平合作相关的特殊的"道德敏感性"[①]。但是，尽管两者不能相互推导，但他们却是密不可分的，具有互补性。纯粹的理性个人有可能缺乏需要公平合作的目的，而单纯的合理的个人又缺乏必要的正义感。只有理性的与合理的同时具备才有可能带来构成社会合作体系的自由而平等的个人要素。进一步讲，他们两者具有一个基本差异，那就是理性具有公共性，而合理性却并非如此。

罗尔斯在谈到公民时指出，他们只有是自由的，才能达到合理自律和充分自律。这种自由体现在三个方面："具有形成、修正和合理追求一种善观念的道德能力"，"各种有效要求的自证之源"，"能够对其目的负责"[②]。合理自律是罗尔斯为保证原初状态作为一种程序性正义的情形而提出的。而所谓程序性正义就在于正义是完全由程序的结果所规定的，而不管结果是什么。合理自律依赖于个人的智力和道德，表现在自由的第一个方面之中。不管制定社会合作体系的原则的各派代表挑选什么原则，这些原则都作为正义的原则为他们所接受。合理自律的各派只是认为意义上的个人，罗尔斯称其为"人为的而非政治的"。与合理自律相对，充分自律是"政治的"。秩序良好的社会的公民在公共生活中是充分自律的，其行为符合正义原则。只有在公民的行为符合正义原则的时候充分自律才能实现，它是由公民获得的，具有政治价值。

第三讲 政治建构主义 共八节。在这一讲中，罗尔斯着重讨论了政治

[①] 约翰·罗尔斯. 政治自由主义 [M]. 万俊人，译. 南京：译林出版社，2011：46.
[②] 约翰·罗尔斯. 政治自由主义 [M]. 万俊人，译. 南京：译林出版社，2011：66.

建构主义的客观方面、意义和范围。罗尔斯指出，政治建构主义是关于政治观念的结构与内容的，为政治自由主义提供一种"合适的客观性观念"[①]。其主要内容是，在反思平衡下政治正义的原则就是原初状态塑造的某种建构程序的结果。在这个程序中，行为符合理性的合理的个体选择公共正义来指导社会基本结构。这种建构主义不是完备性学说，而是一种政治正义观念。它具有四个特征：政治的正义原则是建构程序的结果；建构的程序建立在实践理性的基础上；利用个人观念和社会观念来使其建构具有形式和结构；具体规定了一种理性的理念并应用于观念与原则、判断与根据、个人与制度的问题上。这种政治建构主义极力避免与完备性学说的矛盾冲突，适合于理性多元论的事实，因而适用于这个事实条件之下的民主社会的秩序。政治建构主义建构的内容是政治正义观念的内容，也就是原初状态下各派代表所选择的正义原则。而这种原初状态却并非建构出来的。这种论证之下的原初状态是我们制定的。政治建构主义的建构程序的形式和特征都是从基础的观念中获得的。也就是说，在政治建构主义中，只有具体规定政治正义的原则才是建构出来的，而程序本身则是被制定的。

罗尔斯指出，政治建构主义是被严格限定在政治领域之内的，并不针对一般的道德价值。也就是说，政治建构主义不会与完备性学说产生根本的矛盾冲突。在理性多元论的既定事实之下，只有这样才能为政治正义观念提供重叠共识的基础。这种观念体现了所有实践理性的要求，并指出正义原则是如何从实践理性原则中推导出来的。

第二部分　政治自由主义：三个主要理念　包括第四讲到第六讲。

第四讲　重叠共识的理念　共八节。在这一讲中，罗尔斯讨论了政治自由主义的一个重要理念，就是重叠共识的理念。秩序良好的符合公平正义原则的民主社会具有理性多元论的既定事实，在这个情况下，没有一个合乎理性的完备性学说能够保证社会的统一和稳定。为了解决这个问题，罗尔斯提出了重叠共识的理念。各种合乎理性的完备性学说达成一种政治领域的共识。整个社会的统一都建立在这个共识的基础上。在立宪政体中，政治关系具有两个特征：政治社会是封闭的，身处基本政治结构之中的个人不能随意出入；政治权力需要依靠政府的强制力量，是作为集体的自由而平等的公民的权力。于是政治自由主义提出，只有公民行使政治权力的实践符合宪法才是适当的，

---

① 约翰·罗尔斯. 政治自由主义 [M]. 万俊人，译. 南京：译林出版社，2011：82.

也就是自由主义的合法性原则。关于宪法的根本问题和正义问题只能通过政治价值的渠道进行解决。当一种学说要求利用公共权力强化一种具有宪法的根本意义的观点时，理性的公民之间会产生矛盾冲突。于是在理性多元论的条件下，利用国家权力制裁另一方是不合乎理性的。在这种情况下，只有特殊的政治价值才能超过冲突的价值，也就是超过完备性学说的矛盾，保障社会的稳定。因而我们需要这些完备性学说的重叠共识。

罗尔斯对重叠共识的反驳意见进行了回应，也就是认为重叠共识是一种临时协定的观点。在他看来，重叠共识的理念包括三个观点：第一个观点肯定了政治观念，因为"它的宗教手法和它对自由信仰的解释导致一种宽容的原则，并赞同立宪政体下的基本自由权"[1]。第二个观点是在完备性自由主义道德学说基础上肯定这种政治观念。第三种观点不同于以上两点，包含有许多非政治价值，是一种多元论的观点。最后一种观点不具有完全的完备性，但是通过政治自由主义主张民主的可能性，在这一方面与前两种相一致。三种观点都产生相似的政治判断，可以达到重叠共识。反对观点认为，重叠共识抛弃了政治共同体和解决问题的希望，因而从根本上来讲只能是临时的。但是政治自由主义认为，在理性多元论的事实下，并且不能通过国家权力克服多元论矛盾的情况下，政治共同体的希望是不能实现的。重叠共识的目标是正义观念，这是一种道德观念。正义的原则体现在人的品格和社会生活中。因此它不只是一种建立在某些群体利益智商的权威的共识，而是人们在自己的完备性观点基础上得出的。

第五讲　权力的优先性与善的理念　共八节。在第五讲中，为了解决权利的优先性问题，罗尔斯讨论了关于善的五种理念。在政治自由主义中，权利的优先性理念十分重要，而在公平正义的理论中也具有核心作用。针对人们对于权利优先性的误解，也就是优先性意味着政治正义观念无法使用善的理念的错误理解，罗尔斯通过考察五种善的理念试图消除这种误解。政治自由主义作为一种政治的正义观念，主要是为政治生活提供指导。它所包含的善理念必须是政治性的理念。这种对于善理念的限制通过权利的优先性表现出来。可允许的善理念必须尊重这种限制，并在政治范围内发挥作用。五种善理念分别为：(1) 作为合理性的善理念；(2) 首要善的理念；(3) 可允许的完备性善观念的理念（即那些与完备性学说相联系着的善理念）；(4) 政治

---

[1] 约翰·罗尔斯. 政治自由主义 [M]. 万俊人，译. 南京：译林出版社，2011：134.

美德的理念；(5) 秩序良好的（政治的）社会理念。[①]

第一种善理念——作为合理性的善理念，假设了民主社会的成员都有一种合理的计划并按计划安排自己的资源，以便以一种相对合理的方式追求自己的善观念。这种假设也假定了成员是从自己在社会中的具体条件出发所确定的需要。因此，所有政治正义观念都需要考虑作为普遍善的公民生活的实现。只有这样，政治学说才能假定所有参与政治问题讨论的成员能够接受这些价值。作为合理性的善理念为首要善的解释提供了框架。

首要善理念的作用在于，秩序良好社会的特征是政治正义问题下产生的公共理解能够被公民普遍接受和支持。政治的正义观念为此提供了基础，使得公民能够就不同要求及其相对价值达成一致。首要善包括五项：基本权利和自由；移居自由与多样性机会背景下对职业的选择；在基本结构之政治制度与经济制度中享有各种权利、职位特权和责任；收入和财富；自尊的社会基础。

在讨论可允许的善观念的理念与政治美德理念时，罗尔斯引入了中立性理念。从程序上来说，中立的程序是通过中立价值证明是合理的程序。就这个意义来说，公平正义不是中立的。还可以以基本制度的目的和与完备性学说相联系的善观念之公共政策来定义中立性。这种中立性与前者是相对立的。但是这种目的的中立性与后果的中立性也不相同。公平正义作为政治观念提供重叠共识的核心的共同基础，将后果的中立视为非现实的而不加考虑。

第五个善理念是政治社会的善理念，应当在政治观念的范围内进行理解。也就是公民在维护基本制度并参与政治事务中实现作为个人和合作成员的善。公平正义规范下的秩序良好的社会从两个方面来讲是善的。一方面，对个人来说是一种善。人们体会到道德能力的实践是善的。社会能够确保他们享有正义的善的社会基础。另一方面，从合作成员所共享的终极目的来说，所实现的善是具有社会性的。只有通过公民的合作才能达到目的。因此，正义的民主制度的建立与良好运行也是一种社会性的善。

第六讲　公共理性的理念　共八节。政治社会与行为主体都具有将计划公式化并选取优先目的的行为方式，也就是政治社会的理性。但并不是所有的理性都可以被称为公共理性，在部分政体如贵族政体和独裁政体下，人们不用公共理性的方式考虑社会善。罗尔斯认为，公共理性是民主国家的特性。

[①] 约翰·罗尔斯. 政治自由主义 [M]. 万俊人，译. 南京：译林出版社，2011：163.

这种理性的目标是公共善。公共理性从三个方面来讲是公共的：作为公民自身的理性；目标是公共的善；本性和内容是公共的。

在民主社会，公共理性是公民的理性，但它不能限制所有的政治问题，只适用于宪法根本和基本的正义问题。那些与根本问题无关的政治问题不在公共理性的考虑范围内。而且公共理性也不适用于公民对政治问题的个人性反思，也就是说不适用于联合体成员对政治问题的研究。只有在公共论坛上进行政治讨论时，公共理性才能找到自己适用的场合。只有当宪法根本和正义的基本问题发生危机时，才用得到公共理性。具体来说，公共理性适用于官方和立法者。公共理性面临着一个质疑：当宪法根本和基本的正义问题发生危机时，不采用完备性学说而是公共理性的理由是什么。罗尔斯指出，在这个问题上公共理性的合法性与公民之间的政治关系的特征相关。首先，政治关系是一种基本结构内部的人际关系。其次，民主社会的政治权力是一种由自由而平等的公民共同享有的公共权力。当基本问题面临危机时，按照自由主义的合法性原则，公民必须在符合宪法规定的条件下行使权力。由于政治权力本身的合法性要求，公民的理想就使得他们产生了一种能够对彼此解释根本性问题的道德义务。另外，通过秩序良好的社会的基本政体实现的政治价值十分重要，他们所表现的理想也很重要。因此，当政治观念获得重叠共识的支持时公共理性的悖论就不存在了。罗尔斯用政治的正义观念解释公共理性的内容。正义的观念作为政治观念，只适用于社会的基本结构，不依赖于任何一种完备性学说，按照政治理念论证。这种政治性理念被隐藏在公共政治文化之中。政治自由主义作为一种观点，具有多重形式。这些形式具有自由主义的正义原则和公共理性的理念，其内容和理念是有可能发生改变的。

公共理性面临三个基本困难。第一个是公共理性允许人们对特殊问题提出多种合乎理性的答案。但公共理性的理性要求我们在根本问题上不应如此。这样一致意见很难达成，只要在平衡价值的过程中发生分歧，公共理念就会失去影响和作用。第二个问题是投票表达意见的意义。对于将非政治的价值和超验的价值作为基础的观点会使得对政治价值的追求失去意义。第三个问题在于对公共理性成功解决问题的时间性难题。

第三部分 制度框架 包括第七讲到第九讲。

第七讲 作为主题的基本结构 共十节。罗尔斯认为按照契约论的基本特征，社会的基本结构是正义的第一主题。在这一讲中，他着重探讨了关于社会基本结构的问题。他认为，社会主要制度以基本结构的方式在系统中进行权利和义务的分配与社会合作所产生的利益划分。所以宪法、法律所规定的财产形式、经济组织和家庭都属于基本结构的范畴。罗尔斯从基本结构入手，试图解决结构本身如何调整以维持背景正义的问题。通过确立基本结构与作用于个体和联合体的规则之间的制度化的劳动分工，个体和联合体就能够在基本结构的框架内推进自己的目的，也能使他们修正自己的行为以保持背景正义。

正义原则自身的内容反映了人的社会关系的三个方面。（1）差异原则并不对社会成员获得的东西与他们为成为社会成员之前获得的东西进行区分。（2）正义的两个原则对社会成员在基本结构内进行合作时的权力进行规范和引导。（3）在道德个人的自由的问题中，自由的个人不认为自己与某种特殊目的存在联系，而是认为自己是按照理性进行思考并修正自己的目标，而且他们能为自己的目标和利益负责。道德个人的自由和平等需要正义的两个原则的规范。正义的诸原则可以被用来调节带来社会不平等的公共原则和政策。

对于指导各种调整的结构性理想的需求不是由非正义决定的，在遵从理性和时间规则的前提下，仍然需要对结构进行不断地调整。实际的社会生活中仍然存在大量的非正义现象。政治的目的就是消除非正义，并对社会进行规范使其结构向着正义的方向发展。理想的理论决定了正义的基本结构。

第八讲　基本自由及其优先性　共十四节。在这一讲中，罗尔斯讨论了基本自由如何建立在作为自由而平等的公民之观念之上及其优先性问题。他认为，基本自由的优先性有赖于一种自由主义的个人观念。他提出了正义的两个基本原则：（1）在一有关平等之基本自由完全充分的图式（该图式是与所有人都享有自由的类似的图式相容）中，每一个人都享有一种平等的权力；（2）社会和经济的不平等要满足两个条件。第一，他们必须使各种职业和职位在机会均等的条件下对所有人开放；第二，他们必须最有利于获利最少的社会成员。罗尔斯用两种方式对基本自由进行列举。第一种是历史的方式，就是通过对各民主国家宪法的总结和观察，将那些得到保护的自由列举出来，并考察这些自由在宪法中所发挥的作用。第二种方式是考虑两种道德人格在社会生活中的实践和发展，得出那些作为根本性的社会条件的自由，这是与公平正义中的个人观念相关联的。罗尔斯指出，对自由的优先性的研究与对从原初状态开始的论证相似，需要先作出给定的选择，然后从这些选择中挑选出各自的原则。在正义的第一个原则中，平等的基本自由包括以下几个具体内容：思想自由和良心自由；政治自由和结社自由；由个人的自由与完整所具体规定的那些自由；法律规则所包括的各种权利。

基本自由的优先性说明了正义的第一原则赋予了基本自由特殊的地位。由于基本自由各自的要求各不相同，所以势必会发生冲突和矛盾，因此就必须调整对这些自由的规定的规则。基本自由的优先性规定了一项基本自由只能被其他基本自由所限制或否定。但并不是在一切条件下都存在这种优先性。基本自由图式也具有一定的特征。每一种基本自由都具有"核心应用范围"。对这些应用范围的宪法保护，就是自由而平等的公民的两种道德能力能够得到发展和实现的条件。另外，各种基本自由能够得到相互融合，或者说在他们各自的核心应用范围内这种融合是可能的。也就是说，在一定的条件下，存在一种自由图式，在这个图式中每种自由的核心应用范围都可以得到必需的保护。

第九讲　答哈贝马斯　共六节。在这一讲罗尔斯考察了他与哈贝马斯两人观点之间的主要差异，并回答了他的相关批评。罗尔斯指出，他与哈贝马斯的理论之间有两个主要差异。其中第一个差异在罗尔斯看来是一种根本性的差异，因为哈贝马斯的观点是一种完备性的学说，而他本人的观点则是政治性的。第二个差异是关于两人对代表设置相关问题的分歧，前者的代表设置是其交往行动理论的一部分，而后者的代表设置是原初状态。这两种不同的代表设置是基于不同的目的并有着不同的作用，服务于不同的需求而已。罗尔斯认为，政治自由主义是独立于所有形式的学说之外的，只在政治范畴内发展运作，因此不依靠其他学说来解决自身的问题。而哈贝马斯的观点属于完备性的学说，超出了政治哲学的范畴。

第四部分　重释公共理性的理念　在罗尔斯看来，公共理性的理念是良好秩序的社会下的观念。它的形式和内容是民主理念的一部分。在理性多元论的事实下，公众认识到在他们无法调和的完备性学说的基础上，需要一种在政治上合乎理性的理念。罗尔斯认为，这种理念应当代替有关真理和正当的完备性学说。公共理性的理念不会与完备性学说发生矛盾冲突。公共理性具有五个方面：应用的根本政治问题；应用的个人；合乎理性的政治正义观念所给定的内容；这些观念在那些以法律的形式具体执行的强制性规范时的应用；公民对这些原则是否满足相互性标准的检验。而公共理性的公共性表现为：作为自由而平等的公民的理性，是公共的；主题是与宪法根本和基本的正义问题有关的公共善；本性和内容是公共的。公共理性并非适用于一有关根本问题的政治讨论,只能应用于公共政治论坛的问题的讨论。而且公共理性的理念与公用理性的理想是不同的。当公共理性的理想得到广泛传播时,理想的公民应当把自己自觉地看做是立法者,就是民主的一种政治基础和社会基础。公民们监督官员并履行自己的义务,这是一种具有内在价值的道德义务。

公共理性与世俗理性不同。罗尔斯将有完备性的法宗教学说推理的理性界定为世俗理性。在他看来,这种完备性的学说和价值过于广泛不能实现公共理性的目的。但是政治价值不同于道德学说。自由主义虽然也具有内在道德价值,但是由于是受到政治正义观念规范的,所以属于政治范畴。这些政治观念具有三个特征:应用于基本的政治和社会制度;表达独立于完备性学说;可以从公共政治文化中的根本理念中创造出来。公共理性的内容是由政治正义观念的原则所规定的。

【意义与影响】

第一,《正义论》发表后激起了学术界的广泛讨论,罗尔斯在书中所提出的正义理论也引发了众多反对声浪。针对这些来自不同思想家的批评与质疑,他在本书中一方面结合自己进一步研究的理论成果对《正义论》中存在的失误与问题进行了修正和补充,指出公平正义应当是在政治的框架下运作的理论,区分了政治自由主义与完备性学说,强调公平正义的政治价值而非道德价值。另一方面对外界批评进行了回应,应答哈贝马斯对政治自由主义的质疑。提出对方与自己的分歧主要是政治学说与完备性学说的不同,为自己的基本理论思想作出辩护,对自己的思想框架进行了进一步的完善。《政治自由主义》通常被学界视为罗尔斯的转型之作,在罗尔斯的作品中具有重要地位。

第二,罗尔斯一直以来致力于对正义问题的研究与思考,他从政治哲学的角度寻找解决什么是正义以及如何实现正义的理论方法。公平正义理念是罗尔斯正义理论的核心内容,构想了秩序良好社会的框架,提出平等原则和差别原则来解决民主政体下的分配问题。他的正义理论不仅对当代政治哲学意义重大,更在伦理学、政治学、法学以及社会学等众多领域产生了广泛作用。他的很多作品被翻译成中文引入中国,对中国学术界也产生了不小的影响。

第三,通过直面资本主义社会的各种问题与弊病,罗尔斯坚持不懈地寻找社会问题背后的深层原因,为社会秩序的规范提供理论依据和指导,对西方世界产生了不可磨灭的影响。金融危机以来，诺齐克的极端自由主义受到了极大的挑战，而罗尔斯的相对温和的自由主义迎合了时代的潮流。另外，罗尔斯的正义理论不仅对于资本主义国家有指导意义，对于中国社会来说同样具有借鉴意义。现代中国存在着很多矛盾与问题，贫富差距扩大以及社会保障等很多问题都可以从分配正义中汲取一定的成果加以利用，从而更好地完善和规范社会秩序，解决社会矛盾。

【原著摘录】

第一部分　政治自由主义：基本原理

第一讲　基本理念 P3-42

P4　当今，人们对于立宪民主的基本制度应该如何安排——如果这些制度要满足被视为自由而平等的公民之间的公平合作条款的话——已没有任何一致看法。

P8　我们将这样一种政治的正义观念表述为：一种可为人们接受的政治正义观念在恰当的反思，或在我于其他地方所讲的"反思平衡"中，必须在所有普遍性层次上符合我们所考察的这些确信。

P9　公平正义的目的乃是实践的：它本身表现为一种正义观念，该正义观念可以作为一种理性、明智而又代表公民意愿的政治一致的基础而为公民所共享。

P9　政治自由主义寻求一种政治的正义观念，我们希望这一观念在它所规导的社会中能够获得各种合乎理性的宗教学说、哲学学说和道德学说的重叠共识的支持。

P9　公共理性——亦即公民在有关宪法根本和基本正义问题的公共论坛上所使用的推理理性——现在最好由一种政治观念来引导，该政治观念的原则和价值是全体公民能够认可的。

P20-21　公平正义更新了社会契约学说，并采取了后一种形式的回答：它将公平的社会合作条款设想为那些介入社会合作的人一致同意的条款，即是说，是那些生长在该社会中的自由而平等的公民所一致同意的条款。但是，他们的一致同意和其他的一致同意一样，必须在合适的条件下达成。

P21　原初状态必须从社会世界的各种偶然因素中抽象出来，不能受这些偶然因素的影响，其理由是，在自由平等的个人之间，对政治的正义原则达成一种公平一致的条件，必须消除交易中的占便宜现象，而在任何社会的背景制度内，从各种积累性的社会、历史和自然的趋势中不可避免地会产生这些便宜。

P35 由于任何一种合乎理性的宗教性学说、哲学学说和道德学说都不能得到全体公民的认肯，所以，在一个秩序良好的社会里得到公民认肯的正义观念，必须是一种限于我称之为"政治领域"及其价值内部的观念。

第二讲 公民的能力及其表现 P43—81

P45—46 在平等的个人中间，当他们准备提出作为公平合作条款的原则和标准，并愿意遵守这些原则和标准时，假定我们可以确保其他人也将同样如此，则这些个人在此一基本方面就是理性的。

理性的个人不是由普遍善本身所驱动的，而是由一种社会世界本身的欲望所驱动的，在这一社会世界里，他们作为自由而平等的公民，可以与别人在所有能够接受的条件下进行合作。他们坚持认为，在这一世界内应该主张相互性，以使每个人都能与别人一道得利。

P47 在公平正义中，理性的与合理的被作为两个互不相同的和各自独立的基本理念来看待。

P49 这意味着，正是通过理性，我们才作为平等的人进入了他人的公共世界，并准备对他们提出或接受各种公平的合作条款。

P51 作为理性的人和具有合理性的人，我们不得不做出各种不同的判断。作为具有合理性的人，我们不得不权衡我们的各种目的，并评估它们在我们生活方式中的适当位置；而这样就使我们在做出正确的合理性判断时遇到了种种严重的困难。

P67 合理自律（我第一次使用这一概念）依赖于个人的理智能力和道德能力。它表现在个人实践他们的形成、修正和追求一种善观念以及按照这一善观念来思考的能力之中。它还表现在个人与他人达成一致契约（当他人也服从理性约束时）的能力之中。

第三讲 政治建构主义 P82—122

P82—83 一种建构主义的政治观念之充分意义，在于它跟理性多元论事实以及民主社会保证对其根本性政治价值达到一种重叠共识之可能性的需要之间的联系中。

P87 政治自由主义还认为，这种代表性的秩序是一种最适合于具有理性多元论事实特征的民主社会的秩序。这是因为，它提供了最合乎理性的正义观念作为一种重叠共识的核心。

P96　并不是所有的一切都是被建构的；我们必须有某些由之开始的东西。在一种较实际的意义上讲，只有具体规定着政治正当和政治正义内容的那些实质性原则才是被建构的。程序本身仅仅是作为基本的社会观念和个人观念、实践理性原则和一种政治正义观念的公共作用的出发点而被制定出来的。

P116　从一开始起，政治建构主义的范围就被限制在具有政治领域特征的政治价值之内；它不是作为对道德价值的一般解释而被提出来的。这并不是说，不仅由建构主义的论证所表述的所有价值的秩序，而且道德秩序本身，都是由实践理性的原则所构成或制定的，我以为这是康德的看法。

第二部分　政治自由主义：三个主要理念

第四讲　重叠共识的理念 P123-159

P126　在立宪政体中，这种政治关系的独特特征表现在：在终极意义上说，政治权利乃是公共的权力，即是说，它是作为集体性实体的自由而平等的公民的权力。这种权力是按照规则强加在作为个体和作为各联合体成员的公民头上的。

只有当我们行使政治权力的实践符合宪法——我们可以理性地期许自由而平等的公民按照为他们的共同人类理性可以接受的那些原则和理想来认可该宪法的根本内容——时，我们行使政治权力的实践才是充分合适的。这就是自由主义的合法性原则。

P127　这样一种学说是不合乎理性的：因为，它提出要利用公共的政治权力，即公民们平等分享的一种权力，去强化一种具有宪法根本意义的观点，而对于这一观点，作为理性个人的公民相互间必定会产生不可妥协的分歧。在存在一种合乎理性的学说之多元性的时候，要求利用国家权力的制裁来纠正或惩罚那些与我们观点相左的人，是不合乎理性的或错误的。

P129　所有这些价值都共同表达了自由主义的政治理想，即：由于政治权力但是作为一个合并实体的、自由而平等之公民的强制性权力，所以，当宪法根本和基本正义问题产生危机时，这种权力只能以人民可以理性地期待全体公民都能按照他们的共同人类理性来认可的那些方式来行使。

第五讲　权力的优先性与善的理念 P160-195

P161　如果说正义设定了限制，而善则表明了意义所在，那么，正义也不能过于狭隘地设定这种限制。

P162-163　政治自由主义是为政治生活和社会生活之主要制度提供一种

政治的正义观念，而不是为整个生活提供一种政治的正义观念。当然，它必定具有我们将之历史地与自由主义联系起来的那类内容。

在公平正义中，这一限制则通过权利的优先性表达出来。因此，在其普遍形成上，这种优先性意味着，可允许的善理念必须尊重该政治正义观念的限制，并在该政治正义观念的范围内发挥作用。

P164 假定这些预制客观存在，那么，任何有效的、能够发挥可以合理期许公民们承认的公共证明基础之作用的政治正义观念，都必须考虑作为普遍善的人类生活和基本的人类需求与目的的实现问题，都必须认可作为政治组织与社会组织之基本原则的合理性。

P176 历史地看，自由主义思潮的一个共同主题是，国家决不能偏袒任何完备性学说及其相关的善观念。但是，自由主义没有做到这一点，事实上是任意偏袒此一或彼一形式的个人主义，这同样是自由主义的批评者们的一个共同主题。

第六讲 公共理性的理念 P196－238

P197 公民应该这样来理解和尊重公共理性，这当然不是一个法律问题。作为一种立宪民主政体的理想观念，公民理念呈现出一种可能性，将人们看做是一个正义的和秩序良好的社会将会鼓励其如此生活的社会成员。它所描绘的是一种可能的设想，尽管这些设想可能永远无法实现，但对它来说同样根本。

P198 首先，在民主社会里，公共理性是平等公民的理性，他们作为一个集体性的实体，在制定法律和修正法律时相互行使着最终的和强制性的权力。首先，公共理性所施加的限制并不适用于所有政治问题，而只适用于那些包含着我们可以称为"宪法根本"和基本正义问题的政治问题。

P203 如果考察一下公用理性与非公共理性之间的区别，公共理性的本性就一目了然了。首先，非公共理性有许多种，但只有一种公共理性。

P204 在民主社会里，非公共的权力（比如教会对其成员的权威所含有的权力）被看作是人们可以自由接受的权力。在教会权力的案例中，由于叛教和异端并不触犯法律，那些不再承认教会权威的人可以在不触犯国家权力的情况下终止其教徒身份。

第三部分 制度框架

第七讲 作为主题的基本结构 P239－267

P239 我们把基本结构理解为这样一种方式，主要的社会制度以此种方式在一个系统中相互匹配，并分配着各种根本权利和义务，也塑造着通过社会合作而产生的各种利益划分。

P242　公平正义的首要原则显然不能胜任普遍理论的角色。这些原则要求该基本结构确立所有人的平等的基本自由，并确保在一种公平机会的背景下，社会的和经济的不平等将最有利于那些所处地位最不利的人。

P249　总而言之，我们是从基本结构着手，并力图弄清楚这种结构本身应该如何做出必要的调整，以维持背景正义。事实上，我们所寻求的，是在基本结构与那些直接应用于个体和联合体并为他们在特殊交易中所遵循的规则之间做出一种制度化的劳动分工。倘若能够确立这种劳动分工，那么，个体和联合体就可以在基本结构的框架内，更有效而自由地推进他们的目的，并确保他们能认识到，在社会制度的其他方面要维持背景正义，就需要作出必要的修正。

P254　一旦我们注意到基本结构的独特作用，以及其中各种偶然性的抽象物，以便去发现一种适当的调节该基本结构的正义观念，类似于原初状态一类的观念似乎就不可避免。而当我们把基本结构当做正义的首要主题时，该观念就是社会契约理念的一种自然延伸。

第八讲　基本自由及其优先性 P268－342

P272　确立自由的优先性，既不需要告诉人们，个人的观念——它与原初状态的其他各方面结合在一起——本身足以推导出一个令人满意的自由清单和赋予这些自由以优先性的那些正义原则；也无需表明，人们会依据任何选择算计——无论通过其他原则的补充使正义两原则变得多么丰富——来采纳正义的这两个原则（自由的优先性也包含于其中）。

P274　当正义两原则的其他要求决定免除作证的负担时，在预期那些并非基本的自由可被一般设定令人满意地允许的情况下，把基本自由限定为对之而言确乎根本的自由。

P277　因为要赋予这些自由以优先性，只需明白它们对于在现代国家环境下确保其他基本自由极为重要这一点就行了。而且，假如给予它们这种优先性有助于解释优先性的判断，而这些优先性判断是我们经过适当反思后有意认肯的，那么，一切便顺理成章了。

P339　公平正义的观念是针对我们最近的政治史所表现出来的那种僵局而言的，这种僵局表现为，对于各种基本制度应当按照它们是否符合作为个人的公民之自由与平等的标准来安排这一点，缺乏一致意见。因此，公平正义并不是对宪法法学家们高谈阔论有关立宪政体中公民问题。公平正义是给公民提供一种将其共同而又保证的身份设想成平等公民的方式，并力图将一种特殊的自由和平等的理解与一种特殊的个人观念联系起来。

第九讲 答哈贝马斯 P343－404

P345 我认为，政治自由主义是一种隶属于政治范畴的学说。它完全在这一领域内运作，而不依赖于任何外于这一领域的东西。

P347 与之相反，哈贝马斯的观点是一种完备性学说，囊括了许多远远超出政治哲学之外的东西。确实，他的交往行动理论的目的，既是要向理论理性又是要向好几种形式的实践理性给出一种有关意义、指涉和真理或有效性的普遍解释。他在道德论证上反对自然主义和情感主义，目的是想充分捍卫理论理性和实践理性。

第四部分 重释公共理性的理念

P409 在最为深刻的层面上，公共理性的理念具体规定了那些将要决定宪政民主政府同其公民的关系，以及公民之间的相互关系之基本道德价值和政治价值。简而言之，它关乎我们将如何理解这种政治关系。那些拒绝宪政民主及其相互性标准的人，当然也会拒绝公共理性的理念本身。

P410 公共理性的理念具有一种明确的结构，而且，若忽略其某一个或多个方面，它就可能不真实、不可信，正如我们将公共理性应用于背景文化是所看到的那样。

P413 公民们通过监督政府官员忠诚尽职，来履行他们的文明公民义务，支持公共理性的理念。就像其他政治权利和政治义务一样，这种文明公民的义务乃是一种具有内在价值的道德义务。我想强调指出，这种义务不是一种法律义务，因为在此情形下，它可能会与言论自由不相兼容。

【参考文献】

[1] 薛传会. 论罗尔斯对两个正义原则的修正——从《正义论》到《作为公平的正义——正义新论》[J]. 中共杭州市委党校学报，2003（4）.

[2] 徐清飞. 罗尔斯正义理论的发展 [M]. 长春：吉林大学，2008.

[3] 赵双剑. 论罗尔斯的正义原则 [M]. 四平：吉林师范大学，2013.

[4] 刘莘. 罗尔斯的"政治"转向 [J]. 社会科学，2007（8）.

[5] 姚大志. 打开"无知之幕"——正义原则与社会稳定性 [J]. 开放时代，2001（3）.

[6] 姚大志. 罗尔斯正义原则的问题和矛盾 [J]. 社会科学战线，2009 (9).

[7] 林道海. 正义的原则欲证明——罗尔斯正义论评析 [J]. 山东社会科学，2006 (5).

[8] 万俊人. 政治自由主义的现代建构——罗尔斯《政治自由主义》解读 [M]. 北京：北京大学出版社，1992.

十、《反自由主义剖析》

[美] 斯蒂芬·霍尔姆斯 著
曦中，陈兴玛，彭俊军 译
中国社会科学出版社，2002 年

── 【作者简介】──────────

斯蒂芬·霍尔姆斯（1948— ）1948 年 2 月 21 日出生于美国，1969 年毕业于丹尼森大学，1976 年毕业于耶鲁大学，取得博士学位，并获耶鲁校级最高博士论文奖"珀特尔论文奖"（The John Addison Porter Prize）。在短暂任教于耶鲁大学和卫斯理大学之后，他于 1978 年加盟普林斯顿大学高等研究院，随后转入哈佛大学政治系。1985 年，霍尔姆斯进入芝加哥大学，出任该校政治科学系和法学院双聘教授，并任该校东欧宪政研究中心主任，1997—2000 年任普林斯顿大学政治学教授，2000 年至今任纽约大学法学院沃尔特·E. 迈耶讲座教授和法律与安全研究中心的共同主任。在此期间，他于 1993—2003 年兼任《东欧宪法评论》主编，1994—1996 年出任索罗斯基金会"促进俄罗斯和东欧司法改革"项目负责人。

霍尔姆斯的主要研究领域是政治哲学和宪法理论，并集中于欧洲自由主义史、"后共产主义"的民主失望与经济自由化问题，以及能否在法律框架内防止国际宗教激进主义恐怖袭击等问题。已出版的著作有：《本杰明·康斯坦特与现代自由主义的形成》（1984 年）、《反自由主义剖析》（1993 年）、《激情与限制：自由主义民主理论》（1995 年）、《权利的成本：为什么自由依赖于税》（1998 年）和《斗牛士的红斗篷：美国对恐怖行为的鲁莽反应》（2007

年）。除本书外，与桑斯坦合著的《权利的成本：为什么自由依赖于税》一书已由北京大学出版社于 2011 年出版中译本。

【写作背景】

现代资本主义国家的社会治理方式最初产生于启蒙时代政治思想家的政治设计。自由主义不仅是近代以来政治哲学的主要理论形态，而且也是当代西方社会的主流政治观念。但对主流理论及其实践后果的反思和批判，不仅与自由主义的产生和发展具有同样长的历史，而且具有比自由主义远为丰富的思想理论资源。

在自由主义的批评者中，既有激进的社会主义者、社群主义者、无政府主义者，也有保守的复古主义者、民族主义者、法西斯主义者。他们既把自己的理论主张付诸实践，不断蚕食着自由主义者的传统政治疆域，也构成了向自由主义发起理论进攻的左右两翼，并卓有成效地征服了对自由主义的固有问题多有不满的无数人。对自由主义的批评和反对在不同国家和不同时代都在不同程度上发生了政治影响，但这些思想观念及其理论后果也引起了自由主义者的反批评。

该书 1993 年出版于美国，时逢冷战结束，存在于资本主义的美国和社会主义的苏联之间的意识形态对峙随着柏林墙的倾覆而初告缓解。于是，资本主义政治哲学的内部论争凸显为思想较量的主要战场。本书作者意在将马克思主义引为追求启蒙理想的同道，并对五花八门的非马克思主义的批评和反对归入另一个思想传统，向它们发起理论反击和政治清算，同时对自由主义长期以来所遭受的误解、批评和质疑作出回应、辩护和说明。

【中心思想】

作者认为，对自由主义的诸多反对，一直以来既是某些感受的体现，又是几种观点的表达，这些反自由主义的主张可以分为马克思主义的和非马克思主义的两种：来自马克思主义的批评多是对自由承诺口惠而实不至的责备和基于小惠未遍、循名责实的不甘；而来自非马克思主义的攻击则将自由理念本身视为价值观上的祸患和主要敌人。

在反自由主义的阵营看来，与自由主义相关联的个人主义、理性主义、人文主义、科学主义、相对主义、普遍主义、物质至上主义、道德怀疑主义和世界主义被视为具有腐蚀性的思想态度，而权力分立、政治竞选、出版自由、宗教宽容、公开预算或对警察的司法控制并不占据自由主义的核心位置。对此，作者梳理出一个反自由主义的思想谱系，并指出，反自由主义具有一种"有弹性的、形态各异的、相当统一的、完整的（但理论上属于替补角色的）智识传统"。它们一脉相承的不仅是同样一些根本的假定，更主要的是它们选择了自由主义这个共同的敌人，并要它为"现代世界的文化衰败和道德瓦解"负责。

作者把各种反自由主义的非马克思主义批评者所共有的态度和信念作为根本前提，试图结合历史事实，对反自由主义理论的各种变体加以剖析。作者认为，辨别一个既定的作家是不是反自由主义者，要以他所反感的对象为根据，因此有必要从对自由主义恨铁不成钢的批评和反思当中，把那些来自反自由主义者的"滥施的敌意"区分出来。

本书中心内容共有十七章，分为两个部分，第一部分"反自由主义者"由前七章构成，其主要内容是对各种反自由主义者的反批评；第八章到第十七章构成第二部分"对自由主义历史的误解"，主要内容是对自由主义所受曲解的澄清；导言和结束语则主要介绍了各类反自由主义者所归属的同一个思想传统。中译本全书总计29.7万字。

──【分章导读】────────────────────

导言　什么是反自由主义　作者在导言部分明确地提出了自由主义者的纲领和反自由主义者的动机，并根据价值观念和理想抱负的迥然相异，将他们分成了马克思主义的和非马克思主义的两个种类。根据这一划分，如果说马克思主义者对自由主义理论的态度是恨铁不成钢，那么非马克思主义的反自由主义者对自由主义观念的态度则显然是弃之如敝屣。作者试图告诉我们，在反自由主义者看来，马克思主义和自由主义同是启蒙传统的藤蔓上所结出的瓜，两者不过是一对追腥逐臭、竞相逞能的欢喜冤家。

反自由主义者将启蒙运动在整体上描述为一个巨大的错误，但是他们却各自有着不同的价值观念、政治主张和理论背景。那么，是什么样的破坏性，导致反自由主义者不约而同地恃才倨傲，并视启蒙运动为敌？作者将自由主义备受诟病的原因归结为：自由主义的世俗性不仅毁灭了宗教的土壤，而且割裂了种族的根源，并由此引发了遍及人类的道德灾难。基于与马克思主义在世俗化取向上的不谋而合，作者以对自由主义理论及其制度的非马克思主义的批评作为本书的主要考察对象。作者认为，反自由主义不仅基于一种政治力量、一种文化环境,而且也基于同一种有待揭示的思想传统。

第一章 梅斯特尔与反自由主义传统 作者在本章开门见山地明确了本书的宗旨:尽管反自由主义者们在许多方面都彼此不同,但他们之所以一致将启蒙运动的世俗人文主义当做公敌,是因为他们秉承着同样一个巨大的思想传统。顾名思义,在自由主义产生之前,反自由主义必定"皮之不存,毛将焉附"。因此,作者并不打算将这一传统追溯到柏拉图或者奥古斯丁那里去。相反,作者认为,这一传统实际上开始于18世纪,正是卢梭、尼采等人对自由主义社会的精妙批评和刻薄诊断,导致了这一传统的形成和发展。

梅斯特尔被作者确定为这一传统的代表性人物,因为正是梅斯特尔在其对启蒙运动毕生的批评中推广了反自由主义的一系列的核心观念。在梅斯特尔那里,法律是空泛的,自由是虚构的,权利是荒谬的,启蒙运动不仅导致了对上帝的怀疑、对权威的敌视、对神圣的亵渎,而且甚至世界上所有的灾难都可以被归咎于启蒙运动。吸引作者的是梅斯特尔思想的独创性,因为此后施密特、施特劳斯、麦金太尔、海德格尔、昂格尔等人对自由主义的反对和批评,都能从梅斯特尔那里找到最初的理由,即世界的无可救药和精神的伟大复兴。因此,梅斯特尔这位"毫不动摇的反自由主义者"尽管并未明确地提出"自由主义"这一概念作为靶标,但他对启蒙运动"错误而混乱"的批评却引起了穿越历史、回荡不绝的理论共鸣。

第二章 施密特:自由主义的无能 这一章所考察的是与梅斯特尔颇有相近之处的卡尔·施密特的观点。在考察施密特的理论动机时,作者指出,1918年德意志帝国的瓦解及其被"软弱的自由主义政体"所取代的事件,是他形成反自由主义观念的主要历史契机。施密特将魏玛宪法描述为德国在敌人面前投降的象征,并将其讽刺为"蒙骗全体德国人的一套标准的英国式制服"[①]。和梅斯特尔一样,施密特也见证了一次君主制的垮台,分别发生在法国和德国的两次权力危机使他们具有类似的历史体验,并给了他们不言而喻的相似灵感。权威的丧失和帝国的瓦解所带来的本国现实的苦难使施密特将自由主义看做一剂不怀好意的"蒙汗药",并直接导致他对"魏玛共和"及其政治后果展开了苦大仇深的批判。这使他赢得了持续至今的声誉和影响力,但也曾让他在纳粹的标签下书写下豪情壮志、熬过了风烛残年。

---

① 斯蒂芬·霍尔姆斯. 反自由主义剖析 [M]. 曦中, 等译. 北京:中国社会科学出版社, 2002:52.

施密特对代议制的虚伪和自由主义的伪善所做的揭露影响深远,并得到了激进左翼和保守右翼共同的盛赞。正是由于自由主义政治的妥协和优柔寡断,让施密特成为一个声名显赫的智者。但在作者看来,正是由于自由主义制度的宽容,才给了施密特施展才智、开展批评的空间,并且正是由于自由主义的胜利,才让这位如雷贯耳的法西斯主义者得以安享天年。

对施密特的揶揄并不能化解自由主义本身的缺憾。教条和形式所造成的软弱、延误和涣散在自由主义政治体制下早已变得显而易见。但既然在自由主义国家中,庸人的规则和庸人的秩序已经被奉为得到法律保证的权威,并且任何试图突破这一权威管辖的努力都将被制度化地予以"决断",被施密特诊断为"无能"的自由主义体制,便实际上是一种让人无可奈何的力量,一条难以挣脱的锁链。

第三章　施特劳斯：仅对哲学家而言的真理　本章所考察的是为"现代性的危机"所困扰,并主张"超越自由主义"的政治哲学大师施特劳斯。作者认为,对施特劳斯的研究应当从宗教批评的政治效果入手。在施特劳斯看来,正是由于启蒙运动的世俗理性削弱了宗教,才导致了现代社会在道德和政治方面所面临的巨大危机,甚至促使阿道夫·希特勒出现的,不是启蒙运动的失败,而是启蒙运动本身。根据施特劳斯的诊断,理性和科学的社会后果是不可救药的虚无主义,这是现代社会最根本的问题。作者将如何在享受启蒙好处的同时又不为其所害视为施特劳斯的主要写作动机,并指出,施特劳斯解决这一问题的方式是区分哲学与宗教,区分秘传教育与通俗教育,哲学家必须在私下里描绘一幅终极的理想图景,并借此为统治神圣其事,对洞见秘而不宣,并用神道设教的方式帮助大众维持某种道德情感。

理想的社会应当具有什么样的政治生态? 从施特劳斯言不由衷的显白教诲当中,我们是否可以探知其隐微写作的真正含义? 当我们自以为捕捉到施特劳斯的思想节奏,并选择和他同命运、共呼吸,试图沿着他所提示的思路前进或回溯时,却有可能正好落入他所设计的那个表里不一的政治骗局。作者认为,施特劳斯这种哲学上的"捉迷藏"必然在知识上导致难以弥补的损失。由于施特劳斯不肯将其对现实社会的政治安排和如此安排的正当理由示诸世人,在任何一个启蒙了的社会环境中,施特劳斯及其政治理想便始终无法摆脱如下的质疑:我们凭什么要相信你?

但在施特劳斯那里,这种质疑只不过是一个愿者上钩式的外部问题,因为一旦接受了施特劳斯关于哲学家有权编织善意谎言的元叙事,信徒们便随之不可避免地要接受其作为思想基调的精英主义和智识主义。可悲的是，这种匪夷所思的反启蒙观念，却与那个讳莫如深的"伟大的传统"正相接续。

第四章 麦金太尔反自由主义问答集 作者在本章批评了作为自由主义的温和的反对者的麦金太尔及其社群主义观念。麦金太尔并不像上述反自由主义者一样对自由主义的观念和制度强硬地予以攻击，困扰麦金太尔的主要是自由主义社会中的"道德多元主义"。根据麦金太尔的指控，自由主义以其对道德规范的异议和怀疑令现代社会的伦理境况变得今非昔比，人们已经无法为结束一场道德争辩在理性那里找到根据。但理性从未对任何一种道德观念提供过保证，麦金太尔自己似乎也很清楚这一点。问题在于，麦金太尔准确地意识到，在此前的社会中，人们并不试图向理性追问道德的根据，而现代社会的理性泛滥则引出了这一导致社会伦理陷入病态的无解难题。

麦金太尔给出的药方是服从权威，因为在麦金太尔看来，启蒙运动激发了批评，却消灭了虔敬，而道德只能是神圣的，因此完全的世俗化无疑是致命的。由此可见，在亚里士多德主义与宗教哲学之间，麦金太尔并不像通常所说的那样归属于前者，实际上道德准则的确认，始终有赖于社群成员对神圣立法者的共同的信仰。只不过，在世俗理性祛除了神圣信仰的当下，对道德判断的实践，只能在古典神学的残碎遗迹之上，凭借思想和行为的群体惯性方能得以开展。

对麦金太尔来说，非宗教性是比原子主义更为根本的问题，而科学理性显然扮演了破坏宗教世界观的主要角色。麦金太尔选择带领人们向旧世界的残垣断壁处撤退，以便追寻那些苟延残喘的美德。但在作者看来，道德领域的矛盾和冲突只是一如既往地存在着，宗教世界的道德混乱同样会让是古非今的人们感到无所适从，这并不是自由主义者们厚今薄古的无端想象。总之，麦金太尔对自由主义的批评并不能表明传统社会在道德一致性问题上比自由主义好多少，这种批评所能表明的，只不过是麦金太尔对权威和信念的情感需要，这一评价不失公允。

第五章 反普罗米修斯主义——克里斯托弗·拉什案例 本章所要躲避的是反自由主义者对现代科学及其社会后果的攻击。那些反自由主义者认为，普遍富裕的诱惑"鼓舞了人类能够改造自然世界和人形自身的危险狂想"，从而导致了消费主义的盛行，并已经成为一种"信仰技术进步的宗教"。天真而轻信的"科学拜物教"被视为自由主义和马克思主义共同的信仰，而工具理性只能迎合并满足人们掌握和利用自然的任意需要,却不能提供关于生活目的的道德思考,因此结果是灾难性的。

作者将这一指控称为"反技术的综合征"。在患有这一病症的人看来,民粹的流行和环境的崩溃都可以归因于和自由主义密切相关的卑劣而无限扩张的物质欲望。但作者指出,在科学技术尚未主导人类生活的时代,疾病、饥饿、战争和夭折则一直都在控制着人类的生活。应该说,拉什这种对科学技术本身的批评是带有情绪化的浅薄腹诽,并未触及问题的根本,在此我们可以提出一个施特劳斯式的问题:我们如何在享受科学技术好处的同时又不为其所害?

我们在生态学上的焦虑产生于我们对自然的理解,这是不言而喻的事实,但科学技术的进步和影响也的确加剧了这一焦虑。遗憾的是,作为自由主义者,作者给不出让人避免绝望的答案,何况,他的工作仅限于为自由主义开脱罪责。

第六章　昂格尔：被解放了的反自由主义　作者在这一章向我们展示了反对自由主义的另外一种方式。以"批判法学运动"闻名于世的昂格尔认为,自由主义既是一种值得审视的意识形态,也是一种对社会秩序的制度安排,法治是自由主义观念在现实社会中的典型外部表现,而理论的批判也代替不了现实的批判。因此,昂格尔认为,对现代法治理论及其现实效果的批判可以在"断其一指"的意义上为对自由主义观念的全面批判提供一个值得参照的例证。

昂格尔将现代西方社会的法治称为"法律秩序",并借用韦伯式的"理想类型"的方法,把人类社会中的法律汇总为习惯法、官僚法和法律秩序这三种形态。昂格尔认为,在这三者当中,法律秩序是为西方自由主义社会所独有的一种法律类型,因为它所具有的"普遍性"和"自治性"是另外几种法律类型所缺乏的本质性特征。这种形态的法律秩序向来被视为人类社会迄今最为理想的法治模式,在西方主流自由主义法学家眼中更是如此。但昂格尔并不这么看,因为这种类型的制度安排仍旧可以被追溯到一个处在金字塔顶部的最终权威,这是为自由主义法学所认定的法律渊源所决定的,这所体现的是自由主义法治观念的肤浅。在这种统一的法律秩序当中,不同的法律经验和多元的合法性观念被狭隘的立法者排除在视野之外,这所体现的也正是自由主义法律知识的局限。

昂格尔将人性视为连接不同社会形态的纽带,并试图刻画一个从"自然秩序"到"人为社会"的演进过程。在这一过程当中,法律制度只不过是现实政治斗争的偶然产物,而政治活动的局限性为现代法治带来了根深蒂固的缺陷。因此,自由主义法律秩序根本无法正视压迫和等级并存的现实经验。自由主义关于平等和自由的虚假承诺导致了理想与现实之间的巨大裂痕。当这一裂痕足以撕裂社会,新的法治类型便足可期待。一旦我们在思想和实践上都超越了这种自由主义的法律秩序,我们便可以找到克服自由主义的契机。遗憾的是,作者可能仅仅是出于政治目的,不愿意正视昂格尔所揭露的问题。

第七章 社群的陷阱 在这一章,作者给出了自由主义何以放弃治疗、抱残守缺的原因。作者将反自由主义的麦金太尔和昂格尔一并归入第二次世界大战以后所兴起的社群主义思潮,并设法给出"虚幻""陈腐""粗率""反复""含糊""迁怒"这六条罪状,以表达他对社群主义观念的不信任。作者认为,自由主义也是作为一种社会理想而存在,与自由主义的理想相比,社群是一种更加虚幻的观念,就理想社会而言,真正实现了自由主义理想的社会无疑也将会是一个值得欣赏的社群。

作者还向社群主义者所据以立论的"人的社会性"发起了责难。他认为社会和群体是善良与邪恶杂处、明智和狂热并存的所在,社会和群体本身并不是道德的源泉和保证,因此人的社会性本身并不能为道德强制提供有效的说明。针对社群主义对私人利益与公共美德的两分,作者强调,这一划分遮蔽了"私人美德的可能性"①,并涉嫌放弃了对派系斗争的道德批评。作者进而嘲笑社群主义者甘当自由主义社会的谦卑补充,而且需要向自由主义社会寻求秩序保证。他认为,这体现了作为温和的反自由主义者的社群主义者在选择对自由主义观念究竟该持何种态度时的游移不定。

最后,作者"慷慨"地宣称,社群主义者对自由主义充满误导的错误批评,有利于自由主义者正确地审视自由主义自身的缺陷,但正如我们在书中所看到的,作者讳疾忌医的态度和以攻为守的辩护恐怕难以引起自由主义者真正严肃的自我批评。

第八章 作为自由主义历史学家的反自由主义者 从本章开始,作者试图对自由主义所遭受的各种误解加以澄清。作者认为,自由主义长久以来之所以被错误地宣传和错误地反对,部分是由于那些作为自由主义历史学家的

---

① 斯蒂芬·霍尔姆斯. 反自由主义剖析[M]. 曦中,等译. 北京:中国社会科学出版社,2002:251.

反自由主义者们对自由主义的脸谱式刻画和标签式说明。由于充满了敌意并出于批评的目的,这些反自由主义的政治哲学家无意把自由主义运动作为一个整体加以重构和描述,而作者则希望能够通过实证的方法和个案的研究来为这种偏见和错误作出证明。作者列举出一系列自由主义理论家的名字和著作,力图向我们展示如下事实:反自由主义者对自由主义不怀好意的丑化描写,不符合任何一位自由主义思想家的实际情形。

这一辩解是有效的。在思想史上,来自反对者的曲解和攻击往往会导致类似情形的发生,因此,自由主义的这一处境的确值得同情。客观地、真实地、全面地、公允地看待问题、评价观念、臧否人物,需要的不是情绪和偏见的杂糅,而是颠扑不破的逻辑和言之有据的论证。既然对自由主义者来说,构建一个理想社会的革命尚未成功,那么在自由主义主导的社会中所发现的种种问题,有理由被说成是对自由主义革命失败的说明。如果拿这些自由主义理想所致力于克服的问题的存在来抹黑以他们为革除对象的自由主义理想本身,那么很显然,这犯了颠倒黑白的错误。批评对象的错误是批评者的批评很难说服读者的主要原因,而罔顾事实则是批评者很难对准批评对象的主要原因。

显而易见的例子是中国思想界对儒家传统的评价。李斯坑儒、项羽焚书,葬送了儒家的师道和学统。在儒表法里、曲学阿世的影响下和以法为教、以吏为师的过程中,儒家的理想便被长久地埋没于稻粱之徒的蝇营狗苟之中,这让儒学成了官僚主义的代名词。当年被清算的孔家店,便也无非只是这种鸠占鹊巢的小康礼教而已。其实儒家思想也好,自由主义也罢,都只不过是个能指,是个概念,是个文化符号。要害是,在提起和运用这些概念的时候,内心所要指向对象究竟是哪种意义上的它们,名相本身没有什么值得探讨的意义。

第九章 社会的"原子化"?

对原子化存在的反驳是本章所要达到的目的。在反自由主义者们看来,自由主义者"以幼稚的轻信态度生吞活剥地理解对前社会的个人的虚构",并假设不受社会影响的个人"在学习一门语言或被社会化而进入一种文化以前,能够确定他预定的需要,并且为合约而进行磋商,以保证它们得到满足"[①]。反自由主义者基于"人是社会的动物"这一

---

① 斯蒂芬·霍尔姆斯. 反自由主义剖析 [M]. 曦中,等译. 北京:中国社会科学出版社,2002: 267.

总的判断，向来视原子化的生存状态为自由主义带给人类的最大祸患。但作者认为，这一指控明显带有夸张的成分，并产生了曲解的后果。

作者辩称，自由主义者尽管确实倡导个人独立，但他们并不试图破坏全部的社会纽带，与鼓励服从于某种权威的社群主义者相比，自由主义者所要坚持的是鼓励人们充分运用自己的理性做出独立的思考，而不是毫无头脑地服从和听从他人的主意。作者举出美国社会中现实的例子来说明自由主义对社群或传统所造成的威胁，但他同时强调，这并不意味着自由主义会使人卸下一切作为某种社群或传统属性特征的包袱。作者认为，自由主义者所倡导的个人独立，更多地体现在政治和法律的层面，从未打算否认原始隶属关系这种显而易见的事实。

作者也对被归咎于自由主义的个人主义的认识论中的唯我论作出了必要的澄清，他认为，这种个人的独立性并没有拒绝人们相互之间的注意和关心，这种独立首先是以对为自由人所组成的社会中那些稳定的规则和稳定的期待为前提的，并且他们因此便可以非常好地达成判断和相互理解。作者敏感地怀疑，对自由主义的指控想必是源自那些试图控制他人思想并对他人实施统治的反自由主义者们的那种不受欢迎的优越感。

第十章　对共同利益漠不关心？　本章回应的是自由主义通过捍卫人们"行事与众不同的权利"必将导致人们否认任何"真正共享的共同利益"的存在，并随之会"对共同利益漠不关心"这一指责[①]，作者在本章对此作出了令人信服的答辩。作者强调，这一指控实际上产生于反自由主义者们对共同利益这一概念本身的有害理解方式。在传统观念下，共同利益始终与权威、垄断、特权和社会等级制纠缠不清，从而实际上一直仅仅作为一种托词而存在。而自由主义者对共同利益的隐忧，恰是基于传统中对这一概念的滥用。

作者认为，自由主义者丝毫不怀疑共同利益的存在，而且，正像作为美国建国元老之一的麦迪逊所说，共同利益是"人民大众的真正福利"。在亚当·斯密那里，政府的任务也正是要积极促进作为"人民大众"的利益的"国家的普遍利益"，实际上，自由主义者始终都认为政府有义务维持并提高具体的"公众利益"，向社会提供必要的公共产品，比如市政建设、基础教育和司法制度。

---

① 斯蒂芬·霍尔姆斯. 反自由主义剖析［M］. 曦中，等译. 北京：中国社会科学出版社，2002：279.

在自由主义者看来，人们所享有的正义、和平和自由并不是原子化的得以实现，相反，对这些共同利益的保障，需要每一个人的参与和联合，实际上，与前自由主义社会相比，自由主义社会中的共同利益不是被取消了，而是被拓展了，对社会秩序的维护和对违法犯罪的惩戒也可以说明这一点。

第十一章　权威的消蚀　作者在本章将自由主义与极端自由主义作了区分。自由主义对强迫性和榨取性的权威抱以根深蒂固的怀疑，但他们同时也认为，就社会性而言，权威是绝对必要的，这种权威不是上级和暴力，而是制度化的国家统一和理性化的法律秩序。由此可见，自由主义者并不是一概地批判权威。作者认为，自由主义所要抵制的是那种非法的、专横的、无限制的和不负责任的权力。

作者指明，自由主义实际上是一种关于"同意"的理论，其目的便是制造权威，而对反抗和不服从的权利设计，也是要在公众同意的基础之上重新建立一个合法的权威，政府的权力与个人的自由并不是截然对立。而"一个自身就公正的最高权威"不仅难以期冀，而且也是可疑的。在自由主义社会中，选民始终保留一些重要的剩余权力，比如在自由的新闻出版中无拘无束地讨论政治事件的权力和在阶段性的选举中让立法者下台的权力。作者认为如果有幸得以充分地实现，这的确是一种明智而符合理想的设计。

但现实的逻辑并不像理想的设计那般合理。美国的另一位建国元老约翰·亚当斯曾经指出，每当选举结束，奴隶制也就开始了。亚当斯的本意是要提醒选民们必须对执政者作出慎重的选择。如上所示，执政者每过一段时间就会重新被授权的游戏规则，理论上可以保证美国政府是为绝大多数选民服务的。然而，自从利益集团控制了媒体、说客集团把持了言路、政治献金左右了竞选的结果，真正能够有机会上台执政的，便只会是为财团、智库所扶植的代理人了。此外最根本的一点是，总统和内阁在形式上是可以更迭的，但财富和人脉却是世袭的，执政者可以被选下台，但相关的利益集团却会持续存在。这是美国政治变质的表现，如今的美国早已不是建立之初为启蒙思想家托马斯·杰弗逊所设计的美国了，显然，自由主义理想是这一可悲现实的真正受害者。

第十二章　公共领域为私人领域做出牺牲？　作者在本章所要澄清的是自由主义与政府权力的关系问题。随着资本主义的发展，对国家各项权力的制度安排也在发生着改变，与主要产生自主性民事关系的私人领域相对，公共领域所产生的是与国家权力相关联的行政关系和诉讼关系。在"小政府大社会"的政治设计中,政府并不直接介入人们的日常生活,而只是充当一个为社会制定规则并维持规则有效的"守夜人"的角色。在反自由主义者看来,这是企图彻底消除政治领域的表现,因此实际上"绝对不存在什么自由主义政治,只存在对政治的自由主义批评"。

但作者并不认可这一判断,因为自由主义并未否认共同利益和公共领域的存在,也并不打算将一切公共事务彻底纳入私人领域。公权力的私有化并不符合自由主义者的价值倾向,相反,自由主义者所要做的是极力限制私人对公共权力的影响力。作者认为,自由主义可以被恰当地阐述为对限制私人滥用公权所作的系统化的努力,公开透明和分权制衡是这一努力的有力证明。此外,自由主义对公和私的明确划分为公共生活的民主化和私人生活的非政治化提供了制度化的保证。

但这只是形式化的保证和理想化的模型,并不能对政府寻租、公器私用是否是自由主义本身所造成的现实效果做出澄清。自由主义对公私领域的决然两分是值得怀疑的,因为权力本质上是控制力和统治力,而权利本质上是约束力和影响力。在现代自由主义的观念体系里,公权力是私权利的让渡,倘若执权柄者以公权力的名义借机中饱私囊,无疑是公权力对私权利的冒犯;私权利则是对公权力的保留,如果得保护者以私权利的名义扮猪吃老虎,则将构成私权利对公权力的侵害。其实在权力和权利之间,并没有一条严格的界限,自由主义者所描述的不过是他们之间的攻守之势而已。

第十三章 经济人? 至少从现实情况来看,自由主义社会的确是一个经济学帝国主义盛行的社会,作者在本章所要辩驳的,正是对自由主义者的这种"经济人"的想象。在资本主导的自由主义社会中,最能赚钱的人是最高级的金融衍生工具。资本的逻辑就是他们的行为逻辑,他们之所以在赚钱上取得了成功,是因为他们能够抛弃自己的主意,以便更好地听从市场的指令、契合资本的逻辑。他们依照资本逻辑的展开规律行事,把自己变成资本的衍生工具,是资本增殖法则的道成肉身。

但经济学和法学并不是数学和物理学那样放之四海而皆准的公理,因为社会科学当中总是有着许多存而不论的假设,也总是不可避免地隐藏着许多不可告人的潜在的东西。就经济学而言,微观和宏观的视角和方法,以及它们各自的出发点和目标,都有着显而易见的差异。他们一方面有着共同的现实基础;另一方面,宏观角度的理论基础已经使得微观学说的理论基础变得不是那么无懈可击。产生于经济危机的实用的宏观学说不可能像微观理论那样建立在理想化的假说的基础之上，但作为微观学说的拥趸，自由主义者则又通常认为有必要将现实按照那种理想化假设的模型加以改造，以使其学说变得真正有效起来。这是一种宗教式的迷狂心态，这种无视现实的理论构思和缺少反思的实践操作在智识、道德和实践上都是堕落而又徒劳的。这是因为，既然承认市场信号对于市场均衡的重要价值，自由主义者就不应该否认客观现实对学说本身的有效性的影响。微观经济学无疑是希望效仿牛顿物理学来建立一套科学体系，但是它们根本性的区别在于，牛顿物理学的基础是观察和实验，而微观经济学的基础却仅仅是一种过度抽象的假设。同样作为理论规律，两者之间存在着现实规律与逻辑规律之间的重大差别。微观经济学的经济人假设常常是失效的，这与牛顿第一定律、第二定律的表现大相径庭，直到当前兴起的行为主义经济学才开始反思这一点。问题的关键就在于，对某项原理运行于其中的特定客观环境作出假设，对这项原理本身作出假设，是性质完全不同的工作，科学研究中的理想化分析是对前者的描述，但这一方法的理论声誉却被后者窃取并玷污了。一般来说，在 $y=F(x)$ 这个公式中，我们可以合法地假定不同的 x 的取值，并借此探究 x 的真实取值区间，但我们并不能合法地假设公式 F 本身，自从微观学说扮演了为上述经济人的行为方式充当吹鼓手和辩护士的角色，这门学问的科学性本身就已经变得有些可疑了。

　　作者针对"自由主义培育的贪婪的个人主义"这项指控所作出的解释并不令人感到满意。既然效益算计已经成为社会生活的帝王标准，那种拒绝道德评价和伦理范导的事务主义便自然成为一种现实生活领域的"政治正确"。好在，即便是市场经济与公共财政语境之下的"结构—功能主义"理论也并未否认在市场和政府都可能"失灵"的风险之下，还必须有个作为"非营利机构"的"第三部门"游走其间，以便让构建在经济人设定和私人化生活基础之上的社会秩序得以保全，这是个显而易见的悖论。如果说市民社会总是要赚钱的，政府部门总是要寻租的，那么非营利机构所产生的溢出效应显然不是经济人所愿意承担的。

　　总而言之，经济人绝不是在对"看不见的手"的迷信和一知半解之下凭借宗教式的信念去诋毁和淡化道德的意义和作用，尽管我们的教条主义经济学家时常会产生"学雷锋行为会给出错误的市场信号"从而以"蝴蝶效应"酿成经济危机的合理担心。克服了微观理论不恰当的理想化的博弈论已经表明，方法论个人主义的结局往往是囚徒困境，而不是帕累托最优。

第十四章 权利的自私性? 保有美德和遵守法律之间的关系是本章所涉及的主题。昂格尔对现代自由主义的法律秩序所作的批评已经向我们表明,法律本身是在对多元价值的取舍与整合中产生的,在法律至上的国度,什么东西能够通过法律成为至上,才是真正值得考察的问题。就选择社会治理方式而言,法治本就是治道选择中的权宜之计。作为权宜之计,法治本身便根深蒂固地存在着许多让人无可奈何的地方。最理想的社会秩序莫过于人皆尧舜、天下无贼,然而现实的社会存在不断地提醒我们,那种群龙无首的理想状态并不现实。启蒙运动在宗教除魅之后为各种对生活的理解方式开辟了广阔的想象空间,但自由主义者并没有如其所标榜的那样,将法律秩序的构建与伦理道德的发扬融为一体。

现代法治的发展脉络使我们不得不承认,启蒙时代哲学与法学的合谋随着资产阶级政权的建立也就宣告结束了,因为法学终究将会是保守势力,致力于保存当下的一切;而以启蒙为己任的哲学的天性,却是永不妥协、止于至善的革命。装神弄鬼的法言法语在哲学看来并不能让人信服,但无疑是现实功利的要求,而法学只有经历激进的批判,才能为道德提供勉为其难的出路。自由主义的法学家有意无意地扮演了现代意义上的"犬儒"的角色,不仅逃避哲学的追问,而且拒绝同行的考察,困境的核心就在于功利主义与道德哲学的分歧,归根结底,这是自由主义法律秩序在正义问题上的表里不一。这是法治本身的不得已,哲学与政治之间,道德与功利之际,法律扮演着和事佬的角色,法学成了修辞之学。

事实上,当今西方法治观念的强势话语作为自由主义意识形态中的"政治正确",却无疑已经在扮演着反启蒙的角色。功利主义的价值取向,表明法与政治走得太近了。长久以来自由主义的法治理念不断经受着来自反自由主义道德哲学的质疑和批判,历史上伪道德的坏名声使得现实中真实的道德诉求被有意无意地加以疏远,自由主义的法律秩序由于无视抑或反抗道德的作用而变得饱受非议、困境重重。总的说来,这终究是因为自由主义的法治英雄们有意无意间掩盖了作为现代法治困境的公平与效率的两难、自由与群合的冲突。

第十五章 道德怀疑论? 作者在这一章试图向我们证明,自由主义者并不是一般地怀疑各种道德,而是要强调必须对那些莫名其妙的权威们向人们施加的道德要求始终保持审慎和警醒。与被强加的道德信念相比,自由主义者更欣赏宗教宽容和言论自由,他们更愿意在合法的前提下寻求并坚持各自独特的道德理想。在反自由主义者看来,这显然是道德怀疑论的立场,也无疑是虚无主义的表现。

　　作为个人主义者，自由主义者并不具有关心集体的兴趣，但作者认为，自由主义者并不由此便恣意地无视他人、轻浮地自我放纵。从自由主义的角度看，一切涉及他人的问题都可以从法律的许可和禁止当中找到纵容和克制某些欲望的有效依据。法不禁止即为可行是自由主义者的行事准则。在必须作出道德评价的情况下，自由主义者更愿意平等地强调价值判断的"主观性"，以此消除"道德帝国主义"的不良影响。作者认为，自由主义者的怀疑论立场并不是道德的，而是政治的。自由主义者出于安全起见，设法以这种方式"铲除致命的人类冲动"，由此导致的后果便是，这种道德中立态度在文化上的胜利使得"现代人不再互相厮打了"。

　　很明显，对道德中立的辩解并不能解除自由主义关于道德怀疑论的嫌疑。在不争论的幽静氛围中，人道主义策略式的道德言说和竞争主义工具性的日常操作巧妙配合，不停演绎着触及灵魂的启蒙二重唱。于是人们一边被教训着放弃审视身边的"阶级仇敌"，从而倍加欣赏与天下人为善的美妙愿景，一边被诱导着开始防备四下的全体同类，以便牢牢维系与一切人为敌的生态关系。因理想乐而忘返的人们对人道主义的柔情心生悸动，奉之为神启。为生存疲于奔命的人们对竞争逻辑的展开言听计从，顺之如天性。在"一半是天使一半是魔鬼"的社会性交互审美之中，一切人反对一切人的群体性无意识激发出空前绽放的个人体验。人们开始承认生活的意义和生存的悖论皆是那只"看不见的手"的命运性安排，并安之若素。对宏大叙事的摒弃和对理想主义的拒绝造成了人们对现实存在执迷的误解，这无疑是自由主义之所以饱受诟病的一项合理原因。

　　第十六章　理性的罪过？　作者希望用这一章向我们说明自由主义者对社会秩序的"顶层设计"并非出于过度自信的政治哲学家们的理性构思，相反，自由主义者对理想社会状态的想象，实际上止步于有限理性的边界之内。对纯粹理性的发掘为那只"看不见的手"留出了地盘，制度安排的合法性则取决于人们对"为自身立法的理性"的信守。但庞大的商业力量隐藏在现实的社会运行法则之中，鱼目混珠地促使自由、物权、市场、法治等等尽皆走向其各自的反面，化作了"妄称天数"的骗局。这在马克思主义看来，也是一种异化的表现[1]。

---

[1] 王新生. 马克思是怎样讨论正义问题的？[J]. 中国人民大学学报，2010（05）：62—65.

马克思与卢梭薪火相传，坚定地想要用理性来揭示那只"看不见的手"背后的力量。理性倘若更进一步，就会发现"看不见的手"其实是一座宗教化的泥胎木偶，其所要宣教的谕义是：理性应当于此止步。这与基督教哲学史上的信仰主义有些类似：首先接受，然后理解。在健康的理性主义看来，这其实是一种有失拙劣的驯服。马克思是理性原则的坚定贯彻者，高等的理性，是理想主义；低等的理性，是现实主义。作为启蒙运动的真正后继者，马克思主义的价值在于，使人们有条件建立基于情感的理性确信，而不是盲目地屈从于现实。在这个意义上，自由主义者们所信奉的"看不见的手"也已经走上了反启蒙的老路，而反自由主义者们对自由主义者们那种"极端理性主义"的指控，实则是一种过誉。

第十七章 反义词置换 在最后一章里，作者向我们控诉了一种以偷换概念、误导听众的方式贬低自由主义的不光彩手段。抛开作者存心矫饰的动机不管，我们对自由主义的理想和自由社会的现实的确需要分开来看。通观全书可以发现，令作者感到不满的种种误解，多是由于自由主义盛行的现实社会给反自由主义者们留下了有失偏颇的印象，但这毕竟不仅仅是马克思主义的和非马克思主义的反自由主义者们有意铸成的差错。

结束语 在结束了一番对论敌的进攻性巡视和一番不遗余力的自我辩护之后，作者回归到了为什么选择坚持自由主义这一主题。作者重申，对形态各异的非马克思主义的反自由主义者们的上述考察，足以印证其最初的判断，即他们来自同一个智识传统，并且他们对自由主义的攻击"具有足够的一致性"。

作者自然希望通过此书化解人们对自由主义长久以来的误解和敌意，并尽可能地促使读者们对自由主义的观念、理想和方法施以同情和认可。但作者未能在其作品中提取出足以引领风尚的崇高的东西，这体现了自由主义本身的特点，也预示了自由主义者们不得不续演的悲剧。

——【意义与影响】————————————————

该书是自由主义者向反自由主义者发起的反击，也是一份为自由主义理想而作的申辩词。在非马克思主义的反自由主义者眼里，作为启蒙运动的后果之一，现代西方自由主义社会面临着前所未有的精神危机。原子化的个人生存状态导致了自私自利的算计和物质至上主义，宗教情感和世俗道德都在自由主义的高歌猛进中蒙受了毁灭性的灾难。在分别品评了这些反自由主者各自的思想特征之后，作者逐项驳斥了反自由主义者们对自由主义的各种丑化式指责：自由社会中的人们真的被原子化了吗？自由主义会导致人们对共同利益漠不关心吗？自由社会里所有的权威都被消蚀了吗？自由主义者真的是些贪得无厌的经济人吗？个人权利总是无限膨胀的吗？共同的德性要求被消解了吗？人们自主地运用理性真的导致社会灾难了吗？并分别以提纲挈领的方式对自由主义所遭受的各种误解作出了澄清。

首先，该书系谱式地展示了反自由主义的主要流派及其代表性人物的核心观点和思想特色，具有极为重要的思想史意义和政治哲学意义。从毕生致力于批评启蒙运动的梅斯特尔到引领后现代潮流的尼采，从魏玛共和与纳粹时期的卡尔·施密特到反现代性的列奥·斯特劳斯，从社群主义的代表人物麦金太尔到当代批判法学运动的倡导者罗伯特·昂格尔，霍尔姆斯认为，他们共同承载着法国大革命以来的同一个危险的反启蒙传统。作者脸谱化地巡视了非马克思主义的反自由主义者的不同类型，并指出，他们尽管观念姿态各异，理论各有千秋，但在反对自由主义的出发点上则保持了高度的一致性。它们不仅具有自由主义这个共同的敌人，而且分享着同样一些理论动机。

其次，该书揭示了反自由主义者的症结及其诱因，并诚实地暴露了自由主义自身的积极性和消极性，是人文社会科学研究的典范。在启蒙运动的历史潮流中，自由主义有其合理性，但反自由主义者的质疑和责难也并不是空穴来风。本书集中勾勒了当代西方政治哲学的几处内在根本争议点，有助于我们通过翔实可靠的进一步研究去辨析其各自的理论内涵和实践得失。该书攻守兼备的论证策略在写作方法上具有极大的示范效应，对学术研究和思想争鸣都具有重要的借鉴意义。

最后，本书在冷战之后的社会历史背景中特别彰显了西方资本主义社会内部关于社会治理方式和理想社会模型的重大意识形态分歧，为西方政治哲学研究，特别是自由主义研究提供了新的分析框架和解释维度，并促使我们认真对待当代西方社会思潮的形式多样性和理论复杂性，做到具体问题具体分析。

【原著摘录】

导言　什么是反自由主义 P1－13

P1　马克思主义通常将自由主义理论贬为商人阶级的意识形态：他们说，

所有自由主义的缺点，都来自其为阶级特权和权力辩护的角色定位。非马克思主义的、但又是反自由主义的作家们，采取了一种不同的方式。他们很少注意阶级，反而宣称，自由主义意识形态感染了西方社会所有成员包括雇员与雇主，统治者和被统治者等等，并使他们降低品格。

第一章　梅斯特尔与反自由主义传统 P17—50

P17　什么是反自由主义的谱系？这一传统什么时候开始形成？首先，在自由主义自身形成之前，反自由主义不可能存在。虽然反自由主义者可能会求助于柏拉图或奥古斯丁的权威，但作为一种思想潮流的反自由主义，其起源大概应该确定在18世纪。在其发轫之初，是卢梭帮助推广了一种反资产阶级的意识，这种意识深刻地影响了后来那些自由主义理论及自由主义社会的批判者。一个世纪之后，尼采将他自己对康德及穆勒的轻蔑与他对现代欧洲社会病态的刻薄诊断结合起来。然而，为了有助于把握反自由主义的历史深度，我既不直接考察卢梭，也不考察尼采，而选择约瑟夫·德·梅斯特尔（Joseph de Maistre）。梅斯特尔一生都致力于攻击羞辱"18世纪可怕的文字"。在早期理论家中还没有谁像他那样首倡那么多反自由主义的核心观念。

第二章　施密特：自由主义的无能 P51—84

P78　1945年以后，也许是为了隐藏对纳粹思想的同情，施密特装出对狂热分子的极大愤恨，又假装怀念所谓稳定的欧洲旧秩序，因为那时候政治团体从不企盼将最坏的敌人宣布为非法并消灭他们。这一假姿态固然装得熟练，但并不完全让人相信。他对生死斗争、受神话激励的对抗以及大规模决斗的前纳粹的颂扬，与回归低紧张度且通过规则进行治理的世界的愿望明显不相容。在这个世界里，冲突中不掺杂意识形态的戏剧性成分，而且政治敌人不会被当作罪犯或异教徒，而会得到适当的对待。他对由生产者与消费者组成的过分迁就的社会的持久鄙视，意味着他回顾性的自我描述不过是一个谎言。早在20世纪20年代，其追求的一部分就在于，当极端的世界观发生激烈碰撞时才会出现的天启暗示。

第三章　施特劳斯：仅对哲学家而言的真理 P85—125

P110　虽然不辞劳苦，施特劳斯却没提供任何论据来证明哲学家的绝对优越性，并留下了一大堆悬而未决的相关的问题。是什么使得他认为甚至最有天赋的哲学家不能实现哪怕一点儿人类优越性？（韦伯的价值多元主义对施特劳斯来说是最讨厌的，其诸多原因之一，就是因为它暗示了学者型的思想家在选择了理论化的生活方式之后，只能放弃一些有价值的东西。）为什么优越的才能意味着将利用他人作工具的权利？为什么哲学能自我证明为正当，并且为什么别的形式的生活只能具有工具性价值？为什么"哲学"与"理性"等同？为什么我们必须相信苏格拉底的观点，认为哲学家比阿喀琉斯（Achilles）更高贵？一项不被大多数人理解的活动却被认为是"政治生活的最终目的"？与此类似，为什么生存的欲望被认为是"低级"的？自由主义的民主是可接受的政治体制，是否仅仅只是因为从哲学家的观点来看，它是能得到的最佳选择？如果哲学家是真正自治的，为什么他们还要屈尊去"轻视那些眼界有限，囿于食物的消费和吸收的人们"呢？诸如此类。最后，施特劳斯从未回答这个基本的哲学问题：他怎么知道他假装知道的那一切的？让我们暂且假设，他对这个以及其他令人发窘的问题根本没有答案。这样的话，隐藏起他最重要的思想的迫切需要就会是极其方便有用的。当然，这样一个可望而不可即的（tantalizing）巧合，证明不了什么。但是这却是意味深长的。

第四章　麦金太尔反自由主义问答集 P126－172

P166　麦金太尔以让人羡慕的生气勃勃来写作，这尤其体现在他最好的著作《追求美德》之中。他设法对付大问题并敢于冒险。但是，除了窗外景致般的怀旧外并不令人信服。他对一致的争取从未取得初步进展。他在可恶的现实和健康的过去之间所做的故事书般的对照显得不太合理。而且他对自由主义所做的锅炉盘式的画像几乎是完全错误的。他所特有的不是他对无可辩驳的权威和令人安心的社群的需要。许多反自由主义者都有这种渴求。麦金太尔的独特之处在于他以互相排斥的方式解决了他的疑惑。对道德上的一夫多妻制的爱好解释了为什么他的写作虽然看上去充满了焦虑和厌恶，却又洋溢着自我满足的情绪。他长期以来不再对马克思主义存在幻想，但对希腊或基督教理想、对绝对主义或相对主义、对这个或那个传统仍然觉得"自在"——不管怎样吧，只要它不是自由主义就行。如果你被"现代多元性"的虔诚对手所特有的变化多端搞糊涂了的话，那你就是过低估价了反自由主义者对信念和归属的需要。

第五章　反普罗米修斯主义——克里斯托弗·拉什案例 P173－197

P189－190　毫无疑问，我们缺乏政治手段来决定我们需要什么样的技术以及哪种我们不需要。这是拉什论点所依赖的核心事实。不管有没有我们的合作，发明几乎就像是自己强塞给我们的。政治无力引导技术变迁，但这不能由现代自由主义承受其责。正如我们最近才知道的，在这方面共产主义体系做得更差。况且，当具有经济头脑的反自由主义者宣布国家团结的价值时，他们陷入了一个矛盾之中：防御体系的现代化——军事技术不受控制的发展和繁荣——不是植根于科学的世界观，而是植根于将人类分为对立团体的政治分割。同样，人类之所以无法限制对这个星球的破坏，部分的原因就在于在不同的国家单位之间不能进行合作。（每个国家内部的团结恶化了这一问题，而不是解决它。）施密特和他的同代人问道，"什么政治制度能够强到足以管理新技术？"从他提供的回答看来，一个政治体系谦虚地承认其在这方面的无能可能不全是件坏事。不论怎么说，我们在控制技术方面遇到的困难，不管多么严重，并没有提供一条抛弃自由主义政治制度的好理由。

第六章　昂格尔：被解放了的反自由主义 P198-246

P202　一句话，《知识与政治》是一本野心勃勃的、干劲十足的著作。昂格尔毫不迟疑地将他自己对于"人类存在的主要事物"的思考归结为"深刻的"，并且宣布说，他希望"颠覆并破坏"那种只有不那么勇敢的人（比如我们这些人）才安于生存的社会秩序。这种破坏性的事业是必要的，因为当今世界是一场道德的"灾难"。我们的处境已经变得"危急"，自由主义社会已无法拯救，但人类却必须被拯救。当然，任何企图将这个自由主义世界涤净的努力都将是"困难和危险的"，但是昂格尔愿意为了大家的利益而冒这个险。有趣的是，他把自己作为一个为人民砸开镣铐的英雄介绍给读者。他将提供给我们"让我们逃离自由主义思想监狱的钥匙"。

P214-215　昂格尔希望发展"一个既能取代自由主义学说，又能取代其假定的对立面的替代物"。对于反自由主义和非自由主义之间的根本性区别，熟悉施密特和其他"强硬的"反自由主义者的读者可能会说，一个非自由主义者是一个言不及义的反自由主义者。当非自由主义者贬低自由主义的权利时，他也会毫不迟疑地运用自由主义的权利；他并不真的想以列宁主义的方式推翻自由主义的权利。实际上，他还打算在新的、完全改变了的、非自由主义的未来社会中保留他的权利。非自由主义者是一个在对自由主义从每个可能的层面进行猛烈攻击之后，却令人吃惊地作出彻底转变，并毫不迟疑地拥抱自由主义的所有核心制度和观念的反自由主义者。非自由主义者是并不"游离于自由主义思想之外"的反自由主义者。一句话，非自由主义者是温和的反自由主义者。在"破坏"自由主义后，他又把自由主义重复了一遍。

第七章　社群的陷阱 P247-260

P256　就像我一开始所说的那样，对自由主义的批评者的批评，并不意味着自由主义本身置于批评之外。相反地，只有在由社群主义者和其他人发动的误导性攻击被审视之后，自由主义的真正缺陷才能被清醒地认识。凭借一套完全无法实现的理想就指责某种社会秩序，认为它在无可挽救地腐烂，这不一定是有用的。发展一套听上去深刻甚至"形而上学"的、却一点儿解决不了具体而急切的政治问题的社会批评，根本没什么意义。

第八章　作为自由主义历史学家的反自由主义者 P263－266

P263　由几代反自由主义者以粗线条描绘的自由主义肖像，有幸被吸收进一套常见的陈词滥调之中。根据这种众所周知的描述，200年来的历史编纂学也一直是这样刻画的：古典欧洲自由主义者们无视个人的社会性构成，蔑视共同利益，藐视权威，为了私人牺牲公众，轻视政治参与，忽视美德，过分崇拜经济人，宣布价值观为主观，把人降低为只知享乐或受苦的机器，废除自制，对理性过于崇信，而且普遍地解除所有滋养一切的社会纽带。这是一系列使人畏惧的断言。然而，每次面对古典自由主义文本中实际维护的主张时，这些断言看上去要么太夸张，要么就错了。

第九章　社会的"原子化"？P267－278

P269　作结论说，提出最初契约就意味着非社会性的原子的存在，这同样也是错误的。如果不存在密集的社会关系网，自由主义的理想与制度（如宗教宽容、言论自由、代议制政府以及市场经济）都是不可想象的。

第十章　对共同利益漠不关心？P279－282

P281　尽管有怀疑，自由主义者一直对共同利益有着清楚的概念。正义、自我管理以及和平共处的成果，都是共同利益。的确，它们都被个人享受着，但是是联合地，而不是原子化地。作为多元主义者，而不是极端宽容主义者，自由主义者反对运用武力来把一套官方的道德目标强加给全体公民。

第十一章　权威的消蚀 P283－289

P284　权威必须不间断地置于批评之中，并由法律加以引导，而且其内部组织方式能保证最大可能地做出智慧的决定，当然还必须阻止产生暴政和腐败。它还必须足够强大、足够统一，以便对全体公民推行同一套法律。能表明自由主义者从实质上倾向于中央集权的、实施法律的国家权威的文本证据极为丰富。

第十二章　公共领域为私人领域做出牺牲？P290－296

P290－291　自由主义者并不同情所有的私人事物。没有任何自由主义者曾经对私人法庭、私人收税、私人军队或私人宣布发动战争的权力表示支持。正如语源学所揭示的，自由主义者对遗传特权的攻击实际上是对"私人法律"

的攻击。决斗是两人同意后进行的心甘情愿的交易。警戒主义（vigilantism）是私人的事。私人订立的谋杀或屠杀的合同是在非政治的领域达成的。然而自由主义者遇到上述情况时，对国家禁止这些个人选择从不曾有所迟疑。

第十三章　经济人？P297－315

P303－304　自由主义者从不曾喜欢市场关系的普遍化。他们没有把金钱利益神圣化或者拥护一个任何东西都可以买卖的社会。他们当然不认为宗教自由或言论自由——更别提契约自由——能够被买卖。原先，国王能够把政治权利卖给贵族，以换取金钱或服务。自由主义者没有用这种私人化方式看待公民权或职务，而只是把它们作为潜在的普遍权利，当然不是作为可交换的私有财产。（结果是所有的自由主义社会都禁止买卖职务和选举权）换句话说，"经济的人的兴起"，伴随着在某些重要场合明确地排除经济交易的法律规则的加强。不但是选举权和公共职务，而且还有免服兵役和在民事或刑事审判中得到有利的裁决等等都不参与市场交易。人口稀少的选区（腐烂了的选区）不再可以被"拥有"。其他的人也不能被"拥有"。这样自由主义在某些领域鼓励交易关系，在其他领域又阻止这种关系。

第十四章　权利的自私性？P316－328

P321　当然，自由主义者认为服从法律的责任既是工具性的，也是有条件的。强迫不能被认为本身就是好的，为服从而服从对于腐败而堕落的人类来说也不能说是恰当的。自由主义者比较欣赏服从法律，是因为它将有助于创造相对文明、公正、合作且自由的秩序。

第十五章　道德怀疑论？P329－353

P331　施特劳斯注意到自由主义者有时将价值判断描述为仅仅是一件主观偏好的事，就像"良心"只是"观点"一样。但是自由主义关于这方面的论述应该联系上下文来理解。自由主义者并没有试图破坏所有的道德禁忌，而是寻求推翻牧师、新闻检查官和其他对思想生活保持强制性权力的道德权威的主张。

第十六章　理性的罪过？P354－362

P354　反自由主义者经常将自由主义与极端的理性主义（rationalism）联系起来。据说理性主义者相信人类的理性强大到足够为可能存在的最佳社会秩序画出一张可操作的蓝图，而且人们能被理性的论证说服来接受这一蓝图。这种过度理性主义的批评家认为，考虑到社会生活太复杂，对这样的任务来说理性太虚弱了，人们更容易受感情和兴趣的左右，而不是受理性论证的影响。对此指控最直接的回答就是自由主义者并不是过度理性主义者。

第十七章　反义词置换 P363—367

P363　例如,竞争这一自由主义观念就被习惯地用来与手足之爱作贬低性的对比。然而,对经典的自由主义者而言,竞争的主要的反义词不是爱而是垄断。而且垄断与爱根本没有关系——正像任何研究过爱尔兰地主与当地农民关系的人所知道的一样。于是,通过反义词置换的方法,反自由主义者就隐瞒了自由主义最初接受竞争原则的道德和政治的动机。人们可能会说,通过这样在概念上耍手腕,19世纪和20世纪已经合谋使17世纪和18世纪变得难以理解。

结束语 P368—377

P373　不管多么具有批判性,对这种不屈不挠而形式多样的传统的研究不能仅仅作为一种破坏行为。在仔细推敲如何回应最无情的批评家为反对自由主义理论而提出的主要指控的过程中,我们能获得对自由主义本身的大量了解。实际上,我们得以用一种新眼光来打量自由主义。

P376　因此,总而言之,自由主义最严厉的批评家能对他们的自我理解做出重要的贡献,更别提对自由主义者自信心的贡献了。尽管他们做出了巨大努力,非马克思主义的反自由主义者还是未能证明自由主义是特别堕落和特别让人堕落的。对于许多当前的问题,如国家间激烈的领土争端,经典自由主义没有提供实际的解决方案。但要是因为没完没了的"当前危机"而责备自由主义,那是不太现实主义的,也是无益的。

【参考文献】

[1] 柏拉图. 柏拉图全集：第一卷 [M]. 王晓朝,译. 北京：人民出版社,2002.

[2] 柏拉图. 柏拉图全集：第二卷 [M]. 王晓朝,译. 北京：人民出版社,2003.

[3] 卢梭. 论人类不平等的起源和基础 [M]. 李常山,译. 北京：商务印书馆,1996.

[4] 休谟. 论道德原理 论人类理智. 周晓亮,译. 南京：译林出版社,2010.

[5] 费希特. 论学者的使命 人的使命 [M]. 梁志学,沈真,译. 北京：商务印书馆,1997.

［6］波普尔. 历史决定论的贫困［M］. 杜汝楫，邱仁宗，译. 上海：上海人民出版社，2009.

［7］萨特. 存在主义是一种人道主义［M］. 周熙良，译. 上海：上海译文出版社，1988.

［8］施特劳斯. 政治哲学史：上、下［M］. 李天然，译. 石家庄：河北人民出版社，1993.

［9］麦金太尔. 追寻美德：伦理理论研究［M］. 宋继杰，译. 南京：译林出版社，2003.

［10］昂格尔. 现代社会中的法律［M］. 吴玉章，周汉华，译. 南京：译林出版社，2001.

十一、《无政府、国家与乌托邦》

[美] 罗伯特·诺齐克　著

何怀宏　等译

中国社会科学出版社，1991 年

── 【作者简介】──

诺齐克（1938—2002）是美国当代著名哲学家和伦理学家，20 世纪杰出的哲学家和思想家之一。诺齐克 1959 年毕业于哥伦比亚大学，获学士学位；1963 年毕业于普林斯顿大学，获博士学位，并留校任教。1965 年开始任教于哈佛大学，1967 年晋升为哈佛大学教授。1971—1972 年期间，诺齐克在帕洛阿尔托行为科学高级研究中心研究访学。正是在这期间，诺齐克写下了《无政府、国家与乌托邦》一书的前九章。1969 年，诺齐克在美国哲学协会东部分会会议的"乌托邦和乌托邦理论"专题讨论会上作了论文报告，该篇论文正是该书的第十章。整部书稿于 1973 年夏天完成。1974 年该书出版后，取得了出乎意料的成功，引起了学界的广泛关注，次年被授予美国国家图书奖。《无政府、国家与乌托邦》是一部论述自由至上政治思想的主要著作，其中的观点与罗尔斯在《正义论》中的自由观点形成了鲜明的对比。诺齐克和罗尔斯之争可以概括为"自由"和"平等"之争，因此，后来的教科书把诺齐克和罗尔斯并称，探讨社会正义论时，将两人进行比较研究。

诺齐克一生兴趣广泛，研究内容涉及哲学、政治学、伦理学等多个领域，著作颇丰，除《无政府、国家与乌托邦》（1974 年）外，主要有《哲学解释》（1981 年）、《被省察的人生：哲学沉思》（1989 年）、《个人选择的规范理论》

(1990年)、《理性的本质》(1993年)、《苏格拉底的困惑》(1997年)、《恒常：客观世界的基本结构》(2001年)等，对美国学术界产生了深刻影响。

── 【写作背景】────────────────────────────

"自由"与"平等"是西方社会正义论的重大主题。自由与平等的矛盾也是西方学者关注的主要问题之一。对于平等优先于自由，还是自由优先于平等这样的问题，不同的人持不同的观点。

约翰·罗尔斯提出了两个原则，即最大平等自由原则和差别原则。在罗尔斯看来，每个人都有同样的权利将政治自由、思想自由、言论自由、结社自由等方面的基本自由最大化，这些基本自由只能因自由之故而被限制；根据差别原则，一个自由体系中处于最不利地位的人应该得到最大限度的保障，它主要是为了处理社会与经济上的不平等。罗尔斯的第一原则并没有在西方世界引起很大的争议，但第二原则却由于强烈的平等主义倾向而受到了两方面的质疑和攻击：彻底的平等主义者认为罗尔斯的平等原则不够平等，但彻底的自由主义者却认为其平等原则导致对自由的损害。

诺齐克正属于后者之列。《无政府、国家与乌托邦》于罗尔斯《正义论》出版三年后问世。诺齐克对罗尔斯的基本自由及其优先性原则并无异议，两人都认为所有人都享有广泛的平等的基本自由权利。但两人的分歧在于，当这些基本自由得到保障之后，国家是否能够通过经济利益分配而保障最差者的福利？罗尔斯赞同这种分配正义，但诺齐克并不赞同。诺齐克提出了持有正义的三原则来反对罗尔斯的差别原则，以"最弱意义的国家"来反对把国家功能扩张到分配领域的观点。在诺齐克看来，国家应是一个"最弱意义的国家"，即古典自由主义所谓的"守夜人"式国家，它除了保护性功能之外，再无其他功能。罗尔斯认为国家应该关照最差者的福利，体现社会基于自由的平等；但诺齐克坚决维护自由优先、自由权利至上的原则。正是在这一背景下，诺齐克写了《无政府、国家与乌托邦》。

── 【中心思想】────────────────────────────

在《无政府、国家与乌托邦》中，诺齐克表达了自由至上主义思想（又称极端自由主义）的国家观念，把国家的功能设定在最小的范围之内。《无政府、国家与乌托邦》论述了这样的国家观：可以得到证明的是一种最弱意义的国家，国家的功能仅是防止暴力、偷窃、欺骗和强制履行契约等，其他的任何功能将因有可能侵犯个人权利而不能得到正当化。"国家不可用它的强制手段来迫使一些公民帮助另一些公民；也不能用强制手段来禁止人们从事推进他们自己利益或自我保护的活动。"① 这种最弱意义的国家观念与古典自由主义一脉相承，与以罗尔斯为代表的提倡分配正义的国家观念形成了鲜明的对比。

诺齐克在书中主要论述了个人权利对国家权利的制约、国家的性质、国家的合法功能及其证明。从一个权利公式开始，诺齐克考察了无政府主义者的主张，即国家必然会侵犯个人权利，因此国家是不道德的，认为这样的主张难以让他信服。因此，诺齐克反对无政府主义者的主张。在此基础上，诺齐克通过权利理论论证了最弱意义上的国家，认为一个更多功能的国家并不能得以证成。在这一论证过程中，诺齐克对多功能国家的分配正义理论进行了分析批评，尤其是对罗尔斯的理论进行了批判。最后，诺齐克论述了乌托邦，认为最弱意义国家的结构能够挽救乌托邦理论传统。

全书共分为三编，分别探讨了国家的起源及其必要性、国家的功能及其合法性、国家的理想及其可欲性。这些讨论都从道德层面上进行论述，比如，国家的起源在道德上是否正当，国家的功能在道德上是否合法等等。第一编为"自然状态，或如何自然而然地追溯出一个国家"，下分六章；第二编为"超越最弱意义的国家"，下分三章；第三编为"乌托邦"，下分三章。全书共分为三大部分，共十章，总计 31 万字左右（中译本）。

【分章导读】

第一编 自然状态，或如何自然而然地追溯出一个国家

在第一编中，诺齐克分六章论述了国家的缘起和必要性。无政府主义者认为国家的存在必然会侵犯个人的权利，但诺齐克反对这种观点。诺齐克通过边际约束理论，证明一个国家可以通过不侵犯任何个人权利的方式而从自然状态中产生。这样的国家在道德上是合法的。

第一章 为什么要探讨自然状态理论 在诺齐克看来，政治哲学意在回答任何国家是否应当存在的问题，国家应如何组织的问题。无政府主义者否定政府的必要性，这在诺齐克看来是将政治哲学釜底抽薪的行为。为了回答

---

① 罗伯特·诺齐克. 无政府、国家与乌托邦 [M]. 徐怀宏，等译. 北京：中国社会科学出版社，1991：前言 1.

为何需要政府的问题,应当先探讨无政府状态。但探讨哪一种无政府状态呢?诺齐克认为比较恰当的方式是探讨一种"在其中人们一般都满足了道德约束、一般都像他们所应当活动的那样活动的无政府状态"[①],因为如果能够证明国家的出现比无政府状态能够带来更多的善,那就给国家的存在提供了一个合理基础,在此基础上,也就能证明国家是正当的。

上述探讨就引出了新的问题:建立国家并使国家运转起来,这些行为本身是否具备道德性?但在诺齐克看来,任何合法性的根源都是可以强制实行的道德禁令,且道德哲学在某种程度上具有不确定性,因此就需要另外的解释性政治理论。根据诺齐克理解政治领域的方式有三种:通过非政治解释,通过新的政治原则解释,以及通过对政治领域的领域内基本解释。诺齐克认为,为了说明一种政治状态是如何从一种非政治状态中产生的,应该从自然状态理论开始对政治的基本解释。虽然自然状态并未在历史上出现过,但这样的一种状态却可以起到解释的目的。由于政治哲学和解释性政治理论都聚焦于洛克的自然状态,诺齐克因而也决定从个人开始。

第二章 自然状态 洛克的自然状态显然有种种不便。诺齐克决定对此进行重新考察,并探讨可以如何应付这些不便。在自然状态中,最大的不足显然就是个人权利的私自强行,以及由此带来的世仇和宿怨、无休止的报复行为和索取赔偿。当然,在这样的环境中,一个人也可能缺少强制行使个人权利的力量,以至于无法惩罚较强的敌手或无力取得赔偿。

面对上述不便,个人通过联合而形成保护性社团,以共同击退攻击或共同对付侵害者等。在这样的保护性社团中,所有人都要保护其他的成员。但在诺齐克看来,这样的保护性社团仍然有其不便之处。每个人需要随时准备好被应召,且当某个成员的权利被侵犯时,任何成员都需要向同伴求助。此外,社团成员之间也容易发生争执,从而引起内讧。因此,一个人除了把上述职能交给一个私人保护机构外,还可以有更特殊、更完善的选择,那就是把权利交付给另一个较为中立的机构,且这样的裁决者被普遍认为是中立和公正的。

诺齐克认为需要一个支配性的保护性社团,因为不同的社团带有不同的目的,社团之间存在冲突。按照洛克的自然法,这样就有可能变成违法机构。

---

① 罗伯特·诺齐克. 无政府、国家与乌托邦 [M]. 徐怀宏, 等译. 北京: 中国社会科学出版社, 1991: 13.

那么，这些违法机构就很难找到委托人。在诺齐克看来，这样的情况只有在一种很乐观的情况下才有可能被克服，那就是有一个较全面的保护机构。

那么，支配性的保护社团和国家有什么不同？诺齐克用类似于亚当·斯密的"看不见的手"的概念进行了引导性解释。"一种看不见的手的解释将说明：那种乍看起来是某个人有意设计的产物的东西，实际上不是由任何人的意向带来的。我们可以称与此相对照的一种解释为'隐藏的手的解释'。"①

通过看不见的手的解释，诺齐克认为私人的保护性社团与最弱意义的国家并不相同。私人的保护社团缺少使用强力的必要的独占权，且不向该领域内的所有人提供保护。

第三章　道德约束与国家　诺齐克论证了国家的道德合法性。古典自由主义中守夜人式的国家，其功能只是保护公民的安全，并强制实行契约等。诺齐克认为这样的国家看起来是再分配的，他觉得至少可以设想一种介于私人保护社团与守夜人式国家的社会制度，并将这样一种社会叫做超弱意义上的国家（ultra-minimal state）。这种国家承认国家独享强力使用权，但只有出钱购买其服务的人才能受到保护。但诺齐克对超弱意义上的国家提出了怀疑："由于他把保护权利和勿侵犯权利置于最高的地位，他怎么能支持超弱意义上的国家呢（这种国家使一些人的权利得不到保护，或者只有很差的保护）？他怎么能以不侵犯权利之名去支持这一国家呢？"②

面对上述问题，诺齐克认为，"正当"意味着可以产生最大的善东西。功利主义把权利作为一种目的，诺齐克批判了这样的权利论，它还是有可能对某些人的权利造成侵害，因为只要最大限度地减少这一社会对权利侵犯的总量就可以了。与功利主义者相反，诺齐克认为可以把权利当成对行动的边际约束（side constraints）。也就是在追求目标的时候，不允许违反某些道德约束。

为何不把边际约束作为行为的唯一目标？在诺齐克看来，对行为的边际约束反映了康德式原则，即个人是目的，而不仅仅是手段。他们都承认，个人只有在自愿的情况下才可被牺牲或被使用来达到其他的目的。边际约束表明，其所禁止的行为不得利用他人。在边际约束之下，人是神圣不可侵犯的。

---

① 罗伯特·诺齐克. 无政府、国家与乌托邦[M]. 徐怀宏, 等译. 北京：中国社会科学出版社, 1991：28.

② 罗伯特·诺齐克. 无政府、国家与乌托邦[M]. 徐怀宏, 等译. 北京：中国社会科学出版社, 1991：36.

诺齐克解释了为何不可为了较大的社会利益而侵犯个人。在诺齐克看来，社会的整体利益意味着要为了他人的利益而利用个体，这就会使个人的生命不完全属于他自己，个人不能得到尊重和理解。在诺齐克的观点中，国家或政府应当是中立的，不能要求个体服从整体利益的要求。

道德边际约束的存在根据是没有人可以因为他人而被牺牲。诺齐克相信，这个根据也是禁止侵犯另一个人的自由主义的边际约束。诺齐克没有详细地探讨禁止人身侵犯的原则，而是指出，人身侵犯原则并不禁止使用强力来抵抗另一个对自己构成威胁的人，因为一个真正无辜的威胁者是一个在动机方面无辜的人。诺齐克对是否可以自卫进行了探讨，最后指出，不得侵犯为主题的观点应该在某种程度上解决是否可以自卫、如何才算自卫之类的问题。

诺齐克通过生物来说明道德、边际约束的地位和意义。他探讨了食肉问题。有食肉者认为，人类饲养动物，使动物在被宰杀之前能够拥有一段时间的生命，这是值得肯定的行为。但诺齐克批判了这样的观点。当然，诺齐克并不意在探讨食肉问题，而是边际约束问题。诺齐克引出对待动物的观点，其实意在引出对动物的功利主义和对人的康德主义。简单地说，要最大限度地提高动物的总体幸福，但对人而言，不可以为了他人的利益而牺牲自己的利益。但是，根据这种观点，动物将被用于增进其他动物和人的利益。诺齐克认为，即使对于动物，功利主义式的思考方式也无法解决如何衡量总体幸福、在多大程度上尊重动物等之类的问题，并将带来更多的难题。

假设世界上有一种体验机，可以让人体验他人的生活或未来的生活，诺齐克认为人并不会选择进入这样的体验机，理由有三。第一，有些东西比体验更为重要，体验机无法满足人以某种方式存在的欲望。第二，某个不同于体验的事物对人的关系更为重大。第三，人的行为，不仅仅只限制在感官体验的范围内。

那么，是什么区别了人和动物，并使约束只适用于人，而不适用于动物？精英论把道德地位分为三个等级，但令诺齐克疑惑的是，应该如何放置人和动物？把人和动物分别放在什么道德地位等级之上？而且，哪个等级的生物是可以被牺牲的，哪个等级的生物又是不可被牺牲的呢？对精英论作了批评之后，诺齐克又举了其他的理论，但他觉得，所有理论的问题都在于回答是否可以为了他人的利益而牺牲自己。

诺齐克指出，与道德观约束有关的传统因素是感觉和自我意识、理性、自由意志以及灵魂等。但诺齐克认为每一个特征看来都不是必然与道德约束相联系的。但诺齐克设想，或许需要一种综合 M，在这种综合 M 之下，上述不够充分的因素合在一起或许就会是充分的条件。但诺齐克发现这样的综合仍然不能够带来一种意义明确的事物，也就是不能给人类社会带来某些生活原则。这种被整合的人生观，其道德意义是值得质疑的，且把这种人生观强加给个体也是值得怀疑的，因为其干涉别人对自己生活的塑造是值得怀疑的。

在上面的讨论中，诺齐克论述了道德边际约束的根据。此时，诺齐克回到了私人性质的保护体系。某个地域存在私人性质的保护社团，正好构成了个人主义的无政府主义者反对国家的理由。但诺齐克指出，他接下来将论证，从私人保护社团产生一个超弱意义的国家、超弱意义的国家转变为最弱意义的国家在道德上都是合法的。第一个转换，即从私人保护社团到一个超弱意义的国家，在诺齐克看来是由看不见的手所推动，这只看不见的手不侵犯任何人权利，在道德上是合法的；第二个转换，即从超弱意义的国家到最弱意义的国家，也必然合乎道德，因为超弱意义上的国家并不为所有的人提供保护，而只为出资的人提供保护，在道德上就是有缺陷的，但最弱意义的国家却克服了这种问题。

第四章 禁止、赔偿与冒险 诺齐克具体地论证了最弱意义的国家具有道德合法性。像洛克一样，诺齐克也设想了某一地域内不愿进入保护机构的独立者的问题。这些独立者不愿意受保护机构的保护，那么，有可能该地域被分成了好几块，且保护社团的"领域"是不连续、不完整的。此外，独立者和保护社团之间也必然会出现矛盾和冲突。诺齐克认为，为了回答关于独立者和保护机构之间的关系的问题，并决定独立者应受到怎样的对待，必须研究程序权利在自然状态中的道德地位，研究对冒险活动的禁止，以及对实行权利（尤其是强行权利）有什么原则或规定。

洛克认为自然权利对人的行为进行了限制。诺齐克认为，不管哪种观点，都要面对下述问题：禁止人们做出越界或侵夺的行为，还是允许人们做出上述行为，但要求他们对那些被侵越的人作出赔偿？如果一项行为被体制所禁止，那就意味着，做出这项行为的人不仅应该赔偿受害者，还应该因此而受罚。

诺齐克主要关心的问题有两个：即使某些越界行为的受害者受到了赔偿，这些行为为什么也应该被禁止；为什么不禁止那些道德越界行为？为什么允许某些人未经事先同意就侵犯另一个人的边界？

诺齐克提出了报复理论，根据报复理论，一个人在某些情况下具有退却的义务。为什么即使被充分赔偿的越界行为也是不允许的呢？根据诺齐克的分析，这是因为在一个体系中，如果越界行为所要求的赔偿等于通过实现谈判可达成的价格，那么就不可避免地会出现不公平的要价，这就会出现比充分的赔偿更高的"市场的赔偿"。

在诺齐克看来，除了用上述方式来禁止可赔偿的越界行为以外，其他考虑也说明只要赔偿的行为不一定就可以被允许。其中一个原因就是，这些行为有可能造成恐惧。虽然人知道某些行为将会给予赔偿，但还是害怕这些行为的发生，因为这些行为引起了恐惧。诺齐克认为，引起焦虑和恐惧的行为也应该被禁止、受惩罚。

上面已证明，造成普遍恐惧的行为应该得到禁止和惩罚，但诺齐克引出了第二个问题，为什么不禁止受害者没有预先同意的所有越界行为？在诺齐克看来，如果把所有未经同意的越界行为都定为有罪，那么，即使是偶然的或无意越界行为，都将把大量的不安全因素带给大众。此外，即使一个人的行为动机是善良的，他也有可能因偶然的事件而受到惩罚。

但哪些越界行为是允许的？诺齐克认为有两种可能：预先的同意不可能，或谈判的费用较为昂贵。不过，诺齐克在此也指出，有关恐惧的考虑、交换利益的划分以及交涉费用等都不能提供一个精确的原则，没有提供一个可行的解决方案。

诺齐克继而讨论了各种冒险行为，对冒险行为的估损，以及是否该禁止这些冒险行为。诺齐克特别地提及了冒生命之险的行为，认为涉及死亡的冒险是最大的难题。在诺齐克看来，对死者的亲属提供赔偿和可观的施舍虽然不能使死者复活，但一个人仍然可以从死后赔款体制中受益。

诺齐克论述了现实生活中所出现的赔偿行为，比如是否应该禁止有可能对工人产生伤害的生产行为。因为如果禁止这些工作的话，就有可能使当事人失去生活的唯一来源。因此，正如诺齐克所言，赔偿原则涉及对各种行为的划分问题。根据赔偿原则，人们因被禁止做某些冒险行为而被付给赔偿。但这一赔偿原则受到某些人的质疑，因为在这些人看来，如果有权利禁止，就无须提供赔偿；如果没有权利禁止，那就无权设计赔偿。但根据诺齐克的论述，赔偿原则是必需的，因为不同于双方都受益的交换行为，禁止一方做出有可能带给别人危险的行为，这样的谈判中并没有清楚的利益分配，因而被禁止一方需要得到的只是充分的赔偿。

生产性活动是指可以给买者和卖者都提供好处的行为，比假如没有生产活动可以使双方生活得更好。在诺齐克看来，保护性的服务也是生产活动，因为这样的服务给双方都带来利益，但是保护性的勒索则不是生产性活动，因为保护性的勒索所带来的结果并不比没有这种关系时要更好。冒险行为给人带来恐惧以及其他的不安定因素，诺齐克认为对冒险行为的禁令是合法的。诺齐克最后指出，如赔偿原则之类的某些原则具有正确性，若做冒险活动的人被禁止做出这些冒险活动，那么他们就应该受到前者的赔偿。

第五章 国家 论述了国家的必要性和道德合法性之后，诺齐克便在本章中探讨了国家的本质和权力。如果一个独立者采取私人的行动程序来强行自己的权利，那会造成怎样的后果？在诺齐克看来，这种私人强行权利就会对他人造成危险。如果社会上有许多这样独立实施惩罚的人，那么所有的这些人就会被社会带来危险状态。因此，诺齐克认为其他人就有权联合起来以禁止所有的这些私自行使强权行为。那么，私人保护社团有权禁止个人行使强权吗？诺齐克认为没有。

根据"公平原则"，处在自然状态下的某些行为程序的团体，拥有合法的权利禁止不履行义务的人。诺齐克认为这样一种处置权对一致同意的存在至关重要，因为这样一种强有力的权利使自然状态中强制性政府的一致同意成为多余。根据诺齐克的主张，个人联合之后，其个人权利并不能进行总和，也就是，新的联合体并不具有权利总和之后的新权利，源于他人的义务都可以被强制执行。因此，诺齐克考虑了义务的可强行性原则和公平原则本身的恰当性。

在诺齐克看来，哈特和罗尔斯所谓的公平原则难以接受，值得质疑。在诺齐克看来，如果每天都有不同的人负责打扫街区，但这并不代表轮到其中某一个人时，这个人必须去扫。因此，公平原则应进行修订，"一个人从他人行为中的得益要大于他履行他的职责时付出的代价"[①]。但是，即使公平原则被加上这个条件，还是有可能遭到反对，因为一个人所得的利益可能与其所付的代价相等，但是其他人却有可能获得多得多的利益。这就产生了这样的问题：这个人是否还有必要参与其中？因此，在诺齐克看来，强制实行公平原则是有问题的，公平原则的实行不能缺失下述要求，即在使人们参加合作并限制其行动前，必须先征得他们的同意。

---

① 罗伯特·诺齐克. 无政府、国家与乌托邦 [M]. 徐怀宏，等译. 北京：中国社会科学出版社，1991：100.

在自然状态理论中，程序权利的概念、对罪行的揭示等是很不明确的。由于自然状态中的不同个体将赞成不同的程序，因此就需要某种可以解决争执的程序，让双方都觉得是可靠、公平的。但是诺齐克对这样的中立程序的可行性持怀疑态度。究竟哪一种问题可以受外在有约束力的程序的制约，诺齐克认为跟另一有趣问题有关，那就是，虽然自知无辜，但是还是要受到惩罚的人负有什么道德义务的问题。自然状态不能解决很多问题，比如一个人拥有何种程序权利等。

程序权利存在各种问题，接下来的问题是，支配性的保护社团可以作出什么样的禁令？首先每个人都有权利公开得到可靠和公平的裁决程序，并被告知这种程序的信息。也就是，他有权进入某种可靠和公平的公开体系。一旦他无法获得这种公开的信息，他就有权保卫自己，抵制那种不公开的裁决。基于这样的原则，如果一个人面对这种情况时，可以授权他的保护机构代行其权利，去抵制那些不可靠或不公平的程序。但是保护性机构依靠什么权利宣称其有权惩罚那些利用不可靠程序惩罚其委托人？诺齐克认为这些问题涉及如何把认识论与权利结合起来的问题。从这个视角切入，诺齐克得出了关于越界行为的认识论原则。

那么，国家是否要对所有争端都行使独断权呢？诺齐克认为答案是否定的。国家拥有的是事实上的独占权，但并不是一定要管公民的所有争端。国家应允许公民自行选择是否利用国家手段来解决争端。

诺齐克已论证，国家并不是不公正地强加一种独占权。这种独占权的产生来源是一种看不见的手的过程和道德上可允许的手段，它并没有侵犯任何人的权利，也没有提出对一种其他人不具有的特殊权利的要求。

从洛克的自然状态分析可得，一个地区内将出现唯一的支配性保护机构，或一些机构的联合体。这样的机构具有该地区的强占权，是唯一能够不受制裁的强行自己所认为正当的东西。在诺齐克看来，这就是对国家的看不见的手的解释，即它有权强行权利，禁止个人强行行使正义。

第六章　对国家的进一步论证　诺齐克列举了对上述论证的各种反对意见，并一一进行了分析和评论。这一章内容是对前述论证内容的补充论证，但不属于诺齐克论证主线的内容。

第二编　超越最弱意义的国家

在第二编中，诺齐克分三章探讨了更多功能的国家。诺齐克探讨了分配正义、剥削等更多的国家功能，发现这些国家功能不具有道德合法性。基于这一点，诺齐克认为超越最弱意义的国家不具备合法性。

第七章 分配的正义 为了证明比最弱意义国家功能更多的国家能根据它是达到分配正义的必要或最恰当的手段，诺齐克提出了持有正义的权利观，没有任何依据分配正义的获取和转让原则可支持这样一种功能更多的国家。

根据诺齐克所提出的权利理论，持有正义主要包括三部分：最初获得的持有正义；持有的转让的正义；转让的正义原则。也就是说，持有的三个过程——获得、持有、转让——都是正义的。

因此，在诺齐克看来，只要持有符合上述正义理论，那么这样的持有就是正义的。反之，模式化的分配原则是不够正义的。以按道德价值分配的原则和"按智商分配"的原则为例，前者是一个模式化的历史原则，后者是一种在分配中并不包含信息的模式化原则，诺齐克反对模式化的分配原则。

尔后，诺齐克列举了张伯伦的例子和社会主义社会企业家的例子，其结论是："如果不去不断干涉人们的生活，任何目的原则或模式化的分配正义原则就都不能持久地实现。"[①] 也就是说，为了维持某种分配模式，必须不断地对公民的利益进行干涉，但这些资源很有可能是另一些人因某种理由不愿自愿转让给他人的。

为了继续证明上述搅乱模式，诺齐克列举了斯恩的论证，再次证明模式化要求对个人行为和选择进行不断干涉。诺齐克分析了再分配中所涉及的所有权问题。在诺齐克看来，模式化的分配正义原则必定会涉及再分配活动，且再分配是一件涉及侵犯人们权利的严重事情。不管是通过税收或超过某一量额的税种，模式化的分配正义原则都会造成擅自利用他人行动的结果。在诺齐克的分析中，分配正义的目的原则和大多数模式化原则确定了对他人行为和劳动的部分所有权。

诺齐克想到了洛克的获取理论，并思考该理论中存有什么问题。洛克认为，一人无主物的劳动构成了他对该劳动结果的所有权，但是诺齐克提出了更多的问题，比如对无主物的劳动在多大范围内或多大程度上生成所有权。

根据洛克的获取理论的条件，诺齐克认为恰当的有关获取的正义理论的一个条件，即只有当对无主物的获得不会影响后来者拥有该类物的条件下，这样的无主物获取或持有才是正当的，才会生成永久的、可继承的所

---

① 罗伯特·诺齐克. 无政府、国家与乌托邦[M]. 徐怀宏，等译. 北京：中国社会科学出版社，1991：168.

有权。

据此，诺齐克对罗尔斯的理论进行了批判，认为罗尔斯的理论是循环证明，且在诺齐克看来，罗尔斯所说的社会合作创造了一种特殊的分配正义的观点是神秘且不够清晰的，"罗尔斯的理论本身描述了一个抽象的产生结果的过程。他并没有提出一种直接的演绎论证，把他的两个正义原则从规定了它们的其它陈述中推演出来"[①]。

对于个人的持有与天赋之间的关系，"罗尔斯的回答是：这些自然资质或天赋是不应得的，从'一种道德观点看是任意的'"[②]。诺齐克认为有两种方式理解这一回答，即肯定的论据和否定的论据。诺齐克列举了四种可能的论据，证明人们不应该把自然资质的命题与正义的差别原则联系起来。诺齐克遂又转向了否定性论据。但诺齐克仍然不同意罗尔斯的平等观点，认为应对其正义原则进行矫正："如此组织社会，以便最大限度地提高这一社会中最后处在最不利状况的那个群体的地位。"[③]

第八章　平等、嫉妒、剥削及其它　诺齐克探讨了超越最弱意义的国家所可能产生的道德问题。那些旨在创造平等的社会制度，其合法性被认为得到了证明，但在诺齐克看来，这样的观点并不符合事实。诺齐克甚至觉得："持有正义的权利观念不以任何赞成平等或任何别的全面结果或模式的命题为前提，人们不能够径直认定必须把平等放进任何正义理论。"[④]

诺齐克又分析了跟平等有关的自尊与嫉妒问题。在诺齐克看来，要避免人与人之间自尊的差异，最有希望的途径就是统一权衡社会的各方面。也就是说，给不同的人以不同的自尊平台，当标准多元化之后，社会就会减少因自尊而出现的嫉妒问题。

针对人与人之间的嫉妒，诺齐克阐释了何谓有意义的工作。诺齐克提出了四大标准。根据这些标准，有意义的工作就是能够给人以价值和自由的工作。

[①] 罗伯特·诺齐克. 无政府、国家与乌托邦[M]. 徐怀宏，等译. 北京：中国社会科学出版社，1991：209.

[②] 罗伯特·诺齐克. 无政府、国家与乌托邦[M]. 徐怀宏，等译. 北京：中国社会科学出版社，1991：218.

[③] 罗伯特·诺齐克. 无政府、国家与乌托邦[M]. 徐怀宏，等译. 北京：中国社会科学出版社，1991：234.

[④] 罗伯特·诺齐克. 无政府、国家与乌托邦[M]. 徐怀宏，等译. 北京：中国社会科学出版社，1991：235.

针对工人与资本家之间的关系的考量，诺齐克分析了马克思的剥削理论。根据诺齐克的分析，马克思剥削理论的条件是工人与资本家之间存在需要工作与提供工作的关系。这也就意味着，当工人不需要与资本家打交道时，剥削便不复存在。诺齐克又分析了马克思的利润理论，因为是利润理论支持了马克思的资本主义批判，但诺齐克认为这样的利润理论缺乏真正的经济理解。

利用简单的数据模型，诺齐克分析了再分配的方式。在诺齐克看来，再分配方案由投票人数中间的2%决定。也就是说，介于49%—51%之间的人群的选择。因此，上层团体总是试图笼络中间摇摆的2%人群。在解决这一疑问的过程中，诺齐克同时也发现了另一个广为人知的事实，那就是，再分配计划总是对中产阶级有利。

第九章 民主化 诺齐克设想了从自然状态到最弱意义的国家的过程，再次证明最弱意义的国家的道德合法性，批判对最弱意义国家的超越。通过证明最弱意义的国家的合法性，并否定个人主义的无政府主义者的反对意见，诺齐克设想了如何通过不侵犯任何人权利的方式，从自然状态转换为最弱意义的国家。在诺齐克的设想中，自然状态以及超弱意义上的国家中的人，通过投票、参加会议等民主方式参与再分配、国家建设等事务，这种大范围的民主化过程造就了合法的最弱意义的国家。诺齐克试图通过这样的设想论证最弱意义的国家具有道德合法性，它并不会侵犯每个人的权利。

第三编 乌托邦

第十章 一种用于乌托邦的结构 诺齐克将最弱意义的国家与乌托邦进行了比较。通过谈谈乌托邦的精神，诺齐克认为最弱意义的国家就是具备乌托邦精神的乌托邦。最后，诺齐克解释了乌托邦问题。在诺齐克看来，由于每个个体的选择不尽相同，而乌托邦对每个人而言都是最好的政体，因此真正的乌托邦不是只有一种共同体存在，也不是只有一种生活方式，它包括了适合于不同人的不同的生活方式。乌托邦将由各种乌托邦组成。在乌托邦中，人们自由地联合起来，可以自由地追求自己所要的生活方式。任何人都不会被强加他人的乌托邦观念。

诺齐克认为，其所倡导的最弱意义的国家正是这样一个乌托邦，因为最弱意义上的国家在道德上是合法的，且没有任何功能更多的国家能在道德上可以得到证明，任何功能更多的国家都将侵犯到个人的权利。诺齐克认为最弱意义上的国家是一种真正具有乌托邦的结构。

【意义与影响】

诺齐克在《无政府、国家与乌托邦》中驳斥了无政府主义,论证了最弱意义的国家具有道德合法性,其形成不会侵犯个人权利,但无法再推出更多功能的国家,国家设定模式化的分配模式是不正当的。最弱意义的国家得以证成之后,诺齐克还探讨了乌托邦精神,认为最弱意义的国家就是乌托邦国家所具有的结构。诺齐克的理论代表了西方自由主义中的自由至上主义传统,并且诺齐克的《无政府、国家与乌托邦》使自由至上主义具备了一定的理论体系,使自由至上主义开始被视为一种严格意义上的政治理论,具有重大的意义与影响。

首先,诺齐克的正义理论与罗尔斯的正义理论形成了鲜明的对比,极大地丰富了社会正义理论。自由与平等是当代西方正义理论研究的两大主题,也是诺齐克与罗尔斯之争的背景和焦点。针对罗尔斯在《正义论》中更倾向于平等的正义原则,诺齐克在《无政府、国家与乌托邦》提出了更强调自由的正义原则。罗尔斯强调社会合作和经济平等,认为社会中境遇较差者应最大限度地受益,但诺齐克用历史性的持有正义原则坚决了捍卫了个人权利的至上性。诺齐克继承了古典自由主义的传统,主张非模式化的利益分配,认为国家不应干涉利益的重新分配。这两种正义理论之争反映了当代西方政治思想家们对平等与自由问题的不同思考。只要资本主义社会继续存在,这样的争论就不会停止。

其次,诺齐克在《无政府、国家与乌托邦》中重新论证了经济自由,否定了模式化的分配方式。西方的古典自由主义发展到20世纪,其含义与要求发生了较大的转变。当今社会福利主义的发展对经济利益再分配提出了更多的要求,认为通过税收进行再分配是合乎道德的。但在自由至上主义者看来,这种再分配就对个人权利,特别是财产权构成了较大的威胁。在诺齐克看来,模式化的分配必会侵犯公民的财产权,而财产权作为个人权利的一部分是神圣不可侵犯的。因此,诺齐克反对国家采取模式化的再分配;相反,国家的功能是只限制于加强国防、增进公共安全等。

最后,诺齐克的国家理论丰富了乌托邦国家理论。自从柏拉图提出理想国以来,对乌托邦的构思和追求便没有停止。虽然乌托邦并不是一个现实中的国度,但人们一直都在构思乌托邦,一直都在追求理想中的乌托邦。诺齐克认为最弱意义的国家具备真正的乌托邦精神,乌托邦就是一个最弱意义的国家。只有在这样的国家中,每个人才有可能过上自己理想中的生活;每个人才有可能不受模式化的束缚而自由地生活。

当然,诺齐克的最弱意义国家理论及其论证存在一定的问题。在《无政府、国家与乌托邦》中,诺齐克所有论证的出发点是个人权利。但诺齐克并没有论证权利的非法性根源,即在诺齐克的证明中,个人权利是不证自明的,但这显然不够严谨。诺齐克的权利观是洛克式的,但其权利的根据则是康德式的。这也就是为什么内格尔(Thomas Negel)批评诺齐克是"没有根据的自由至上主义者"①。此外,在一个社会中,如果过分强调个人权利,压缩国家职能,则可能导致贫富差距不断拉大,公共秩序混乱,社会不够稳定等问题,从而又反过来对个人权利构成威胁。因此,为了维系社会,促进社会的和谐发展,个人权利必须要作出一定的牺牲。这一点显然是诺齐克国家理论的漏洞所在。但深究这种对以财产权为中心的个人权利的重视,我们可以看出,这实则是为了维护社会既定的不平等状况②,而忽视社会大部分人的福祉和利益。

【原著摘录】

第一编 自然状态,或如何自然而然地追溯出一个国家
第一章 为什么要探讨自然状态理论 P1-18
政治哲学

P1 政治哲学的基本问题,即一个先于有关国家应如何组织之问题的问题,是任何国家是否应当存在的问题。为什么不无政府呢?由于无政府主义的理论——如果可靠的话——不啻是对政治哲学的整个主题釜底抽薪,故而在开始讨论政治哲学时,首先考察它的主要对手无政府主义是恰当的。

P13 这一探讨将提出如下问题:人们为建立和运转国家而必须做的所有行动,是否本身在道德上都是可允许的。一些无政府主义者不仅坚持我们没有国家会生活得更好些,而且认为任何国家都必然侵犯人们的道德权利,因此本质上是不道德的。

---

① Thomas Nagel, "Liberatarianism without Foundation", Yale Law Journal, Vol. 85, Issue I, P137-138, 转引自朱万润, 诺齐克自由理论的双重维度 [J], 马克思主义与现实(双月刊), 2010 (1): 97.

② 王寿林. 当代西方社会科学名著导读 [M]. 北京: 北京大学出版社, 1999: 148.

解释性政治理论

P14 理解政治领域的方式可以有下面三种：（1）通过非政治来充分地解释政治；（2）把政治看作是产生于非政治的，但认为它不能还原为非政治，对非政治因素的一种组织模式只能通过新的政治原则来理解；或者（3）把政治看作一个完全自立的领域。既然只有第一种方式许以充分理解整个政治领域的希望，它就是最可取的理论选择了，只有在知道它是不可能的时候才能放弃它。让我们把对一个领域的最可取和最完整的解除称之为这个领域的基本解释。

P16 对政治领域中的自然状态的解释是对这一领域的基本的潜在解释，即使它们不正确，它们也仍然在解释方面取得了成绩，给我们以启发。我们从观察国家本来能够怎样产生的过程中学到了许多东西，即使国家并不曾如此产生。

P18 由于政治哲学和解释性政治理论都集中注意洛克的自然状态，我们亦将从此开始。更确切地说，我们将从个人开始。在某些成分上，这种个人所处的状态与洛克的自然状态非常相似，以致我们在此可以把许多别的重要差别忽略不计。

第二章　自然状态 P18—34

P18 为准确理解公民政府要医治些什么，我们必须比重复洛克开列的自然状态的种种不便的表格走的更远。我们也必须考虑在一个自然状态中可能做出什么样的安排来处理这些不便——目的是避免这些不便，或使它们较少出现，出现时也不致造成太严重的后果。

P19 在一个自然状态中，人们理解的自然法不可能为每种偶然情况都提供恰当的处理办法。……还有，在一种自然状态中，一个人也可能缺少强行他的权利的力量，他可能无力惩罚一个侵犯了他的权利的较强敌手，或者无力从他那里索取赔偿。

保护性社团

P20 这种个人的联合可能形成相互保护的社团：社团中的所有人都要响应任何成员保护自己或强行其权利的请求。

P23 保护性机构将拒绝保护对反报复的防卫，除非它们一开始就允许个人报复。保护性机构甚至不必提出要求：一个人作为一个委托人与机构协议的一部分，他要按约放弃他对它的其他委托人实行个人报复的权利。

支配的保护性社团

P25　在这三种情况中，几乎所有居于一个地区的人们，都处在某种判断他们的冲突要求和强行他们的权利的共同体制之下。在自发团体、相互保护的社团、劳动分工、市场压力、尺度经济和合理自利的压迫下，从无政府状态中，就产生而来某种很类似于一个最弱意义国家的实体，或者某些地理上明确划分的最弱意义国家。

看不见的手的解释

P26　那么，总的来说，一个支配性的保护社团和国家有什么不同呢？……有的全面模式或计划，并不像有的人所想的必须通过一个人或一个团体成功的努力而实现；相反，它可通过一种与"有意"的全面模式或计划全无关涉的方式而产生并维持。仿照亚当·斯密，我们将称这种解释为"看不见的手的解释"。

支配性的保护社团是一个国家吗？

P31　我们提供了一种对国家的看不见的手的解释吗？至少在两个方面，私人的保护性社团体系与一个最弱意义上的国家有所不同，似乎不能满足一个国家的最弱概念：(1) 私人保护社团看来允许某些人强行他们自己的权利；(2) 它看来并不保护处在它范围内的所有人。

P32　就我们此处的目的而言，我们只需强调私人保护机构体系（或任何其中的分支）显然不能满足的一个必要条件就可以了。当一个国家说只有它可以决定谁能使用强力，以及在什么条件下使用时，它坚持着这种决定的独占权，它把在其疆域内宣布哪种强力使用是合法的和被许可的唯一权利保留给自己。

P33　按照我们的目的，我们可以继续说，国家存在的一个必要条件是它将以某个人或组织的名义宣称，它要尽其所能地（要考虑这样做的费用、可行性、它应当做的其它更重要的事情等）惩罚一切它发现是未经它明确允许而使用了强力的人们。

P33　看来，保护性机构无论是通过个人还是通过集体，它们都并不做这样一种宣称，它们若这样做看来在道德上也是不合法的。所以，看起来，私人保护性社团体系……缺少独占的因素，因而也就不构成或包含着一个国家。

认为私人保护社团体系并非一个国家的第二个理由是：在这个体系下（不考虑偶然的情况），只有那些为保护付了钱的人才能受到保护。

P34　如此看来，在一个地区内的支配性保护机构不仅缺少对强力使用的必要的独占权，而且也不向其地域内的所有人提供保护，所有支配性机构看来都并非一个国家，但这些都只是似是而非的现象。

第三章 道德约束与国家 P35－92

最弱意义的国家与超弱意义的国家

P35 我们至少能设想一种介于私人保护社团体制与守夜人式国家之间的社会安排。由于守夜人式国家常被称之为一种最弱意义上的国家，我们将称上述社会安排为超弱意义上的国家。

道德约束与道德目标

P37－38 与把权利纳入一种目的状态相对照，人们可以把权利作为对要采取的行动的边际约束来看待，即在任何行动中都勿违反约束C。他人的权利确定了对你的行动的约束。

为什么是边际约束？

P39 对行为的边际约束反映了其根本的康德式原则：个人是目的而不仅仅是手段；他们若非自愿，不能够被牺牲或被使用来达到其他的目的。个人是神圣不可侵犯的。

P42 以这种方式利用一个人，就意味着没有充分地尊重和理解他是一个单独的人、他的生命是他拥有的唯一生命的事实。他不能从他的牺牲中得到一种超额利益，故而没有任何人有权把这一牺牲强加给他——而一个国家或政府尤其不能要求他在这方面的服从（当别人并不如此做时），因此，国家必须小心谨慎地在其公民中保持中立。

自由主义的约束

P42 存在着不同的个人，他们分别享有不同的生命，因此没有任何人可以因为他人而被牺牲——这正是道德边际约束存在的根据，但我相信，它也导向一种禁止侵犯另一个人的自由主义边际约束。

约束与动物

P44 我们能通过考虑生物来说明道德、边际约束的地位和意义。

P50 按照"对动物的功利主义"和"对人的康德主义"观点，动物将被用来促进其它动物和人的利益，但人决不可违反他们的意志而被利用（被伤害和牺牲）来促进动物的利益，决不可为了动物而侵犯人。

P52 但功利主义不是至少对动物是合适的吗？我不这样认为。……一旦一个动物进入生存，必须对它的生命给予多大程度的尊重呢？我们怎么决定此事呢？我们必须也引入一种不降级的存在的概念么？……即使对于动物，功利主义也不能作出完整的理论解释，但这些问题的艰深茂密却使我们在此裹足不前。

体验机

P54 我们通过设想一种体验机，并陈述我们不会进入它的理由而了解到：除了体验之外，还有些东西对我们有重要意义。

道德理论的难于确定

P55 这样一种精英论的等级观将分出三种道德地位（构成这些等级的一种分界线）：　地位1：此生物不可为了其它任何一种生物而被牺牲或受损害等。　地位2：此生物只可以为了较高等级的生物，而不能为了同一水平的生物而被牺牲或受损害等。　地位3：此生物能为了其他同一等级或较高等级的生物而被牺牲或受损害等。

P57 如果我们发现难于决定相信哪个理论，这将是不奇怪的。因为我们并非一定要考虑这些状态，它们并非是塑造我们观点的形态。但这些问题还是不仅涉及更优越的生物是否可以为了他们的利益而牺牲我们，也涉及到我们应当做什么的问题。

约束的根据是什么？

P58 我们也想理解为什么这些特征与这些约束相关联。……看来，一个人的特征——正是由于这些特征别人才在对待他的方式上受到约束——本身必须是有价值的特征。

个人主义的无政府主义者

P61 正是这种在一个地区内的支配性保护机构或社团看来并非一个国家的假象，表明了个人主义的无政府主义者反对国家的焦点所在，因为他坚持认为：当国家独自霸占一个地区内的强力使用权、并惩罚其他违反它的独占权的人时；当国家通过强迫一些人为另一些人购买保护，从而为所有人提供保护时，它侵犯了有关对待个人的道德边际约束。因此它作出结论说，国家本身是内在地不道德的。

P62 为了达到一个可以明确辨认为是国家的实体，我们必须展示：（1）一个超弱意义的国家是怎样从私人保护社团的体系中产生的；（2）超弱意义的国家是怎样转变为最弱意义的国家的，它是如何产生那种作为最弱意义国家所提供的保护性服务的一般条件的再分配的。为了说明最弱意义国家在道德上是合法的，说明它本身并非不道德的，我们就必须也说明在（1）和（2）中的每一转换在道德上都是合法的。

第四章　禁止、赔偿与冒险 P65-92

独立者与支配性保护机构

P65　为回答这些问题，并决定一个支配性的保护机构能够怎样对待独立者，我们必须研究程序权利在一种自然状态中的道德地位，研究对冒险活动的禁止，以及有关权力的实行、尤其是强行其它权利的权力的实行原则假定了一些什么样的知识。我们现在就转向这些对自然权利传统来说是困难的问题。

禁止与赔偿

P65-66　无论持哪种观点，下列的问题都要出现：我们要禁止他人实行那些越界或侵夺划定范围的行为吗？抑或要允许他们实行这些行为，只要他们赔偿那些其疆界侵越的人？解决这个问题的尝试将占据本章的大部分篇幅。让我们说，一个体制对某人禁止一项活动的意思是：它除了为这个行动的受害者向这个人索取赔偿之外，它还要因这一行动而惩罚（或准备惩罚）这个人。

为什么要禁止？

P67-68　有两个形成对照的问题，表明了我们现在所关心的是什么：(1) 假定越界行为的受害者得到赔偿，为什么这些行为仍然要被禁止而不是被允许？(2) 为什么不禁止所有被侵犯一方没有预先同意的道德越界？为什么允许某些人未经事先同意就侵犯另一个人的边界？

惩罚的报复理论与制止理论

P69　这种理论根据报复的理由，对可施加于一个人的惩罚规定了一个上限，让我们按照这种理论，假设应得的报复 $R = r \times H$，在此 H 是这个行为伤害的严重程度，r（包括从 0 到 1 的量）则指示着这个人对 H 的责任程度。当别人知道 $r=1$ 时，他们将相信 $R=H$，这样，一个决定是否采取某种有害行为的人，就面临一种收益 G 的概率 $(1-P)$，和一种支付的概率 $(C+D+E+R)$。通常（虽然并不是始终如此），从一个越界行为得到的收益是接近于它带给另一方的损失或伤害的，R 将在有些地方邻近 G。但当 P 是小的时候，或者 R 是小的时候，$P \times (C+D+E+R)$ 就可能少于 $(1-P) \times G$，这样就常常起不到制止作用。

恐惧与禁止

P76　对某些行为的实际恐惧（甚至那些知道这些行为若是对他们发生他们将得到充分赔偿的人也有的恐惧），说明了我们为什么要禁止这些行为。

为什么不一律禁止？

P78 把所有未经同意的侵越界限行为都定为有罪，包括把那些偶然和无意的越界行为定为有罪，将把大量的危险和不安定因素带进人们的生活。

赔偿的原则

P84 对于冒险性质的行为，即使在支付赔偿条件下允许一个行为比禁止它显然要更恰当些，在某个人那里它是被禁止还是被允许的问题，还是没有完全解决。

P89 一个人可能用一种损失的理论概括一个"赔偿原则"，那些因被禁止做只是有可能伤害他人的行为而受损的人们，必须因旨在为他人提供保障而带给他们的损失而得到赔偿。如果上述的禁令增加的保障带给人们的利益数额，不大于被禁止者将损失的数额，那么，潜在的禁止者将不能或不愿去支付巨大的赔款，从而将不会施加禁令。

生产性交换

P92 这样，我们前面划分自愿交换利益的讨论，就应当被限制于仅仅这样一种交换——在这种交换中，双方作为生产活动的受惠者而得益。在其中一方并不如此得益，而只是被非生产性地服务的场合，说他只是在赔偿另一方（如果任何赔偿都是起因于另一方的话）就是公平的。

第五章 国家 P94－124

禁止个人强行正义

P94 一个独立者可能被禁止由个人强行正义，这或者是因为人们知道他的行动程序太冒险和有危险——亦即比别的程序更具有惩罚一个无罪者或者对一个有罪者惩罚过份的危险；或者是因为人们不知道他的行动程序是不是不危险的。

"公平原则"

P96 赫伯特·哈特提出的一个原则，我们将（仿效约翰·罗尔斯）把它称之为公平原则，这一原则认为，当一些人按照规则建立一种公正的和相互有利的合作时，就以为所有人谋利的方式限制了自己的自由，那些受这些限制的人就有权要求那些从他们的受限中获益的人默认一种同样的限制。

P101－102 显然，强行公平原则是成问题的。

也许能对公平原则作一些修正，使它摆脱这些困难和类似的问题。看来可以肯定的是，任何这样的原则如果能成立，都将是非常错综复杂的。……即便公平原则能得到系统的阐述，以致不再受到质疑，它也不能免去下述要求——要使人们参加合作和限制他们的行动，必须先征得他们的同意。

支配性的机构可以如何行动？

P113 一个保护性机构都可以惩罚一个不可靠或不公平程序的使用者（他违反它的一个委托人的意志惩罚了这个委托人），而不管这个委托人是否真的有罪，即使这个委托人确实有罪也是如此。

国家

P118 支配性保护社团在一个地区内满足了国家的两个关键性的必要条件：一是它拥有一种必要的在这个地区对使用强力的独占权；一是它保护这个地区内的所有人的权利，即使这种普遍的保护只能通过一种"再分配"的方式来提供。……我们也为自己提出了这样的任务：说明这种独占权和再分配因素本身在道德上是合法的；说明从一种自然状态过渡到一个超弱意义的国家（出现独占因素）在道德上是合法的，不会侵犯任何人的权利，从一个超弱意义的国家过渡到一个最弱意义的国家（出现再分配因素）在道德上也是合法的，也不会侵犯任何人的权利。

对于国家的看不见的手的解释

P124 我们对事实上的独占权的解释是一种看不见的手的解释。如果国家是这样一种制度：（1）它有权强行权利，禁止那种危险的个人对正义的强行，审察这样的私人程序等等；（2）它是在一个地区内的对包括在（1）中的权利的唯一有效的强行者，那么我们就通过提供对（2）的一种看不见的手的解释［虽然不是对（1）的这种解释］，以看不见的手的方式部分地解释了国家的存在。更确切地说，我们以这种方式解释了超弱意义的国家的存在。……那些操作一个超弱意义国家的人，就在道德上被要求使这种国家转变为一个最弱意义国家的人。

第六章 对国家的进一步论证 P126

P126 我们细述一个最弱意义上的国家是如何合法地从一种自然状态产生的论证现在已告完成。然而，我们还须考虑对这一论证提出的各种反对意见，并把它与某些别的问题联系起来，对它做出进一步的评论。

第二编 超越最弱意义的国家

第七章 分配的正义 P156-234

第一节

权利理论

P156 持有正义的主题由三个主要论点组成：第一点是持有的最初获得，

或对无主物的获取。……第二点涉及到从一个人到另一个人的持有的转让。……在这一论题下引出了关于自愿交换、馈赠以及另一方面的欺诈的一般描述；并且谈到在一既定社会中固定化的特殊惯例。有关这一论点的复杂真理，我们将称之为转让的正义原则。

模式化

P161-162 如果一个分配原则规定一种分配要随着某一自然之维，或一些自然之维的平衡总额，或自然之维的词典式次序的不同而给予不同量的分配，那么让我们称这样的原则为模式化的原则，如果一种分配符合某一模式化的原则，让我们称这种分配为模式化的分配。……按道德价值分配的原则是一个模式化的历史原则。……"按智商分配"是一种注重在分配矩阵中并不包含的信息的模式化原则。

自由如何搅乱模式

P168 张伯伦的例子和社会主义社会企业家的例子所展示的普遍意义在于：如果不去不断干涉人们的生活，任何目的原则或模式化的分配正义原则就都不能持久地实现。只要人们能自愿选择以各种方式行动，……由这种原则赞成的任何模式就都将转变为它所不赞成的模式。为了维持一种模式，必须不断地进行干涉以不准人们如其所愿地转让其资源，或者不断地（或定期地）从某些人那里夺走某些资源——这些资源是另一些人因某种理由自愿转让给他们的。

斯恩的论证

P171 斯恩的论证就又把我们引到这样一个结果：模式化要求对个人行为和选择不断进行干涉。

再分配与所有权

P173 模式化的分配正义原则使再分配的活动成为必需。……从一种权利理论的观点来看，再分配的确是一件涉及到侵犯人们权利的严重事情。

P177 不管是通过工资税或超过某一量额的工资税，……模式化的分配正义原则都涉及到对他人行动的擅自利用。

分配正义的目的原则和大多数模式化原则，确定了这种他人对人们及其行为和劳动的（部分）所有权，这些原则从一种古典自由主义的自我所有权的概念，转向一种对他人的（部分）所有权的概念。

洛克的获取理论

P179 洛克对把一个无主物的所有权看作是由某人对无主物的劳动产生

的。这引起了许多问题，如对无主物的劳动是在什么范围导致所有权呢？

洛克的条件

P183　不管能否把洛克的特殊占有理论解释得克服这些困难，我认为任何恰当的有关获取的正义理论，都将包含一个条件，即一个类似于我们刚才归之于洛克的那种较弱条件。如果不再能够自由使用某物的他人的状况将因此而变坏，一个通常要产生一种对一原先无主物的永久和可继承的所有权的过程就不被允许。

第二节

罗尔斯的理论

P193　当谈到有必要提供刺激促使某些人去实行他们的生产性活动时，就不能说一种不能在其中分辨个人贡献的共同社会产品了。如果这种产品是完全不能分离开的共同产品，那就不可能知道额外的刺激要给予哪些关键人，就不可能知道由这些得到刺激的人生产的额外产品是否大于对他们的刺激费用，所以，也就不可能知道刺激的规定是否有效，是带来净赚还是净失，而罗尔斯对可得到辩护的不平等的讨论是假定能知道这些事情的。所以我们假设的这种共同产品不可划分、不可分离的命题看来就消失了。同时我们有理由相信：那种认为社会合作创造了一种特殊的、若无合作就不会产生的分配正义问题的观点，即便不是神秘的，也是很不清楚的。

合作条件与差别原则

P200　问题是，什么样的条件将是合理的？罗尔斯想象的这些话迄今只显示了他的问题；这些话并不能把他提出的差别原则与几乎是对称的反建议区别开来——比方我们前面设想的才智较优者的建议，或任何别的建议。……罗尔斯并没有说明，条件较优者 A 为什么没有理由因自己被要求为了使另一个人 B 比他本来要有的状况更好而减少自己的收益抱怨。

原初状态与目的原则

P201-202　一种要在不知道自己的情况或其历史的理性人中间确立分配正义原则的程序，将一定会同意以正义的目的原则作为基本的原则。也许有些正义的历史原则能从目的原则中引出……但看来没有任何原则能够首先被罗尔斯原初状态中的人同意。

P203　每个原初状态中的人，都将按不同的方面做一些有关自己地位的概率计算。所有人的概率计算都导致把历史性的权利原则看得比其他原则更优先，这看来是不太可能的。

P204 人们在原初状态的无知之幕后面所面临的这种选择的性质，使人们只能选择目的的分配原则。

大与小

P208 我想，撇开对基本原则在小事上的验证的唯一理由是：这些小事情把一些特殊的权利放进自身中了。

P209 我们因罗尔斯的理论与正义的历史——权利观念根本不相容而批评它是具有讽刺意味的。因为罗尔斯的理论本身描述了一个抽象的产生结果的过程。他并没有提出一种直接的演绎论证，把他的两个正义原则从规定了它们的其它陈述中推演出来。

自然资质与任意性

P218 为什么个人的持有不可以部分地依赖于其天赋呢？罗尔斯的回答是：这些自然资质或天赋是不应得的，从"一种道德观点看是任意的"。有两种理解这一回答的方式。

集体的资产

P230 罗尔斯的观点看来是认为：所有人都对自然资质的总体（这总体被看作是一个供应仓库）有某种权利或权利要求，没有任何一个人有分别的权利要求。自然才能的分配被看作是一种"集体的资产"。

P234 一个大致的矫正不正义的经验规则也许就是这样的：如此组织社会，以便最大限度地提高这一社会中最后处在最不利状况的那个群体的地位。

第八章 平等、嫉妒、剥削及其它 P235-274

平等

P235 改造社会制度以达到物质条件的较大平等，其合法性虽然常常被认为是得到了证明，实际上却很少能说是得到了证明。

P235 持有正义的权利观念不以任何赞成平等或任何别的全面结果或模式的命题为前提，人们不能够径直认定必须把平等放进任何正义理论。对平等的论据是令人惊奇的缺乏的，而这种平等会与一种非总体和非模式的持有正义观的根本思想发生冲突。

自尊与嫉妒

P247 一个社会要避免悬殊的自尊差别，最有希望的途径是在这个社会中没有对诸方面的统一权衡，相反，那里有许多不同的方面，不同的人对各个方面有不同的权衡。这将扩大每个人发现这样一些方面的机会——这些方面某些别人也认为重要，而自己在这些方面又做的不错，因此能对自己做出一种正常的赞许评价。

有意义的工作

P248　有意义和令人满意的工作据说要包括：(1) 有一种可发挥自己才能和潜力、面对挑战和要求进行独创和自主性活动的机会（因而不会是令人厌倦的重复性劳动）；(2) 处在一种当事人认为是有价值的活动之中；(3) 这种工作中，他知道他的活动在达到某种总体目标中所扮演的角色；(4) 这样，他有时在决定他的活动时，必须考虑他所致力的更大事业。

工人的自治

P252　由于工团主义的企业体制将引起在不同企业之间的工人收入的严重差距（因为每个工人的资本额不同，各企业也有不同的利润率），我们很不明白赞成某种平等主义目的模式的人们，怎么会把它看成是对平等模式的恰当实现。

马克思的剥削

P254　马克思的经济理论还留下一些什么，这个问题是重要的。……但究其根本，马克思主义解释剥削现象是根据工人没有掌握生产资料。

由此可推论出：在一个工人不再被迫与资本家打交道的社会里，对劳动的剥削就不再存在了。

P262　鉴于马克思经济理论的困难，人们将希望马克思主义者仔细研究有关利润产生的其他理论，包括那些由"资产阶级"经济学家系统阐述的理论。……一种替换的解释理论如果准确的话，也许将在很大程度上清除藏于马克思经济理论之后的科学动机；最后人们可能会产生这样的观点：马克思所说的剥削是那些对经济学缺乏理解的人们所讲的剥削。

再分配如何进行？

P273-274　投票多数究竟是上层的51%还是下层的51%，有赖于中间的2%如何投票。设计和支持可以得到中间2%的人作为联盟的方案，是符合上层49%的人的利益的。……上层团体将能够总是购买在中间摇摆的2%的人的支持，以抵制将更严重地侵犯其权利的措施。

在解答一个疑问时，我们发现了一种可能的解释，来解释另一个常常被人注意到的事实——再分配计划为何主要是对中产阶级有利。

第九章　民主化 P289

P289　在详细说明这一离奇的故事中，我们最后达到了被认为是现代国家的政体，它对其公民拥有一种巨大的权力。我们达到了一个民主国家。我们对它如何从一个最弱意义的国家产生,给出了一种虚拟的叙述,这一产生过程在其一系列个别步骤中,并没有对任何人的权利的明显侵犯,其中在论证上难以反对的每一步,都使我们能更好地注意和思考这样一种国家的本质。

第三编 乌托邦
第十章 一种用于乌托邦的结构 P311-329

P311 我们的结论是:在乌托邦中,将不是只有一种共同体存在,也不是只有一种生活方式。乌托邦将由各种乌托邦组成,其中有许多相当歧异的共同体,在这些共同体中,人们在不同的制度下过着不同的生活。……乌托邦是各种乌托邦的一个结构,是一个人们可以自由地联合起来,在理想共同体中追求和实行他们自己认为好的生活观念的地方,但在那里,任何人都不可把自己的乌托邦观念强加给别人。乌托邦社会是具有乌托邦精神的社会。

P329 我们描述的这一乌托邦结构,就等于是最弱意义上的国家。我们在第一编中论证了最弱意义上的国家在道德上是合法的,在第二编中论证了没有任何功能更多的国家能在道德上得到证明,以及任何功能更多的国家都将侵犯到个人的权利。我们现在看到道德上可取的国家、道德上唯一合法的国家、道德上唯一可以忍受的国家,正是能最好地实现无数梦想家和幻想者的乌托邦渴望的国家。它保存了我们从乌托邦传统中所能保留下来的全部东西,而把这一传统的其余成分分别留给我们个人的渴望。现在回到本章开始时提出的问题:最弱意义上的国家亦即这种乌托邦的结构,难道不是一种令人振奋和鼓舞的理想吗?

十二、《美国的自由主义传统》

[美] 路易斯·哈茨 著

张敏谦 译

中国社会科学出版社，2003 年

【作者简介】

路易斯·哈茨（1919—1986），出生于美国俄亥俄州的一个俄裔犹太移民家庭，之后在内布拉斯加州的奥马哈长大。从奥马哈高等技术学校毕业后，先后在哈佛大学获得政治学学士和博士学位，曾经获得奥马哈世界先驱报奖学金的资助。他于 1940 年毕业，1942 年在哈佛担任教学研究员，1946 年起开始在哈佛政府学院教授美国经济、政治思想课程，1956 年成为哈佛的全职教授。他于 1974 年退休，先后在伦敦、新德里、纽约居住，最后于 1986 年在伊斯坦布尔去世。

哈茨最出名的著作是他 1955 年出版的经典的书目《美国的自由主义传统》，描述了洛克自由观下的美国。该书出版后于 1956 年获得美国政治学会的"伍德罗·威尔逊"奖。1977 年美国政治学会授予哈茨终生成就奖，表彰他对美国政治理论的原创性贡献。

哈茨出色的讲课风格和个人魅力也是其成就的重要体现，他的思想影响了整整一代的美国政治学者，有人将哈茨和列奥斯特劳斯并称 20 世纪美国政治思想学界的真正精神导师。

哈茨的主要著作有：《经济政策与民主思想：宾夕法尼亚 1776—1860》（1948 年）、《美国的自由主义传统》（1955 年）、论文集《新社会的建立

(1964年)、《世界历史的综合》(1984年)、《选择的必要性：19世纪的政治思想》(1990年)。

【写作背景】

20世纪后，美国开始卷入世界性政治事务中，并逐渐开始担任领导性的角色；而这时期的美国国内则经历了经济大萧条、新政、帝国主义扩张等曲折阶段。美国作为一个非革命性国家，无论在对外政策上，还是对内自由的掌控上都出现了迷惑和令人难以理解的结果。

这个时期，美国的自由主义思想开始占据了主导地位，新保守主义尚处于萌芽阶段。美国政治学界在经历了以特纳"边疆理论"为代表地区主义研究范式、比尔德为代表的阶级冲突研究范式、阿瑟·本特利为代表的利益集团研究范式以及李普曼为代表的精英主义研究范式后，形成了一种特殊的考察美国政治的路径：它与其他理论路径不同，它强调理解美国政治的关键不是关于阶级斗争，也不是利益集团间的竞争或者精英主义的统治，而是以洛克的自由主义为主导的具有自由主义共识的中产阶级长期居于统治地位的一种理论模式，即哈茨提出的"共识理论"范式，这一理论模式开创了美国政治学研究的新阶段。

【中心思想】

哈茨从历史和文化的角度，以比较的方法，考察了美国自由主义共识与欧洲的关系以及在美国呈现此种形态的社会历史原因。哈茨指出，美国历史是一个自由主义社会发展的历史，对洛克自由主义的绝对崇拜在美国社会政治中表现为一种罕见的前所未有的"一致性"，这种一致性在现实的历史发展中，表现为两种极端的形式：美国的孤立主义和救世主理论。其孤立主义体现在其抵抗外来主义的侵袭，不受阶级意识和阶级冲突的约束等方面；而救世主理论则体现在其对国际事务的参与和领导上。哈茨进一步指出，美国的这种一致性造就了美国的繁荣和发展，同时也潜伏着一种无法控制的政治偏执情绪，战争后对待"红色恐怖"的态度就是这种情绪的最好说明。

因此，哈茨主张要从离开本土的角度来比较了解美国和美国的自由主义，美国社会只有通过不断地自我反省、自我认知、自我梳理才能真正理解自己，才能完成自由世界的期望，才能真正走得更远。

【分章导读】

第一编 封建主义与美国的经历 作者主要介绍了美国历史学家在研究美国历史时所犯的方法错误,并提出与欧洲各国作对比才能更深刻地审视美国自身,共包含一章。

第一章 自由主义社会的概念 共分为六个部分。

第一个部分"美国和欧洲"。作者从批判美国历史学家的研究方法入手,说明当时的美国由于涉入国际事务,与欧洲相分离的研究方法是不正确的,必须将美国历史与欧洲社会特征相结合,才能说明美国自由主义的本质。

第二个部分"自然自由主义:思想的架构"。在这一部分中,作者试图说明美国社会的独特之处在于缺乏革命传统和反作用传统,其内部存在一种自我完善的功能,可以保证自由主义的普及,这也是封建主义和马克思主义在美国无法存在和发展的原因。作者进一步指出,美国的自由主义是美国很多独特的令人疑惑的现象的根源,比如说对法律的绝对推崇,这一现象在欧洲是绝对实现不了的。美国的自由主义是在未了解自由本意的基础之上建立的,因此在美国会出现一种悖论——自由主义对其本身形成威胁。也就是说,洛克思想中所隐含的协调一致的思想发展成为一种"专制","当一个自由主义社会面对外部的军事和意识形态的压力时,它就会把偏执转化为罪恶"[①],因此就产生了一个问题,即美国这个自由主义社会能否反击这种专制倾向,这种反击能否来源于外来文化或者说来源于对欧洲社会的研究?

第三个部分"一个自由主义社会的动力学"。在这一部分中,作者通过分析美国社会的"非理性洛克主义"的特征,认为美国与欧洲之间存在着积极的但被忽略的连带关系。美国的左翼和右翼都来源于欧洲的资产阶级传统,美国社会结构的一大特点就是吸收农民和无产者形成特有的"小资产阶级"——民主主义者,这就决定了美国社会民主特征中的农民和无产者元素,这种独特性显示出洛克思想与新世界之间的结合,而且这种结合的实现依赖于美国土地富饶所导致的社会流动性的加强。作者进一步指出,分析自由主义社会的研究方法就是要针对国内冲突进行研究,回避冲突问题单纯强调团结一致是一个错误的选择。

第四部分"一个单一因素的问题"。在这里作者提到,必须承认的事实是

---

① 路易斯·哈茨. 美国的自由主义传统 [M]. 张敏谦, 译. 北京: 中国社会科学出版社, 2003: 10.

美国有自由主义观念但是没有封建主义，那么仅从自由主义社会概念这一单一因素来分析是否能够成立？作者以美国早期民主成就为例，比较了同一时期的英国、法国和美国，主要是想说明，由于历史的研究是需要不断比较具体的历史事实来达成的，那么分析美国的历史和政治，就一个单一因素——自由主义社会概念而言，虽然不能将全部情况说明，但是对研究效果来说是有着重要价值的。也就是说，通过对自由主义社会概念的研究来说明美国的自由主义传统是有意义的。

第五部分"欧洲因素的含义"。在这一部分中，作者强调无论从美国为出发点来考察欧洲，还是从欧洲角度来考察美国，相互之间都能成为有益的参照。正如近现代以来欧洲各国孤立的历史研究一样，各国之间很多基本的关联性和欧洲的整体性被忽视，也就是说，研究美国的自由主义社会，不能回避对欧洲封建主义的分析。同时要注意的是，重视封建主义对自由主义概念的研究并不是鼓吹封建社会的优异性，只是强调从封建主义视角进行研究会得出启发性的结论。

第六部分"进步派学术成就"。在这一部分中，作者说明了进步学派只局限于国内视角所带来的问题，尤其在美国卷入国际事务的背景下，问题更凸显出来。虽然进步学派在历史发展过程中作出了巨大贡献，但是以局内人立场看待美国历史，不重视与欧洲的联系是没有建设性意义的。作者认为进步学派如此的原因在于非理性自由主义的客观必然结果，是进步时代社会调整的必然选择。与进步学派相反，自由主义社会分析学派虽然没有实际的操作意义，但是它不再只局限于过去的分析，而是关注到了现有的缺陷和未来，这对于美国而言已经具有进步意义。

第二编 一个新世界的革命 这一部分作者主要揭示了由于美国与欧洲各方面的不同，导致美国形成了前所未有的国家和社会状态，共分为两章。

第二章 1776年面面观 主要介绍了四个问题。

第一部分"希伯来主义：上帝的选民"。在这一部分中作者主要分析1776年美国革命的准确定位，以及革命后的美国与欧洲大革命后的欧洲所具有的不同。作者借托克维尔的话——"美国的'最大优势'在于它没有'经受一场民主革命'"[①]，说明美国1776年的革命没有摧毁封建制度的任务，在这样的革命后所建立的国家对封建制度而言，不是摧毁而是分离，"一种希伯来式

---

① 路易斯·哈茨. 美国的自由主义传统 [M]. 张敏谦，译. 北京：中国社会科学出版社，2003：31.

的分离"。也就是说,美国的革命并不会给世界范围内封建制度的灭亡以及之后民主国家的建立带来任何借鉴,因为美国与欧洲的分离使其成为"孤立主义者"而不是"世界解放者"。

第二部分"乌托邦,权力和时代感"。在这一部分中作者首先论述了美国这个自由主义式的乌托邦建立的原因。由于非封建社会这一事实,使得美国具有一个特殊的思想架构。一方面美国采用了人道主义而没有采用欧洲启蒙运动式的破坏范式,而且不具有与"公民宗教"有关的征战精神;另一方面美国在殖民地时期所盛行的宗教信仰的多样性,使得独立革命直接消除了在欧洲所发生的"基督教世俗悲观主义与革命思想的世俗野心"之间的冲突在美国爆发的机会,对美国而言,"他们无需从革命中制造一个宗教,因为宗教已经是革命的了"[①]。美国更重视现实世界,它的政治思想是典型的实用主义的体现。因此,美国这个乌托邦才能够建立,因为,美国与欧洲国家区别甚巨。

其次,作者分析了美国没有形成中央集权制的原因。作者将美国与欧洲国家作对比,认为由于美国不具有封建主义,所以它既不仇视权力也不热爱权力,但是正是由于没有封建主义,也缺乏对封建主义观念的警惕,所以美国容易形成专制主义。由此便引出了对于美国传统主义和理性主义的争论,作者认为美国既两者都是,又两者都不是,这是打破时间和空间范畴的一种历史的自由流动,美国具有传统主义的类型但又具有理性主义的内容和思想,更准确来说,美国已经无法用欧洲的思想框架来进行划分,因为他们在美国那里已经面目全非了。

第三部分"胜利的中产阶级精神"。这一部分中作者指出美国缺乏中产阶级意识,而此种意识是深扎于欧洲自由主义思想中的。其原因在于,美国不存在确认这种意识的必要性,美国人很少使用资产阶级这一概念,欧洲政治思想中的资产阶级准则在美国被严重忽视。相反,美国产生了一种特殊的共同体意识,是所有人参与一种共同生活方式的必然结果,是以一致性意志为基础的一种意识。它既是个体主义的又是反个体主义的一种矛盾的混合,在美国形成了一种前所未有的统一的价值观,也就是绝对论的产生。

作者认为由于缺少反封建的历程,导致了美国对洛克思想的采纳与洛克思想本身的变化,这也进一步导致了美国政治思想的混合。但不可否认的是

---

① 路易斯·哈茨. 美国的自由主义传统 [M]. 张敏谦, 译. 北京:中国社会科学出版社, 2003:36.

社会自由或者说社会平等始终是美国政治思想的基本要素，虽然这种认识受到了进步学派和主观主义的约束。

第四部分"脱离欧洲争斗"。这一部分作者指出，美国社会和国家的形成与欧洲反封建后社会和国家的建立的状况不同，由于美国特殊的地理环境和历史因素，美国更多体现出来的是创造而不是破坏，这为自由主义的建立提供了良好的基础。

第三章 美国的"社会革命" 作者主要说明由于美国和欧洲面对的封建势力的不同，导致美国自由主义的发展、国内冲突的类型都截然不同，美国是在走和欧洲不同的民主自由主义之路，共包括三个部分。

第一个部分"内部冲突模式"。作者在这一部分主要说明一个问题，即美国不存在欧洲的所谓的"社会革命"，因为美国所面对的是封建残余的扫荡，不是像欧洲与封建势力的正面对抗。欧洲式的对抗更多的是一种对过去的抛弃，造成的是社会深层次的创伤，而美国式的清扫更多的是一种目标的完成，是社会整合结果的实现。

第二部分"封建残余，民主自由主义，以及谢司问题"。这一部分涉及了三个小问题。第一个问题作者进一步揭示了美国扫除封建残余与欧洲的不同，美国不存在欧洲对待君主制的负罪感，因为自由主义的决议在封建残余被废除之前已经被制定出来了。美国针对封建残余的社会革命是一种技术性的斗争，一种"粉碎性的打击"。

第二个问题是关于民主自由主义的问题。首先，自由主义对美国而言与在欧洲的境况截然不同，自由主义在美国是一种自然的客观存在；其次，美国的农民和手工业者显示出与欧洲截然不同的自由主义和非无产者的倾向，这也就是民主主义者的雏形。民主主义者由于其经济上的压力促使美国的民主运动予以展开，但是这种美国的激进派所领导的运动与欧洲的阶级动荡截然不同，这便引出了第三个问题的阐述——关于谢司的问题。

谢司所领导的起义与巴贝夫分子不同，谢司起义依然是在民主原则下的资产阶级内部的斗争，而巴贝夫分子则是试图完成社会的转变，是社会主义梦想的尝试。追其根本原因，还是在于美国没有经历欧洲那种社会的剧烈变革，不可能出现社会转变的思想，谢司所具有的还是洛克的自由主义而不是社会主义的幻想。因此，谢司等激进派针对的仅是社会内部问题，而不是面向外部的社会性质的巨大变革。

第三个部分"联邦派的幻想世界"。在这一部分中作者主要指出联邦派所处的尴尬境地。作者首先区分了联邦派和欧洲极端保守派的区别，认为两者之间是自由主义与旧秩序的区别；其次，作者指出联邦派所信奉的理论为霍布斯的以冲突类型为前提的哲学理论，但由于所处环境的不同，美国缺乏欧洲那种社会冲突，导致联邦派在国内问题的理解上出现较大偏差；再次，联邦派在国内和国外理解政治问题的角度截然相反，在这里，作者引入了平尼克的观点与联邦派做鲜明对照，指出平尼克抓住了美国人的特征——"具有一种能与同胞相互信赖的才能"。而正是基于此种特征，才能形成高度团结的民族进而维持美国的宪法经久不衰。由此，作者得出结论，虽然联邦派始终处于自己构建的幻想之中，这种幻想对那个时代毫无指导作用，但值得庆幸的是尽管前提是错误的，但正是得益于错误的前提而得出的结论却是正确的——立宪派的制衡体制再次说明只有美国这个团结的国家才能保有这样一部宪法，美国在自由主义的追寻中走自己的道路。

第三编 民主政治的出现 主要涉及了对于美国辉格派相关观点和境遇的描述，同时强调了美国民主主义者所具有的特点，这一编共包含两章。

第四章 辉格派的困境 作者介绍了辉格党在美国所遭遇的困境，并指出了美国辉格党与欧洲辉格党的区别，进而揭示了它遭遇困境的原因，共包含五个部分。

第一个部分"杰克逊民主，七月革命，以及第一改革法"。在这一部分作者主要是想指出美国辉格党的失败源于其对欧洲辉格党的照搬，欧洲辉格党的成功在于其在欧洲多样化的对手，而这种情况在美国并不存在，美国辉格党没有关注其与美国民主主义者的共同点，而是与之站在了对立面，也就是说美国辉格党没有适应美国自由主义的独特现实，这表明它注定走向失败。

第二个部分"辉格党进步主义的衰退"。作者在这里进一步分析了辉格党在美国境遇的原因。他指出了美国辉格党所面对的三个与欧洲环境相区别的问题，在这一部分作者主要分析了第一个问题——缺乏与之相斗争的贵族。这一问题对美国辉格党而言既是好事也是坏事，这既导致了其无须斗争的结局，也导致了其自由主义天性的衰退，进而使其倒向另一个极端——消极、悲观主义。在作者看来，这种状况完全是辉格党派"无知"的结果，认识不清所处的社会环境，看不清对手和朋友，辉格党在美国的衰退不可避免。

第三个部分"寻求一种贵族政治的支撑点"。作者在这里继续分析了美国辉格党所面临的第二个问题——缺乏可与其结盟的贵族。在这里作者指出美国不具备欧洲的贵族，尽管一些时刻美国民主主义出于自身的原因让步于辉格党使其产生了近似"贵族院"的司法复审制，但这种情况并不能说明美国辉格党的胜利，因为民主主义者时刻可以采取行动改变辉格党的胜利果实，这再次说明辉格党试图寻求一种政治上的支撑点的行为不能够成功。

第四个部分"攻击平民政府"。作者在这里指出了美国辉格党的第三个问题——缺乏可以指责的"暴民"。美国不存在欧洲所谓的"暴民"，它的农民和无产者被纳入到了自由主义者之列，也就是说辉格党没有认识到美国人是"相同等级"的。而辉格党的代表汉密尔顿，非但没有认识到这种社会状况，反而把政治上的暴民思想扩展到了经济领域，由此辉格党走向了自取灭亡。如此的失败使得新辉格党某种程度脱离了汉密尔顿，接受了自由主义的一致性，形成了一种特殊的哲学——民主资本主义。

第五个部分"民主资本主义的理念"。这一部分作者指出新辉格党的变化，它放弃了汉密尔顿的暴民论调保留了资本主义思想，将之与平等机会观念结合起来，形成了一种新的社会观。正是由于美国辉格党在美国面临的三个问题造就了新辉格党，它为辉格党之前在美国所受到的羞辱在新时期获得了补偿。

第五章　美国的民主主义者：海格里斯和哈姆雷特

这一章作者主要指出了美国的民主主义者混合性特征以及由此产生的多数人统治问题和全体一致性问题，共分为五个部分。

第一个部分"社会各种因素的交互作用和民主政治的灵魂"。作者指出美国的民主主义者实际上属于小有产自由主义者，它的产生和发展依赖于美国的自由主义社会，同时它的发展也影响着美国的自由主义社会的发展。由于其混合型的特征，使其对任何类型的政治迫害都能够免疫，不会受到来自任何一方的过度责难或者极度赞许，因为它兼具各方的特点。

第二部分"'贵族'、'农场主'、'劳工'"。在这一部分作者进一步分析美国的民主主义者的混合特征，认为其是兼具贵族、农场主、劳工性质的混合体，这样的小有产自由主义者混淆了各种集团间界限，而这种混乱是美国的自由主义社会所带来的。在美国，不能用欧洲看待贵族、农场主以及劳工的身份来看待他们，因为在自由主义的美国身份性质的兼具是维持其自由主义发展的必要条件。

第三部分"个体主义者的忧虑：多数派问题"。这一部分作者提出了一个典型的自由主义问题——多数派统治和少数派权利之间的关系。作者进一步指出，在美国这一问题主要是多数人统治问题，因为多数派的统治和少数派权利的协调在美国已经轻易解决。美国的多数派自愿接受各种制度性的约束，在一个具有共同基础的社会，流动的多数派与少数派之间并不是剑拔弩张的关系，实际上多数派对少数派而言是一种保护，其原因就在于多数派的社会目标一直具有温和性。在美国形成了一种特殊的巧合，一种虚构的一致性产生了一种特殊的制衡机制，这种制衡机制的维持依赖于这种一致性，而这恰恰是欧洲人所倾心追求的。

第四部分"资本家的渴望：良心和欲望"。这一部分作者认为获取财富的欲望阻止了美国民主主义者向辉格党的倒向，民主主义者利用了辉格党的国家干预计划，各种立法行为导致了资本家的壮大。

第五部分"全体一致的问题"。作者在这一部分指出，美国民主主义者的友善本能使得美国政治显示出一种令人并不费解的一致性，而且与欧洲相比美国这一时代的政治思想没有任何独创性，因为这个国家没有产生政治哲学的动因，也就是说这个国家惊人的全体一致问题导致缺少对立原则，进而很难产生独创性的政治思想。一方面新辉格派对清除等级制中的多样性原则作出巨大贡献，另一方面社会本身缺少对多样性的渴望，这就导致了一致性成为美国人自觉依赖的共同的社会伦理，同时这也预示着"美国主义"的盛行。

第四编　南方的封建梦　这一部分主要介绍了南方的思想的困惑和本质及其失败的原因，共包含两章。

第六章　极端保守的说教　这一章作者深刻探讨了极端保守的说教给美国带来的影响，共包含四个部分。

第一部分"自由主义社会中的保守主义"。在这一部分作者主要分析了内战期间南方和北方思想所经历的变化过程。作者在这里强调南方并不是封建主义的回归，它的自由主义传统是有着深厚根源的，自由主义在南方并没有被瓦解和摧毁。分析南方的属性，要严格区分奴隶制和封建制，更准确地说，南方的奴隶制并不具有封建性质，与欧洲的农奴制有着本质不同。在思想上，南方人处在自由主义和极端保守主义的混乱之中，无论其选择其一还是二者兼而有之，南方人还是无法剥离自由主义传统。而北方此时则兼具着激进主义和传统主义的双重特色，但是，在南北方思想处于对立的局面下，并没有形成激烈的思想辩论和争锋，准确地说，是北方以近乎漠视的方式结束了这场争论，作者在之后的篇幅中将会对此进行进一步的评论。

第二部分"美国宪法：卡尔洪和菲茨休"。这部分中作者主要介绍了南方思想家中两个截然不同的代表性人物——卡尔洪和菲茨休。作者认为卡尔洪是南方思想家陷入保守主义和自由主义混乱的典型代表，是一个分裂性的政治家，其"州主权"和"并存多数"理论就是做好的证明，卡尔洪将美国的政治体制当成了政治工具，曲解了美国的政体，他对洛克进行批判但最终又回到洛克的理论中；与之形成鲜明对比的是菲茨休，菲茨休以"民族有机整体"概念代替州主权的概念，他的民族主义具有鼓战的成分，使整个南方采取了较为激进的立场。

第三个部分"种族、宗教及希腊人的理想"。这个部分中作者首先讨论了种族问题，南方人的种族理论由于南方社会本身的富有白人、贫穷白人和奴隶之间的紧张关系，陷入了极大的困境。其次，对圣经的解读的不同使混乱大量出现，尤其针对奴隶是否拥有人的属性的问题上，菲茨休的种族理论进退维谷。作者认为菲茨休作为一个极端保守主义者，其思想的实质就是用一个完整理论的一部分去攻击另一部分，这本身便是一种谬论。

第四个部分"忘却与失败"。这个部分作者表明了自己的立场，首先南北战争的结束并不意味着社会一致性马上能够实现，这必须经历一个痛苦的过程；其次，作者认为，虽然战争结束后，很多战争期间南方学者的思想不再受到关注，但并不意味着要对极端保守派的理论进行忽视，相反还要予以重视，因为这是一种警示，让美国人能够了解自由主义可以自我毁灭；再次，对于北方漠视南方思想辩论的方式，作者认为很不恰当，这也是和平时期的美国无法产生伟大哲学传统的原因之一。总之，在作者看来，"伟大的保守主义反击"对美国思想的发展有着重要影响，它不仅没有证明自由主义的衰弱，反而强化了美国自由主义的支配威力，它注定会成为美国历史上重要的一笔。

第七章 向"自由社会"开战 这一章作者介绍了南方学者对北方社会的各种角度的攻击，同时指出了南方社会注定失败的结局及其失败的原因。

第一部分"封建家长制和社会科学"。作者在这一部分中首先说明资本主义社会是不可能回到封建结构中去的。在作者看来，南方处在奴隶制和资本主义相混合的社会中，是资本主义社会的早期阶段。而南方社会并没有认识到这一点，它既不投靠欧洲式的封建主义，也不对社会主义产生好感，所以其攻击北方的理论处境尴尬，南方社会使自己脱离了历史。社会学与南方托利党的结合也没有改变这种状况，反而有加重的趋势，因为洛克的自由主义思想所占据的统治地位不容置疑。南方人无法超越其自身的自由主义经历，其所攻击反对的理论在现实中又给其带来巨大收益，这无疑进一步加深了南方社会的困境。

第二部分"美国的孔德：实证的形而上学家"。这一部分作者主要是针对南方学者对北方社会生活的评价所给予的反击，他认为南方人是孔德的信徒，但是结果却走向了形而上学，所以作者将南方的思想家们称为是实证的形而上学家。作者承认南方思想家提出了一些很有才华和观察力的主张，比如说他们找到了相关问题的要害——社会压迫的真实本质，比如说他们从社会内部的内在原因入手去观察社会问题的角度都比较深刻，但是南方人依然走向了失败的原因就在于他们没有正视美国人的自由以及美国社会的自由状况。

第三部分"托利党社会主义与资本主义的国家干预"。作者在这部分指出南方人的思想不可能逃离其自由主义资本家的本性，而在南方资本主义思想体系的内部还存在着自由贸易与国家干预之间的一种从属性斗争。作者认为，"资本主义国家干预就属于家长式统治的一类。也可以肯定，它是一种侵犯了自由市场时代精神，可能从哲学上顺应了一种托利党思想体系的家长式统治"[①]。不可否认的是，这是一个很难解决的矛盾，但是同时作者强调资本主义所带来的经济效益是南方所不能拒绝的，南方人在资本主义和奴隶制之间发生了严重扭曲。同时作者注意到，南方学者对待"工资奴隶制"的态度前后变化极端，某种程度上来讲这更表明南方思想家们对北方资本主义的攻击毫无价值。

第四部分"极端保守的说教，辉格党原则，及民主资本主义理论"。作者认为南方的这种保守说教与辉格党原则失败的方式异曲同工，他们都是没有认清美国人真正自由的本质。辉格党经历过失败后以一种民主资本主义理论与西部农场主相结合推出了民主理想主义理论，之后随着林肯的出现进一步改造了辉格党的理论，是精英主义民主化，最终形成了民主资本主义理论。与之相似，南方的保守说教失败于民主自由主义之手，它与民主资本主义理论格格不入，这也进一步证明其失败的必然性。

第五编　霍雷肖·阿尔杰时代的美国社会　这一编主要介绍阿尔杰主义给美国所带来的影响，共分为两章。

第八章　新辉格党原则：民主资本主义　在这一章中，作者主要说明新辉格党所确立的思想给美国社会带来的影响。共包括四个部分。

第一部分"'美国的发现'：魅力与恐惧"。这一部分作者主要想介绍，辉格党在经历失败之后，抛弃了欧洲传统的方法，将民主资本主义发展到底，

---

① 路易斯·哈茨. 美国的自由主义传统［M］. 张敏谦，译. 北京：中国社会科学出版社，2003：171.

因此，新辉格党在美国获得了主导地位。在作者看来，这给美国同时带来了经济的繁荣和恐惧两个方面的影响。一方面，美国的民主主义者是一种绝对的、非理性的洛克的自由主义者，这决定了美国人不会倒向任何其他阵营，因为他们具有"充满资产阶级的欲望，没有阶级性，以及平等的精神"① 这样的时代精神。辉格党原则"发现了美国"并贴上了美国真正平等的"美国主义"的标签，而且从这一刻开始，美国思想开始向前所未有的民族主义倾斜，这种民族主义是一种美国的自由主义精神，是一种情感，这给美国带来了空前的经济繁荣。另一方面辉格党运用绝对自由主义向民主主义者进行威胁，这便是恐惧的一面，尤其是第一次世界大战后，"布尔什维克革命"将"美国主义"的非理性一面变成"纯粹的歇斯底里"时，民主主义者真正地陷入了恐惧之中。

第二部分"坚实的个体主义和国家权力"。作者认为当辉格党试图运用美国的自由主义挫败对手时，它不得不承认这样一个事实——坚实的个体主义激起了对公共政策的实效予以重视的态度。也就是说，美国虽然可以给创业者成功的机会，但是成功的经历必然是曲折的。在作者看来，新辉格党在这里犯的另一个错误是：美国的自由放任理念会由于缺乏君权理念而得以加强。事实恰恰相反，反封建约束可促进君权的发展，而对自由放任的渴望来源于封建约束，所以，自然权利学说才是美国保证自由的真正道路。作者指出这时期的新辉格党已经从过去的国家干预转向了自由放任的态度，这在某种程度上造成了一定的混乱，辉格党原则的非理性一面所带来的破坏性影响也是十分明显且巨大的。

第三部分"成功与失败的理论"。作者指出，在这一时期的美国，由于洛克式的竞争理念，使得成功和失败成为唯一有效的思想方式，这种理念一方面给每个人提供了成功的机会，另一方面又让人始终处于竞争的压迫感之中，因为一旦不去竞争将注定失败。这里的成功以物质财富的水平体现出来，失去财富就意味着失去了一切。作者认为辉格党和进步派试图通过成功和失败来逃避竞争所带来的压力时，这种尝试是非美国主义的，注定会失败。

第四部分"关于一致"。在这一部分中，关于"美国主义"，在作者看来其优点之一就在于其是一幅混合渴望、挫折、罪过的画面。理解这一问题，就不能回避另一问题，即一致性问题。正像上一部分所说，成功和失败在这

---

① 路易斯·哈茨. 美国的自由主义传统［M］. 张敏谦，译. 北京：中国社会科学出版社，2003：185.

一时期已成为唯一的时代精神特征，作者认为，这种一致性给社会所带来的约束，对政治而言是非常有利的。总之，作者指出南北战争后的美国新辉格派获得了巨大的补偿，取得了主导地位。

第九章　进步派与社会主义者　这一章作者主要集中介绍美国自由主义改革时期的进步派和社会主义者的境地及其失败的原因。

第一部分"美国的自由主义改革"。这一部分作者指出美国进步派的自由主义改革同欧洲同时期的运动大有不同，同时与社会主义运动又联系紧密，主要体现在两个方面：一是阻止了社会主义的进攻，二是向民主资本主义或者说辉格党的美国主义妥协。作者认为进步派和社会主义在美国走向失败都是必然的，他们共同的错误就在于没有认清美国非封建主义因素和对洛克思想绝对崇拜的真正自由主义的事实。

第二部分"进步派的焦虑"。这一部分主要针对进步派的疑惑展开。作者认为进步派疑惑的关键点在于"美国主义"与社会现实之间的矛盾。针对共同体问题，进步派的焦虑体现得淋漓尽致，进步派由于残酷的社会现实，纷纷转向其他，而最终都转向对美国主义的认同。总之，作者认为，无论是共同体问题还是托拉斯问题，进步派对美国主义的攻击最终都为了"美国主义"的再生，进步派从本质上没有脱离美国主义。

第三部分"孤立无援的美国社会主义"。这一部分中作者深刻地揭示了美国社会主义的处境，由于美国与欧洲的区别，同时由于美国的社会主义者没有意识到这种区别，这就造成了社会主义在美国孤立的注定结局。作者指出，美国的社会主义无论从其认为的盟友——进步派，还是其社会主义体系的内部，马克思主义都被曲解了，而且其与进步派本身也存在巨大分歧，这"在一个劳工是真正资产阶级"的美国，美国社会主义注定失败。

第四部分"历史分析问题"。这一部分作者继续从进步主义和社会主义无视美国社会的本质、与美国的格格不入展开，从词语角度指出无论是社会主义还是进步主义，虽然分析有价值但是这一分析脱离了美国自由主义领域，这种分析就是脱离实际的分析。作者进一步指出，面对卷入世界事务的状况，对国家进行客观分析除了对上述问题进行分析外，还必须要认真考虑"大萧条"问题，由此引出下一章要思考的内容。

第六编　大萧条与世界性卷入　这一编主要介绍大萧条时期和世界性卷入时期的美国自由主义的发展和变化，共包括两章。

第十章　新政　这一章主要介绍新政时期的美国自由主义、辉格党原则和马克思主义的处境及原因,共包括四个部分。

第一个部分"自由主义改革的成功与转化"。作者在这里指出面对 30 年代的大萧条,自由主义发生了变化,改变了辉格党的原则的主导地位,在自由主义的结构内部转化成功。"新政"是作者考察自由主义变化的对象,作者指出,由于美国与欧洲的不同,罗斯福不需要面对欧洲相同处境下的对手,因此,新政能够成功并且在自由主义结构内成功。新政是"激进"的,但是是在"美国主义"这一准则下的激进,实用主义在新政时期仅作为政党协调的有效工具。总之,在作者看来,新政时期的美国主义在维持了对洛克思想的绝对崇拜之外还得到了升华。

第二个部分"罗斯福在欧洲"。作者在这里为了回答罗斯福的新政是否激进这一问题,将罗斯福的政策和思想放在欧洲,与同时期的其他思想家政治家进行对比。在这里,作者选择了这样几个问题作为比较的对象:财产权问题、阶级冲突问题、空想主义问题。作者得出结论:由于美国缺乏社会主义的挑战所以其缺少自由主义本性展现的机会,也就是说,虽然某种程度的激进,但是改变不了罗斯福及其新政的自由主义特质。

第三部分"辉格党原则处于低潮时的战略"。作者在这里分别介绍了辉格党的李普曼、胡佛、赫斯特和戴斯等人在新政时期对新政所进行的攻击,他们所使用的方法有异,但是本质上是希望民众认识到新政的激进跳脱出了自由主义之外,进而引发民众的反抗。但是作者在这里继续分析道,共和党人的方法没有哲学上的生命力而且在现实中也给他带不来任何的益处,而且从本质上来看,他们之间的分歧是自由主义、"美国主义"内部的矛盾,某种程度上来讲"罗斯福实际上是帮助拯救了共和党"[①]。

第四部分"美国马克思主义的失败"。作者指出美国的马克思主义非常团结和顽强,但无论是其在美国结成盟友,还是单打独斗其都注定走向失败,因为,即使在大萧条时期,美国的自由主义传统都发挥着作用。美国自由主义社会的独创性让其在一路行来击败了辉格党原则也排除了社会主义的阻碍,但这里作者也提出了一个问题:面对世界性卷入的美国,洛克主义依然会有效吗?

第十一章 美国与世界 这一章作者介绍了 20 世纪后美国卷入世界性事务之后,美国所面临的矛盾和挑战,共分为四个部分。

[①] 路易斯·哈茨. 美国的自由主义传统 [M]. 张敏谦,译. 北京:中国社会科学出版社,2003:248.

第一部分"对外政策与国内自由"。作者认为在美国扮演着非革命性国家这一新角色时,这不仅涉及对外政策问题,也涉及国内自由问题。在作者看来,面对世界,美国政策看似矛盾的表现——孤立主义和救世主理论,实际上是"美国主义"本质追求的双重体现。作者指出,美国处于自我封闭和面对世界的矛盾之中,它的"美国主义"、洛克的自由思想都将面临着冲击,美国需要从与外国的接触中寻找思想上发展的动力,用范怀克的话说,这是"美国'时代来临'的真正含义"[1]。

第二部分"帝国主义,布赖恩和扩张主义派"。在这一部分中,作者介绍了帝国主义者与布赖恩所领导的反帝国主义者同盟之间的对立,并分析了二者的美国主义本质,是与美国的自由主义相兼容的。而且提出,帝国主义并没有引起国内的重视,这只是美国世界性卷入的序幕。

第三部分"第一次世界大战和第一次红色恐怖"。这一部分作者从美国的国外政策和国内政策两个方面来考察,首先,作者指出,这一时期的美国已经从帝国主义形式转变为世界战争形式,帝国主义统治的概念被民族和民主的观念所取代。这里作者提到了威尔逊失败的原因,就在于其是"半美国主义",也就是说,没有将美国主义贯彻到底。其次,作者考察了美国信念对国内的影响,美国对"红色恐怖"所表现出来的反应与对德战争完全不同,这种心理是美国自由主义绝对论的明确展现,是意识形态领域的论战。

第四部分"美国与俄国"。第二次世界大战之后,美国主义对外要抵抗布尔什维克革命带来的严重威胁,对内其非理性的激情却威胁到国内的自由。在作者看来,战争以及战后所形成的冷战局面使得美国的发展方向渐渐明晰,美国人逐渐认识到"红色恐怖"形成的真正原因是绝对美国主义,美国的困境是源于社会革命经验的缺乏,这便引出作者贯穿于本书的问题,即:"一个'生来平等'的民族在任何时候都能理解其他定要实现这一目标的民族吗?这个民族在任何时候都能理解自身吗?"[2] 作者希望通过这些问题的回答寻找美国未来的发展之路,也更清晰地明了已经走过的路。

【意义与影响】

第一,本书是路易斯·哈茨的最重要的著作,在美国以及世界范围内影

---

[1] 路易斯·哈茨. 美国的自由主义传统 [M]. 张敏谦,译. 北京:中国社会科学出版社,2003:258.
[2] 路易斯·哈茨. 美国的自由主义传统 [M]. 张敏谦,译. 北京:中国社会科学出版社,2003:275.

响很大，1955 年，此书的英文版问世，哈茨借此书以及其多年对政治学研究的贡献，于 1956 年获得美国政治学会颁发的"伍德罗·威尔逊"奖，1977 年美国政治学会授予哈茨终生成就奖，表彰他对美国政治理论的原创性贡献。本书的中文版在 2003 年问世，在中国拥有众多读者。

第二，路易斯·哈茨在本书中所提出的"共识理论"及其比较研究的方法在学术界引起高度赞扬，为理解美国政治提出了一种新的路径：帕森斯认为对共同价值的意见一致对美国社会秩序起到凝聚作用；加布里埃尔对哈茨运用阿尔杰情结象征美国主义，并论证社会主义法则在美国的失败大加赞赏；萨缪尔·亨廷顿则赞许哈茨的共识思想准确地抓住理念追求是美国政治经验的核心；西摩·马丁·李普塞特也强调美国上层阶级的自由主义共识的重要作用。

当然，也有学者对哈茨的思想提出了质疑，最为引人关注的便是认为哈茨的思想中缺乏对美国社会多元文化因素的理解，这也使之成为其他学者批判的重要依据。

第三，路易斯·哈茨在《美国的自由主义传统》一书中所提思想开创了美国自由主义发展的新时代，成为美国政治学科中讨论的经典范式，与之相伴随的学术争论也持续进行着。他的思想对新政之后的美国国内事务的处理和外交政策的制定都产生了极大的影响。尽管冷战后新保守主义开始崛起，并对自由主义的一致性理念产生怀疑，但自由主义共识的基础还依然有所保留，并继续影响着美国社会。

【原著摘录】

第一编　封建主义与美国的经历 P3－27

第一章　自由主义社会的概念 P3－27

P3　在此意义上讲，假如有什么同民族传统本身一样古老的东西的话，那么，在西方历史中美国社会突出的一点就是不存在那些压迫，或从广义上讲，因为对那些压迫的反动便是自由主义的，所以美国社会就是一个自由主义的社会。可以说，我们面对的是一种转化了的托洛茨基分子混合发展法则，正如俄国可能跳跃了自由主义阶段一样，美国则跳跃了历史上的封建主义阶段。

P4　真正需要更为关注的是美国历史学家们那种令人难以理解的疏忽。他们先是无休止地重复说，与欧洲的过去分道扬镳是美国形成的基础，然后，便据此来解释我们的历史。尽管这种情况的存在有种种理由（本书中即有解释），但从一开始问题就很清楚：美国的研究脱离了欧洲的历史和政治。揭示美国社会没有封建主义特性的任何努力，只有将其研究同事实上残存着封建结构和封建特性的欧洲社会结合起来，才可能成功。这并不是要否认我们民族的独特性，正是这一独特性成了孤立研究美国的令人费解的理由之一，而实际上是要肯定这种独特性。除了将其同不是独特的东西进行对比外，我们如何能够了解事物的独特性呢？一种分离式美国研究的理论基础，一当你开始思考它时，就会不攻自破。

P5 一个非封建社会的中心特征之一是缺乏一种真正的革命传统，即欧洲那种与清教徒革命和法国革命相联系的传统，正如托克维尔所说，它的中心特征是"生而平等"。

P12 对我们来说，该问题在历史上并无先例。它给我们带来的疑问是，一个国家是否可能通过与外来文化的接触弥补其国内生活的单一性。进一步讲，美国的自由主义是否可通过外部的经历获得那种相对意识，即获得欧洲自由主义通过内部社会变动和社会冲突的经历得到的那种哲学火花。

P13 在这方面，的确存在着种种至关重要的认证问题，因为美国做的主要事情之一，就是通过把欧洲农民和无产者吸收到美国的特有结构中，来扩大和改变欧洲的"小资产阶级"。

P17 有人会说自由主义社会概念框架是美国历史学和政治学的一种"单一因素"分析，对付这种指责惟一可能的办法就是承认它。严格来讲，我们实际涉及的是两个因素：一是缺少封建主义，二是存在着自由主义观念。

第二编　一个新世界的革命 P31—77

第二章　1776 年面面观 P31—59

P31 托克维尔正是在思想上带着欧洲大革命模式从事写作的，从此种观点出发，1776 年美国革命的突出点就不是它带来的自由，而是它不存在摧毁既成封建结构的任务。

P34 当美国人赞美其所具有的社会独特性时，他们就步上一种具有深远意义的个性探索轨道。他们生活在非封建性社会的事实决定了其社会思想的各个方面：它给了他们一个在 18 世纪其他任何地方或在近代革命的广泛历史中不可能找到的思想架构。

P43 那么，我们如何描述这些令人迷惑的美国人呢？他们是理性主义者抑或是传统主义者？真实的情况是，他们两者都不是，也许用另一种方式说，他们两者都是。

P55 这些问题使我们回到了美国经历的根本性质问题上,而且这样一来,就使我们在革命的问题上面临一种不适当的曲解。任何人都不会否认,北美殖民地的创立即包含有自觉的目标,而且17世纪从欧洲逃到美国的人十分了解欧洲生活中的种种压迫。但他们都是不同凡响的革命者,而且,他们逃离欧洲的事实并非无关紧要:因为呆在国内并同"宗教法规和封建法律"进行斗争是一回事,而把它远远抛在后面是另一回事;试图在旧世界确立自由主义是一回事,而在新社会建立自由则是另一回事。

第三章 美国的"社会革命" P60-77

P61 "社会革命"理论是以同美国对英国君主制度、托利党集团、免役税、长子继承权以及嗣续限定权的攻击相联系这一特别高昂的代价,而为自己买来的声誉。由于强把美国独立运动等同于欧洲的种种反封建运动——比尔德在描述杰塞普集团与莫里斯集团这类"新富商"时,其习惯用语就是"正如在法国",该理论使其取得的非凡成功实际上变得难以理解了。

P64 这种经历特别有力地说明:美国的"社会革命"对封建残余是粉碎性的打击,而非微妙的争论;是清扫运动的技术问题,而非全面出击的战斗。

P72 这方面,总是存在着一种两重性。因为当美国人思考国内政治时,他们就抛弃了共有制思想,而正是同样的美国人,当他们思考国外政治时,又总是重新把共有制思想放回到了一起。我们已经看到,构成美国民族特性的最初来源之一就是一种平等意识,而这种平等意识又源于下述认识,即欧洲那样的社会冲突没有在美国形成。

第三编 民主政治的出现 P81-128

第四章 辉格派的困境 P81-102

P83 在欧洲不属"小资产阶级"之列的另外两个集团也明显模糊了自身的特征:农民已变成一个资本主义的农场主,而劳工已变成一名早期的企业家。结果产生了一个在任何其他国家都是陌生的伟大新民主混血儿,这是美国对西方政治文化的独特贡献。

P84 在美国,不存在需要与之斗争的贵族,联邦派和辉格派在一场反对他们的运动中失去了支配人们的机会。在美国,不存在可以团结的贵族,因此联邦派和辉格派不可能利用贵族的帮助去剥夺人民的政治权力。在美国,也不可能出现真正的无产者反抗运动,因此,联邦派和辉格派不可能威胁人们去躲避无产者,进而用来实现自己的意图。他们被孤立起来,受到了一个他们不能控制的奇特的新民主巨人的支配。他们的政治思想完全失去了其"自由主义"的一面，而其对人民保守的指责，不仅成为自取灭亡之举，因为很明显，粉碎他们的正是人民，而且同现实的距离也越拉越远。

P101　它表明，明显包含于其中的自相矛盾现象并未造成世界上最赞成资本主义的社会去削弱资本主义的哲学。而且，不论感情上的取向如何，它还说明就在其国外同道取得胜利的同时，美国的辉格派一定会为其经受的羞辱得到充分补偿。在19世纪后期和20世纪，形势就得以扭转，肯特大法官的注意力也转向了基佐所经历的各种痛苦上。就在一场新的运动即社会主义运动吞没欧洲辉格党原则之际，路易斯·菲利普时代则迅速出现于美国——这样一种时代之所以明确地来到美国，就是因为美国的辉格派没有任何可与之斗争的贵族，也没有可与之联合的贵族，而更重要的是没有任何可以谴责的"暴民"。

第五章　美国的民主主义者：海格里斯和哈姆雷特 P103-128

P104　实际情况是，在西方政治词典里，并没有一个可用来描述美国民主主义者的词汇，因此，其结果之一，就是他对所有类型的政治伤害都产生了免疫力。如果马克思主义者将其称作一个"低下而卑躬顺从"的城市小商人，他就会立即反驳说，他是一个拥有土地，拥有工厂，拥有锻工车间的人，是具有马克思总在同小资产阶级的偏狭进行对照的全部无产者美德的人。如果马克思主义者将其称作一个农民，一个"文明社会内处于野蛮状态"的代表，他就能同托克维尔一起回答说，他是一个富有进取精神的企业家，从事着"投机事业"，把"某些商业同农业结合在一起"，使"农业本身成为一种商业"，实际上就是美国进步主义的领袖。同任何社会主义者的称号一样，任何资产阶级的称号也不会给其带来困扰。如果是在杰斐逊时代，当你将其称作一个土地贵族时，他就会回答说，他是一个激进的民主主义者。如果是在杰克逊时代，当你将其称作一个危险的无产者时，他就会表明其坚定不移地热爱自由主义和各种财产权利的立场。

P110　美国必须认真对待的关键集团是正处于上升期的城市劳工集团，其构成成员正是杰斐逊和迪斯雷利同样带着一种强烈忧虑心情所担忧的那些"大城市的暴民"。

P115-116　由于是一个自由主义社会，美国自然具有作为其政治思想中心问题的多数派统治与少数派权利这个典型的自由主义问题。对于欧洲来说，具有启蒙运动中的理性主义和封建传统主义的问题。对于美国来说，则是多数派统治的问题,从某种意义上讲,这就向我们显示出了美国同欧洲思想的关系,因为多数派统治与少数派权利的协调是启蒙运动计划解决的核心问题。一旦洛克思想的主要前提得到承认,这便成为其哲学范围之内的一个问题。但是,尽管这已是美国思想中的典型问题,但美国的思想家们却很少碰到它,其中的缘由很明确,就是对该问题已经有了一种典型的解决办法,即当一个国家在自由主义生活方式基础上联合起来时,其中的多数派对于少数派破坏这种生活方式的问题将没有任何兴趣。

第四编　南方的封建梦 P131-179

第六章　极端保守的说教 P131-159

P136　很久以前,也就是在17世纪,美国就给南方的思想家造成了这种处境;由于"生来平等",由于确立了没有摧毁封建主义任务的自由主义,美国已使洛克的理性主义者学说变成了伯克的传统主义者现实,所以,任何敢于用保守主义驳斥自由主义的人只会发现他只是在自己驳斥自己。

P145　如果说南方认为谴责美国的自由主义是"形而上学的"产物,通常不得不歪曲自由主义的话,那么,非常具有讽刺意味的是,当以同样的方式谴责卡尔洪对宪法具体化的描述时,根本就用不着去歪曲它。卡尔洪的那种描述符合全部"形而上学的"标准。这种描述与传统、威力、上帝这些概念毫不搭界。它并不是我们必须考虑的唯一情况。还有卡尔洪的"共存多数"理论,它使个体"利益"不复存在,而增加了各州可拒绝执行国会法令的权利。当我们把一种体系加到另一种体系之上时,便有了一种法国启蒙运动在其兴盛时期都从来不敢为之的人造政治工具体系。

第七章　向"自由社会"开战 P160-179

P164　因此,如果说南方的托利派并未转向一种真正的封建主义,也未转向一种真正的社会主义,那么,马克思就欧洲托利党"社会主义者"所说的情况就可以在相当大的程度上用在他们身上:他们正在进行一场"书本上的战斗"。

P165　对南方社会学家命运的嘲弄是,尽管在美国的命运不济,但他们却抓住了相关问题的要害:社会压迫的真实本质。考虑到杰斐逊与杰克逊传统就此问题未予充分重视的事实,我们就难以对南方社会学家的贡献视而不见。

P170　然而,在这方面存在着一个特别容易使人误解的问题。就在与南方托利党思想体系相抵触的南方资本主义思想体系内部,也还有一种从属性斗争，即自由贸易与国家干预之间的斗争。

P176－177　美国自由主义社会既没有封建性极端保守派的立脚之处，也没有宣扬精英人物统治论的辉格党原则的立脚之所：对那些不是"美国人"的人来说，这历来都不容易理解。

第五编　霍雷肖·阿尔杰时代的美国社会 P183－230
第八章　新辉格党原则：民主资本主义 P183－205

P184　新辉格党原则的胜利是源于美国自由主义社会范围之内经济繁荣的结果，或者更具体地说，是源于那种"小资产阶级"巨人的特有精神繁荣的结果。作为美国特有的产物，"小资产阶级"巨人是指兼具农民和无产者身份的美国民主主义者。如果说汉密尔顿时代的美国民主主义者能够在辉格党原则试图运用欧洲方法谋取自身地位时将之击溃的话，那么，当后者放弃欧洲方法，坚持发展其民主资本主义成分，并带来美国经济繁荣之际，美国的民主主义者对其便不再构成威胁。

P192　但是，这些情况只是给美国辉格派发挥独特策略提供了舞台，其策略是利用美国全部绝对的自由主义民族精神打击其对手。从合乎逻辑的观点看，格外遗憾的是辉格党原则在这方面将会受挫于这样的事实，即它所颂扬的坚实个体主义在早期就已唤起了一种重视公共政策实效的态度。即使这种情况并未改变辉格党原则的基本立足点，即美国已是一个以充满自由创业者能动性为特色的国家，也依然迫使其要经历某种难以理解的扭曲和转折。

P197　但在霍雷肖·阿尔杰的世界里，洛克思想的强制性威力使这两种体系都不可能存在，"成功"与"失败"便成了唯一有效的思想方式，这便是威廉·詹姆斯怀着复杂心情所感厌恶背后的真实原因，尽管他自己的实用主义与此思想方式决非没有干系。正如乔吉斯·索雷尔观察到的那样，这种绵延不绝的洛克式竞争在美国人民中释放出了巨大能量，但是，它也符这些能量本身特有的内在精神困境强加在了美国人民身上。

第九章　进步派与社会主义者 P206－230

P206　但美国与英国前后同期的运动则有其自身的独特之处。出于使农民和无产者加入了"小资产阶级"体系，美国出现了两种不寻常的结果：一方面，以有效的方式防止了社会主义向其"自由主义改革"进行挑战；另一方面，又使其"自由主义改革"服从于阿尔杰的民主资本主义理想。

P217　可这并不是问题的关键，关键之处在于：进步派攻击法律的"美国主义"的目的是要确立进步派的"美国主义"，因此，在表面上打破其中的禁忌只是为了让其从根本上再生。

P222 如此说来，美国的社会主义者无论如何也要在同激进派合作的问题上有个决断，这就使他们在一个自由主义社会处在了甚至更加孤立无理的境地。当然，"资产阶级合作"的问题远远超出了一种反对极端保守派联合阵线的问题。事实上，"资产阶级合作"问题涉及各个方面，而美国的自由主义社会性质则使其显得更加突出。在一个劳工是真正资产阶级的国家，列宁所说的"工会意识"确实令人兴趣盎然：可目击到德利昂反对冈珀斯的战斗。在一个民主早已得到确立的国家，伯恩施坦所谓自由主义的"合作关系"也生动逼真——可目睹伯杰对和平变化给予的辩护。不过，这些有趣的智力游戏是以社会主义的孤立为代价的，因此，如果"议会白痴"对一个真正实行议会制的国家还着迷的话，那这个词在该国也就变得毫无意义了。

第六编　大萧条与世界性卷入 P233-276

第十章　新政 P233-254

P233-234 然而，尽管"新政"时期有超越阿尔杰时代的充分社会立法，使其比进步主义运动同英国自由主义派和法国激进派的学说甚至更为密切一致，但"新政"同欧洲"自由主义改革"的关系则因一系列虚假的表面现象而被掩盖了起来。首先，"新政"是"激进的"，而在社会主义和共产主义面前一直处在防守地位的欧洲运动就不激进：哈罗德·拉斯基暂时迷失方向使赫伯持·塞缪尔爵士成了一名一流的反崇拜偶像者。其次，"新政"重实效，而欧洲的运动重哲学，原因是美国绝对的自由主义精神甚至都不可能自觉地容忍脱离洛克思想的一般"自由主义改革"。

P242 就"新政"而言，当时所呈现出来的就是一种受到忽略的自由主义本性：对确保财产权的信仰，对实现阶级团结的信心，对国家权力在很大程度上持怀疑态度，与空想心态格格不入。由于社会主义对美国自由主义社会构成的挑战极其微弱，所有这一切自由主义本性都很少有表现的机会。

P244 在一端你能看到一位像沃尔特·李普曼这样的自由义哲学家，不大使用民族主义进行恐吓，而几乎就像是置身于欧洲各种抽象概念中间的人，主要集中于自由主义的辩论本身。接着胡佛出现，他有点像一名理论家，但主要还是一位"美国主义"的狂热鼓吹者。当然，最后还有赫斯特和戴斯，在他们这里，思想性已不存在，民族主义的恐吓已成全部内容。

第十一章　美国与世界 P255-276

P255 现代美国发现自身已卷入广大的世界之中，而这正是建国之父们极力要回避的结果。与这一事实同样重要的情况是，现代美国使自己扮演了一个自身并不愿意扮演的新的非革命性国家角色。所谓非革命性国家，是与一个由革命形成的欧洲和一个现在正经历着革命的亚洲相比较而言的。美国现在面临的问题产生于美国的世界性卷入，但是否会解决此问题，以及成功的前景如何，则可能完全取决于美国如何扮演其新的角色。

P261　因而，在美国这样一个自由主义社会，19 世纪末 20 世纪初的帝国主义运动就受到了一种独特的民族主义即民族自由主义的沉重打击。由于有"美国主义"的武装，并且不用担心来自外部的军事或意识形态威胁，布赖恩的追随者过的是一种相对自由舒适的生活。

P262　所以，把帝国主义时代看作是将在 20 世纪外交事务领域形成的美国自由主义绝对论问题的序曲，非常容易使人产生误解，事实上它既没有在国内引起"美国主义者"的恐慌，也并未导致海外行动出现特别的盲目性。

P263　从帝国主义形式向世界战争形式的转变不能说更富戏剧性。当然，显而易见的事实是民族自决和民主的观念取代了帝国主义统治的观念。

P270　而在共产主义威胁长期存在的时代，"美国主义"那种非理性的内在激情则同我们不断面对的任何情感一样严重地威胁到国内的自由。这是初始以反对法西斯主义为核心的第二次世界大战带来的讽刺性终极产物，也是仅始于就孤立主义展开辩论的 30 年代后期这一历史阶段的产物。

P272-273　有关这整个问题，存在着诸多可鼓起我们勇气的条件。我们不仅对于我们的历史向我们提供的可适用于东西方所有国家的"美国主义"了然于胸，而且也清楚世界上最"革命的"民族是我们，而不是俄国人。真理并不遥远，我们也会面对现实。整个美国困境的核心是缺乏社会革命的历练。这不仅导致我们的思维易走向绝对，从未将洛克同费尔莫加以对比，并因此也从未将其与马克思加以对比，而且以整个一系列特殊方式表现出的绝对思维又难以使我们同世界其他国家进行交流。

P275　可事实是，俄国的发展已使其同西方的人格概念格格不入，而美国不管其地方主义意识如何，自身的发展却一直要依赖于此种概念。这种状况也许是与"无视"一个历史阶段和躲避一个历史阶段两者之间的区别有关。不管怎么说，鉴于俄国社会主义的极权本质，自由世界的希望无疑有赖于美国自由主义超越自身的能力。

【参考文献】

[1] 伊曼努尔·华勒斯坦,等. 自由主义的终结 [M]. 郝名玮,张凡,译. 北京:社会科学文献出版社,2002.

[2] 韩震. 美国自由主义思想的演变 [J]. 国外理论动态,2003 (7).

[3] 马德普. 战后西方自由主义发展的三个阶段 [J]. 郑州大学学报(哲学社会科学版),2001 (6).

[4] 塞缪尔·亨廷顿. 作为一种意识形态的保守主义 [J]. 王敏,译. 政治思想史,2010 (1).

[5] 贾敏. 美国政治中的共识思想——读《美国的自由主义传统》 [J]. 美国问题研究,2009 (1).

[6] 韩震. 当代美国政治思想的意识形态图景 [J]. 江海学刊,2003 (4).

[7] 赵可金. 美国学界对美国政治的研究 [J]. 美国研究,2010 (1).

十三、《自由选择》

[美] 米尔顿·弗里德曼，罗斯·弗里德曼　著
胡骑，席学媛，安强　译
商务印书馆，1982 年

【作者简介】

米尔顿·弗里德曼（1912—2006）和罗斯·弗里德曼（1910—2009）这对夫妇同为 20 世纪的经济学家。

米尔顿·弗里德曼，美国人。20 世纪最具影响力的经济学家。美国哥伦比亚大学博士、芝加哥大学经济学教授，曾当选为美国经济学会会长，是美国芝加哥学派的领袖，一直遵循芝加哥学派的传统，主张经济自由主义，被称为反凯恩斯主义的先锋。

米尔顿·弗里德曼 1912 年 7 月 31 日出生于美国纽约布鲁克林区。父母是俄罗斯犹太移民。弗里德曼一家六口生活在新泽西州拉维镇，离纽约市 30 公里。得益于美国社会的各种福利条件，弗里德曼的成长过程平稳而顺利。家庭所在地的公共图书馆成为他如饥似渴追求知识的宝库。1928 年，他进入新泽西州的州立大学路特葛斯大学学习。1932 年，他从路特葛斯大学毕业，来到芝加哥，进入芝加哥大学读研究生。

1935 年夏，经同学推荐，弗里德曼进入政府部门工作，为美国资源委员会当时正进行的一项消费预算的大型研究项目工作。其后于 1937 年秋季进入美国经济研究署，协助专业人士作收入研究。1941—1943 年，他在美国财政

部工作，从事战时税收政策研究。1943—1945年，他在哥伦比亚大学为美国政府从事武器设计、军事策略和冶金试验等问题作数学统计。1945年，他加入了乔治·斯蒂格勒所在的明尼苏达州立大学。一年后，他接受芝加哥大学的邀请，到芝加哥大学教授经济理论。

1960年后，弗里德曼越来越置身公共事务。1964年，参议员古德沃特参加美国总统竞选，他担任其经济顾问，古德沃特后来竞选失败。1968年，尼克松竞选总统成功后，他担任其总统经济顾问委员会成员。不过其主要兴趣仍然是科学研究。

1977年后，弗里德曼不再担任芝加哥大学的教学工作，但与芝加哥大学经济系和该系的研究活动保持联系。此后的春季和夏季，他在第二故乡佛蒙特度过，因为那里有很方便的达特茅斯学院图书馆，秋季和冬季仍任斯坦福大学胡佛研究所高级研究员。[1]

弗里德曼由于创立了货币主义理论，提出了永久性收入假说，他于1976年获得诺贝尔经济学奖。1988年获得美国国家科学奖章与美国总统自由勋章。在公共政策领域中，他曾经担任过美国总统候选人巴里·戈德华特及尼克松总统与里根总统的非正式顾问。

弗里德曼的声誉主要来自他在三个方面的著作：第一，对资产阶级货币理论的研究，特别是对货币数量论的研究，由于在这一领域中的著作，他成为目前流行于西方的"货币主义"的领袖；第二，在消费函数上的永久性收入的理论；第三，新自由主义的经济观点，他的大多学术著作对凯恩斯经济理论提出了相反观点，反对政府干预经济，是弗里德曼经济学理论的核心所在。

米尔顿·弗里德曼的主要著作：《实证经济学论文集》(1953年)、《消费函数理范》(1957年)、《资本主义与自由》(1962年)、《价格理论初稿》(1962年，1976年修订补充版)、《美国货币史(1867—1960)》(与施瓦兹合著，1963年)、《美国货币统计学》(1970年)、《美国与英国的货币趋势》(1982年)、《货币灾难——货币史中的一个插曲》(1992年)。

罗斯·弗里德曼于1932年10月3日在芝加哥大学雅各布·维勒教授开设的经济学理论课上认识米尔顿·弗里德曼，并于六年后结为连理。婚后他们一直是积极的学术伴侣。

---

[1] 侯明清. 弗里德曼：自由经济的斗士 [J]. 金融信息参考，2004，7：50—51.

罗斯和米尔顿就经济学家为什么观点各异一直持不同意见，后来罗斯在《东方经济学家》（The Oriental Economist）杂志上发表评论表明自己的看法，米尔顿也承认自己正在并且继续向她的观点靠拢。

罗斯参加的第一次会议是1957年在圣莫里茨举行的，后来她又陪同米尔顿参加了许多会议，并且游历过许多国家。1962年，二人合作撰写的《资本主义与自由》一书出版，正如米尔顿所说："她将不同讲座的内容归纳在一起，将不同版本结合起来，再将演讲内容转变得更书面化，她是这本书能出版的主要推动力。"

1976年，米尔顿获得诺贝尔经济学奖，当记者问罗斯是否为丈夫感到骄傲时，她说："我从来都为我的丈夫感到骄傲，不是诺贝尔奖才让我认识到这一点的。"[1]

回到旧金山后，鲍勃向弗里德曼夫妇提出了录制电视节目的计划，内容主要是探讨政府干预的危险，他们接受了计划，并且赶赴各地进行拍摄。后来经过文字材料的整理后，以同名《自由选择》出版，跃居畅销书榜首。

1980、1988、1993年，罗斯陪同米尔顿三次到访中国，他们游览了许多城市，做过多次演讲。

【写作背景】

《自由选择》一书是弗里德曼夫妇1979年撰写的。20世纪70年代以来，西方发达资本主义国家普遍出现了"滞胀"的局面，传统的凯恩斯主义在这一难题面前失灵，于是新自由主义思想又得以复苏。弗里德曼是自由主义学派的代表人物之一，他的货币主义思想被许多国家采纳，作为制定国家宏观经济政策的主要依据，并在治疗"滞胀"问题方面取得较好的成效。他主张自由竞争，反对政府干预经济，认为政府的规模越来越膨胀，对经济自由、政治自由都构成了极大的威胁。认识到这个问题的严重性，弗里德曼夫妇将其主要思想整理成文稿并且出版。

正如弗里德曼在本书前言中阐述的一样，这部著作有其双亲：一是他们早些时候出版的著作《资本主义与自由》（芝加哥大学出版社1962年版）；二是与本书同名的电视节目"自由选择"。

---

[1] 米尔顿·弗里德曼，罗斯·弗里德曼. 两个幸运的人——弗里德曼回忆录 [M]. 韩莉，韩晓雯，译. 北京：中信出版社，2004：565.

《资本主义与自由》主要考察了"竞争资本主义"的作用。所谓竞争资本主义就是通过私人企业在自由市场中的作用来组织大部分经济活动,而政府只充当守夜人的角色,这是达到经济自由和政治自由的必要条件。但这并不表示政府完全不起作用,通过政府而不是自由市场就不能实现交易活动,问题的关键是政府与市场相比较,是否能更加有效地配置资源,是否能更加有效地保证经济正常运行。弗里德曼提议,在面对政府干预经济的问题时,应该绘制一张比较表,分别列出利弊,这样就能清楚地分辨出哪些项目在政府参与的情况下是有利的,哪些是有害的。因此,在《资本主义与自由》中也列举了一些具体的实例,比如货币和财政政策、政府在教育中的作用、资本主义与歧视以及减少贫困等等。

电视节目涉及的主要内容与本书一一对应,只是由于时间的限制,电视片比较简洁,精确易懂,因而在保留基本核心的前提下,做了一些删减。弗里德曼夫妇是1977年初应宾夕法尼亚州公共广播公司电视台台长罗伯特·奇特斯特的要求制作这套电视节目的。经过几个月的初步计划,从1978年3月开始实际拍摄,其间,摄制组成员到不同的国家和地区拍摄外景,总共制作了十期,直到1979年9月才完成。

此外,《自由选择》一书对政治科学取用了一种崭新的研究方法。在这种研究方法上,弗里德曼借鉴了前人的研究成果,即安东尼·唐斯、詹姆斯·布坎南、戈登·塔洛克、乔治·施蒂格勒以及加里·贝克尔等人发明的运用经济研究手段来分析政治的方法。具体表现为本书平行地论述了政治制度和经济制度,"两者都被看作市场,在其中,结果取决于人们追求自身利益(广义的)时的相互作用,而不取决于参加者认为可以大肆宣扬的社会目的"[1]。也就是说,从广义的角度来看,经济学的分析方法可以应用到政治领域,作者的自由主义经济思想也可以用来分析政治制度。

在国家干预政策失效的年代,在早期出版的著作《资本主义与自由》和近期拍摄的同名电视节目的基础上,弗里德曼夫妇经过整理,把能够代表他们新自由主义的思想集中编写成《自由选择》一书,成为20世纪80年代至今极具影响力的名著。

---

[1] 米尔顿·弗里德曼,罗斯·弗里德曼. 自由选择[M]. 胡骑,席学媛,安强,译. 北京:商务印书馆,1982:4.

【中心思想】

本书共分十章，论述的问题涉及方方面面，但文章的结构散而不乱，始终围绕着一个共同的主题，那就是作者对政府干预的排斥，对自由主义思想的宣扬。作者揭露了国家干预经济的种种弊端，暴露出所谓自由平等的资本主义经济生活实质上是如何的不自由和不平等，要求限制国家的权力，缩小国家机构，反对国家的经济调解、社会福利、经济管制和保护贸易措施，反对工会运动，主张以自由竞争、自由贸易为特色的国内外经济政策，让市场机制自发地调节整个经济生活，提出所谓的回到亚当·斯密的自由放任的政策中去。

作者认为，通过市场的作用可以利用人们利己的动机来为广泛的社会目的服务。为了实现这一目的，作者提出了一系列的具体政策，包括"负所得税""初级和中级教育凭单"等具体主张。在进行有关通货膨胀的理论分析时，提出了解决通货膨胀问题的处方——即认为经济中存在所谓的自然失业率，通货膨胀与失业之间不存在相互交替的关系，用通货膨胀来应付失业或用失业来应付通货膨胀都是无效的，从而作者主张忍受一个时期较高的失业率，而且用稳定货币增长率的办法来医治通货膨胀。

【分章导读】

导言 弗里德曼在开篇简要地回顾了美国的历史，把美国能够发生经济奇迹和政治奇迹归因为自愿的交易和平等的权利。他认为"经济自由是政治自由的必要前提。如果人们在没有高压统治和中央指挥的情况下能够互相合作，那么这可以缩小运用政治权力的范围。此外，自由市场通过分散权力，可以防止政治权力的任何集中。把经济和政治权力集中在同一个人手中，肯定会给人民带来暴政"[1]。只有经济自由和政治自由相结合，才会给国家带来空前的繁荣。但作者也看到，"具有讽刺意味的是，正是经济自由和政治自由的成功减少了它对后来的思想家们的吸引力"[2]。原来人们强调个人对自己的命运负责，现在却强调个人应像象棋中的小卒那样由外界力量来摆布。原来

---

[1] 米尔顿·弗里德曼，罗斯·弗里德曼. 自由选择 [M]. 胡骑，席学媛，安强，译. 北京：商务印书馆，1982：9.

[2] 米尔顿·弗里德曼，罗斯·弗里德曼. 自由选择 [M]. 胡骑，席学媛，安强，译. 北京：商务印书馆，1982：10.

认为政府的作用是充当仲裁者，防止人们互相强迫，现在却认为政府应充当家长，有责任迫使一些人帮助另一些人。这种看法助长了政府规模和权力的扩张，而在作者看来，"一个日益强大的政府迟早将摧毁自由市场给我们带来的繁荣，摧毁独立宣言庄严宣布的人类自由"[①]。但作者并非悲观主义者，在分析了目前的经济状况后，作者提出"我们还没有陷入无法挽回的境地"[②]。

第一章　市场的力量　弗里德曼在本书的开篇就强调市场的重要地位，他指出只有通过自愿的交易才能达到繁荣和自由的社会。那么，市场又是如何协调大批人的活动呢？其答案就是价格。在市场经济中，价格是调节经济的主要杠杆和方向标。在它的指引下，每个人都为了谋求自身的利益而参与经济活动，结果却能使每个人都受益。作者论述了价格的三个基本作用——传递情报、提供刺激以及影响收入分配，以及它们之间的相互关系，并且表达了一种愿望，即价格必须自由地反映供求状况，其分配收入的功能必须和其他两个功能相结合，而不应该受到私人或者政府的干扰。针对共产党国家纯粹的计划经济，作者提出了质疑，他认为统治经济的效率十分低下，必须更多地利用市场才能有效地组织生产。

弗里德曼还明确界定了政府的职能范围，即保护社会上的人，使不受社会上其他人或者其他社会的侵犯；建设并维持某些公共设施；保护不能"负责的"社会成员。他认为一旦政府权力扩大，就会演变成少数人压迫大多数人的工具。

第二章　控制的专横　政府职能扩大将带来怎样的危害呢？第二章先从国际贸易的实例出发，阐述了实行自由贸易的经济理由和政治理由，同时对那些支持关税、补贴等贸易壁垒的观点一一进行反驳。这里作者纠正了人们的某些错误观点，开展自由贸易表面上看对本国某些生产者构成一定的威胁，但是本国消费者能从售价低的市场购买到同质的商品，同时，生产者能集中精力生产在技术或者规模上占优势的产品，并卖到出价更高的地区，因而，总的来看，整个国家的净收益是正的。

然后，作者又分析了中央计划经济的弊病，通过计划经济国家与私人市场占主导地位的国家的对比，例如东西德、苏联和南斯拉夫、印度和日本等，

---

① 米尔顿·弗里德曼，罗斯·弗里德曼. 自由选择 [M]. 胡骑，席学媛，安强，译. 北京：商务印书馆，1982：12.

② 米尔顿·弗里德曼，罗斯·弗里德曼. 自由选择 [M]. 胡骑，席学媛，安强，译. 北京：商务印书馆，1982：12.

指出凡是通过自由市场组织的地方，公民的物质享受程度都比较高；凡是中央计划经济的地方，公民的生活水平都比较低。

在第二章的结尾，弗里德曼辩证地剖析了控制和自由的关系。国家对经济自由的干预必然阻碍其发展速度，同时还可能波及政治自由。虽然美国不是中央计划经济的国家，但政府的干预也对公民的经济自由及人类自由造成严重威胁，因而他呼吁应该取消各种过分的限制。

第三章　危机的剖析　在这一章中，弗里德曼对1929年美国的经济危机以及由此引发的经济萧条进行了深入的剖析，并得出了与前人观点不一致的结论：萧条并不是私人企业失败所造成，而是政府在一个从一开始就被赋予责任的领域里的失败造成的。

本章先从联邦储备系统的成立说起，指出随着美国逐渐取代英国成为世界金融中心，它的力量也不断壮大，甚至能够影响世界货币结构。同时，它调节货币数量的方法也由再贴现逐渐向"公开市场活动"——买卖政府公债转移。然而，正是在危机爆发、萧条开始的时候，联邦储备系统却没有采取任何有效的措施，只是听任货币数量慢慢减少，甚至因为它的存在，使得银行不能采取激烈的措施以平息挤兑风潮。更加不幸的是，虽然它的工作没有得到任何改善，但它的权力、威望却与日俱增，这只能证明"政府是今天经济不稳定的主要根源"[①]。

第四章　从摇篮到坟墓　弗里德曼在第四章中首先指出了福利计划的失败，其次就现有的各项福利措施是否可取分别进行了论述，并且提出了一些政治上可行的替代计划。

在本章的开头他介绍了1932年美国总统选举的背景。从这次选举结束，也就是罗斯福就任开始，政府的职能逐渐向控制经济活动转变。在此背景下，福利事业自然蓬勃发展，遗憾的是，与崇高的目标相比，结果远不令人满意。于是，出现了表面上相互矛盾的两个现象："一是人们对福利事业激增的后果普遍不满；一是人们继续施加压力要求进一步扩大福利事业。"[②]

接着，通过列举德意志帝国、英国、美国以及瑞典的例子，点明这些福利国家的结局就是财政负担日益加重，通货膨胀和失业并存，社会不满情绪

[①] 米尔顿·弗里德曼，罗斯·弗里德曼. 自由选择 [M]. 胡骑，席学媛，安强，译. 北京：商务印书馆，1982：92.
[②] 米尔顿·弗里德曼，罗斯·弗里德曼. 自由选择 [M]. 胡骑，席学媛，安强，译. 北京：商务印书馆，1982：98.

不断高涨。通过逐个分析社会保险、政府补助、住房补助、医疗照顾几项福利措施发现，真正贫困的人往往享受不到福利计划带来的实惠，反而是一些中等阶级或者高收入的人从中受益，甚至有部分福利开支被用来维持庞大的官僚机构。这表明实施福利计划的手段与制定计划的目标越来越背离，因而这些计划效率很低，弊病也很多。但是，"在对福利计划的抱怨增加的同时，受埋怨的福利计划的数目却在不断增加"[①]。反对福利事业的声音被淹没，因为从中受惠的人们，例如官僚机构总会想尽办法加以阻止。

目前，完全取消福利计划是不可能的，在本章的结尾，弗里德曼提出了一个过渡纲领：一方面用单一的内容广泛的现金收入补贴计划代替复杂的单项计划；另一方面，逐步取消社会保险。这样，政府的作用被压缩到一个很小的范围，就避免了福利事业开支被挪用或者浪费，也减少了福利计划对社会结构的不良影响。

第五章 天生平等 无论是上帝面前的平等还是机会均等，都同自己决定自己命运的自由不存在任何冲突，然而最近又出现了新名词，即结果均等。这种以所有人公平分配为目标的平等却对自由造成极大的威胁。在第五章中，作者详细阐述了结果均等的危害，并揭示其后果。

因为结果均等要求对所有人都公平分配，那么就必然存在少数人或者利益集团来把握这个尺度，而且他们是强迫财产多的人把多余的份额分给财产少的人。显然，这部分人被赋予了巨大的权力，他们完全可以利用职权控制多数人，从而妨碍了自由。更为严重的后果是，在统治阶级制定各种相关法律妨碍人们追求自己价值的情况下，他们只能规避法律，违反法律，或者离开这个国家。此外，作者用较小的篇幅论述了资本主义与平等的关系。他认为，资本主义非但没有妨碍平等，反而因为存在自由竞争、存在机会均等使得人们生活水平整体有所提高。在本章的最后，弗里德曼得出结论：如果把平等放在自由之上，二者皆不可得，反之，把自由放在首位，将获得更大的自由和更大的平等。

第六章 学校的问题在哪里 公立教育一直因防止分裂、促进不同文化背景的人和睦相处而自豪，然而近几年来却在走下坡路。随着学校权力日益集中在教育家的手中，政府对教育的干预日益加重，教学质量却在逐渐下降。

---

① 米尔顿·弗里德曼，罗斯·弗里德曼. 自由选择 [M]. 胡骑，席学媛，安强，译. 北京：商务印书馆，1982：110.

在本章中，弗里德曼分别分析了初等教育、中等教育以及高等教育的症结所在，并相应地提出了解决的办法。他认为，初、中等教育方面，学校体制由私立学校占多数变为公立学校占多数是问题的关键所在。因为学校教育的集中化意味着职业教育者接管了教育的权力，家长自由选择的能力缩小了。他们既不能把孩子送到私立学校去，因为负担不起高额的双重学费，也不能影响主管公立学校的政府当局，也就是说，父母为子女自由选择教育的权力被剥夺了，孩子的教育受到很大限制。为此，他提出一种改良措施——凭单计划，即政府发给家长一张凭单，据此家长可以在任何一所政府批准的学校为孩子上学交纳一定金额的学费，但这项计划遭到教育机构的坚决反对。

在高等教育方面，私人市场的作用比初、中等教育大一些，但也没能摆脱集权社会的阴影。收费低的官办学校同样带来质量和平等的双重问题。由于学费很低，吸引了许多不想真正接受教育的青年，结果退学率很高。同时，因为教师的薪酬制度不合理，课堂气氛不积极，学生的热情得不到激发。解决的办法是："在高等教育中采用贷款资助制度，偿还条件根据学生毕业后的收入情况来确定，该制度不仅将使教育机会均等，而且将消除目前征穷人的税来资助富人家子弟上学的不合理现象；或者，在高等教育中也采用凭单计划，该计划将提高高等教育机构的教学质量，同时促使补贴高等教育的税款的分配更加公平。"[①]

第七章　谁保护消费者　那些打着"保护消费者"旗号的组织例如州际商务委员会、食品和药物管理局、消费品安全委员会、环境保护局以及能源部等等，它们虽然在某些方面起到过积极的作用，但是由于强制手段的采纳也给正常的生产和销售带来了副作用，而且从长期来看，弊大于利。例如为了防止有害药物对消费者构成威胁而成立的食品和药物管理局，要求所有新药品在进入州际贸易之前，在安全方面必须经过它们批准，而且此组织活动的范围和力度在不断扩大和加强。这虽然起到了谨慎的作用，但管制过严也是有损于生产的，直接导致美国在新药品发明方面落到了后面。

作者在本章分别就各个组织如何扩大权力范围，干预正常的经济运行进行阐述，并得出结论："政府是一种手段，通过它我们可以弥补'市场的失灵'，可以根据我们的意愿较为有效地利用各种资源生产出所需要的清洁的空

[①] 米尔顿·弗里德曼，罗斯·弗里德曼.自由选择[M].胡骑，席学媛，安强，译.北京：商务印书馆，1982：195.

气、水和土地。不幸的是，导致市场失灵的那些因素，也同样使政府难以找到一种满意的解决办法。"[1] 归根结底，要保持经济正常运行，必须依赖市场自由发挥其作用。与政府干预相比，市场竞争能更好地保护消费者，通过中间人、商标声誉以及私人检验组织，市场同样可以帮助消费者对产品质量作出判断。政府对公众的控制过于严格，已经引起人们的反感。事实上，对消费者来说，最大的危险是垄断，不论是私人组织还是政府，所以政府如果想要保护消费者的根本利益，就应该取消各种限制，引进自由竞争，允许自由贸易。

第八章　谁保护工人　认为工会或者政府是工人利益的庇护者是十分错误的，具体原因弗里德曼在第八章里进行了详细的解释。由于滥用语言的原因，工会一直被认为是工人利益的最好代表者。然而实际上，绝大多数工人并不是工会成员，工会只是另一种形式的管制者，它与政府官员相互勾结，损害纳税人的利益。也就是说，工会主要依靠政府的协助来采取各种手段实现其目的。同时，政府采取的所谓保护工人的措施也为官僚们提供官职的来源。例如工会为其会员获取高工资而采取限制人们从事某种职业的办法，实际上损害了其他工人的利益；政府向其雇员支付的高工资，实际上是损害了纳税人的利益。

因此，只有依靠自由市场的竞争才能真正保护工人的利益。"其他雇主的存在保护了工人免受其雇主的剥削，因为他可以到别处干活。其他工人的存在保护了雇主免受工人的剥削，因为他可以雇用别人。其他卖主的存在保护了消费者免受某一卖主的剥削，因为消费者可以到别的商店买东西。"[2]

第九章　通货膨胀的医治　如果货币数量增加的速度，超过能够买到的货物和劳务数量增加的速度，就会发生通货膨胀。然而，货币数量增加的快慢完全取决于政府，所以政府必须对通货膨胀负责。

在第九章中，弗里德曼首先给出了造成通货膨胀的近因，即通货膨胀主要是一种货币现象，是由货币量比产量增加得更快造成的。产量的增长受到物质资源、人力资源、知识水平和运用知识的能力的限制，因而只能缓慢地增加，所以如果流通中货币数量增加得较快，就很容易引发通货膨胀。通过

---

[1] 米尔顿·弗里德曼，罗斯·弗里德曼. 自由选择 [M]. 胡骑，席学媛，安强，译. 北京：商务印书馆，1982：224.

[2] 米尔顿·弗里德曼，罗斯·弗里德曼. 自由选择 [M]. 胡骑，席学媛，安强，译. 北京：商务印书馆，1982：258.

列举美国、英国、德国、日本等几个国家的实例也证明通货膨胀率与货币增长速度是大致相等的。

然后,作者重点探讨了货币量过度增加的根本原因。因为货币供应量是由政府决定的,所以它的增加必然是给政府带来了好处,如提高实际税率、增加政府收入以及冲销部分公债等等。政府开支的迅速增加已经使其难以承受过重的经济负担,如果这时用征税来填补空缺定会引来民众的不满情绪,是不高明的。因此,政府想到另一种方法就是增加货币数量。因为政府可以卖公债给联邦储备系统,所以财政部就可以用卖债券得来的现金填补赤字空缺。

最后,作者提出了医治的办法——放慢货币增长率,这虽然会给经济运行带来副作用,即经济增长率低、失业率暂时偏高、通货膨胀率也降低不了多少等等,但这是不可避免的,而且也可以采取一些措施加以缓和,例如提前宣布降低通货膨胀率的政策或者在长期合同中加进所谓"调整条款",即合同条件将根据通货膨胀率的变化自动进行调整。在本章的结尾部分,作者还引入日本医治通货膨胀率的实例来说明放慢货币增长率是唯一行之有效的方法。

第十章 潮流在转变 最后一章中,作者强调自由主义这种思潮已经开始高涨,并且它在政策过程中将起到越来越重要的作用。在通货膨胀日益加重的背景下,反抗政府的情绪被触发并且高涨起来。同时,费边社会主义和新政自由主义的思潮也达到顶点。

面对政府活动范围日益扩大,官僚机构与全体公民的利益日益背离,我们能做的就是限制政府在经济和社会领域的权力。"我们应该采用自我克服的各种法令,以限制我们企图通过政治渠道追求的目标。我们不应该按照其是非曲直考虑每件事情,而应该制定广泛的规章和条例以限制政府的活动范围。"[1] 这里,弗里德曼提出一项经济上的"人权法案",同时,提出要限制税收和政府开支。总之,只有自由才能充分调动广大人民的积极性,发挥最大的潜能,推动经济的发展,"对人类自由的最大威胁是权力的集中,无论是集中在政府手里,还是集中在任何其他人手里"[2]。

---

[1] 米尔顿·弗里德曼,罗斯·弗里德曼. 自由选择[M]. 胡骑,席学媛,安强,译. 北京:商务印书馆,1982:312.

[2] 米尔顿·弗里德曼,罗斯·弗里德曼. 自由选择[M]. 胡骑,席学媛,安强,译. 北京:商务印书馆,1982:323.

── 【意义与影响】────────────────────────

　　《自由选择》一书是 20 世纪 70 年代末期反对国家过度干预经济活动的经典著作。它与哈耶克所著的《通往奴役之路》以及弗里德曼本人所著的《资本主义与自由》并称为新自由主义的宣言书。由于书中结合具体问题来论述经济制度和政治制度，通俗易懂，因此该书于 1980 年在美国首次出版后当年便成为畅销书，之后分别于 1981 年和 1990 年再版。而且，《自由选择》迅速被译为各种文字，中国大陆也在 1982 年由商务印书馆首次出版了中译本，2008 年机械工业出版社又出版了新的中译本。

　　本书作为一部阐述自由市场机制如何运作、自由市场的优势何在、如何消除妨碍其有效运作的障碍的著作，深刻地影响了知识分子和广大民众的思想观念。正如作者在 1990 年版序言中所说，"10 年前，《自由选择》一书首次出版时，我们充满了乐观主义情怀，将本书最后一章的标题定为'潮流在转变'。当时我们认为，人们普遍的信念正在从信仰集体主义转向信仰个人主义和私人市场机制。但我们未敢奢望这一潮流转变得如此迅猛。10 年前，世界上许多人都认为，计划经济在创造物质财富和增进人类自由方面，是一种可行的，甚至是最有生命力的体制。但在今天的世界上，已经很少有人这么认为了。——10 年前，许多人都接受这样的观点，即建立在私人自由市场机制上的资本主义制度，是一种大有缺陷的制度，它既无法创造出为人们广泛分享的物质繁荣，也无法提供广泛的人类自由。但到了今天，人们普遍认为只有市场经济体制才能实现繁荣和自由"[1]。这里无疑是在为建立在私人自由市场机制上的资本主义制度进行辩护，但其关于自由市场机制的一些精要论述对于我们今天的市场化改革不无启示意义。

　　此外，弗里德曼这一著作是以他多年来对美国经济问题和美国货币史的研究为基础的。由于他从 20 世纪 50 年代后期起就对当时盛极一时的凯恩斯主义的理论和政策提出挑战，因而书中在揭露西方世界实行凯恩斯主义赤字财政和国家干预政策的恶果方面有不少经过整理的材料，也可供我们在研究垄断资本主义经济政策的实质，了解西方世界所面临的高赋税、高失业、高通货膨胀率等实际状况时参考。[2]

---

[1] 米尔顿·弗里德曼，罗丝·弗里德曼. 自由选择 [M]. 北京：机械工业出版社，2008：序言.
[2] 米尔顿·弗里德曼，罗斯·弗里德曼. 自由选择 [M]. 胡骑，席学媛，安强，译. 北京：商务印书馆，1982：出版说明 3.

【原著摘录】

导言 P7-13

P12 近来的经历——经济增长缓慢，生产率下降——向人们提出了这样的疑问：如果我们继续把越来越多的权力交给政府，继续把权力授给公务人员这样一个"新的阶级"，让他们代表我们花费越来越多的收入，那么，个人的独创性是否还能克服政府控制的麻痹作用。一个日益强大的政府迟早将摧毁自由市场给我们带来的繁荣，摧毁独立宣言庄严宣布的人类自由。

第一章 市场的力量 P14-41

P16 凡达到过繁荣和自由的社会，其主要组织形式都必然是自愿交易。不过我们要赶紧补充一句：自愿交易并不是达到繁荣和自由的充足条件。

P19 价格在组织经济活动方面起三个作用：第一，传递情报；第二，提供一种刺激，促使人们采用最节省成本的生产方法，把可得到的资源用于最有价值的目的；第三，决定谁可以得到多少产品——即收入的分配。这三个作用是密切关联的。

P30 一个社会的价值准则、它的文化、它的社会习俗，所有这些都是通过自愿的交换和自发的合作发展起来的，其复杂的结构是在接受新东西和抛弃旧东西、反复试验和摸索的过程中不断演变的。

P31 政府是怎么牵扯进来的？在某种程度上，政府是自愿合作的一种形式，是人们挑选来达到某些目标的方法。

P32 然而，政府并不仅仅是一种选择。它还是一个机构，广泛地被认为拥有独断的权力，可以合法地使用强力或以强力为威胁，来使我们当中的一些人得以合法地强制另一些人……那政府应该起什么作用呢？亚当·斯密在二百年前最为圆满地回答了这个问题：

第一，保护社会，使不受其他独立社会的侵犯。第二，尽可能保护社会上各个人，使不受社会上任何其他人的侵害或压迫，这就是说，要设立严正的司法机关。第三，建设并维持某些公共事业及某些公共设施。

P34 斯密提出的第三项义务是政府应当肩负的一项正当义务，其目的在于维护和加强自由社会；但政府也可以以此为理由，无限扩大自己的权力。

P36 政府权力的每一次扩大，不管是为了什么目的，都会增加这样一种危险，即政府不是为其大多数公民服务，而是变成一些公民压迫另一些公民的手段。

政府的第四项义务，是保护那些被认为不能"负责的"社会成员。

第二章 控制的专横 P42—72

P44 亚当·斯密以来，经济学家不管在其他问题上思想立场如何，在国际贸易这一问题上却几乎一致认为，自由贸易最符合各贸易国和整个世界的利益。

P58 凡是个人自由的成分较大，普通公民的物质享受在某种程度上有所增加，人们普遍对未来的发展抱有信心的地方，我们总是发现其经济活动主要是通过自由市场组织的；凡是国家严密控制其公民经济活动的地方，也就是说，凡是详细的中央经济计划统治一切的地方，那里的普通公民就受到政治的束缚，生活水平低下，无力掌握自己的命运。国家可能兴旺，可能开创不朽的功业，但普通公民成了实现国家目标的工具，收入仅够维持他们适度的生产。

P68—69 经济自由的必不可少的组成部分之一是自由选择如何使用我们的收入……自然，我们对政府代表我们花多少我们的收入，有一些发言权……经济自由的另一必不可少的组成部分，是按照我们自己对价值的看法自由地使用我们所拥有的资源。

P70 拥有财产的自由是经济自由的又一必不可少的组成部分。

P72 自由不可能是绝对的。我们生活在一个相互依赖的社会中，对我们的自由施加某些限制是必要的，以免遭受其他更坏的限制。但是，我们已经远远超过了这一点，当今迫切需要的是取消限制而不是增加限制。

第三章 危机的剖析 P73—92

P74 我们现在知道——当时却很少有人知道——萧条并不是私人企业失败所造成，而是政府在一个从一开始就被赋予责任的领域里的失败造成的。

P88 货币崩溃既是经济崩溃的原因，也是它的结果。货币崩溃主要是联邦储储备政策的，而它无疑加重了经济崩溃。经济崩溃一旦开始，又使货币崩溃恶化。

P91 联邦储备系统的失败，产生了这样一种政治环境，使联邦储备委员会得以对地区银行进行更多的控制。

P92 不幸，增加权力、威望和办公处的装潢，并没有相应改善工作……它的行为则继续证明这个现实：政府是今天经济不稳定的主要根源。

第四章 从摇篮到坟墓 P93—130

P98 谁也解释不了下面这样两个表面上相互矛盾的现象：一是人们对福

利事业激增的后果普遍不满；一是人们继续施加压力要求进一步扩大福利事业。

P122 我们需要某种方法使我们从目前所处的状况顺利地过渡到我们想要达到的状况，为现在依赖福利金的人提供援助，同时鼓励人们从领福利金有条不紊地转到领工资。

这个纲领有两项基本内容：第一，改革现在的福利制度，用一个单一的内容广泛的现金收入补贴计划（这是一种与正所得税相联系的负所得税）取代目前杂七杂八的单项计划；第二，在履行现有义务的同时，逐步取消社会保险，要求人们自己为退休后的生活作出安排。

第五章 天生平等 P131-152

P131 无论是上帝面前的平等还是机会均等，都同自己决定自己命运的自由不存在任何冲突。

最近几十年来，平等这个词在美国开始具有一种同上述两种解释很不相同的含义，即结果均等……努力推进这种均等，是造成政府越来越大并使我们的自由受到限制的主要原因。

机会均等

P135 它的真正含义的最好的表达也许是法国大革命时的一句话：前程为人才开放。任何专制障碍都无法阻止人们达到与其才能相称的、而且其品质引导他们去谋求的地位。

结果均等

P138 结果均等的概念与前两个概念有着天壤之别。促进人身平等或机会均等的政府措施增大自由；致力于"对所有人公平分配"的政府措施减少自由……如果所有人都要"公平份额"的话，那就必须由某个人或某个集团来决定什么样的分配是公平的，而且他们必须能够把他们的决定强加给别人，从财产多于"公平"份额的人那里拿走一部分，给予财产少于"公平"份额的人。

平等政策的后果

P148 平等运动的失败有其更为根本的原因。它违背了人类的一个最基本的天性，即亚当·斯密所说的，"每个人都为改善自身的境况而作一贯的、经常的和不间断的努力"。

当法律妨碍人民去追求自己的价值时，他们就会想办法绕道走。他们将规避法律，违反法律，或者离开这个国家。

资本主义和平等

P149-150　世界上任何地方都存在着收入和财富的严重的不平等。

凡是容许自由市场起作用的地方，凡是存在着机会均等的地方，老百姓的生活都能达到过去做梦也不曾想到的水平。相反，正是在那些不允许自由市场发挥作用的社会里，贫与富之间的鸿沟不断加宽，富人越来越富，穷人越来越穷。

结论

P152　一个社会把平等——即所谓结果均等——放在自由之上，其结果是既得不到平等，也得不到自由……另一方面，一个把自由放在首位的国家，最终作为可喜的副产品，将得到更大的自由和更大的平等。

第六章　学校的问题在哪里 P153-195

P155　在高等教育方面，私人市场的作用要比在初等和中等教育方面大一些。但在那里也摆脱不了过分集权的社会的弊病的影响。

初等教育和中等教育：问题所在

P157　学校体制发生了变化：以前是私立学校占多数，现在是公立学校占多数，但这一变化并不仅仅发生在美国。正如一位权威人士所说，"人们逐渐接受了这样一种看法，认为教育应当是国家的职责"。

初等和中等教育的凭单计划

P164　一种既能保证父母享有更大的选择自由，又能保持现有的财政来源的简单、可行的方法是实行凭单计划……假定政府对你说："如果你不要我们为你的孩子出教育费，那你将会得到一张凭单，用这凭单你可以为孩子在某一得到政府批准的学校上学交纳一定金额的学费。"

高等教育：解决办法

P190　虽然确实应该废除纳税人为高等教育出钱的做法，但目前这在政治上似乎是办不到的。为此，我们将附带论述一项代替政府出资的、不那么激烈的改革方案——高等教育凭单计划。

P192　高等教育凭单计划……让所有官办学校根据所提供的教育服务的全部费用来收学费，从而在平等的条件下与非官办学校竞争……允许学生根据自己的选择在任何教育机构使用凭单，唯一的条件是他们所上的学校是需要补贴的学校。

结论

P195　我们认为，政府在资助和管理学校方面作用的不断加大，不仅导致了纳税人金钱的巨大浪费，而且导致了比自愿合作继续起较大作用所能产生的教育制度远为落后的制度。

第七章　谁保护消费者 P196－238

市场

P232　这个世界不是尽善尽美的。永远会有质量低劣的各种产品、庸医和诈骗能手。但总的看来，如果允许市场竞争起作用，那它同强加到市场头上的越来越多的政府机构相比，将能更好地保护消费者。

结论

P238　公众对于控制我们行为的更为极端的尝试——如要求汽车安装连锁安全装置以及提议禁止生产糖精等——的反应，充分证明我们丝毫也不需要这种政府控制。假如政府真的掌握一般人无法得到的、有关我们咽下的东西或我们从事的活动的优缺点的情报，那政府应该提供给我们这方面的情报。但政府最好还是听任我们自由选择，让我们自己决定自己的命运。

第八章　谁保护工人 P239－259

工会

P240　滥用语言的最惊人的事例之一是把"劳方"看作"工会"的同义词……这是双重的错误。首先，在英国四分之三以上的工人不是工会会员……其次，把"工会"的利益及其成员的利益等同起来是错误的。

P246　我们所有的人，包括由工会高度组织起来的人们，作为消费者，由于工会会员的高工资对消费品价格的影响而间接地受到损害。

政府

P254－255　除了保护工会会员之外，政府还通过了旨在一般地保护工人的大批法令……某些措施对工作条件的改善产生了有利的影响……其他法令，你知道后不要感到惊奇，既带来了好处，也带来了害处。它们在减少普通工人的就业机会和收入的同时，却为某些工会和雇主提供了权力的来源，为官僚们提供了官职的来源。

结论

P258　当工会用限制人们从事某种职业的办法来为其会员获取较高 P259 工资时，这种较高工资是通过损害其他工人的利益获得的，这些工人发现他们的就业机会减少了。当政府向其雇员支付较高工资时，这种较高工资是通过损害纳税人的利益获得的。

第九章　通货膨胀的医治 P260－294

造成通货膨胀的近因

P275　通货膨胀主要是一种货币现象，是由货币量比产量增加得更快造成的。货币量的作用为主，产量的作用为辅。许多现象可以使通货膨胀率发生暂时的波动，但只有当它们影响到货币增长率时，才产生持久的影响。

货币为什么过度增加？

P276　在美国，过去十五年左右货币加速增加，有以下三个相关的原因：第一，政府开支迅速增加；第二，政府的充分就业政策；第三，联邦储备系统执行的错误政策。

通货膨胀的医治

P282　放慢货币增长率，在开始的时候会带来痛苦的副作用：经济增长率降低，P283 失业率暂时偏高，通货膨胀率暂时并不降低多少。好处要在一两年后才出现：通货膨胀率降低，经济比较健康，有了非通货膨胀性迅速增长的潜势。

P284　因为高额政府开支是造成货币过度增长的一个原因，所以减少政府开支是有助于减少货币增长的一个因素。

医治的副作用

P285　缓慢的经济增长和较高的失业率并不是医治通货膨胀的方法，而是医治奏效时产生的副作用。

缓和副作用

P288－289　缓和副作用的最重要的方法，是事先宣布一项政策并加以贯彻实施，使之取信于民，这样一来逐渐而平稳地降低通货膨胀率。

另一种已被证明行之有效的缓和不良的副作用的方法，是在长期合同中加进所谓"调整条款"，即合同条件将根据通货膨胀率的变化自动进行调整。

第十章　潮流在转变 P295－323

为什么特殊利益占优势

P305　权力的分散和各项政府政策的相互矛盾，其根源在于民主制度的政治现实，这一制度是通过制订详细而具体的法律而运转的。这样一种制度往往把过大的政治权力赋予利益高度集中的小集团；往往比较重视政府行动的明显的、直接的和即刻显示出来的效果，而不重视政府行动的可能更重要的但却是隐蔽的、间接的和迟缓的效果；往往为了特殊利益而牺牲普遍利益，而不是相反。

我们能够做什么

P313　我们认为，我们需要有一项与宪法的第一项修正案相同的法案，来限制政府在经济和社会领域的权力——一项经济上的"人权法案"，以补充和加强原来的"人权法案"。

【参考文献】

[1] 施瓦茨. 米尔顿·弗里德曼：从遭人摒弃到名满天下 [J]. 现代外国哲学社会科学文摘，1999（8）.

[2] 杨丽. 析弗里德曼新自由主义思想及其影响 [J]. 昆明理工大学学报，2002（3）.

[3] 方湖柳. 市场的自由与市场的发育——美国经济学家弗里德曼经济自由观探微 [J]. 新疆社科论坛，2002（1）.

十四、《资本主义与自由》

[美] 米尔顿·弗里德曼　著
张瑞玉　译
商务印书馆，2004 年

【作者简介】

见上篇。

【写作背景】

1956 年 6 月，弗里德曼在约翰·范·西克尔和本杰明·罗格主持并由福尔克尔基金会发起的在瓦巴西学院的一次会议上作了一系列的演讲，这些讲稿经过整理于 1962 年出版，即为本书《资本主义与自由》。

本书中所提出的观点与当时主流思想格格不入。1929 年经济大萧条，凯恩斯提出政府干预主义，认为依靠国家比依靠私人间的自愿安排更为有效，尤其是在处理公共保障问题时。第二次世界大战后，大多数发达资本主义国家普遍采用凯恩斯的国家干预政策，摆脱了大规模经济危机的影响。20 世纪五六十年代，凯恩斯政府干预主义和福利国家思想盛行，人们笃信政府几乎可以解决一切社会问题。而在本书中弗里德曼强烈反对政府职能的扩大化，提倡自由和市场。弗里德曼的经济思想被人们视为荒诞不经。像杜克大学这样的名校图书馆甚至连其著作都不摆放在书架上。

但弗里德曼坚信自己理论的正确性，慷慨激昂地宣扬自己的独特经济见解。弗里德曼敏锐意识到，自由主义的主旨已经被偷梁换柱了，变成了福利和平等，而非原来的自由。按照弗里德曼看来，扩大自由才是改进福利和促成平等的最有效的办法。

当本书第一次出版时，它没有受到任何主要国家级刊物的评论，包括《纽约时报》《纽约先驱论坛报》《芝加哥论坛报》《时代周刊》《新闻周刊》等。

20世纪70年代，美国等西方国家开始进入滞胀阶段，凯恩斯主义思想受到质疑，弗里德曼的预言成为现实问题，其思想开始受到人们重视。由于创立了货币主义理论，提出了永久性收入假说，弗里德曼于1976年获得诺贝尔经济学奖。成为与凯恩斯并驾齐驱的20世纪最具影响力的经济学家。

【中心思想】

本书是弗里德曼新自由主义思想的集中体现。

新自由主义是西方经济思想的流派之一。这一流派大致出现于第二次世界大战前后，其代表人物为西德的欧根、奥地利学派的哈耶克以及本书的作者弗里德曼等人。新自由主义者颂扬自由竞争下的资本主义市场和人格制度，认为它几乎是解决任何经济问题的最好机制。虽然如此，他们并不赞成完全不受束缚的"自由放任"。他们主张，国家应该创造条件使市场和人格制度发挥最大的功能。对于他们所承认的市场和人格制度的不足之处，他们也赞同国家进行干预。但是，他们又认为，一方面，应把干预限制在最少的程度；另一方面，最好还要通过市场和人格制度来进行干预，以便取得最好的效果。

在本书中，弗里德曼论述了大致相似的观点。

他宣称，他是一个自由主义者，而对于自由主义者而言，把人们组织起来从事生产活动的最好的机制，是在没有强制手段下的人们之间的自愿合作并且在自愿合作的基础上缔结相互有利的契约。他写道："通过自愿交换所组成的社会……是一个自由的私有企业交换经济——即我们一向称之为竞争的资本主义。"[1] 据说这种制度在促进人类的自由上起着双重作用：首先，"经济自由本身是一个目的。其次，经济自由也是达到政治自由的一个不可缺少的手段"[2]。

把这一说法作为根据，弗里德曼对西方国家近数十年来对经济生活的日

---

[1] 米尔顿·弗里德曼. 资本主义与自由 [M]. 北京：商务印书馆，2004：17.
[2] 米尔顿·弗里德曼. 资本主义与自由 [M]. 北京：商务印书馆，2004：11.

益扩大的干预，特别是美国对经济生活的干预，提出反对意见。他认为，这种日益扩大的干预不但构成对自由的威胁，而且也缺乏效率，从而不会取得干预所期望得到的成果。因此，他主张，某些被他认为是不必要的干预项目（如发给营业执照）应该取消，而某些被一般人认为是必要的干预项目（如邮政）应改由私人经营。换言之，国家对经济生活的干预不但要被限制在最低的水平，而且还应尽可能地通过市场和人格制度来加以执行。据说这样，不但可以取得最有成效的结果，而且还可以保卫自由竞争的资本主义，从而也就可以保卫他所信奉的自由的原则。

【分章导读】

本书包括序言（1962年）、绪论和十三章节，同时增添了1982年版序言和2002年版序言。

绪论　作者在绪论中开篇引用肯尼迪总统就职演说的一句话："不要问你的国家能为你做些什么——而问你能为你的国家做些什么。"以此来论述自由人和政府、国家之间的关系，提出"自由人既不会问他的国家能为他做些什么，也不会问他能为他的国家做些什么。他会问的是：'我和我的同胞们能通过政府做些什么'，以便尽到我们个人的责任，以便达到我们各自的目标和理想，其中最重要的是：保护我们的自由"[①]。"对自由最大的威胁是权力的集中。为了保护我们的自由，政府是必要的；通过政府这一工具我们可以行使我们的自由；然而，由于权力集中在当权者的手中，它也是自由的威胁。"[②]

为了既能从政府的有利之处取得好处而同时又避免对自由的威胁，首先"政府的职责范围必须具有限度"，"政府的权力必须分散"。并提出本书的主要论点是竞争的资本主义——通过在自由市场上发生作用的私有企业来执行我们的部分经济活动——是一个经济自由的制度，并且是政治自由的一个必要条件。次要论点是政府在致力于自由和主要依赖市场组织经济活动的社会中所应起的作用。在绪论中，弗里德曼同时也分析了"自由主义"不同意义中的含义。

第一章　经济自由和政治自由之间的关系　本章是本书思想的核心，是贯穿整本书的原则，同时也是弗里德曼自由主义思想的集中体现。弗里德曼

---

① 米尔顿·弗里德曼. 资本主义与自由 [M]. 北京：商务印书馆，2004：4.
② 米尔顿·弗里德曼. 资本主义与自由 [M]. 北京：商务印书馆，2004：5.

详细分析了经济自由和政治自由之间的关系。

针对民主社会主义关于"政治和经济是可以分开的"观点，作者指出，在政治和经济之间有着密切的联系，"经济安排在促进自由社会方面起着双重作用。一方面经济安排中的自由本身在广泛的意义上可以被理解是自由的一个组成部分，所以经济自由本身是一个目的。其次，经济自由也是达到政治自由的一个不可缺少的手段"①。

在强调经济自由本身作为目的的"直接重要性"的前提下，作者着力分析了经济自由和政治自由之间内在的逻辑联系。为此，作者首先把市场作为自由的直接的组成部分进行了考察，然后考察市场安排和政治自由之间的间接联系，在此基础上为自由社会的理想的经济安排提供了一个轮廓。

作者认为，社会组织的基本问题是如何协调许多人的经济活动。有两种方法，一个方法是包括使用强制手段的中央指挥，另一个是个人自愿的结合——市场的方法。那么，通过自愿的结合进行协调的可能性何在呢？作者指出，这来自"一个基本的——然而经常被否定的——命题，即：进行经济交易的双方都可以从中获利，只要交易双方是自愿的而且是不带欺骗性的"。这种通过自愿交换所组成的社会的一个发生作用的模型就是："一个自由的私有企业交换经济，即：我们一向称之为竞争的资本主义。"②

在提倡自由市场经济的同时，弗里德曼又提出"自由市场的存在当然并不排除对政府的需要"。政府存在有其必要性。但同时又指出对自由的基本威胁是强制性的权力，"保持自由要求在最大可能的范围内排除这种集中的权力和分散任何不能排除掉的权力，即：相互牵制和平衡的制度。通过使经济活动组织摆脱政治当局的控制，市场便排除了这种强制性的权力的泉源。它使经济力量来牵制政治力量，而不是加强政治力量"③。

第二章 自由社会中政府的作用 本章探讨自由社会中政府存在的必要性和政府的作用。

由于权力的集中是对自由的威胁，因此必须权力分散，通过经济自由促进政治自由。弗里德曼在呐喊自由的同时也看到了市场的不足之处，赞同国家进行干预。但是，他认为应把干预限制在最小的程度；最好还要通过市场和人格制度来进行干预，以便取得最好的效果。

---

① 米尔顿·弗里德曼. 资本主义与自由 [M]. 北京：商务印书馆，2004：11.
② 米尔顿·弗里德曼. 资本主义与自由 [M]. 北京：商务印书馆，2004：17.
③ 米尔顿·弗里德曼. 资本主义与自由 [M]. 北京：商务印书馆，2004：20.

政府的作用首先在于作为规则的制定者和裁判员,"除非整个社会具有基本相同的意见,任何形式的规则都无法存在。但是,我们不能单单依靠习惯或这种一致性来解释和实施这些规则;我们需要一个裁判员。因此,这些就是一个自由社会政府的基本作用:提供我们能够改变规则的手段,调解我们之间对于规则意义上的分歧,和迫使否则就不会参加游戏的少数几个人遵守这些规则"①。

他认为无政府主义是行不通的,决定政府采取适当行动的主要问题是如何解决不同个人的自由之间的这些冲突。在经济领域中,关于联合自由和竞争自由之间的冲突是重要的问题,给财产权下定义也是困难的,另外一个问题就是货币制度。

政府的第一个作用是从事于一些市场本身不能从事的事情,另外,我们也可以通过政府做一些市场由于技术和类似的原因很难做到的事情,主要包括垄断和类似的市场不完全性以及邻近影响。技术垄断和邻近影响是扩展政府活动的理由。

政府的第三个作用是政府根据家长主义理由而采取行动。最明显的如疯子的情况和儿童。政府的职能必须有所限制。

基于这样的分析,作者列出了14条政府不应该从事的活动,包括对农业的评价支持方案、进口关税或出口限制、政府对产品的控制、租金控制、法定最低工资率、目前的社会保险方案、执照的限制、"公共住宅"、和平时期的征兵制等一系列政府行为。针对这些行为的某些以后章节有相关的详细分析。

第三章 货币的控制 弗里德曼的突出贡献是对资产阶级货币理论的研究,特别是对货币数量论的研究,因此本章是其货币理论思想的集中体现。

作者详细分析了1929—1933年经济大萧条发生的背景、过程和原因,认为这次大萧条是由于政府管理不当而造成的,应直接归因于联邦储备系统的成立和它的当局的疏忽,并非由于私有制经济的任何固有的不稳定性,并且认为这样的联邦储备管理制度是一个坏的制度。

对于建立一个自由社会的货币的安排而论,自动调节的商品本位是行不通的,也不是解决的办法,解决的办法是"通过立法而成立一个法治的政府,

---

① 米尔顿·弗里德曼. 资本主义与自由 [M]. 北京:商务印书馆,2004:30.

而不是人治的政府来执行货币政策"①。

这种货币政策应该"按照货币数量的变化来制定规章……由立法机关制定规章,命令货币当局来使得货币数量按照具体的比例增长"②。这是根据目前知识水平能够提供一定程度的货币稳定性的最有希望的规章。提出"银行及财政的进一步改革是可能的和应该做的。他们会对目前政府干预贷款和投资活动造成消除的影响"③。

第四章 国际金融和贸易安排 本章是弗里德曼"浮动汇率制"思想的表述。20世纪50年代,布雷顿森林体系还处于幼年期,它建立的基础是固定汇率制。汇率在约定的范围内浮动,由国际货币基金组织决定,人们对其寄予厚望,希望它将稳定性和预见性结合起来,但是收支平衡依旧是问题。弗里德曼在此基础上提出浮动汇率制,这一思想最初体现在1950年的一个备忘录,后发表《弹性汇率论》,本章是这一思想的重述和发展。

作者论述了国际货币安排对经济自由的重要性以及黄金在美国货币制度上的作用,分析了取得国际收支平衡的四种机制。认为"在这些手段中,只有自由浮动外汇率才是完全自动调节和不受政府控制的"④。

"只有两种机制是与自由市场和自由贸易相一致的,一个是完全自动调节的国际金本位,……这既行不通,又不是理想的办法。……另一种是没有政府干预而完全由市场上的私人交易所决定的自由浮动的汇率制度。……假使我们不采用它,我们将无法扩展自由贸易的范围,并且迟早会不得不对贸易施加广泛的直接控制。"⑤

浮动汇率不意味着是不稳定的汇率,在其中,价格虽然可以自由变动,但在事实上,汇率却是非常稳定的,因为基本的经济政策和条件是稳定的。

弗里德曼在此列出了七条形成一个黄金和外汇的自由市场所应采取的措施,如不再按固定价格买卖黄金、取消黄金价格维持方案、不规定美元和其他货币之间的官价汇率等。

在本章中弗里德曼强调浮动汇率能够带来完全自由的贸易,应该排除美国对贸易的限制,消除关税和非关税贸易障碍。弗里德曼的这些思想对于21

---

① 米尔顿·弗里德曼. 资本主义与自由 [M]. 北京:商务印书馆,2004:57.
② 米尔顿·弗里德曼. 资本主义与自由 [M]. 北京:商务印书馆,2004:60.
③ 米尔顿·弗里德曼. 资本主义与自由 [M]. 北京:商务印书馆,2004:61.
④ 米尔顿·弗里德曼. 资本主义与自由 [M]. 北京:商务印书馆,2004:71.
⑤ 米尔顿·弗里德曼. 资本主义与自由 [M]. 北京:商务印书馆,2004:73—74.

世纪的今天仍然具有重要的指导意义。

第五章　财政政策　本章在批驳凯恩斯乘数理论的基础上，分析了美国的财政政策，认为联邦预算并没有起到平衡器的作用，联邦预算本身就是扰动和不稳定的主要源泉。

对财政政策而言，相应于货币方面的规章是：完全根据整个社会需要通过政府而不是通过私人所要做的事情来计划开支方案，而丝毫不考虑逐年的经济稳定问题来率先规定税率以便得到足够的收入，用以大致补偿有关年份的计划开支，同样也不要考虑逐年的经济稳定问题来避免政府开支或赋税的突然变化。

在货币政策与财政政策选择上，弗里德曼主张采用货币政策。在货币政策操作上，弗里德曼反对准备金政策，认为价格控制和利率可作为主要调控手段，同时主张主动平抑经济周期波动。美国和欧洲等世界主要发达国家过去二十年保持经济低通胀，与弗里德曼强调货币稳定增长有极大关系。

第六章　政府在教育方面的作用　本章是弗里德曼"教育凭证"思想的体现。弗里德曼指出，政府干预教育主要是出于两个理由：一是由于教育具有邻近影响，二是出于对孩子们和其他对自己行动不负责任的个人的家长主义的关怀。他认为，教育中邻近影响的存在，本质上只是要保证儿童受到最低水平的学校教育和基础教育，即公民的一般教育。他指出，这种要求可以施加于家长而不一定需要政府采取进一步的行动。由家长自己缴纳学费，而不必由政府征收教育税。政府只为少数贫困或不负责任家长的孩子提供教育资助。这样可以减掉政府的一个机关，节约资金，尤其可以避免政府对教育的过多干预。弗里德曼认为，一般说来，社会越富裕，分配越平均，政府资助教育的理由就越少。

出于现实的考虑，他并不反对由政府大面积资助最低水平的学校教育。同时，他指出，政府资助教育的方式需要进行调整，即由原来的政府自己向学校拨款的方式转向实行教育凭证制度，即政府发给家长们票证，提供政府所规定的最低限度的学校教育经费，家长们可以自由地使用这种票证，再加上他们所自愿添增的金额向他们所选择的被批准的教育机关购买教育劳务[①]。这样，可以保障家长选择学校的权力，在教育中运用市场机制促进学校之间的教育竞争，以此提升学校教育质量和效率。

---

① 米尔顿·弗里德曼. 资本主义与自由 [M]. 北京：商务印书馆，2004：97.

弗里德曼指出，政府虽然可以资助教育，但并不需要自己提供这种学校教育，而可以转交由以营利为目的的私营教育机关或非营利的教育机关来举办和管理。

结合美国教育现实，弗里德曼批驳了学校国有化的论点，严厉抨击了政府权力扩张、对教育的垄断所造成的危害与弊病。公立学校制度导致了教育质量和效率的低下。公立教育加深了社会的分化，造成了教育不平等。

第七章　资本主义和歧视　本章涉及歧视的问题。他认为"一个人皮肤的颜色或他双亲的信仰本身并不构成应以不同方式对待他的理由，应该根据一个人是什么和在干什么进行判断，而不应根据这些外表特征来进行判断"[1]。

但在如何消除歧视的途径上，作者反对公正就业的立法和劳动权立法，认为这些法案的存在在实践上的意义不大，"这种政府干预会减少自由和对自愿的合作施加限制。我们具有充分的理由能使用政府以防止一人向另一人施加积极的伤害，也就是说，防止使用强迫手段。但我们没有什么理由能使用政府以避免消极的伤害"[2]。

他提出的适当的方法是说服我们的同胞成为具有同样见解的人，而不是使用国家强制力量来迫使他们按照我们的原则行事。

针对学校教育的种族隔离，政府的强制执行种族隔离或者种族同校，二者均不是好的解决办法。"恰当的解决办法是消除政府对学校的经营，并且准许家长把他们的孩子送进他们要孩子进的那种学校。此外，我们当然要尽可能地用行为和言论来培植会导致种族混合学校成为常规的态度和意见，而种族隔离学校则成为少数的例外。"[3]

第八章　垄断以及企业和劳工的社会责任　本章论述了垄断的范围、垄断的来源、政府应采取的政策以及由此而引起的企业和劳工的"社会责任"问题。

"当一个特殊的个人或企业对一个特殊的物品或劳务具有足够的控制力在很大的程度上来决定其他个人获得物品或劳务的条件时，垄断就存在。……对于自由社会，垄断引起两类问题。第一，通过减少个人的可供选择的办法，垄断的存在意味着对自愿的交换进行限制。第二，垄断的存在引起逐渐被称

---

[1] 米尔顿·弗里德曼. 资本主义与自由 [M]. 北京：商务印书馆，2004：120.
[2] 米尔顿·弗里德曼. 资本主义与自由 [M]. 北京：商务印书馆，2004：123.
[3] 米尔顿·弗里德曼. 资本主义与自由 [M]. 北京：商务印书馆，2004：127－128.

为垄断者的'社会责任'的问题。"[1]

垄断的范围包括企业垄断、劳工垄断和政府所造成的垄断。其中对于企业垄断和劳工垄断,存在着对其垄断性的过分估价。尤其提到政府所创造的在原则上不同的垄断形式:给发明者以专利权,给作家以版权,这些被视为财产权的范畴。

垄断的来源主要有:"技术"方面的原因、政府的直接和间接的支援、私人的勾结。其中"技术考虑使垄断成为可能或现实的领域是相当有限的。假使不把以技术垄断为理由而造成的政府调节的趋向扩大到不适用的情况,技术垄断不会对保存自由经济施加严重的威胁"[2]。而政府直接和间接的支援主要体现在关税、税赋以及有关劳工纠纷的强制性的法律和立法。私人的勾结正如亚当·斯密所说"即使为了娱乐和消遣,经营同行业的人们很少能相聚在一起而又不以相互勾结、反对社会利益的谈话或以某种提价的策划来结束会见"[3]。因而,这种相互勾结或私人卡特尔的安排不断在发生。然而,除非它们能取得政府对它们的支援,它们一般是不稳定的,而时间是短暂的。

针对垄断,"在政府政策的范围内,第一个和最迫切需要的是消除那些直接支持不论是企业还是劳工垄断的措施,并且对企业和工会以同样的态度执行法律"[4]。"除此以外,减少垄断力量的最重要和有效的步骤便是广泛地改革赋税法。公司税应该取消。不管是否如此做,应该要求公司向股东分摊没有作为股息支付出去的利润。"[5]

最后针对弗里德曼有力地驳斥了那些主张经济领导者应承担更多的社会责任的论断。虽然当时社会普遍流行的看法使得弗里德曼的观点显得十分激进,但他仍据理力争,令人信服地指出公司管理层除了使利润最大化之外还负有社会责任的观点不但是错误的,而且还具有颠覆经济的破坏性。

第九章 职业执照 弗里德曼强烈反对执照制度,认为执照的发给往往在实质上不过建立了中世纪行会那种规章制度;在其中,由州把权力赋予专业的成员们。实际上,在决定谁该获得执照时,就一个外行人所能看到的而言,考虑的问题所涉及的事情往往和专业能力没有任何关系。

---

[1] 米尔顿·弗里德曼. 资本主义与自由 [M]. 北京:商务印书馆,2004:130.
[2] 米尔顿·弗里德曼. 资本主义与自由 [M]. 北京:商务印书馆,2004:140.
[3] 亚当·斯密. 国富论(1776年)[M]. 第一编,第十章,第二节(坎农本,伦敦,1930年),第130.
[4] 米尔顿·弗里德曼. 资本主义与自由 [M]. 北京:商务印书馆,2004:143.
[5] 米尔顿·弗里德曼. 资本主义与自由 [M]. 北京:商务印书馆,2004:144.

实施执照制度，这种干预已经侵犯了个人从事自己选择的活动的自由。它付出了明显的社会代价：不管它是注册、发给证明还是发给执照，这些措施的任何一个几乎不可避免地要成为牺牲其他公众利益而取得垄断地位的特殊生产者集团手中的工具。

继而弗里德曼详细论述了行医执照。之所以选择这个领域，作者认为是"在医药领域颁发执照比在大多数其他领域如此做具有更充分的理由"[1]。但是即使如此，在医药领域颁发执照对于自由主义者来说也是不可取的。

首先，发给执照是医疗职业界能对医生的数量进行控制的关键。为了理解这一点，弗里德曼详细介绍了美国医学协会，它是一个能限制参加人数的工会。其主要的控制是在进入医学院的阶段。人们必须领得执照才能开业行医，而为了得到执照，他必须是一个被批准了的学校的毕业生，这样对进入医学院的人数进行控制，然后对发给执照加以控制。这种双重控制能够保证对进入医疗业的限制。

他认为质量只是一种施加限制的合理化的接口，而不是根本原因。发给执照只会减少行医的数量，降低行医的质量，"因为，这会减少想做医生的人们所能有的机会，迫使他们谋求被他们认为是具有较少吸引力的职业，又因为，这会迫使公众对较差的医疗服务支付较多的代价，阻碍医学本身和医务组织的技术发展"[2]。

因此得出结论：行医所需的执照应该取消。

第十章　收入的分配　收入均等被认为是社会的一个目标，西方国家采用了遗产税和累进税进行收入的再分配。本章中，弗里德曼批驳了政府的税收措施，提出低税率、固定比例税，取消纳税优待规定。

首先他分析了分配的道德标准，提出通过市场所决定的报酬来得到全部报酬的平等或待遇的平等，即"差异均等化"[3]，还需要通过市场的运转来造成另一种不均等，以便在某些微妙的意义上造成均等的待遇。普遍的分享财富会使文明世界不存在。

同时他又批驳了认为资本主义和自由企业比其他的制度造成更大范围的不均等的错误解释。提出资本主义比其他的制度造成更少程度的不均等，而资本主义的发展还大大地减少不均等的范围。进而他进行了空间和时间上的

---

[1] 米尔顿·弗里德曼. 资本主义与自由［M］. 北京：商务印书馆，2004：148.
[2] 米尔顿·弗里德曼. 资本主义与自由［M］. 北京：商务印书馆，2004：170.
[3] 米尔顿·弗里德曼. 资本主义与自由［M］. 北京：商务印书馆，2004：174.

对比。

最后他提出政府应采取的措施,他认为政府的税率并没有起到应有的作用。税收的归宿效果和立法的回避如"逃税"使得其这种税收制度归于无效。提出:"规定一系列较低的税率再加上使一切收入的来源比较平均地纳税的更为全面的征税标准能使赋税的归宿较为累进,使执行的细节较为公平合理,并且使资源遭受较少的浪费。"[①] 他反对累加赋税,主张在收入的一定的免税额基础上抽取固定比例的税,即纳税减免额上的固定税率制度。

第十一章 社会的福利措施 弗里德曼积极参与政府的公共政策。他批驳政府的福利措施。在公共住房政策方面,他认为这种政策适得其反,并没有改善穷人的住房问题,"在建造公共住房计划过程中被拆毁的居住单位的数量远远超过新建造的居住单位的数量。但是,像这样的公共住房方案却对减少需要居住这种住房的人数不采取任何解决办法。因此,公共住房的作用是提高每一居住单位的人数。有些家庭或许要比没有公共住房时的住房条件要好——是那些运气好到能住进国家建造的住房单位中的人。但是,这不过使其他人的问题更糟,因为,总的平均密度上升了"[②]。

同时,他反对最低工资法。最低工资法只是增加贫穷,"国家能够通过立法制订一个最低工资率。但它很难要求雇主按照最低工资雇用所有以前在最低工资率以下被雇用的人。这样做显然是不符合雇主利益的。因此,最低工资的影响是使失业人数多于没有最低工资时的情况"[③]。

对于农产品价格的支持政策,他也同样反对。他认为,农产品价格的支持也并没有完成帮助需要帮助的农民这一意图。农产品收购方案的主要影响只是使农业的产量更多,而不是提高农民的平均收入。农产品价格支持方案是执行外交政策的一个主要障碍。为了维持高于世界市场的价格的国内价格,就有必要对许多项目的进口施加限额。

最后他论述了老年和遗族保险问题,他强烈反对养老金机构的国有化,提倡自由主义,个人的自由选择和私人企业争取顾客的竞争会促进现有的各种养老金契约的改善,以及增加各种多样化和差别性以便满足个人的需要。在政治方面来看,避免政府活动规模的扩大以及每一次这种扩大给自由带来的间接威胁具有显著的好处。

---

① 米尔顿·弗里德曼. 资本主义与自由 [M]. 北京:商务印书馆,2004:186.
② 米尔顿·弗里德曼. 资本主义与自由 [M]. 北京:商务印书馆,2004:193.
③ 米尔顿·弗里德曼. 资本主义与自由 [M]. 北京:商务印书馆,2004:194.

与此同时，弗里德曼反对强制购买养老金，"强制购买养老金为了很少的好处而花费很大的代价。它剥夺了我们对我们相当大部分的收入的控制，要求我们把它用于特殊目的，即以特殊方式从政府机构那里购买退休养老金。它阻止了出售养老金和发展退休安排的竞争。它造成了巨大的官僚机构，而这种官僚机构靠着它自己的扩大而呈现出不断扩大的趋向，把它的范围从我们生活的一个领域延伸到另一领域。所有这一切是为了避免很少的人可能成为公共负担的危险"①。

第十二章　贫穷的减轻　本章是弗里德曼"负所得税"理论的集中表述。他认为帮助贫苦人的方案，该方案的目的应该是帮助作为一般人的人，同时，该方案在通过市场发生作用时，应该不妨碍市场正常状态或不阻碍它的正常作用。

弗里德曼反对凯恩斯主义者所主张的对低收入者发给差额补助的福利制度。他认为，高经济效率来自于自由竞争，没有竞争就没有效率。给低收入者发放固定的差额补助是不利于激发他们的进取心，有损于自由竞争，从而有损于效率的。但是，对穷人的补助是政府应尽的职责。为了既能消除贫困，又不会有损于效率，弗里德曼主张采用负所得税的办法。

负所得税就是政府规定出最低收入指标，然后按一定的负所得税税率，对在最低收入指标以下的家庭，根据他们不同的实际收入给予补助。具体做法是：负所得税＝最低收入指标－（实际收入×负所得税税率）。

这样，收入不同的人可以得到不同的补助，就可以鼓励人们的工作积极性，而不像差额补助那样挫伤工作积极性，滋长依赖补助的思想。"它是专门针对贫穷问题的。它向个人提供最有用的形式的帮助，即现金。它是一般性的，从而能代替现在已经实施的很多的特殊措施。它明白地表示出社会所负担的费用。它在市场之外发生作用。像任何其他缓和贫穷的措施那样，它减少那些被帮助的人的帮助他们自己的动机，但是，它并没有完全消除那种动机，正像任何对收入津贴到某一固定的最低额的制度一样。额外赚取的一美元收入总是意味着更多的可以使用的款项。"②

同时，弗里德曼也谈及自由主义和平均主义。他认为"自由主义哲学的核心是：相信个人的尊严，相信根据他自己的意志来尽量发挥他的能力和机

---

① 米尔顿·弗里德曼. 资本主义与自由 [M]. 北京：商务印书馆，2004：205.
② 米尔顿·弗里德曼. 资本主义与自由 [M]. 北京：商务印书馆，2004：208.

会,只要他不妨碍别人进行同样的活动的话。在一种意义上,这意味着对人与人之间平等的信念;在另一种意义上,意味着人与人之间不平等的信念。每个人都有得到自由的平等权利。……因此,自由主义者在一方面会严格区别均等权利和均等机会,而另一方面,严格区别物质的均等或成果的均等。……在这个意义上,我们不可能既是均等主义者,又是自由主义者"[①]。

第十三章 结论 本书的最后一章作者论述了当时人们受凯恩斯主义影响的状况（也是本书的写作背景）,人们把任何既存的政府干预看作是应该的事情,把所有坏事归因于市场。他批驳这些思想,以过去几十年的措施为例认为政府干预并没有实现目标,如铁路垄断、收入再分配、货币改革、农业方案、住房方案等措施的失败。这些措施失败的原因是政府干预的失败。作者进而提出自由思想,认为自由正受到威胁,实现自由的途径是说服同胞,使他们相信,自由的制度会比强制性的国际力量提供更加有效的途径。

【意义与影响】

弗里德曼在《资本主义与自由》中所提出的一系列思想,是弗里德曼新自由主义思想的集中体现,对当今各国经济、政治和社会生活产生了深远影响。

在经济领域,弗里德曼新自由主义影响最大的是其货币经济思想以及减少国家干预和私有化主张。弗里德曼新自由主义的主要特点是通过影响经济,在经济领域内取得一定成效后,进而对政治和社会生活发生影响。在主要发达资本主义国家,对付"滞胀"大都采用了弗里德曼的"单一货币规则政策",在"单一货币规则政策"取得一定成效后,开始进行削减社会福利、国有企业民营化等一系列的改革,对当代资本主义的发展产生了深远的影响。

弗里德曼关于货币政策、通货膨胀、收入指数化、浮动汇率制度、自由贸易、取消管制、取消执照制度、低税、教育凭证和负所得税的主张得到了人们的广泛赞同,实践证明这些主张基本是正确的,也是其影响最大的思想。而在美国之外,许多发展中国家都接受了他的"自由市场经济"理论,进而放弃了秉承多年的中央集权计划经济。

在国家干预和私有化问题上,尽管大多数发达资本主义国家在寻求第三条道路,但弗里德曼新自由主义中关于尽量减少国家干预、减少国有企业的

[①] 米尔顿·弗里德曼. 资本主义与自由 [M]. 北京:商务印书馆,2004:211—212.

思想仍然是当前主要发达资本主义国家制订经济发展方针的指导思想。

在社会生活领域，政治方面，由于弗里德曼新自由主义主要是通过影响经济进而影响政治，直到今天，弗里德曼新自由主义思想仍然是对发达资本主义国家政治决策影响较大的思潮之一，反对社会主义和反对集体主义在寻求第三条发展道路、和平与发展成为时代主题的今天仍然是发达资本主义国家的一贯主张。

在思想方面，弗里德曼新自由主义是传统自由资本主义思想的进一步发展，是西方国家价值观的基础，其影响非常深远。

在经济全球化浪潮中，弗里德曼新自由主义思想在 20 世纪 80 年代初期进入中国，并对我国的经济、政治和文化思想产生了一定的影响。

首先在建立社会主义市场经济方面，我们从弗里德曼新自由主义思想中认识到在现代市场经济发展中，单一的计划经济和完全的市场经济都是不可取的，二者各有利弊。市场是配置资源的主要手段，其他的手段只能作为辅助手段，只是在各个不同的历史时期各种手段配置的力度组合不同而已。同时弗里德曼所提出的一些经济政策主张，如单一货币政策、抑制通货膨胀的政策、浮动汇率制、执照制度、自由贸易思想，对我国具有一定的借鉴意义。如自由贸易思想，为中国积极加入世界贸易组织，倡导自由贸易提供了理论支持。

其次，在我国国有企业改革方面。弗里德曼新自由主义主张私有化，在我国国有企业建立现代企业制度、明晰产权以及对私营经济的研究和探索中，弗里德曼新自由主义这一主张在我国也产生了影响。[①]

【原著摘录】

绪论 P4－10

P5 自由是一个稀有和脆弱的被培育出来的东西。我们的头脑告诉我们而历史又能加以证实：对自由最大的威胁是权力的集中。为了保护我们的自由，政府是必要的；通过政府这一工具我们可以行使我们的自由；然而，由于权力集中在当权者的手中，它也是自由的威胁。即使使用这权力的人们开始是出于良好的动机，即使他们没有被他们使用的权力所腐蚀，权力将吸引

---

① 杨丽. 析弗里德曼新自由主义思想及其影响 [J]. 昆明理工大学学报（社会科学版），2002－9－2 (3)：70－72.

同时又形成不同类型的人。

P6-7　保存自由是限制和分散政府权力的保护性原因。但还有一个建设性的原因。不管是建筑还是绘画，科学还是文学，工业还是农业，文明的巨大进展从没有来自集权的政府。……这些在人类知识和理解方面，在文学方面，在技术可能性方面，或在减轻人类痛苦方面开拓新领域的人中，没有一个是出自响应政府的指令。他们的成就是个人天才的产物，是强烈坚持少数观点的产物，是允许多样化和差异的一种社会风气的产物。

第一章　经济自由和政治自由之间的关系 P11-26

P11　经济安排在促进自由社会方面起着双重作用。一方面，经济安排中的自由本身在广泛的意义上可以被理解是自由的一个组成部分，所以经济自由本身是一个目的。另一方面，经济自由也是达到政治自由的一个不可缺少的手段。

P19　自由市场的存在当然并不排除对政府的需要。相反地，政府的必要性在于：它是"竞赛规则"的制定者，又是解释和强制执行这些已被决定的规则的裁判者。市场所做的是大大减少必须通过政治手段来决定的问题的范围，从而缩小政府直接参与竞赛的程度。

P19　政治自由意味着一个人不受其他人的强制性的压制。对自由的基本威胁是强制性的权力，不论这种权力是存在于君主、独裁者、寡头。

P20　统治者或暂时的多数派。保持自由要求在最大可能的范围内排除这种集中的权力和分散任何不能排除掉的权力——即：相互牵制和平衡的制度。通过使经济活动组织摆脱政治当局的控制，市场便排除了这种强制性的权力的泉源。它使经济力量来牵制政治力量，而不是加强政治力量。

第二章　自由社会中政府的作用 P27-42

P30　一个良好的社会也要求它的成员同意于支配他们之间关系的一般条件，同意于对这些条件的不同解释的一些裁决的方法，以及同意于强制执行普遍接受的规则的某些方法。……因此，这些就是一个自由社会政府的基本作用：提供我们能够改变规则的手段，调解我们之间对于规则意义上的分歧，和迫使否则就不会参加游戏的少数几个人遵守这些规则。

P31　当冲突存在时，必须限制一个人的自由以便保存另一人的自由——正像最高法院的一位法官说过的那样："我移动我的拳头的自由必须受到你的下巴的接近程度的限制。"

第三章　货币的控制 P43-61

P43　那次经济大萧条像大多数其他严重失业时期一样，是由于政府管理不当而造成，而不是由于私有制经济的任何固有的不稳定性。……为了经济稳定和增长，我们迫切需要的是减少而不是增加政府的干预。

P44　减少干预仍然会使政府在这些领域具有重要作用。我们需要使用政府为自由经济制度提供一个稳定的货币机构——这是提供一个稳定的法律机构的一部分职能。我们也需要使用政府来提供能使个人造成经济增长的一般性的法律和经济机构，如果增长符合于个人的价值观的话。

第四章　国际金融和贸易安排 P62-81

P73　关税固然是坏事，而限额和其他直接干预甚至是更坏。像市场价格一样，关税具有非个人的性质，并不牵涉到政府对商业事务的直接干预；限额则很可能要牵涉到分配及其他行政的干预，此外还给予行政官员价值不菲的好处作为私人利益走后门之用。或许比关税或限额更坏的是在法律之外的安排，例如日本"自愿"限制纺织品的出口的协定。

P73　只有两种机制是与自由市场和自由贸易相一致的。一个是完全自动调节的国际金本位。……这既行不通，又不是理想的办法。在任何情况下，我们不能自己单独采用它。另一个是没有政府干预而完全由市场上的私人交易所决定的自由浮动的汇率制度。……假使我们不采用它，我们将无法扩展自由贸易的范围，并且迟早会不得不对贸易施加广泛的直接控制。

P75　赞成浮动汇率并不意味着赞成不稳定的汇率。当我们支持国内的自由价格制度时，这并不意味着我们赞成价格上下剧烈波动的制度。我们所要的是一种制度，在这个制度下，价格可以自由波动，但是决定它们的因素稳定到足够的程度，从而在事实上价格的运动会处于适当的范围之内。这也同样适用于浮动汇率的制度。最后的目标是达到这样一个状态，在其中，价格虽然可以自由变动，但在事实上，汇率却是非常稳定的，因为基本的经济政策和条件是稳定的，汇率的不稳定是根本的经济结构不稳定的征兆。通过行政办法冻结汇率来消除这个征兆并不能治疗根本的困难，而只能更加痛苦地对困难作出调整。

第五章　财政政策 P82-92

P83　平衡器的原理的主要危害不在于它一向未能做到的抵消衰退，不在于它经常做到的把通货膨胀的倾向带入政府政策，而在于它继续不断地扩大联邦一级政府活动的范围，并且使联邦赋税的负担不能减少。

第六章　政府在教育方面的作用 P93-117

P93 把"学校教育"和"教育"区别开来是重要的。并不是所有的学校教育都是教育,也不是所有的教育都是学校教育。我们所关心的主题应该是教育。政府的活动则主要以学校教育为限。

P94 如果大多数公民没有一个最低限度的文化和知识,也不广泛地接受一些共同的价值准则,稳定而民主的社会不可能存在。教育对文化知识和价值准则这两个方面,均会作出贡献。

P99 就影响而言,消除学校教育国有化将扩大家长可以选择的范围。……在这里,正和在其他领域一样,竞争性的企业可能在满足消费者要求方面比国有化企业或为其他目的而经营的企业远为有效。

P108 把对学校教育的补助限制于公立学校的范围是不能以任何理由来为之辩护的。任何补助应该给予个人,用之于他自己所选择的机构,只要这种学校教育是值得给与补助的。任何保留下来的公立学校应该收取能偿付其成本的学费,从而,能在同一水平和私立学校相竞争。

P109 采用这些安排①会有助于使各种不同类型的学校进行更有效的竞争,以及使它们更有效地使用它们的资源。它会消除要求政府对私立高等学校直接援助的压力,从而,能保持它们完全的独立性和多样化。

第七章　资本主义和歧视 P118-129

P120 我深信,一个人皮肤的颜色或他双亲的信仰本身并不构成应以不同方式对待他的理由,应该根据一个人是什么和在干什么进行判断,而不应根据这些外表特征来进行判断。

P127 恰当的解决办法是消除政府对学校的经营,并且准许家长把他们的孩子送进他们要孩子进的那种学校。此外,我们当然要尽可能地用行为和言论来培植会导致种族混合学校成为常规的态度和意见,而种族隔离学校则成为少数的例外。

P128 动机和效果之间的差异是赞同自由社会的主要理由之一。应该让人们按照他们自己的意图行事,因为,没有办法去预测其后果如何。

第八章　垄断以及企业和劳工的社会责任 P130-147

P130 竞争市场的本质是它的非个人的特征。没有一个参与者能决定其他参与者将会有获得物品或工作的条件。所有人都把价格高作为市场决定的

---

① 这些安排是指对个人家庭给予补助而非不加区别地对学校进行补助。

事实，而对于价格，每个人只能具有微不足道的影响，虽然所有参与者在一起决定由他们各自的行动的共同影响而决定的价格。

P137 在私有生产者之间利用政府来建立、支持和实施卡特尔和垄断的安排比政府的直接的垄断增长远为迅速并且在目前也远为重要。

P139 只存在着三个坏的可供选择的途径：不加控制的私人垄断、国家控制的私人垄断以及政府经营。……我倾向于相信：在可以容忍的限度内，坏处最少的是不加调节的私人垄断。动态的变化很可能减少它的垄断的作用，然而，在这里，至少存在着允许动态变化发生作用的某些机会。

P143-144 在政府政策的范围内，第一个和最迫切需要的是消除那些直接支持不论是企业还是劳工垄断的措施，并且对企业和工会以同样的态度执行法律。两者均应从属于反托拉斯法，两者在关于破坏财产和干涉私人活动方面应该在法律上同样对待。

P144 除此以外，减少垄断力量的最重要和有效的步骤便是广泛地改革赋税法。公司税应该取消。不管是否如此做，应该要求公司向股东分摊没有作为股息支付出去的利润。

第九章　职业执照 P148-172

P151 执照的发给往往在实质上不过建立了中世纪行会那种规章制度；在其中，由州把权力赋予专业的成员们。实际上，在决定谁该获得执照时，就一个外行人所能看到的而言，考虑的问题所涉及的事情往往和专业能力没有任何关系。

P155 重要的是要区分三种不同水平的控制：第一，注册；第二，证明；第三，发给执照。

P160 最明显的社会代价是：不管它是注册、发给证明还是发给执照，这些措施的任何一个几乎不可避免地要成为牺牲其他公众利益而取得垄断地位的特殊生产者集团手中的工具。没有办法可以避免这个结果。

第十章　收入的分配 P173-190

P173 在一个自由市场的社会里，收入分配的直接的道德原则是，"按照个人和他拥有的工具所生产的东西进行分配"。

P187 把一切考虑在内之后，在我看来，个人所得税的最好的结构是在收入的一定的免税额以上抽取固定比例的税，而其中收入的含义应该非常广泛，并且为赚取收入的开支，规定减免税款的优待办法。

第十一章 社会的福利措施 P191-205

P194 事实上，如果最低工资法有任何影响的话，那么，它们的影响显然是增加贫穷。国家能够通过立法制订一个最低工资率。但它很难要求雇主按照最低工资雇用所有以前在最低工资率以下被雇用的人。这样做显然是不符合雇主利益的。因此，最低工资的影响是使失业人数多于没有最低工资时的情况。

P202 我的结论是：反对养老金机构国有化的论点是十分有力的，不仅按自由主义的原则而论，而且甚至按福利国家的支持者的价值观来看，也是如此。

第十二章 贫穷的减轻 P206-212

P211-212 自由主义哲学的核心是：相信个人的尊严，相信根据他自己的意志来尽量发挥他的能力和机会，只要他不妨碍别人进行同样的活动的话。在一种意义上，这意味着对人与人之间平等的信念；在另一种意义上，意味着人与人之间不平等的信念。每个人都有得到自由的平等权利。这是一个重要和基本的权利正是因为人们是不相同的；因为，一个人会比另一个人愿意用他的自由来做不同的事情，而在这个过程中，他能够比另一个人对许多生活于其中的社会的一般文化作出更多的贡献。因此，自由主义者在一方面会严格区别均等权利和均等机会，而另一方面，严格区别物质的均等或成果的均等。……在这个意义上，我们不可能既是均等主义者，又是自由主义者。

第十三章 结论 P213-220

P219 我相信，我们将能保存和扩大自由。但是，只有当我们意识到我们所面临的威胁，只有当我们说服我们的同胞们，使他们相信，自由的制度会比强制性的国家力量提供更加肯定的途径，即使有时是以较缓慢的途径来达到他们所寻求的目标时，我们才能做到这一点。在知识分子和流行思想中已经明确的变化的闪光是一个有希望的预兆。

【参考文献】

[1] 米尔顿·弗里德曼，罗斯·弗里德曼. 两个幸运的人——弗里德曼回忆录 [M]. 韩莉，韩晓雯，译. 北京：中信出版社，2004.

[2] 米尔顿·弗里德曼. 弗里德曼文萃 [M]. 高榕，范恒山，译. 北京：北京经济学院出版社，1991.

［3］米尔顿·弗里德曼. 自由选择——个人声明［M］. 胡骑等，译. 北京：商务印书馆，1982.

［4］侯明清. 弗里德曼：自由经济的斗士［J］. 金融信息参考，2004（7）.

［5］范秀双. 米尔顿·弗里德曼论政府在教育中的作用思想评述［J］. 外国教育研究，2004（4）.

［6］杨丽. 析弗里德曼新自由主义思想及其影响［J］. 昆明理工大学学报（社会科学版），2002－9－2（3）.

十五、《自由主义的民族主义》

[以色列] 耶尔·塔米尔　著
陶东风　译
上海译文出版社，2005 年

── 【作者简介】────

　　耶尔·塔米尔（1954—　），以色列特拉维夫大学哲学系教授，著名学者以赛亚·柏林的弟子。她出生于以色列的特拉维夫，先后从耶路撒冷的希伯来大学获得生物学硕士学位和政治学学士学位，后又获得了牛津大学政治哲学博士学位。在 1989—1999 年期间，任特拉维夫大学哲学讲师和耶路撒冷大学、普林斯顿大学、哈佛大学沙洛姆哈特曼研究所研究员。

　　塔米尔是 1978 年以色列"现在就和平"的创建者之一。1998—1999 年，她是以色列公民权利协会主席。从 1995 年开始，她活跃于以色列劳动党。尽管在 1999 年的国会选举中失败了，但她还是被任命为移民局局长，在 2003 年当选为以色列国会议员，先后在金融、宪法、法律和秩序、公共输入、文化和体育运动委员会这些部门任职。2006 年再次当选为国会议员，先后担任过教育部长和代理科学、文化、体育部长等职。在 2009 年的选举中，保留了她的议员位置。然而，在 2010 年，她辞去了该职位。

　　塔米尔在以色列一直是个有争议的人物。在任教育部长期间，她批准了一项针对阿拉伯孩子的历史教科书项目。在书里面，以色列独立战争被描述为灾难。这导致反对派领导人要求她辞职，但是塔米尔辩护说她的行动只是表达了阿拉伯人的感情而已。

塔米尔的主要著作包括：《自由主义的民族主义》（2005 年）、《一个奇怪的联盟：以赛亚柏林和边缘的自由主义》、《恐惧和自由的土地》、《寻求自我》、《多元文化主义的两个概念》）（1995 年）。

【写作背景】

在 20 世纪的绝大多数时期里，民族主义与自由主义协同前进，特别是第二次世界大战结束后，广大亚非拉国家为摆脱西方大国的殖民统治，纷纷扛起了自由主义的大旗；东欧剧变和两极格局瓦解后，第三世界国家为反对西方大国霸权，再次举起自由主义的旗帜作为自己的思想依据和动员力量。但是，首先，并不是所有实现民族独立和自由的国家都能在自己的民族国家内部确立自由民主的价值规范和建立自由民主的政治秩序、社会秩序。其次，冷战结束后，全球化迅速向纵深推进，为了在全球建立起统一的秩序，西方大国自己又扛起了自由主义的大旗来为全球化开疆拓土，甚至强迫一些民族国家建立自由的制度。之前，民族主义被视为自由的，现在却被视为自由的反面。最后，一些极端现象的出现也使民族主义越来越远离了自由主义。各种种族主义、宗教原教旨主义等深具极端的排外性和种族歧视，日益成为导致局部冲突和不稳定的根源。

就在人们纷纷质疑类似的民族主义的时候，有些学者站出来对民族主义做了新的诠释，出现了一系列探索新形势下民族主义的本质及其与自由主义的关系的著作。耶尔·塔米尔于 1993 年写的《自由主义的民族主义》一书，就是探讨这一问题的诸多著作中重要的一本。

【中心思想】

塔米尔不同意流行的自由主义把民族主义等同于保守主义、沙文主义或种族主义等意识形态。在她看来，自由主义强调的尊重个人自主性、反思和选择等价值，与民族主义强调的个人对民族的归属感、忠诚和民族内部成员的团结等价值之间不是不可调和的。在这本书里，她提出了"自由主义的民族主义"这一新的理论，该理论以自由主义为基础，在自由主义与民族主义之间架起了桥梁，允许自由主义所倡导的一组价值与民族主义所倡导的另一组价值两者之间能够互相适应。塔米尔认为，民族主义是对共同体和文化的成员身份的确证，也是对认可和自尊的追求，因此它本身就包含着自由主义的价值取向。

──【原著导读】────────────────────────────

全书 20 余万字，包括前言、导言和正文（共七章）。

前言 该前言是作者为该书的第二版写的，澄清三个主要的问题：民族权利正当理由的本质；自由主义的民族主义的教育含义；以色列—巴勒斯坦冲突的理论衍生物。作者既不赞同把民族权利仅仅看作是一种矫正工具，也不赞成通过参照关于群体生存权的主张来支持民族权利，最后，面对巴以冲突等事实和一些人对自由主义的民族主义的质疑，作者坚持了自己的乐观主义态度，认为现实的乐观主义有其存在的空间，自由主义的民族主义不仅仅是一种抽象理论，而且有可能转化为现实。

导言 该导言是作者为该书的第一版写的。在导言中，作者概述了该书的写作背景，以及她所主张的自由主义的民族主义与自由主义的异同。首先，必须在新的环境下重新考察民族运动和民族主义。在她看来，民族运动正在重新流行，但是它们常常以暴力流血事件与对邻国权利的侵犯的方式进行则是不可取的。民族运动在致力于重获民族身份、承认和自尊的同时，忽略了已经发生变化的周边环境，它们的有些要求和口号已经过时，所以必须重新界定关于民族的观念。

其次，作者认为应当以自由主义为出发点来构建新的民族主义理论，但这并不意味着承认自由主义在对待民族主义时所持的一整套价值都是合理的。在她看来，自由主义者忽视或不能容纳民族主义所包含的某些价值源于他们对民族主义和这些价值的误解。实际上，自由主义和民族主义在某些方面是可以互相补充的。自由主义对人类某些普遍性的强调、对人之不同于禽兽的特征的强调，和民族主义对人类属于特定共同体并在其中获得人的本性的强调是一致的。只有在共同体中，在特定的价值规范和语言系统中，个人才得以表达为人，才具有家园感和归属感；而如果在异己的环境中，他感到的将不是自由而是不自由。人在某种情况下有文化选择权和民族选择权，这在形式上可能是民族主义的，但在实质上则正是自由主义的。

所以，自由是自由主义的民族主义的出发点；而民族主义可以当成一种思考人性与世界秩序的方法，并希望从中获得道德与政治的规范意义。[①]

第一章 人的观念 作者在本章主要讨论了人与文化选择的问题。在作

[①] 塔米尔. 自由主义的民族主义 [M]. 陶东风, 译. 上海：上海译文出版社，2005：5.

者看来，个人始终是处于一定文化中的人，他既生活在一定的文化中，又能对这种文化和外在的文化作出反思和选择。和一般的民族主义强调的文化决定论不同，塔米尔认为，虽然不能随意地选择文化，但是对个人来说，他的文化成员资格也不是说绝对不能进行选择。实际上，像宗教信仰、政治归属、职业、生活方式等这些对我们的个人身份具有建构意义的因素，我们是可以对其进行反思和选择的。这样一来，不同于社群主义者所采用的那种至善主义和集体主义的方法，塔米尔的自由主义的民族主义所秉承的文化观和公共成员身份采用的是一种发展的眼光，认为这些都具有开放性，因而是个人反思和选择的结果。

这种选择也不是任意进行的，而是受选择者所处环境的影响，所以选择也不是可以无限度地进行。强调个人对文化的反思与选择不等于说个人是在文化真空中进行选择的，而是相反，自由主义的民族主义认为，个人不是游离于文化共同体之外的，而是在一定的文化环境基础上进行选择的。所以，既不同于文化决定论者认为个人不能进行文化选择，也不同于自由主义认为个人可以自由地选择文化，塔米尔的自由主义的民族主义认为，在文化群体中的身份认同既有先在性，又有选择性，既有预定因素，又有塑成因素。它形成了一个自由意志的个人，他能够反思、评价，选择是非、目的和文化民族主义归属。但是，他之所以能够作出此选择，是因为他身处于一个为他提供评价标准的特殊社会文化环境之中。[1]

第二章　民族选择与文化权利　作者主要讨论了民族选择和文化权利的问题。作者首先表明了自己的研究方法的前提假设，那就是对"民族"这个术语的文化界定。在文化语境中界定的民族，是一个"想象的共同体"，这一概念是作者从安德森那里借用来的，"用以描述一个大型的、不可能进行所有成员之间直接人际交往的共同体，这样一个共同体和民族的边界以及从中产生的对它的认知，是其成员通过想象力'思考民族'的能力的产物，这样，'想象'在这里不是意味着对现实的虚假信念或错误再现，它只是意味着，不同于家庭、部落或人民，民族只有在其成员有意识地把自己理解为不同于其他群体成员的时候才存在"[2]。因此，对民族的这种界定，就具有某种"虚幻性"，使得要在不同民族和不同文化之间划清边界是非常困难的。不过，这种

---

[1]　塔米尔. 自由主义的民族主义 [M]. 陶东风，译. 上海：上海译文出版社，2005：代序2.
[2]　塔米尔. 自由主义的民族主义 [M]. 陶东风，译. 上海：上海译文出版社，2005：6.

"模糊性"本身具有一种软化作用,一方面,可以软化那些对民族或文化的精准定义,稀释极端的文化民族主义或原教旨主义;另一方面,它可以包含更多的根据准确定义不能归类的例子,这样就既包含了文化宽容的原则,又为承认某种程度的普适价值奠定了基础,使民族主义与自由主义更好地兼容起来。

接下来,作者探讨了个人选择与文化权利问题。第一,对文化和民族的选择权利使个人的生活变得更有意义。选择是反思的结果,经过反思而后作出选择的生活才更值得人们珍视,相反,自然地承受历史或命运强加于我们的生活则与人的自由维度是相悖的。所以,"文化的权利意在允许个体在他们自己选择的文化中生活,决定他们自己的社会归属,再创造他们所属的共同体的文化,并重新界定它的边界"[①]。第二,强调个人的文化和民族选择权,并不意味着这样的个人是离群索居的,相反,自由主义的民族主义在强调个人自由的同时,一刻也不忘记个人生活的群体性特征,它承认文化与成员身份的公共特征,因此只有与其他成员一起作出相似的选择时,个人才能充分地享受到他所选择的文化和民族身份的价值。这样一来,就个人来说,他可以选择某种文化和民族身份,但是后两者本身则是共享的。也就是说,不管个人如何选择,他所选择的东西总是与一些人所选择的东西相似,他不能选择和其他任何选择都不同的东西。

最后,文化权利的实施要求一种公共空间的存在。在塔米尔看来,文化能把一个民族聚合在一起,民族也以其独特的文化而相互区别开来。"一个民族作为独特的社会单元的存在依赖于民族文化得以表达的公共领域,在这个公共领域中,个体体会到可以自由地非强制地发展他的人格中与他作为其共同体成员的身份感紧密捆绑在一起的方面。这要求有一个公共领域的存在,在这个领域中,民族生活的文化方面在民族自决权的建构中处于突出地位。"[②]

第三章 民族自决权 作者讨论了民族自决和民族自治的关系。塔米尔认为,民族自治与民族自决是两个不同的概念。它们的不同在于其个人主义方面与公共方面,这两个方面分别代表不同的人类美德,分别从不同的人类利益中获得其价值。这两种权利的个人主义方面宣扬个人的自主性与个体作出建构性的选择的权利。在自治的权利中,这个方面指个人不臣服于外部指

---

① 塔米尔. 自由主义的民族主义 [M]. 陶东风, 译. 上海: 上海译文出版社, 2005: 6.
② 塔米尔. 自由主义的民族主义 [M]. 陶东风, 译. 上海: 上海译文出版社, 2005: 7.

令、自己管理自己的生活的权利；而在自我决定的情形中，它涉及的是个体界定自己的个人身份与民族身份的权利。

在其公共方面，民族自决包含个人寻求赋予他们的民族身份以公共表达的过程。这样，它常常被描述为个人进入公共领域的权利，并因而意味着个人有权利通过反映他们的公共价值、传统、历史的方式——简言之，他们的文化——建立机构并管理自己的公共生活。自治的公共方面指的是个人参与他们所属的政治群体所采用的目标与政策的决策的权利，也就是他们在影响政治过程的基本决策中有发言权。这样，它把个人参与自己国家的统治的权利放在核心的位置。[1]

作者对民族自决概念及其要求的变迁作了分析。他认为，虽然民族自决权一直处于现代政治话语的中心，但是对于这种话语的理论分析却非常罕见。民族自决权在20世纪的三个转折时期得到了热烈的争论：第一次世界大战以后威尔逊的"十四点"时期；第二次世界大战以后，贯穿去殖民化的全过程；80年代末，随着东欧与中欧的社会与政治革命而出现。在每个这样的时期，民族自决权的正当理由都是通过不同的术语表达的。

作者对于传统的民族自决观点作出重要的修正，他结合当代社会的新情况，认为最适合自由主义诉求的民族主义的形式，不是政治类型的民族主义而是文化类型的民族主义。

作者认为，在历史上，解决民族主义的自决诉求的普遍流行的方案就是建立民族国家。"民族自决的确可以实体性地构成对于被民族成员看作是'我们自己的'政治制度的诉求，也可以实体性地构成对于民族文化得以表达的公共领域的诉求，但是这些目的也可以通过大量其他的政治组织来实现，包括联邦制度、地方自治或者民族机构的确立。如果民族国家是唯一的实现民族自决权利的途径，那么它的实施将依然是幸运的少数几个民族的特惠。"[2]也就是说，并不是所有的民族都能够实现以政治形式表现的民族自治，但是所有的民族都可以实现文化自决，所以，如果撇开激进的政治术语而采用软化的文化术语，那么所有的民族都可以真正地享受民族自决权。"采取文化的、个人主义的民族自决权观念，使得我们能够把民族权利的正当理由——不管它们是特定国家内部的少数民族还是多数民族——与被赋予族姓群体与

---

[1] 塔米尔. 自由主义的民族主义 [M]. 陶东风, 译. 上海: 上海译文出版社, 2005: 63—64.
[2] 塔米尔. 自由主义的民族主义 [M]. 陶东风, 译. 上海: 上海译文出版社, 2005: 7.

本土土著人的权利的正当理由放在同一个连续体上。这些群体的成员在维护他们独特的身份方面共享一种至关重要的利益。"①

第四章 特殊的叙事与一般的诉求 作者评述了自由主义的民族主义的特点，特别是与极权、威权民族主义的区别。塔米尔指出，自由主义的民族主义的出发点是一切民族应当享有平等权利，其核心是关于个人权利的理论。换言之，民族权利和民族成员的权利应具有同等的自由价值观。塔米尔指出，自由主义的民族主义类似于科恩所说的那种以启蒙为模式的民族主义。它是多元和开放的。它认为民族群体不仅产生于历史，而且也产生于人的意志。自由主义的民族主义的核心不是上帝、自然、历史、文化或民族精神这一类抽象概念，而是活生生的每个人。以此出发倡导民族理念，便不容忽视可以用来衡量民族理念的人类其他价值。在强调文化特殊性的同时，也需要强调人权的普遍性。在强调个人的社会和文化环境的同时，也需要强调他的自由意志。②

塔米尔认为，"自由主义的民族主义的主要特点是，它在巩固民族理想的同时并不无视其他的人类价值观念——民族的理论应该依据这种人类价值来衡量。这个过程的结果是：对于合法的民族目标以及追求整个目标的手段的重新界定。自由主义的民族主义因而珍视民族文化的特殊性和人权的普遍性，珍视个体的社会和文化嵌入性以及人的自治。在这个意义上，它极大地区别于对于民族主义的有机解释，这种解释假设个体的身份认同完全是由其民族成员身份建构的，他们的个人意志只有在完全沉浸在一般意志中的时候才是'真正自由的'。我们这里说的自由主义的民族主义，是对赫尔德的文化多元论与马兹尼的自由主义的民族主义的直接继承"③。这样，自由主义的民族主义的多中心本质有助于把它与帝国主义、种族主义、法西斯主义以及纳粹主义等区别开来，而后面这些往往以民族主义的面目出现。

第五章 神奇的代词"我的" 这一章主要探讨正义问题。塔米尔指出，民族主义理论一般不以某种普遍性的公正观念为基础。但是，要从民族主义思想的基本信念中得出这类公正观，却并不是难事，其中最显著的是一种具有普遍意义的非中性公正观。非中性的公正观认为，成员相互之间有特殊的责任和义务，因此，成员间和成员外亲疏有别。成员理应偏护同群体成员，而不是非

---

① 塔米尔. 自由主义的民族主义 [M]. 陶东风, 译. 上海：上海译文出版社, 2005：69.
② 塔米尔. 自由主义的民族主义 [M]. 陶东风, 译. 上海：上海译文出版社, 2005：代序3.
③ 塔米尔. 自由主义的民族主义 [M]. 陶东风, 译. 上海：上海译文出版社, 2005：74.

成员。民族主义这种公正非中性的观念，并不像表面上那样与自由主义公正观念相冲突。这二者其实相当一致。自由主义的民族主义所蕴含的正义概念并不是自我中心的，但是它却比传统的自由主义的正义概念更加连贯一致。

作者认为，民族主义提供了一些值得尊重与严肃思考的道德价值。当然，共同体的道德并不意味着要取代自由主义的道德，相反，塔米尔认为，自由主义的方法和共同体的方法相互纠缠，共同塑造了我们对于道德问题的思考。作者认为，共同体的道德通过四种途径加深了我们对于道德问题的思考。首先，共同体的道德鼓励成员发展以关心与合作为基础的关系而不是促进理性化的自我中心主义与相互之间的漠不关心。从一般的意义上说，这种关系对于自由的国家发挥功能至关重要，特别是对于自由的福利国家至关重要。其次，它可以解释我们的直觉知识：我们有理由——至少在某些情况下——偏爱那些与我们分享生命的人以及我们深切关心的人。再次，共同体的道德表明：那些关心特定的他人、清醒地意识到自己特定归属的个体，有可能在正义的原则方面达成共识。最后，涉及对于非成员的态度的共同体道德的含义，相比于那些来自自由主义的道德含义，并不是更加自私的，而且事实上可能是较不自私的。事实上，较之绝大多数自由主义者发展出来的道德，共同体道德的发展引向一个更伟大的对于全球正义的承诺。[①]

第六章　隐藏的规划：民族价值与自由信念　本章的主旨在于证明自由主义的民族主义本身就包含着自由主义的诉求，因此，关于民族主义的一些错误观念应当得到澄清。正如塔米尔所指出的，现代的国家概念产生于自由、民主以及民族观念的复合，自由主义的民族主义因此是一种比通常所假定的更加普遍的立场，大多数的自由主义者可能不同意民族主义并倾向于与民族主义划清界限，因为他们把民族主义等同于它的最极端的、最不可容忍的版本。但是，在这样做的时候，他们因此失去了更好地理解自己的思想资源的可能性。

民族主义所倡导的一些价值观念和重视的领域，并没有进入自由主义的视野，塔米尔认为，社会归属、文化归依、个体身份认同的公共方面、产生于协作团体中的成员身份的道德承诺等，这些东西对于现实的自由主义的价值诉求来说是极为重要的。在现实中，由于一民族一国家的理想是不能实现的，在文化不同质的国家，要求国家反映一种民族的文化，这对于少数民族而言就包含了过于苛刻的含义。因此，"把政治领域与文化领域分开将有助于

[①] 塔米尔.自由主义的民族主义［M］.陶东风，译.上海：上海译文出版社，2005：94.

缓解有些由多民族主义所提出的问题，这个区别的最重要的方面是：国籍——在这里用以描述在一个国家的成员身份而不带有公民身份的含义（这个含义是误导性的但广为人知）——不应该是参与政治领域的标准，也不应该是商品与服务的分配标准"①。相反，开放的政治文化，即对于少数群体的文化劣势进行补偿的文化，可能会减少民族与文化上的少数群体所面临的问题。但是，与一个以自己不认同的文化特性为特征的系统之间的疏离感，是个人痛苦与政治不稳定的持久根源。这些紧张是内在于现代国家的民族本质之中的，除了重新思考我们对于其作用与功能的理解以外没有别的解决办法。②

这样，通过吸纳民族的概念，自由主义已经能够把由特定人口居住的国家的存在视作当然，并且参照这个现实来讨论诸如分配正义、同意、义务、参与以及社会责任等问题。这样，自由主义者就能够机智地解决成员身份与移民之类棘手的问题以及群体如何被构造这个更加普遍的问题。这些变化已经使得现代的自由主义理论依赖民族的理念以及民族的世界秩序，从而留给自由主义者很少的选择。除了一些世界主义者以及激进的无政府主义者以外，绝大多数的自由主义者都是自由主义的民族主义者。③

第七章　从必然性中创造美德　最后一章重新思考自由主义与民族主义的关系问题。作者无意彻底解决自由主义与民族主义之间存在的冲突，自由主义的民族主义毋宁说是提供了一种方法，它试图把民族主义与自由主义的传统价值放在一起进行重新考察。作者认为，民族主义的诉求也并不是一概没有正当性，对此我们不应当抱有偏见。"自由主义者常常与由'受迫害者'提出的民族要求结成联盟，不管他们是本土的民族，受到歧视的少数民族，或者被占领的民族，他们的苦难容易引起同情。但是，如果民族的诉求建立在理论正确、道德上正当的基础上，那么我们就不能限制它们的应用：它们平等地适用于所有的民族，而不考虑它们的权力、财富、受难的历史甚至它们在过去带给其他民族的不公正。"④

但是，非正当的民族主义形式及其要求是应该警惕和抵制的，而由主权者掌控的狂热的民族主义更是危险的工具，有可能会导致可悲的结果，这样

---

① 塔米尔. 自由主义的民族主义 [M]. 陶东风，译. 上海：上海译文出版社，2005：9.
② 塔米尔. 自由主义的民族主义 [M]. 陶东风，译. 上海：上海译文出版社，2005：9.
③ 塔米尔. 自由主义的民族主义 [M]. 陶东风，译. 上海：上海译文出版社，2005：142.
④ 塔米尔. 自由主义的民族主义 [M]. 陶东风，译. 上海：上海译文出版社，2005：9.

的例子不绝于史。因此，不应当泛泛地讨论民族主义，而是必将其置于特定的语境中，某些观点才能找到其正当性行和合理性。有人认为，反思的民族主义根本就不是民族主义，因为民族主义在本质上就是整体性的、终极性的，而永远不可能是反思性的、个人主义的、反完美论的。作者不这么认为。自由主义的民族主义正好是一种反思的民族主义，它在承认文化归属、民族身份认同以及群体环境对个人具有形塑作用的同时，更强调个人对这些要素的反思和选择，因而包含着自由主义的某些原则。同时，作者也不认同那种文化返回论，这些观点的持有者向往回到熟悉、亲密、极权的过去的共同体，在历史的雾霭中，它显现为失去的伊甸园。自由主义的民族主义不是选择这样的返回道路，而是主张一种前进的道路，因为"过去已经烟消云散，力图强迫它回来，可能——正如我们在近来见证到的那样——会'在小范围中产生荒唐可笑的结果，而在大范围中则产生骇人听闻的结果'"[①]。作者最后道出了她写这本书的一个缘由，那就是：使民族思维能够摆脱鲜血与祖国的修辞，并承认选择和反思与历史和命运一样重要。如果真是这样，那么自由主义的民族主义无疑就为探索自由主义与民族主义的关系提供了一条重要而正当的途径。

【意义与影响】

第一，塔米尔的这本著作获得了当代著名政治思想家和法学家们的称赞。20世纪杰出的英国自由主义思想家以赛亚·伯林认为，该书阐述了我们时代居于中心的、令人伤痛的社会和政治问题，并且写得非常适时、富有洞见和吸引力。美国当代著名的政治哲学家迈克尔·沃尔泽则认为，这本非凡的书的主要成就是它的民族主义的批判理论，通过分析历史上和当代的一些事例，解释了诸民族义务的价值，明确了这些义务在道德上的界限。著名法学家拉尔夫·格布勒在为该书写的评论中认为，《自由主义的民族主义》一书中的论证提供了对自由主义的文化和心理的缺陷的有益批判。

第二，塔米尔提出了自由主义的民族主义理论，这为探讨自由主义与民族主义的关系提供了新的视角，丰富了现代政治哲学的内容。在最近的几十年间，民族主义与自由主义可以说是水火不容，人们经常把民族主义等同于狭隘、非民主、非自由，甚至被等同于落后和邪恶；而自由主义则被看成是

---

① 塔米尔. 自由主义的民族主义 [M]. 陶东风，译. 上海：上海译文出版社，2005：10.

对普遍人性和人权的表达，因而具有进步性和普适性。因此，人们对两者的选择只能是非此即彼的。现在，塔米尔提出的自由主义的民族主义的确是一个令人印象深刻的尝试，它把一个广泛范围内的各种问题经常联系在一起：个人自主、文化成员身份、政治义务、特殊性与道德职责中的公正、全球正义。利用来自不同领域的材料——包括政治哲学、道德、法律社会学——塔米尔带来了它们之间非常重要但未曾被注意到的相互联系，这种联系为探讨民族主义对现代政治哲学的影响提供了一个新的视角。

第三，塔米尔的理论也面临着质疑：自由主义的民族主义还是自由主义吗，或者，还是民族主义吗？民族主义本质上体现的是差异原则，自由主义本质上体现的则是同一原则，二者能否兼容的问题，一直折磨着某些最聪明的头脑。但是，正如马克思所说："在思辨终止的地方，在现实生活面前，正是描述人们实践活动和实际发展过程的真正的实证科学的地方。"[①] 实际上，在当代的现实生活中，人们既携带着各自的民族烙印，又没有完全囿于这些烙印，而是在相互交往中不断形成着某些共识并遵守着这些共识。由此可见，实践不但没有因为理论的矛盾而停止不前，相反，在理论停止的地方，实践从来都没有停下自己前进的步伐。

【原著摘录】

前言 P1－26

P2 通过提供补救性的正当理由，人们或许的确能够追求有价值的事业，并产生合一的结果。但是人们不能通过这样的术语来提出有关民族主义或言论自由的理论。因为补救性的正当理由必须建立在特定事例的偶然性特征的基础上而不是建立在普适的正当理由之上。

P3 我也不赞成通过参照关于群体生存权的主张来支持民族权利。特定民族的成员或许的确寻求获得民族权利，特别是确立自己的民族国家的权利。因为他们相信这一实体本身就可以保护他们免于邻国的暴力与威胁。这样的论点可能在政治上非常具有说服力，但是在理论上却不能自圆其说，而且事实上往往是错的。更糟糕的是，它不可避免地包含危险的反自由的结果。

P6 通过把文化的而不是政治的诉求置于民族主义的核心，我的意识是民族主义不应该被看作仅仅是控制国家权力与国家机构的努力。政治权力只

[①] 马克思恩格斯选集：第一卷 [M]. 中文 2 版，北京：人民出版社，1995：73.

是手段，文化才是目的。但是声称某些行动不应当被看作是内在地重要的，而应看作其他目的的手段，这并不意味着它们无关紧要或者干脆多余。政治行动是民族主义的重要部分，但是却不是它的本质。

P14 民族国家的发展已经把这两种教育形式融合为一，几乎不可能再对它们进行区别。在一个以精心尝试掩盖国家与民族的差异为特征的时期，民族教育逐渐与公民教育趋向同一。

P25 现实的乐观主义有其存在的空间。南非的政治发展，以色列与其邻国特别是巴勒斯坦之间的和平过程的逐步发展，以及爱尔兰妥协和解的迹象，都表明自由主义的民族主义不只是一种抽象的理论，它能够转化为一种现实。

导言 P1—11

P1 在其竭尽全力重获民族身份、承认和自我尊重的努力中，民族活动忽视了周边的政治、经济以及战略环境发生的变化，不能意识到有些民族的口号已经变得陈旧过时。同质的、有生命力的民族国家时代已经过去（或者说同质的、有生命力的民族国家是可能的这样的幻觉已经过去，因为这样的国家从来就不曾存在），民族的观念必须重新界定。

P2 本书尝试阐明自由主义忽视民族主义所内含的价值的倾向是一个错误，同时也探讨民族主义将通过什么方式对自由主义的思维作出贡献。

P2—3 本书与自由主义的下述倾向进行了决裂：把民族主义描述为完全是建立在非理性的（有些人说是原始的）对"陌生人"的恐惧之上，其推动力是道德上不足取的对于熟悉与简单之物的迷恋，以及无耻的权力欲望，或者是以其他民族为代价攫取自己的优势的欲望。这些因素在对民族主义的理解中显然起一定的作用，但是它们不能完美地解释民族主义的感召力。在民族主义的外表下面，存在一系列对人类处境、对什么使得人类生活富有意义与创造力，以及对一系列值得骄傲的价值的敏锐理解。自由主义不能不容纳这些有价值的因素，并在自由主义的边界内赋予民族价值以真正的意义。

P4 自由主义的传统连同它对人的自主性、反思性、选择的尊重，以及民族主义连同它对归属、忠诚以及团结的强调，尽管一般被认为是相互排斥的，但事实上是可以相互补充的。自由主义者可以承认归属、成员身份与文化忠诚以及随之而来的个人的道德信念的重要性，而民族主义者则可以接受个人自主与个体权利和自由的价值，保持对于民族内部以及民族之间的社会正义的价值承诺。

P4—5 自由主义的民族主义理论是这样一种理论：它放弃以其他价值为

代价来追求一套终极价值,是避免镇压或流血危险的一种努力。

P5 本书把民族主义当作是一种思考人性与世界秩序的方法,从中或许可以获致道德与政治思想的规范意义。

P5 我的研究关注的是自由主义的民族主义的基础,出发点是每种政治意识形态的方法论假定——关于人性的描述。关于存在普遍的、使人类区别于其他动物的特征的观念,对于自由主义者来说可能比对民族主义者来说更加可以接受。但是,民族主义对特定环境对个人身份的建构的重要性的强调,并不与关于人性的普遍性的观点冲突。相反,民族主义者可以赞同这个观点,而且声称:从根本上,个体是特定人类共同体的成员,他们不能在这些共同体之外发展出一种语言或一种文化或者设定自己的目标。他们的生活变得没有意义,它们的反思失去了实体依托,他们没有一套规范和价值可以据以作出选择,并变成自由主义者设想的那种自由的、自主的人。处于特定的传统中并追随这个传统,依附一种特定的语言,因此可以被看做是个人自主的前提,虽然它们也可能被看做是在限制选择要素的可能性,这些要素(比如公共的或文化的各种归属,一套基本的价值)对个人身份具有建构性意义。

第一章 人的观念 P1-25

P1 无论是完全否定人的自主自由的关于"民族自我"的描述,还是关于免于任何归属的自我的自由主义的描述,都不是对人性的适当描述。这个观点现在已经成为许多人的共识。这一点促进了对一种中间立场的寻求,这种立场能够涵括民族主义关于个体不可避免地是其文化的产物的信念,以及自由主义关于个体可以成为自己生活的主人的信念。

P2 在自由主义的人性观与民族主义的人性观之间发现共同基础并不能保证这两种思想流派之间的冲突将完全消失。但是它能够提供一种适当的讨论框架。

P2-3 本章所阐述的人的观念既受到了自由主义的启发,也受到民族主义的启发,并把个人自主的观念与群体归属的观念结合起来。这些概念在这里被看作是互补的而不是冲突的,这意味着任何个人都不能脱离环境,所有的人都只能在环境中才能获得自由。

P5 依据人的观念而不是人性的观念来系统阐述这个讨论增强了民族主义方法的贴切性。如果对于我们的讨论具有根本意义的人的特性不是独立于语境的,那么,像"文化"、"成员身份"以及"嵌入性"等居于民族话语核心地位的术语就变得至关重要了。

P7 民族主义与自由主义倾向于强调人的观念中的不同特征，直至双方都变成不堪一击的"稻草人"。更加深入细致的观察将表明，自由主义者不必反对文化语境化的重要性，而民族主义者也不必忽视个人自由的重要性。于是产生了一种更加平衡的、显示这两种似乎对立的论点之间广泛一致性的人的观念。

P8 把个体定义为社会存在似乎并不会引起激烈的争论；自由主义者与民族主义者之间的冲突存在别处，它涉及个体在特定的社会群体中获得成员身份的过程，以及这种成员身份与个人身份的联系。

P9 身份认同的两种类型之间的差异或许可以使讨论的焦点变得更加清晰：第一种是围绕我想要成为什么类型的人而建构的道德身份，它反映着善的概念，个体的道德价值、信念、生活规划和利益；第二种是群体的身份，它反映着个体的社会归属。

P9 事实上，身份认同的这两个方面是紧密联系的，后者为前者设定了讨论的限度，而前者则有助于形成对后者的批判性评价。然而，就我们所讨论的个人身份的界定与反思能力而言，这两者可能被分开来看待。

P10 因为我们常常不太可能经历一个一个全面的变化过程——这个过程同时既质疑我们的道德身份又质疑我们的群体身份，所以发现依然在选择模式中发挥重要作用。相应地，在反思我们的身份的过程的每个点上，我们都参与了发现与选择结合在一起的过程。即使对严格的选择模式而言，发现我们在社会中的地位的能力也像反思这个地位的能力一样具有根本意义。这样，选择、反思、发现，应该被看成是相互补充的而不是相互对立的。

P10—11 把选择引入群体身份的塑造过程并不意味着这个身份没有实质意义或无关紧要；相反，它意味着即使是身份的形成因素也是可以选择的。不仅我们的群体身份（或者我们的婚姻）没有因为实施选择而被削弱，相反它通过选择而被强化了。

P11 个体不能作出同时触及自己生活的所有选择的领域。这样，更加合理的假设是：他们通常是依据综合的选择模式中的一种选择作出相应的行为，即是说，他们保持其身份的一个方面——要么是群体成员身份，要么是道德身份——的稳定性，并对另外一种身份进行反思。

P11 对道德身份问题的反思依赖于文化语境的存在，文化语境的重要性即使在涉及最普通的日常生活决策的时候也是显而易见的。

P11 为了防止任意地作出选择，选择的基础是拥有一套社会地获得的价值系统，这套价值系统被用作评价的标准。……他们加以依赖以便作出这些实质性评价的价值系统不是一种外在的随手捡来的工具，而是他们的身份的一种形成因素，只要他们坚持这一价值系统，那么他们的某些选择就是不可避免的。

P15 个体有反思和拒绝在其社会化过程中提供给他们的规范和价值的潜能，对这一假设的拒斥将我们置于通向社会和文化决定论的斜坡上。自由主义者能够接受的每一种关于人的概念都必须包括关于这种（反思与拒绝的）潜能的观点。

P19 身份恢复与归化让我们知道，个体不仅能够反思他们想要成为的那种人而且也可以反思他们想要发展的群体身份的类型。身份恢复的观点或许指明了为什么个体更可能选择成为他们已经是的东西或者他们的父辈曾经是的东西，而归化则提醒我们，他们也可以选择一种与他们似乎没有联系的外来文化。

P19 群体选择的概念对于我们的讨论是很重要的，因为它特别突出了现代身份的两个最重要的方面：过一种自己发自内心喜欢的生活的内在需要与有所归附的需要。这样，这两个方面也就把握住了内在于现代个体形象的双重性。除非现代的个体生活在文化多元的环境中，否则他们就不能实践他们的文化选择权利，注意到这个事实至关重要。因为我们已经假设人必须具体生活在文化中，所以，如果存在与他们自己的文化不同的文化以供比较，那么，批判性地反思他们的文化只会产生积极的结果，他们可以从这种不同的文化中学习与借鉴，他们也可能归化到这种文化中。

P23 个体既可以依据群体的选择模式也可以依据道德的选择模式行事，这间接地意味着严格的选择模式的合理性，这种模式假设个体既可以反思他们的民族身份也可以反思他们的道德身份，而不要求他们同时或激进地进行这样的反思。

P23 本书中我们阐述的人的观念，即"语境化的个体"，把个体性与社会性作为两个同样真实、同样重要的特征结合在一起，它使得对于自由主义的阐释意识到了文化与社会成员身份的聚合性与建构性特征，同时这种对于自由主义的阐述被伴以对民族主义的新解释，这种解释把个体看作群体框架中的自由与自主的参与者，他们把民族的成员身份看做——借用勒南的术语——日常公民投票。语境化个体这个概念因此使得自由主义理论与民族主义理论更加靠近了一步。

第二章 民族选择与文化权利 P26－49

P26 自由主义的民族主义尝试把握什么是自由主义与民族主义这两种思想派别的基本特征。它借鉴了自由主义对于个人自主性与个体权利的承诺，以及民族主义对于群体成员身份的重要性的强调——包括一般意义上的人类群体成员身份以及特殊意义上的民族群体成员身份。这是关于民族选择与文化权利的讨论的两个主要关注点，也是本章的焦点。

P28 主张文化权利是一个选择问题仅仅意味着：在发现我们出生其中的文化与民族的归属框架以后，我们可以对于它们进行批判性反思并实施我们对于未来的文化承诺与归属的选择。换言之，民族文化并不是一个牢笼，文化联系并不是镣铐。而且，个体不仅应该有权利选择其希望归属的民族群体，而且也应该享有界定这种成员身份的意义的权利，即是说，他们应该决定他们希望采取的文化实践，决定表达这种文化的方式。正是出于这样的原因，只有当一个文化的成员提出特定的文化要求的时候，这个要求才有权得到优先考虑。

P32 文化选择像宗教选择一样，属于建构性选择的范畴，由于它对于个体的极端重要性，这种选择应该被赋予特殊的意义。

P32 但是文化偏好即使在于别的、显然是非建构性的偏好竞争的时候，也可能输掉。

P33 为了帮助少数群体维护其民族文化而作出特殊让步算不得一个特殊理由。文化共同体中的成员身份是一个个人选择的问题，但是这个选择并不意味着成员们已经作出选择作一个少数民族。这种状态是由非成员们的选择强加于他们的，而且可以被看作提供了支持他们选择过一种有意义、有价值的生活而又不必放弃其文化归属的理由。

P37 我们希望维护一种群体的利益——在我们的讨论中就是民族文化——原因是它的综合普遍的价值，但是这不同于赋予个体以维护他们的民族身份的权利以及参与他们这个群体的社会、文化以及政治生活的权利。后者必须建立在个体成员在遵从其文化的过程中获得的利益的基础上，而前者可能同时考虑非成员的利益。

P42 本真性的诉求中存在危险的维度。这些诉求通常用以表示有一个真正的对于民族文化的解释，而所有其他解释都是虚假的、无效的。修正传统的人因而可能会被指责为不忠诚，而他们的作品／产品则是不真实的。

P46 当所有的文化都不享受国家支持的时候，遵从一种文化的权利实际上只是在没有国家干预的情况下最大程度地遵从自己的文化的权利。

P47　当一种文化实践由于缺少参与者而无法进行的时候，不能认为与实践这个文化有紧密利益关联的特定个体的权利受到了侵害，除非可以证明有人为这一文化实践故意设置了障碍，或者为争取个体参加这个实践故意设置了障碍，或者个体受到威胁或被阻止参与这个实践。

第三章　民族自决权 P50－72

P50　虽然民族自决权一直处于现代政治话语的中心，但是对于这种话语的理论分析却非常罕见。

P51　本书对于传统的民族自决观点作出重要的修正，考虑到目前的时事，本书将论证：是文化的而不是政治的民族主义类型最适合自由主义的观点。

P51　民族自决权首先是一种文化诉求，这种观点在很大程度建立在把民族视作特定的文化共同体的基础上。

P59　在本书中，如果一个群体既展现出足够数量的共同而客观的特征——比如语言、历史、领土等——又展现出对于其独特性的自我意识，那么，这个群体就被界定为民族。

P60　民族只有在其成员共同拥有一种群体成员身份认同感的时候才存在。

P60－61　民族，无论新旧，都倾向于重新塑造它们的过去，重新阐释它们的文化，遗忘不同的文化，把握共同的特征以便创造一个拥有长久的、最辉煌的历史与无限前景的文化的"自然"单元的幻觉。这个过程是在语境中发生的，而且并不意味着"什么都行"。

P61　使得民族成员把自己与别人加以区别的一系列特征就是文化。

P63　民族自决权在20世纪的三个转折时期得到了热烈的争论：一战以后威尔逊的"十四点"时期；二战以后，贯穿去殖民化的全过程；80年代末，随着东欧与中欧的社会与政治革命而出现。在每个这样的时期，民族自决权的正当理由都是通过不同的术语表达的。

P63　自治与民族自决却是两个不同的概念。它们的不同在于其个人主义方面与公共方面，这两个方面分别代表不同的人类美德，从不同的人类利益中获得其价值。

P63－64　这两种权利的个人主义方面宣扬个人的自主性与个体作出建构性的选择的权利。在自治的权利中，这个方面指个人不臣服于外部指令、自己管理自己的生活的权利；而在自我决定的情形中，它涉及的是个体界定自己的个人身份与民族身份的权利。

P64 在其公共方面，民族自决包含个人寻求赋予他们的民族身份以公共表达的过程。这样，它常常被描述为个人进入公共领域的权利，并因而意味着个人有权利通过反映他们的公共价值、传统、历史的方式——简言之，他们的文化——建立机构并管理自己的公共生活。自治的公共方面指的是个人参与他们所属的政治群体所采用的目标与政策的决策的权利，也就是他们在影响政治过程的基本决策中有发言权。这样，它把个人参与自己国家的统治的权利放在核心的位置。

P64 民族自决权不只是通过参与决定一个人所属的社会与政治制度的文化本质的能力来衡量的，而且也通过这个过程的结果来衡量。据说只在一个民族特有的特征在政治领域得到表达的时候，民族自决才能实现。

P69 所有的民族都应该平等地享受其特定环境所许可的最广程度的民族自决权。

P69 采取文化的、个人主义的民族自决权观念，使得我们能够把民族权利的正当理由——不管它们是特定国家内部的少数民族还是多数民族——与被赋予族姓群体与本土土著人的权利的正当理由放在同一个连续体上。这些群体的成员在维护他们独特的身份方面共享一种至关重要的利益。

第四章 特殊的叙事与一般的诉求 P73-92

P74 自由主义的民族主义的主要特点是：它在巩固民族理想的同时并不无视其他的人类价值观念——民族的理论应该依据这种人类价值来衡量。这个过程的结果是：对于合法的民族目标以及追求整个目标的手段的重新界定。自由主义的民族主义因而珍视民族文化的特殊性和人权的普遍性，珍视个体的社会和文化嵌入性以及人的自治。在这个意义上，它极大地区别于对于民族主义的有机解释，这种解释假设个体的身份认同完全是由其民族成员身份建构的，他们的个人意志只有在完全沉浸在一般意志中的时候才是"真正自由的"。我们这里说的自由主义的民族主义，是对赫尔德的文化多元论与马兹尼的自由主义的民族主义的直接继承。

P78 民族权利只能通过参照个体在民族的生存中发现的价值、假设人类对于实施其生活计划的民族环境的关切不亚于对于这些计划的具体内容的关切，而在普遍性的基础上得到坚实的证明。这样，位于民族主义理论的核心的，必须是语境化个体的观点及其相关的重要性，这种观点的基础则是个体的自决权利和对于文化成员身份的重要性的承认，以及对于普遍的文化权利与民族自决权利的肯定。

P79　自由主义的民族主义的特征正好体现在科恩赋予以启蒙为基础的西方民族主义的那些特点上：它是多元的、开放的，它把民族群体不仅看作历史的产物，而且也看作人类意志的产物，它大体上遵循人文主义的传统。

P84　民族义务必须涉及我们可以称为"民族目标"的东西。存在一些所有民族都可能追求的普遍目标：保证民族的持续生存、民族成员的福利、民族文化的繁荣等等。这样，接受民族义务意味着承担对于民族同胞的特定责任、对民族的长久生存作出贡献、参与民族文化的持续的再创造、学习并尊重民族的传统、参与保证民族享有自己的公共领域而进行的政治斗争。

P86　自由主义的民族主义要求一种宽容与尊重自己群体之内的成员与自己群体之外的人的差异性的心理状态，与广泛流行的观点相反，民族的共同体在某些方面可能比那些通过共同的信仰维系社会关系的共同体更加开放与多元。

P86-87　民族纽带即使在极端的规范性冲突中也依然没有断裂。由于民族共同体中整体性的根源是外在于规范性领域的，所以它们能够容纳规范的差异，在这个意义上说是比通过共同的价值而联合在一起的群体更加多元的。

P87　由于自由主义的民族主义是通过对于民族群体生存的普遍性承诺而得到申述的，所以它从定义上说就是多中心的。

P90　自由主义的民族主义的多中心本质有助于把它区别于许多其他常常与民族主义联系在一起的运动——帝国主义、种族主义、法西斯主义以及纳粹主义。

第五章　神奇的代词"我的"　P93-117

P93　民族主义提供了一系列值得尊重与严肃思考的道德价值。

P93-94　对于民族主义的伦理含义的讨论将使我们能够追溯归属感与道德义务之间的联系，这种义务不仅属于国家中的成员，而且也属于其他建构性共同体的成员。因此，本章的伦理方法将被称为"共同体的道德"。

P94　共同体的道德并不意味着要取代自由主义的道德，成员之间的联系显然不是道德责任的绝对来源。相反，笔者认为，这两种方法通过一种奇特的纠缠关系，共同塑造了我们对于道德问题的思考。

P94　共同体的道德通过四种途径加深了我们对于道德问题的思考。首先，共同体的道德鼓励成员发展以关心与合作为基础的关系而不是促进理性化的自我中心主义与相互之间的漠不关心,从一般的意义上说,这种关系对于自由的国家发挥功能至关重要,特别是对于自由的福利国家至关重要;其次,它可以解释我们的直觉知识:我们有理由——至少在某些情况下——偏爱那些与我们分享生命的人以及我们深切关心的人;第三,共同体的道德表明:那些关心特定的他人、清醒地意识到自己特定归属的个体,有可能在正义的原则方面达成共识;第四,涉及对于非成员的态度的共同体道德的含义,相比于那些来自自由主义的道德含义,并不是更加自私的,而且事实上可能是较不自私的。事实上,较之绝大多数自由主义者发展出来的道德,共同体道德的发展引向一个更伟大的对于全球正义的承诺。

第六章 隐藏的规划:民族价值与自由信念 P118-143

P118-119 分配正义的问题在现代自由主义的理论中起着核心的作用。但是自由福利国家必然是建立在某些"民族信念"之上,但这样的一个事实却常常被忽视。它的分配正义的概念只有在那些不把自己看作是自愿社团,而是看作正在不断延续的、相对封闭的、其成员之间具有共同命运的共同体的国家中才是有意义的。

P122 我们应该考虑其福利的"他人"是一些我们关爱的人,是与我们的团体身份有关的人。共同体的团结创造了关联性与共同命运的感觉或幻觉,这是分配正义一个前提。它使特殊取向的关系充满了道德的力量,它支持"美德始于家庭"的主张。而且,共同体的德性可以证明为了后代的福祉,为了研究与保持共同体的过去而安排资源的正当性。结果民族国家的类似共同体的性质就非常适合于自由福利国家的观念甚至是后者所必不可少的。

P125 虽说民族群体可以通过确立独立国家以外的方式保护其独立性,国家却只有基于民族的理由才能证明自己独立存在的正当性。……现代国家已经选择采取民族自决作为自己的合法化原则,即使在他们的成员不构成一个民族的时候也是这样。

P132 证明政治义务在政治哲学中的核心作用的唯一方法,是把自由国家描述为一个共同体,这个共同体导致特殊类型的协作性义务,即政治义务。

P132 政治义务与民族义务一道,属于更广泛的协作义务的范畴,即植根于特殊的团体中成员身份感的义务。这些义务是由社会协作——这种协作在成员中间引发成员身份与成员归属感——产生的,也是由对自己的社会的维护是一种值得的努力的合作者,这种努力产生出相互的责任与义务,对于后代的关切以及对共同体历史的尊重。

P136 我们对特定的国家——我们的国家——承担政治义务的过程只能通过把这种义务的本质理解为团体承诺的方式才能得以理解。这种团体承诺的道德重要性来自成员身份概念，而不是来自普遍的道德责任。

P137 在寻求特定政治义务的正当理由的时候，不能从超越的自我的中性立场出发，而应该从语境化的个体的立场出发来提出问题。这样，承担政治义务的正当理由就必须至少部分地建立在个体理解自己社会地位的方式的基础上。

P137 协作性的义务必须建立在某些归属感的基础上，建立在积极的、对于自己立场的有意识发现的基础上。

P138 对于政治义务的协作视角意味着个体承担这样一种义务是因为他们把国家看作是他们自己的国家，把法律看作是他们自己的法律，把政府看作是他们自己的政府。

P142 通过吸纳民族的概念，自由主义已经能够把由特定人口居住的国家的存在视作当然，并且参照这个现实来讨论诸如分配正义、同意、义务、参与以及社会责任等问题。这样，自由主义者就能够机智地解决成员身份与移民之类棘手的问题以及群体如何被构造这个更加普遍的问题。这些变化已经使得现代的自由主义理论依赖民族的理念以及民族的世界秩序，从而留给自由主义者很少的选择。除了一些世界主义者以及激进的无政府主义者以外，绝大多数的自由主义者都是自由主义的民族主义者。

第七章 从必然性中创造美德 P144－173

P144 现代的国家概念既从自由主义的、也从民族的理念中汲取灵感。这两个思想流派实际上可以通过一种理想的联姻而结合。民族主义可以提供划分国家边界的参数，支持一个共同体的国家观，这个共同体的特点是福利国家所要求的相互责任与内在的凝聚力，而自由主义则可以提供指导个人和制度行为所需要的道德原则。

P144－145 在这个世纪，民族主义偏离了赫尔德尔、马兹尼、穆勒、瑞曼以及其他人的传统，采取了法西斯主义、纳粹主义、种族主义等扭曲的形式。这个可怕结果是促使战后的自由主义者采取了严格意义上的普遍主义的视角并遵从在不考虑肤色、种族、性别或宗教的情况下阐述的原则。

P145 但是，自由国家实际上又继续在关于现代民族国家的建构性假设中运作，并把自己看作是拥有特定的文化、历史与集体命运的共同体。生活在自由国家中的少数族群越来越强烈的不满导致了对于上述主张的普遍支持。

这些少数民族的成员感到自己被从公共领域中排挤出去，原因是他们意识到国家通过排除亦即通过反对那些不属于支配性文化的人，而对文化问题漠不关心。

P149　同质的民族国家被揭示为一个幻想，而且，可以预期，关于自由的理念与民族的理念可以在一个政治框架内充分协调的幻觉是注定要失败的。虽然许多民族运动仍然保持着这个梦想，但是当今的现实却表明：力图使这个梦想成真的尝试必将导致流血冲突。放弃同质的民族国家的理想使我们能够探索一套新的选择。可能被自由主义者看作最合理的一个选择是，一个国家在文化与民族上是中立的。但是这个理想是不可能实现的，因为文化差异是政治现实的组成部分，而不仅仅是私人事务。自由主义的民族主义倡导认真考虑文化与民族的差异，承认即使在最自由的国家少数民族的成员也有冤情，并制订出减少这种冤情的方法。

P153　国家的文化本质出现在其政治制度、官方语言以及象征领域、仪式和民族英雄的选择等之前。对于政治制度的态度、对社会目标的心理导向、行为的政治规范、所有统治制度倡导的对于历史的解释，所有这些都不可避免地反映着特定的文化。

P156　地区性组织更可能巩固使小民族能够兴旺发达的条件。这个事实提供了对创立这样一个机构的正当性的进一步证明。

P157　地区合作对于大民族的成员也是有益的，这些民族无论多么大、多么繁荣，永远都不能为他们的成员提供通过地区性组织所得到的利益。

P172　一个后民族的时代——在这个时代，民族的差异将被抹去，所有的民族都共享一种肤浅的单一文化，看肥皂剧、吃麦当劳、喝可口可乐、把孩子送到迪斯尼乐园——与其说是一个乌托邦，不如说是一个噩梦。

P172　与种族中心主义的民族主义进行斗争的方式不应该是主张民族的利益应该被完全否定，而是提供一种替代性的民族观。看起来非常清楚的是：民族主义将不会消失，而仍然是悬而未决的问题是：民族主义的姿态将是某种有害的种族中心主义形式，还是一种以对自由价值的尊重为指导的、清醒的民族主义形式。

【参考文献】

[1] 耶尔·塔米尔. 自由主义的民族主义 [M]. 陶东风，译，上海：上海译文出版社，2005，10 (1).

[2] 徐贲. 自由主义与民族主义 [J]. 读书, 2000 (11).

[3] 黄其松. 自由主义的民族主义: 自由主义的或者民族主义的? ——塔米尔《自由主义的民族主义》述评 [J]. 青海民族研究, 2011 (4).

[4] 张淳. 回归文化民族主义——《自由主义的民族主义》简评 [J]. 中国图书评论, 2006 (10).

[5] 吕永红. 反思的民族主义: 自由主义的民族主义——塔米尔《自由主义的民族主义》述评 [J]. 理论月刊. 2012 (10).

[6] 马克思恩格斯选集: 第一卷 [M]. 北京: 人民出版社, 1995.

十六、《新现实主义和新自由主义》

[美] 大卫·A. 鲍德温 主编
肖欢容 译
浙江人民出版社，2001 年

── 【作者简介】────────────

大卫·A. 鲍德温是著名的国际关系学家，普林斯顿大学伍德罗威尔逊公共与国际事务学院的资深政治学家，阿诺·A. 索尔兹曼战争与和平研究所和哥伦比亚大学世界秩序研究的荣誉退休教授，瓦拉赫研究所的会员和美国政治科学协会、国际政治科学协会和外交关系理事会的成员。主要研究领域是国际政治学、美国外交政策和国际关系理论。主要著述有《经济治国术》《东西方贸易与大西洋联盟》《国家安全的政治经济学》《国际政治经济学的基本概念》等。

── 【写作背景】────────────

在西方思想发展史上有着不同流派之争的悠久传统，国际关系作为近代以来随着全球化的发展而兴起的研究领域，其在不同时期呈现出不同的发展趋势，随着国际关系在两次世界大战之间作为一门独立学科的出现，流派之争开始逐渐显现。

现实主义作为西方国际关系的传统理论可以追溯到修昔底德、马基雅维利以及霍布斯等人的思想，17 世纪和 18 世纪的重商主义对权势和财富的描述奠定了现实主义的基础。随着 20 世纪的到来，尤其是两次世界大战的爆发给人们提出了一个如何看待和处理国际关系的历史性问题。以倡导国际制度和国际合作的现实主义理论在一定时期内占据着国际关系理论研究的主导地位。

战后国际形势的变化尤其是全球冷战局面的形成促使了人们开始在理论上反思现实主义不足。功能主义学派、行为主义学派、多元主义学派以及全球主义者等在一定意义上形成了对现实主义的抨击。随着20世纪七八十年代的到来，新现实主义开始兴起并开始与新自由主义流派进行了激烈的交锋，二者在争论中互相学习、借鉴和发展，该书作为一本对新自由主义和新现实主义进行比较研究的论文集，正是在这种理论和时代背景下产生的。

【中心思想】

该书是由鲍德温主编的一本关于西方国际关系研究领域中新现实主义和新自由主义对比研究的论文集。在该书中，鲍德温首先对新现实主义和新自由主义争论的历史背景、核心分歧和争论焦点进行了阐述和解释。然后他对十位新现实主义和新自由主义两种流派的代表人物的论文进行了摘录，通过对十几位代表人物思想描述，鲍德温揭示了新自由主义和新现实主义两种派别在国际合作、国际制度等方面的异同。这两种流派一方面坚持无政府状态的假设和国家作为国际关系中主要行为者的前提，另一方面它们二者在无政府状态的含义，国际关系和国际合作的基础，不同国家进行国际合作的目的等方面存在着重大分歧。通过对两种流派不同人物思想的比较研究，可以看出二者力图从不同角度对国际关系进行分析和研究，这为研究和分析西方国际关系理论提供了理论基础。

【分章导读】

本书是一本反映最近西方国际关系传统理论争论的论文集。全书共四编，约29.5万字，由11位学者的12篇论文组成。

第一编 导论

1 新自由主义、新现实主义和世界政治（大卫·A. 鲍德温） 鲍德温在该部分对新自由主义、新现实主义和世界政治的关系进行了分析，提出了新自由主义和新现实主义之间的区别以及二者关注的焦点。

鲍德温认为沃尔兹把权力和国家作为体系进行研究是新现实主义与经典现实主义的重要区别，新现实主义虽然在20世纪70年代占据着国际关系研究领域的主导地位，但随着新自由制度主义的形成和发展，新自由主义对新现实主义形成了严峻的挑战。鲍德温对新自由主义和新现实主义的争论焦点进行了概括，即无政府主义的性质和后果、国际合作、相对获益对绝对获益、国家的优先目标、意图对能力、体制和制度等。

鲍德温对新现实主义和新自由主义之间争论的历史背景进行了分析。鲍德温认为二者的争论有着悠久的历史传统。古代斯多葛学派提出了世界公民概念，早期基督教哲学家形成了统一世界社会的思想，重商主义对财富、权势零和博弈思想的考察，马基雅维利、霍布斯等现实主义思想家对国际无政府状态、军事力量的使用以及权力均衡的考察，这些都对现实主义有着重要的影响。

鲍德温认为国际关系作为一门学科在两次世界大战之间产生，在第二次世界大战之后，现实主义成为国际关系中的主要范式。现实主义先后经历了与理想主义、功能主义的争论，到20世纪七八十年代，新现实主义和新自由制度主义的争论开始形成。鲍德温对二者争论所涉及的两个基本概念即无政府状态和权力所引起的问题进行了分析。

无政府状态是政治学中一个重要定义，鲍德温认为无论是新现实主义者还是新自由主义者都认为世界政治中存在着政治秩序，他们对秩序的性质、范围和形成的原因等方面存在分歧。鲍德温认为人们应该更加关注持两种主义的学者对无政府状态的界定以及对其后果的阐述。鲍德温随后对涉及权力的范围和领域、零和博弈问题以及替代性问题等进行了分析。

第二编　新自由主义的挑战和新现实主义的反应

2　协调与合作：无政府世界中的制度（阿瑟·斯坦）　在该部分，阿瑟·斯坦对制度的定义、原因及其变化的条件进行了阐述。阿瑟·斯坦认为，为了对国际政治中存在无政府状态的秩序模式进行描述和分析，人们采用了制度这一术语。阿瑟·斯坦对制度和无政府状态之间的关系进行了分析，他认为在无政府状态理论中，国家被看做独立的主权实体，它们根据各自的利益和偏好而进行独立决策互动，进而达到可能的稳定的均衡。阿瑟·斯坦对国际社会中国家在无政府状态下的独立决策互动产生的背景和结果进行了事例分析，并认为正是这种决策互动才导致了制度的产生。

阿瑟·斯坦对独立决策产生的结果进行了分类，即共同利益（common interests）的困境和共同背离（common aversions）的困境，并对二者进行了分析。阿瑟·斯坦首先对共同利益困境进行了概念界定，即"独立决策导致所有的行为者都希望产生的获益结果是某种特定的均衡结果。这种帕累托短缺（Pareto-deficient）式的均衡结果，就是共同利益困境"[1]。囚徒困境就是其重要表现形式。阿瑟·斯坦对政治上存在这种困境的表现形式如国内政治制度的形成、公共商品问题等进行了分析。

阿瑟·斯坦认为制度为共同背离困境的解决提供了方法，在共同背离困境中，行为者是为了避免发生某种特定的结果的出现而达成共识，这种共识的出现必然要求制度的产生。阿瑟·斯坦用图表的形式分析了共同背离困境的解决方法。阿瑟·斯坦把合作制度和协调制度看做解决共同利益困境和共同背离困境的重要手段，战略和武器协定、寡头政治、公共地的悲剧等都是人们面临共同利益困境的表现形式。为了解决共同背离困境，阿瑟·斯坦提出惯例就是一个重要的解决途径。

阿瑟·斯坦对制度和利益之间的关系进行了分析。他认为对自我利益的理性考虑促使行为者放弃独立决策而倾向于实行共同的政策决策。关于制度形成的结构基础，阿瑟·斯坦认为全球权力的分布决定了其秩序性质的结构特性。他把结构性因素看做是制度形成的决定性因素，所谓的结构性因素，包含了国际权力分配、知识的性质和技术的性质等。阿瑟·斯坦提出一个国家在国际上权势的大小决定了该国的政策选择。他认为这些对制度形成进行解释的结构性因素也是解释制度的变化、发展的重要标准。他对影响制度变化的复杂因素进行了分析和阐述。

3　经济和安全事务领域的国际合作（查尔斯·利普森）　在该部分，查尔斯·利普森以博弈理论尤其是囚徒困境理论为研究手段，对经济和安全事务领域中的体制性问题进行了分析。查尔斯·利普森认为囚徒困境涉及两个以自我利益为中心的行为者，这与国家政治现实主义关于主权国家的理论假设相似，而合作与欺诈是主权国家处理国际关系的两个选择。

查尔斯·利普森对国际关系条件下，作为主权国家的行为者在处理彼此关系时候所面临的囚徒困境进行了分析。并提出影响国际事务中稳定合作的几个关键因素，即："第一，行为者有关相互依赖和本身决策视对方情形而定的观念；第二，对其他行为者决策的监督和及时反应的能力；第三，对利益的长远考虑；第四，合作与欺诈所获报偿之间的适度差异"[2]。

---

[1] 大卫·A. 鲍德温, 主编. 新现实主义和新自由主义 [M]. 肖欢容, 译. 杭州：浙江人民出版社, 2001：34.

[2] 大卫·A. 鲍德温, 主编. 新现实主义和新自由主义 [M]. 肖欢容, 译. 杭州：浙江人民出版社, 2001：65.

查尔斯·利普森认为囚徒困境在国际经济和安全事务领域中的体制安排存在显著不同，其原因在于这两个领域中战略互动观念的不同。查尔斯·利普森认为经济事务是建立在理性、稳定和趋同预期基础上的原则、规则和体制，而安全事务则缺少稳定的均衡。他对国际经济领域和安全领域中关于囚徒困境的现象进行了分析，并对人们在面临困境时候如何进行决策和选择，并最终达成合作或欺诈的结果进行了研究。

最后，查尔斯·利普森对霸主、衰退和合作的演进进行了分析。查尔斯·利普森认为，发达资本主义国家之间的经济合作与霸主国家权势的兴起是紧密联系在一块的，他对战后美国的霸权地位与世界经济制度化之间的关系进行了分析。二战以后，美国为了建立战后秩序，一个由自由贸易和资本自由流通的多边贸易体制开始在美国的主导下建立起来，国际货币基金组织、世界银行、关税与贸易总协定等世界组织都是这种体制建立的体现。查尔斯·利普森把这种以单边计划驱动多边合作的现象归为美国霸权体系的产物。随着美国霸权地位的衰落，世界开始由单边主义的霸权互惠趋向多边主义互惠，在此过程中由于各国意识到彼此的相互依赖性，而且对欺诈后果严重性的意识使各国更加青睐用协调和合作来解决问题，进而共谋发展。

4 无政府状态下的战略和制度合作（罗伯特·阿克塞尔罗德 罗伯特·基欧汉） 在该部分，作者依然以博弈理论为基础，对国际社会无政府状态下，影响不同国家之间军事安全和政治经济合作的因素进行了分析，并最终得出国际制度的重要性。作者认为，对国际事务的背景考察显得极为重要，作者把对军事安全和政治经济两个领域中的合作成败的背景影响因素分为利益的相关性、未来的影响和行为者的多少。

作者认为博弈的报偿结构对合作的实现有重要影响，而这种报偿结构是主客观因素共同作用的结果。作者对行为者关于其自身利益的主观观念即利益偏好进行了考察，认为行为者的主观观念决定着利益。作者把行为者的利益偏好分为共同偏好和冲突性偏好，并认为二者对不同阶段的行为主体产生着迥异的影响。作者以第一次世界大战前后欧洲军事精英所持有的"进攻时尚"概念为例，分析了报偿结构对不同国家之间合作关系的影响。

作者认为对未来的影响的估计也对合作产生重要的影响。而未来影响包含的因素则为：长时间范围，利害关系的调整，获得的关于其他行为者行为信息的可靠性，对其他行为者行动变化的快速反馈等。作者以1914年的事件和当代国际债务谈判为例对这些因素进行了分析。

作者认为不同国际社会中不同行为者合作能力还受到行为者数量多少以及其内在的相互关系结构的影响。作者把这些影响因素归结为制裁问题，作者认为行为者为了防止背叛行为，一方面必须让背叛者认识到合作的互惠性和背叛后果的严重性，另一方面必须有对背叛者进行惩戒的能力。作者对制裁问题的三种形式进行了分析。

作者对合作在无政府状态下产生的条件——互动发生的背景进行了考察。作者以多层次博弈的方法为基础，对世界政治的三种情况即事务间的关联、国内国际联系和不同类型的行为者间博弈的不相容性进行了分析。作者认为事务间的关联涉及行为者把其他事务作为处理某一国际事务的讨价还价的砝码，相互方便或相互勒索是该行为的重要表现。作者以美国东京回合谈判以及朝鲜战争前几个月美国的政策决策为例说明了国际国内关系的相互影响性。关于博弈中的相容性与不相容性，作者认为在国际政治的博弈中有着许多不同但重叠的行为者，多个博弈的出现对达成合作的可能性产生了重大影响。

作者对多层次博弈中的互惠战略进行了分析。作者认为，建立在互惠基础上的战略能够比其他战略产生更多的报偿，而参与互惠的行为者在面临囚徒困境时候将报偿结构制度化为惯例是一种不错的选择。

最后，作者对促成合作的观念和制度因素进行了总结，作者认为实现互惠是进行合作的基本战略。观念因素包括信仰和认知的重要性，而制度因素则包含等级制的国际关系、国际制度的建立和新规范的形成等等。

5 无政府状态和合作的限度：对最近自由制度主义的现实主义评论（约瑟夫·M. 格里科） 在该部分，约瑟夫通过对合作中相对获益和防御型国家位置性的理解，反驳了新自由制度主义对新现实主义的批判，提出新现实主义理论对国家的安全、独立和共同利益的追求有重要作用。

格里科首先对现实主义和自由主义思想对立的渊源进行了分析，他认为现实主义在第二次世界大战以后的很长一段时期内是国际关系理论中的主导者。现实主义认为国际无政府状态导致着国家之间的冲突和竞争，并阻止它们之间的合作。而自由制度主义则对现实主义提出了挑战，自由制度主义经历了三个阶段：20世纪四五十年代的功能主义一体化理论、五六十年代的新功能主义地区一体化理论和七十年代的相互依赖理论。它们都反对现实主义的悲观态度，认为国家之间能够形成合作。20世纪80年代的形成的新自由制度主义则对现实主义构成了更大的挑战，因为其吸收了现实主义关于无政府状态阻碍国际合作的观点。格里科认为新自由主义对国际合作的乐观主义看法可能是错误的，并提出现实主义关注国家的位置性，关注欺诈和相对获益成为国际合作两个主要阻力。

格里科通过对现实主义代表人物思想的总结和对自由主义者思想的引述和评价，提出把现实主义思想归为五点如国家是世界事务中的重要行为者等，并认为自由制度主义者力图对现实主义观点进行反驳。格里科通过对第二次世界大战之后尤其是20世纪70年代以后国际政治经济事务发展趋势的考察，认为现实主义理论依然具有现实的有效性。格里科进而对新自由制度主义理论进行了研究，认为新自由制度主义一方面接受了现实主义关于国家是统一的理性的个体，是世界事务中的主要行为者的观点，另一方面则强调国际合作的可能性和国际制度的作用。格里科用表格的形式对自由制度主义、新自由制度主义和现实主义之间的观点进行了比较分析。

格里科认为，现实主义和新自由主义关于国家和无政府状态的观点有着很大的不同。新自由主义者认为不同国家在处理国际关系时候立足于实现本国利益的最大化，而国家的利益是以个人主义的观点进行界定的。新自由主义认为在利益混合的国际背景下，合作主要面临着欺诈问题，它认为欺诈问题归根于国际社会的无政府状态，新自由主义定义下的无政府状态即世界缺少共同的政府。

但是，格里科认为，现实主义者对无政府状态的理解有所不同，他们认为无政府状态会导致所有国家会处于相互怀疑和恐惧的状态之中，这导致了国家的核心利益不是利益最大化而是生存问题。格里科认为在国际关系中，"国家的基本目标是阻止其他国家实现有利于它们的相对实力"[1]。因此，他认为阻碍国家之间合作的因素是国家的位置性，即一个国家所处的国际位置，这种位置性使得一个国家更加关注合作中的相对获益问题。格里科认为现实主义理论中的国家位置性本质上是防御性的，格里科对现实主义和新自由主义的国家效用公式进行了对比，他随后又以图表形式向人们展示了现实主义和新自由主义在无政府状态、国家特性以及国家合作的阻力之间的比较研究。

最后，格里科对新自由主义和现实主义在现实国际政治上面的表现进行分析和总结，提出现实主义是一种对国际合作问题更有说服力的理论。

---

[1] 大卫·A. 鲍德温，主编. 新现实主义和新自由主义 [M]. 肖欢容，译. 杭州：浙江人民出版社，2001：127.

第三编 争论的扩展

6 国际关系理论中的无政府假设（海伦·米尔纳） 在该部分，米尔纳对国际关系理论中的无政府概念进行了考察，探讨了国内国际政治二分法的效用问题，最后，米尔纳提出对国际关系的考察必须将无政府状态和相互依赖有效地结合起来。

米尔纳认为国际社会无政府状态是一个模糊的概念，对学界关于无政府状态假设进行了阐述。米尔纳认为，学界力图把无政府状态作为国际政治的中心条件，关于无政府状态的定义，目前学界主要有两种理解，一种指的是缺少秩序，这意味着混乱和无序，这种无政府状态并不是绝对无序的，其中包含着规则和制度引导下的秩序模式；对无政府状态的另一种理解是指缺少政府，沃尔兹等人就是这种观点的持有者。米尔纳对无政府状态真正缺少什么，何谓政府和权威以及政府的合法性如何建立等问题进行了分析。

米尔纳以对沃尔兹关于国际国内政治两分法的理论的考察和分析为基础，对这种两分法的效用进行了研究。沃尔兹认为国际国内政治首先表现为分权和集权的区别，其次为是否使用武力，最后是国际国内的行政和法律的权威问题。

米尔纳对沃尔兹关于分权和集权的思想进行了批驳，他以美国国内政治为例，认为国内政治的权威并不是高度集中的，而是分散的，而且国内政治的集权与否在不同国家也有不同的表现。米尔纳认为沃尔兹关于国际政治分权的理论是充满着矛盾的：一方面，沃尔兹在讨论无政府状态时候坚持认为所有国家都是平等的，因此国际政治体现着高度的分权；另一方面，沃尔兹在讨论国家势力分布的时候认为国家之间的地位并不是平等的。米尔纳对沃尔兹的这种矛盾理论的多重表现进行了阐述。

关于武力的作用和重要性，米尔纳认为无论是对国内还是国际政治的考察都应该根据具体情况进行考察，关于国际国内政治的权威和政治的运行，沃尔兹认为"在国内领域，权威、管理和法律盛行；而在国际领域，体现的是权力、斗争和协调"[①]。米尔纳以摩根索和卡尔的观点为依据对沃尔兹的这种思想进行了反驳。

米尔纳对相互依赖在国际政治中的作用进行了分析。关于相互依赖，米

[①] 大卫·A. 鲍德温，主编. 新现实主义和新自由主义 [M]. 肖欢容，译. 杭州：浙江人民出版社，2001：160.

尔纳提出两种观念，即战略相互依赖（strategic interdependence）观念和行为者效用实现的依赖性。米尔纳认为相互依赖观念和无政府状态之间并不存在着冲突，他对相互依赖在国际关系中的作用和影响进行了分析。

7 相对获益和国际合作的模式（当肯·斯奈德） 在该部分，斯奈德通过对国际关系中相对获益假设的数学模型进行分析和研究，阐述了相对获益对国际关系的影响，提出相对获益并不总是对国际合作有阻碍作用。

斯奈德对为什么要假定国家追求相对获益进行了分析，他认为该假定在国际政治学研究方面有着重要的影响，如沃尔兹等人都认为相对获益对国家间的合作有着阻碍性的影响。斯奈德认为相对获益在两个方面对合作有阻碍作用，一方面"是限定可行的合作性协定的范围"[①]，另一方面是相对获益通过改变国家的动因来影响国际合作。斯奈德以图表模型的方式对相对获益在调和博弈、保证博弈、猎鹿博弈、小鸡博弈、囚徒博弈、协调博弈等六种博弈战略中的情况进行了分析。

斯奈德对两个国家之间的相对获益假设进行了分析，这种假设表现为囚徒困境。斯奈德用数学上的博弈模型对处于不同困境中的国家合作进行了分析，提出相对获益会导致其他博弈模型转化为囚徒博弈。关于多国情况下的相对获益情况，斯奈德认为必须依据不同国家进行考察。他以美国和加拿大之间的合作关系为例，说明了大国与小国之间的合作获益是平均分配的。斯奈德进而用数学模型和图表模型对多边背景下相对获益的优先影响进行了考察，认为相对获益在一定程度上表明了新自由制度主义低估了合作的艰难性。最后，斯奈德对相对获益对国际合作的影响和意义如对大小国家之间的互动、霸权的合作与衰落、两极体系的合作模式以及多极体系下合作增长可能性等进行了分析。

8 国际关系理论中的绝对获益与相对获益（罗伯特·鲍威尔） 在该部分，鲍威尔通过对影响国际合作的博弈理论尤其是限制因素变化的分析，对现实主义和新自由制度主义关于绝对获益和相对获益的分歧进行了比较研究，提出了一个简单的新自由制度主义模式。

鲍威尔首先对新自由制度主义和现实主义解释国际行为的不同理论观点和渊源进行了介绍，认为虽然二者都以国家偏好性质和类型的变化为依据，但新自由制度主义者关注绝对获益，而现实主义者更加关注相对获益。鲍威

[①] 大卫·A.鲍德温，主编. 新现实主义和新自由主义[M]. 肖欢容，译. 杭州：浙江人民出版社，2001：175.

尔提出用国家面对的限制变化即博弈两次的三三博弈模式来解释国家之间的冲突和合作，并认为新自由制度主义和现实主义的分析框架仅仅是该解释模式的特殊情况。鲍威尔以该模式的分析为基础，认为结构现实主义重复的囚徒困境理论是不完整的模式，这种不完整性的原因体现在两个方面，一方面在于国际关系中的武力因素，对武力的强调体现了结构现实主义的内在缺陷性，另一方面则在于重复博弈理论并不能完全解释国际关系中长期相对获益和短期相对获益之间的复杂关系。

鲍威尔对绝对和相对获益问题的结构模式进行了分析，他认为对限制因素的考察能够为理解结构现实主义关于绝对相对获益问题提供一个的理解方法。鲍威尔关注国家对武力的使用，强调相对获益和损失对国家行为的重要影响。鲍威尔以这些理论为基础，把"战争幽灵"引入博弈模式，并对这种修正后的博弈模式进行了分析。总之，在该篇文章中，鲍威尔力图通过对绝对和相对获益的重新理解，进而重构新自由制度主义理论。

9 全球通讯和国家权势：合作和制度选择及其效用困境（史蒂芬·D.克莱斯勒） 在该部分，克莱斯勒提出对国际关系的考察不应该仅仅从制度和市场失灵方面进行考察，应以不同国家在全球通讯方面的态度的研究为基础，提出应该重视权力在国际关系中的重要作用。

克莱斯勒认为在全球通讯中并不存在统一的国际制度，他以帕累托边界效用理论为依据，提出不同国家在全球通讯方面面临着宁要分配性冲突而不要市场失灵的抉择。他认为制度的建立固然对全球通讯有着重要的影响，但是由于新技术的兴起而引起的权力的变化同样不可忽视。

克莱斯勒对国际制度进行了分析，他认为"共同背离困境和共同利益困境，是产生建立和维持国际制度偏好选择的动因"[①]。他用两个人去爬山还是海边度假的事例对共同背离困境所涉及的协调性分配问题进行了说明。克莱斯勒认为这种协调性分配问题可以用国家权力进行解释。克莱斯勒认为共同利益困境产生的是合作问题，人们习惯于把这一问题与市场失灵联系在一起而忽视了对权力的研究。克莱斯勒通过对国际社会中收音机、电视广播、遥感、电磁频率的分配和电讯等方面进行考察，提出权力在国际通讯领域有着重要的影响作用。

---

① 大卫·A. 鲍德温，主编. 新现实主义和新自由主义 [M]. 肖欢容，译. 杭州：浙江人民出版社，2001：236.

最后，克莱斯勒对学界为何忽视对权力在国际通讯领域中地位的研究进行了分析，认为国际通讯领域制度的建立和变化在一定程度上反映了各国的相对权力的变化，提出运用权力定位的方法对国家关系和国际合作进行分析有重大的意义。

10 相对获益重要吗?——美国对日本工业政策的反应（迈克尔·马斯坦丹诺） 在该部分，马斯坦丹诺通过对美国国际国内两个层面政策的分析，提出由于政治和意识形态的因素影响，相对获益理论在美国战后对日本工业政策的变化有重大影响。

马斯坦丹诺以赖克的非正式调查为开场，阐述了美国公众对处理与日本关系时的相对收益的关注。马斯坦丹诺通过对美国在飞机、卫星和高清晰电视三个领域的对日工业政策的考察，认为相对收益理论对美国不同领域的政策影响是有差异的。他把这种差异性归结为国际国内两个层次原因，国际方面表现为美日经济权势的此消彼长的变化以及苏联军事威胁的减弱，国内方面表现为美国内部不同行政部门的分歧。

马斯坦丹诺对美国外交政策和国际关系理论中的相对收益问题进行了考察。马斯坦丹诺把美国国内关于如何对待日益增长的日本经济权势的理论分为对立的两派，即传统主义者和修正主义者。马斯坦丹诺对二者关于美国政策决策是否应该关注相对获益这一基本分歧进行了分析。最后，他认为美国对相对获益的态度在随着其相对实力的变化而变化。在第二次世界大战以后的一段时期内，美国由于在西方世界所处的绝对霸主地位以及面对苏联的威胁，其在一定程度上实行容忍盟国绝对获益的政策。随着美国实力的相对衰落以及苏联军事威胁的减少，美国开始在很多领域诉诸对相对获益的追求，而且这种追求在不同的领域有不同的表现。

马斯坦丹诺对相对获益理论为何没有对美国政策有持续性影响的原因进行了分析。他把其归为三方面，首先是意识形态因素，即西方社会流行的政府在经济中发挥有限作用的思想；其次是制度背景因素，其表现为美国政治、经济、军事领域的差异性以及制度政策的不一致性；最后是"相对获益的支持者在行政机关获得他们所希望结果的能力，很大程度上来自他们能够动员（或者被动员）的国会成员的程度大小"[①]。

[①] 大卫·A. 鲍德温，主编. 新现实主义和新自由主义 [M]. 肖欢容，译. 杭州：浙江人民出版社，2001：262.

第四编　争论的反映

11　制度理论和冷战后时代现实主义的挑战（罗伯特·基欧汉）　在该部分，基欧汉以制度自由主义理论为基础，对制度主义中的相对收益理论以及制度主义与新现实主义的分歧进行了评析，进而发展了新自由制度主义思想。

基欧汉认为二战以后现实主义在美国国际关系思想领域一度占据着主导地位，而随着世界形势的发展，尤其是国际经济相互依赖的加强，人们对和平与民主的普遍追求，现实主义受到了自由主义的挑战。基欧汉提出一个超越新现实主义和自由主义理论的思想即制度主义理论。该理论一方面认为国家是世界政治的主体，国家的行为是建立在自我利益观念的基础之上的，另一方面，制度主义理论也强调国际制度的重要性。

关于制度理论和相对获益问题，基欧汉从两个方面进行了说明，即相对获益的条件性和相对获益关注的重要条件。基欧汉首先对制度主义的理论假设进行了阐述，他提出制度主义和现实主义一样，都把理性的自私者——国家视为世界政治的主体。制度主义者认为国家创立制度是为了实现其目标，而且这种制度的建立不是通过强制性原则而是通过提供信息和减少交易成本，进而形成和维持协定来完成的。制度主义者虽然认为由于国家对相对获益的关注而造成合作的困难性，但是基欧汉认为这种理论是有条件的，基欧汉通过对斯奈德和鲍威尔等人思想的考察阐述了这些条件，如国家对意图和实力的判断等等。基欧汉通过对格里科思想的评析，提出了相对获益关注的重要条件，即行为者超过两个时相对获益观念的模糊性，相对获益关注可以是正数（即组织合作）、负数或0，经验情况评估的差异性。

关于冷战后现实主义和制度主义的预测，基欧汉以欧共体以及一些国际组织发展的研究为基础进行了分析。基欧汉认为国际制度的持续性发展不仅是建立在美国早期霸权基础之上的，而且更为重要的是由于制度为不同国家获得利益提供了体系支撑和条件基础，国家作为国际政治的参与者能够为了获得共同自我利益而建立各种国际制度。制度主义者认为随着国际形势的变化，以往服务于特定目的的国际制度也随之而发生变化。这种变化体现了不同国家在追求自身利益之时对国际关系的把握和自我利益和权力的定位，这种变化能够使国际制度适应新的形势，进而维持自己的持续性，欧共体的发展就是国际制度变化的体现。基欧汉对新现实主义的理论进行了分析和反驳，并对一些国际组织和地区组织的未来进行了简要论述和预测。基欧汉对其自身的制度理论与格里科的制度理论进行了比较研究，认为应该打破现实主义和自由主义的界限，进而提出一个更好的解释现实问题的理论。

12 理解国际合作：新自由制度主义的限度和现实主义理论的未来（约瑟夫·M. 格里科） 在该部分，格里科对现实主义和新自由制度主义之间的争论进行了分析和研究，对基欧汉关于现实主义的批评进行了反驳，并以欧共体的发展为研究对象说明了现实主义面临的挑战和发展趋向。

格里科认为现实主义坚持认为在无政府状态的条件下，国际合作虽然是可能的，但是由于其依赖于国家权势等因素，因此国际合作很难实现，而新自由制度主义则强调国际制度对合作的重要作用。格里科以基欧汉的《霸权之后》一书的观点为例，对新自由制度主义的论断进行了研究和评价，提出《霸权之后》一书中的观点所存在的五个问题。

关于现实主义对新自由制度主义批评的反应，格里科对鲍威尔以及马斯坦丹诺的理论进行了评析。鲍威尔认为由于不同国家对国家效用、国家实力以及战争态度的不同而导致各个国家关注国际合作中的相对获益问题。格里科认为这些理论反映了国际关系中持续的不稳定问题，这一问题也形成了阻碍国际合作的因素。格里科对斯奈德以及基欧汉等新自由制度主义者关于现实主义的批评所存在的不足进行了剖析。

最后，格里科一方面否定新自由制度主义对现实主义批评的有效性，另一方面他也意识到了现实主义所面临的问题和挑战，尤其是随着欧共体的发展，欧共体在运用制度强化它们内部之间的合作，这在一定意义上冲击着现实主义关于无政府状态等核心假设和观点，格里科认为现实主义有必要对这种现实国际合作进行理论上的阐释。格里科提出约束力的观点，即"如果各国存在共同利益，进行建立合作性安排规则的谈判，那么弱小国家将影响它们的伙伴国，以便使合作性安排建立的规则为它们提供有效的发言权，因此而阻止或者改善它们被强大的伙伴国控制的地位"[①]。格里科以约束力理论为方法和假设，对法国、意大利和德国等国家在欧共体范围内的博弈进行了分析。格里科最后对其观点进行总结，认为在民主化和多样化的世界中，现实主义相对新自由制度主义是一种对国际合作进行解释的更优的方法。

---

① 大卫·A. 鲍德温，主编. 新现实主义和新自由主义 [M]. 肖欢容，译. 杭州：浙江人民出版社，2001：330.

【意义与影响】

第一，该书共计约 29.5 万字，该书中译本由浙江人民出版社于 2001 年印刷出版，系"国际关系学当代名著译丛"之一。

第二，该书对 20 世纪八九十年代国际关系领域中的两大流派——新自由主义和新现实主义进行了比较研究，其重要特征就是对两大流派代表人物的论文观点进行了摘录，为人们认识和研究国际关系展现了一幅研究图景。该书由 11 位学者的论文组成，涵盖了新自由主义和新现实主义争论中的重要代表性人物的思想，阐述了二者争论的假设前提、焦点，为人们提供了认识和研究西方国际关系流派的一条路径。

第三，理论的发展在一定程度上反映着现实实践的变化，新现实主义和新自由主义作为 20 世纪八九十年代在西方国际关系领域出现的两个重要流派，其包含了对当时国际形势和国际关系的现实描述和理论思考，为人们更好处理当下的国际关系提供了理论反思。在 20 世纪全球化加速发展的条件下，国际合作与交流逐渐成为历史的趋势和潮流，而如何在理论上描述这种趋势，如何正确地对待和处理不同国家之间的冲突与合作等现实问题一直困扰着人们，尤其是两次世界大战以及随后冷战格局的演变等国际形势的变化，都为新现实主义和新自由主义发展和充实自己的理论内容提供了现实基础。这两种流派的代表人物都力图在坚持其核心观点的基础上对国际形势的变化提供理论解释，如相对收益和绝对收益理论、囚徒困境博弈和多层次博弈理论、国家权力和地位理论等都体现了这两种流派对现实的解释。当前世界的政治格局必然会走向多极化发展的趋势，而一超多强的局面在一段时期内依然保持着，因此，在处理与他国的国际关系中如何进行自我定位，如何处理国际和国内的关系，如何在现有国际关系框架内实现有利于本国当下和长远利益等都是不同国家面临的重大挑战。该书在一定意义上为解决这些问题提供了理论的启示。

第四，该书作为 21 世纪的作品，虽然对 20 世纪七八十年代的国际关系领域中新现实主义和新自由主义理论进行了考察，但是其并没有涉及 20 世纪八九十年代兴起的建构主义、地缘经济学、世界新秩序理论、文明冲突论等理论，这些理论体现了西方国际关系领域的新发展，通过对这些理论的研究，能够更好把握西方国际关系理论的发展脉络。

【原著摘录】

第一编　导论 P1—26

1　新自由主义、新现实主义和世界政治（大卫·A. 鲍德温）P3—26

P4　没有人否认国际体系在某种程度上处于无政府状态。但是，在什么是无政府状态以及为什么存在无政府状态等问题上，学术界存在分歧。

P5　虽然新现实主义和新自由主义双方都认为国际合作是可能的，但两者的分歧体现在合作发生的条件与合作的可能性两方面。

P7　新自由主义者和新现实主义者都认为，国家安全和经济福利两者都很重要。但他们的分歧在于何者更加重要。

P8　新现实主义者和新自由主义者都认为，1945年以来出现了太多的体制和制度。然而，他们的分歧体现在这些安排的重要性方面。

P15　正如后文中米尔纳指出的，大家都同意把无政府状态界定为国际关系中缺少明显的政府特征。

第二编　新自由主义的挑战和新现实主义的反应 P27—140

2　协调与合作：无政府世界中的制度（阿瑟·斯坦）P29—58

P29　本文从国家行为的限定和国际互动的形成两方面，对制度进行了定义。由于制度理论根源方面的原因，本文对制度的定义，首先描述了它的性质和运作；然后解释了它的产生的原因、维持和发展变化以及崩溃和解体的条件。通过这种方式对制度进行定义，可以帮助我们理解为什么存在各种形式的制度，而不仅是一种单一的、包罗万象的制度。

P36—37　我们对国家产生过程的解释也表明了国际关系的无政府状态。导致国家形成的无政府状态，仅仅在国内社会得到改变。这种改变方式是通过每个个体牺牲一定程度的自主权，并在此基础上形成国家。但新成立的各个国家并不像个体这样让出部分自主权。这样，由各个个体竞争组成的世界就被由各个国家竞争组成的世界所取代。

P37—38　制度也提供解决共同背离困境的办法。在共同利益困境中行为者追求的是获得某种特定的结果。与共同利益困境不同，在共同背离困境中，行为者追求的是避免发生某种特定的结果。

P40　为解决共同利益困境而建立的制度与为解决共同背离困境而建立的制度不同。前者要求合作，后者要求协调。

P44　制度的概念以利益为基础。而作为一种国际秩序形式的国际制度基础的自我利益估算，是建立在以无政府状态为特征的国际体系基础上的。

P52　对制度的形成、维持和瓦解等问题的分析，清楚地表明了国际政治战略互动方法的必要性。

3　经济和安全事务领域的国际合作（查尔斯·利普森）P59-84

P65　对重复的囚徒困境的分析表明国际事务中稳定的合作需要几个关键因素：第一，行为者有关相互依赖和本身决策视对方情形而定的观念；第二，对其他行为者决策的监督和及时反应的能力；第三，对利益的长远考虑；第四，合作与欺诈所获报偿之间的适度差异。

P70　上述问题一个直接的答案认为原因在于导致安全事务和经济事务的是不同类型的战略互动。根据这种观点，经济事务中的博弈通常涉及的是相对简单的协作或共同的利益交换。相反，安全事务存在固有的冲突并缺少稳定的均衡。

P76　我认为经济和安全事务领域，都是以共同获益的机会和相互依赖但又独立决策等方面为特征的，因此这些因素不足以区分它们之间的规范。两者的关键性区分体现在三方面。这三方面是欺诈的代价、监督的困难和复杂的安全事务作为严格的竞争性斗争的趋势。

4　无政府状态下的战略和制度合作（罗伯特·阿克塞尔罗德　罗伯特·基欧汉）P85-114

P86　有三个因素可以帮助我们理解在军事安全和政治经济两个领域进行合作的成功和失败。这三个因素是利益的相关性（mutuality of interests）、未来的影响（the shadow of the future）和行为者的多少。

P88　这些都是很明显的东西，隐藏在其背后的是利益相关性的另一方面，即决定利益相关性的报偿结构不仅仅在于客观因素，而且在于行为者有关他们自己利益的观念。观念决定利益。因此，为了礼节利益的相关性（或者增强这种相关性），必须理解有关决定利益思考和偏好的过程。

P91　在囚徒困境中，对未来的关注可以促进合作。如果未来报偿与当前报偿相比可能更多，那么当前背叛的动力就越少，因为背叛可能会导致对方的报复（Axelrod 1984）。上述讨论支持了这个论断，并且表明了有助于促进有效合作未来影响的几个特定因素。

P94　在包含复杂动机的博弈中，各个政府工作的能力不仅仅受报偿结构和未来影响的影响，而且受参与博弈的行为者数量多少及其相互关系结构的影响。

P98 合作能否在没有中央权威指导的情况下出现，这不仅依赖上文已经强调的博弈的三个理论层面，而且取决于互动发生的背景。

P111 建立等级制度、建立国际制度和试图使新规范被接受，这三方面都是行为者试图通过改变互动的结构而改变背景。

5 无政府状态和合作的限度：对最近自由制度主义的现实主义评论（约瑟夫·M. 格里科）P115-140

P116 本文的主要观点在于新自由制度主义者实际上错误地理解了现实主义者对国际无政府状态的分析。因此，他们误解了现实主义者关于无政府状态对国家的偏好选择与行动影响的分析。事实上新自由制度主义者没有提出国家合作受限制的观点。正是现实主义认同的国际无政府状态，导致了这些限制的产生。因此，新自由制度主义对国际合作的乐观主义看法，可能是错误的。

P121 与自由制度主义各种早期理论相比，最近的自由主义接受了现实主义有关国家的观点：即国家是统一的理性的个体，是世界事务中的主要行为者。它也接受了现实主义强调的用无政府状态来解释国家的动机与行动的观点。

P124 然而，现实主义和新自由主义关于国家和无政府状态的观点，事实上存在很大的不同。对国际政治中的合作问题，现实主义提供的解释比新自由主义更完整。

P134 对合作中相对获益和防御型国家位置性的理解，使现实主义理论能够对国家追求国际合作中的安全、独立和共同利益有指导作用。

第三编 争论的扩展 P141-266

6 国际关系理论中的无政府假设（海伦·米尔纳）P143-171

P143 首先，本文考察了国际关系著作中各种不同的无政府状态观念。其次本文探讨了与这个假设相关的国内国际政治二分法（dichotomy）。和一些学者一样，我也怀疑这种二分法的效力（validity）和效用（utility）。最后，本文提出，理解国际关系较为有用的方法，是将无政府状态和相互依赖两者结合起来。

P146 无政府状态最少有两种含义。第一种含义是指缺少秩序（order）。这意味着混乱（chaos）和无序（disorder）。

P148 无政府状态的第二个定义是指缺少政府。

P165 无政府状态和相互依赖在这些层面上并不冲突，这两种观念部分孰先孰后（priori）；它们并不对立，无政府状态并不必然地影响相互依赖的程度。

7　相对获益和国际合作的模式（当肯·斯奈德）P172-208

P173　总的结论是随着行为者数目的增加，相对获益阻止合作的影响将减少。

P185　在两个行为者的世界中，相对获益考虑多大程度上组织合作？当国家仅仅追求相对获益时，两个行为者的世界是一种零和博弈，合作不可能出现。因为这种极端的假设情况很少，所以我将考察更为现实的、中等程度的相对获益的影响。

P190　国际合作的重要后果是大小国家之间平均地分配成本和获益。

P198　下文中，我将非正式地勾勒一下相对获益对一些国际互动影响的可能性解释。其中包括大小国家之间的互动、霸权的合作与衰落、两极体系的合作模式以及多极体系下合作增长的可能性等。

8　国际关系理论中的绝对获益与相对获益（罗伯特·鲍威尔）P209-233

P213　在修改后的模式中，限制因素为国家将相对获益转化为优势提供了机会，从而诱发了对相对获益的关注。然后，我将使用这种模式研究限制因素如何导致合作可能性的变化。

P216　为了将当前的正式化应用于叙述新自由制度主义的批评，本文提出的报偿模式，是为了使未来的影响在模式中的确起诱导合作的作用。

P217　重复的囚徒困境，被广泛地用来作为新自由制度主义分析国际冲突和合作问题的基础。

P227　合作崩溃有两个原因。第一，限制因素提供了一国可以利用它的相对获益转化为本身的优势和其他国家的劣势的机会；第二，没有公共政府保证国家不会利用这种机会。

9　全球通讯和国家权势：合作和制度选择及其效用困境（史蒂芬·D. 克莱斯勒）P234-249

P235　由于存在帕累托边界的效用问题，制度安排的性质最好是由对国家权力能力的分布而非对市场失灵的分析来解释。

P240　在国际通讯领域，权力——而非利益——的确至关重要，所有问题的实质不在于如何导向帕累托边界而是应该选择何种边界结果。

P244　建立在收音机频率分布和国际电讯领域的制度，反映了各国的相对权势和随着权势分布改变而发生的变化。制度并非不重要。没有一定的共同规则，所有行为者的境况都会很糟糕，但规则的选择会使一些行为者获益比其他行为者多。权力是由技术和市场大小、影响变化的相对机会成本和作出可信威胁的能力、普遍性国际组织中的成员国地位这三种因素决定的。

10 相对获益重要吗？——美国对日本工业政策的反应（迈克尔·马斯坦丹诺）P250-266

P251 本文通过考察20世纪80年代晚期，美国在三个领域对日本工业政策的反映来回答上述问题。这三个领域是飞机、卫星和高清晰度电视（high—definition television，HDTV）。我的结论是相对获益关注确实很重要，但不是没有条件的。对这种关注的敏感性强烈反映在这三种情况的美国政策过程中。

P252 本文对这种模式的解释建立在国际国内两个分析层次互动基础上。

P255 总之，国家对相对获益关注的程度和范围是变化的。变化的原因取决于涉及的是盟友还是对手，是经济关系还是军事关系（Lipson 1984：12—18）。

P257 本文可以看做考察这样一种假设的初步努力：即因为相对经济权势的衰落和外部安全威胁的减少，霸主国在与盟国的经济关系中可能更有力地追求相对获益。

P260 在上面三种情况中，相对获益的关注为什么不能持续地体现在政策结 P261 果中，存在三种原因。

第一是意识形态因数，特别是行政部门官员对政府在经济中适当作用的信念。……

第二，制度的背景情况很重要。相对获益转化为政策的能力，受每种情况下政治互动的制度安排影响。

P262 第三，相对获益的支持者在行政机关获得他们所希望结果的能力，很大程度上来自他们动员（或者被动员）的国会成员的程度大小。

第四编 争论的反映 P267-337

11 制度理论和冷战后时代现实主义的挑战（罗伯特·基欧汉）P269-300

P274 制度主义者并不将国际制度提高到国家之上很高的权威地位；相反，国家创立制度是为了实现它们的目标。

P276 国家像评估实力一样评估意图。即使从合作中的不均衡获益，可以增加一些国家的权势，这些增加权势的国家也希望它们的伙伴获得更小的获益，而非获益的自然增加（用格里科的话说，这是绝对获益但相对损失）。

P276　正如斯奈德表明的，即使国家为相对获益所驱动，我们也不应去夸大它的影响。即使是在两个行为者的情况下，关注相对获益并不必然地转化为难以解决的冲突。

P277　从这个探讨中得出的总体结论是简单的。有关相对获益影响的观点都是有条件的，这种影响并不是缺少公共政府或者国际无政府状态的逻辑结果。一旦涉及超过两个行为者的体系，有关的观点就基本上变得模糊了，因为缺少特定的关系来解释相对获益考虑的目标。

P285　相反，制度主义者把增长的经济和生态相互依赖看做现实的趋势，因此，只要技术的变化促进了经济相互依赖的增长，只要对全球环境的危害增加，我们就可以发现国际制度的数量 P286 和复杂性持续增加，规范的范围也越来越广。

P286　制度主义者希望，现存的组织能够在基本利益的基础上适应新的目标。现存组织应该比可能建立的新组织更容易适应新任务。制度的不断变化应该体现在持续的临时变更和剧烈的制度革新两方面。

P293　格里科和我都试图明确地表达一种国际制度理论。我做的工作是综合现实主义和自由主义的各种因素，希望以此作为理论的基础。理论的基本关注在于，制度如何影响以自我利益为中心的国家面对各种行动诱因。

12　理解国际合作：新自由制度主义的限度和现实主义理论的未来（约瑟夫·M. 格里科）P301-337

P301　我的评论分为三部分。第一部分，我评价了对现实主义进行挑战的新自由制度主义实现它的这一主要理论目标的程度有多大。……在第二部分，我转向了一些对我有关现实主义和新自由制度主义争论观点的批评。最后，在第三部分我对现实主义的未来和国际合作提出了进一步的思考。我认为欧共体的复兴是对现实主义理论的严重挑战。然而，我也提出，从建立在核心现实主义假设基础上的国际制 P302 度有关论断看，对现实主义进行净化是可能的，这同时也有助于我们理解欧共体的复兴。

P304　然而，《霸权之后》一书至少存在五个问题。第一，该书的基本经验论断阻止了基欧汉对他的制度观念和现实主义关于国际合作问题的论断，进行有效的竞争性的检验。

P312　我认为现实主义者对国家防御性地位主义和合作的相对获益问题的发现，基本反映了国际关系中持续的不确定性问题。

P315 总之鲍威尔的模式支持了核心的现实主义观点，即无政府状态、安全和合作中的相对获益问题之间存在很强的联系。

这产生了我称之为有约束力的观点：如果各国存在共同利益，进行建立合作性安排规则的谈判，那么弱小国家将影响它们的伙伴国，以便使合作性安排建立的规则将为它们提供有效的发言权，因此而阻止或者改善它们被强大的伙伴国控制的地位。

【参考文献】

[1] 大卫·A. 鲍德温主编. 新现实主义和新自由主义 [M]. 肖欢容译，杭州：浙江人民出版社，2001.

[2] 倪世雄. 西方国际关系理论的新发展 [J]. 复旦学报（社会科学版），1999（1）.

[3] 郭关玉. 新现实主义、新自由主义和建构主义关于国际合作的条件的理论述评 [M]. 社会主义研究，2005（6）.

[4] 徐秀军. 新现实主义与新自由主义国际关系理论的本体论分析 [J]. 社会主义研究，2008（4）.

后　记

本书在丛书主编南开大学杨谦教授、阎孟伟教授的精心组织策划下，全体参编人员经过不懈努力，三易其稿，终于完成了还算满意的版本。当然，作者们多年的当代西方自由主义经典著作研读与理解，能够最终与读者见面，还要特别感谢广西人民出版社社长温六零先生、副总编白竹林女士、副总编罗敏超女士以及编校、装帧设计人员的大力支持与辛勤努力！

自由主义是近代以来西方政治哲学的主要流派。从词源学上说，自由主义一词源于19世纪初西班牙的一个政党的名称，但其思想渊源一直可以追溯到古代希腊、犹太教和基督教的思想和信仰中。然而，作为一种政治思潮与知识传统，作为一种可以辨认的思想要素，自由主义的出现只是17世纪以后的事，其发展大致可分为四个时期：

一是革命时期的自由主义，其面临的主要任务是反对封建专制，争取个人的政治权利，争取民主权利和宪政政府，所以，自由主义最早具备的内涵是政治自由主义。主要代表人物有英国的霍布斯、洛克，法国的孟德斯鸠、贡斯当和托克维尔，美国的潘恩、杰弗逊、汉密尔顿等。

二是自由资本主义时期的自由主义。资产阶级革命胜利后，随着自由主义思想在政治生活中的不断巩固，它的原则也日益扩大到经济领域，关注政府应以何种方式介入经济，经济自由主义的理论开始形成。主要代表人物有英国的斯密、边沁、李嘉图、密尔等。其中，斯密对自由放任主义的经典阐述构成古典自由主义的一个核心内容，其关于个人通过自由竞争的市场而实现利己利他统一的心理论证，政府是公共安全和私有财产的守夜人，自由贸易和全面分工等理论对之后的整个西方经济学产生了深远的影响。

三是19世纪末至20世纪70年代以前的新自由主义（New Liberalism/Modern Liberalism，为与"Neo-Liberalism"相区别，也有译为"现代自由主义"），主要代表人物有英国的格林、霍布豪斯、凯恩斯，美国的罗斯福、杜威等。"现代自由主义"之"新"是相对于"古典"自由主义而言的，是在现代条件下对古典自由主义的一种反动，提倡"新个人主义"和"积极的自由"，认为没有经济上的安全、独立、平等，就没有真正的自由；强调"积极国家"，主张国家干预，反对传统自由主义的"消极国家"。不过，"现代自由主义"并不是国家主义，它是对古典自由主义即放任自由主义的抵制，但它仍然坚持了个人主义等基本价值观和以私有制为主导的传统经济理论，因而仍然属于自由主义的阵营。

四是20世纪70年代以后的新自由主义（Neo-Liberalism），主张复兴古典自由主义，反对国家干预，提倡自由放任，更多地发挥市场机制的作用；主张私有化，宣扬"私有产权神话"的永恒作用。因此通常又称为"新古典自由主义""自由至上主义""自由保守主义"。新自由主义既非一个典型的经济学范畴，也非一个确切的经济学流派，而是一个经济理论、社会思潮和政策主张的"混合体"，其主要代表人物大体可分为两类：一类是以保守自由市场为重点的经济学家，如哈耶克、弗里德曼、卢卡斯、布坎南等，另一类是以保守个人自由和个人权利为特色的哲学家、政治学家，如伯林、罗尔斯、德沃金、诺齐克等。

新自由主义（Neo-Liberalism）的产生与兴起是随着凯恩斯主义的影响此消彼长的。其产生初期，由于凯恩斯主义在西方发达资本主义社会中占据统治地位，各国都普遍奉行国家干预与市场体制结合的政策，因此影响甚微。但是，凯恩斯主义的国家干预并不能从根源上消除资本主义固有的内在矛盾，随着20世纪70年代石油危机使发达资本主义国家陷入空前的"滞胀"状态，新自由主义者开始对凯恩斯主义进行猛烈的批判和攻击，并在对凯恩斯主义的全面批评中走上了经济与政治的舞台，其经济与政治主张从70年代末80

年代初开始在美、英等国实施以来,对世界经济产生了一系列影响,尤其美国里根政府明确将新自由主义作为国家经济纲领,进行新经济改革,对美国的经济发展起到了一定的推动作用,使其实现了 80 年代和 90 年代不同程度的经济繁荣。但是我们应该看到,新自由主义并不是适合于所有国家的灵丹妙药,即使在发达资本主义国家,它的实施同样带来了严重的负面影响。而在那些接受新自由主义开出药方的发展中国家,其后果还要更加严重。而且从整体上看,新自由主义是为垄断资产阶级服务的资产阶级思想理论,所以,对于新自由主义,我们既要看到其思想中某些可以为我国改革开放和市场机制建立所借鉴的方面,但更要了解新自由主义本质上是为垄断资产阶级的利益服务的,新自由主义所主张的全面私有化、全面市场化和全球一体化等观点不符合我国社会主义建设的实际,更不能成为我国改革开放的指导理论,我们绝对不能把新自由主义的经济和政治主张照搬照抄到中国。

为了深刻理解和反思自由主义尤其是新自由主义的实质和危害,本书重点精选了 20 世纪西方学者关于自由主义问题研究的 16 本著作,每篇著作从作者简介、写作背景、中心思想、分章导读、意义影响、原著摘录等方面进行了导读,以便读者了解自由主义问题论争的时代背景、发展脉络及基本观点。

本书适合大学本科生、研究生用作当代西方自由主义研究的参考书,同时可以作为从事文学、社会学、政治学、思想史、学术史研究者的重要参考书。

本书的整体框架由杨谦教授设计,并组织选择了书目和资料及其初稿的筛选。刘娟教授也协助参与了前期的准备工作。此外,参与本书前期部分资料整理的有南开大学研究生张怡、冯志伟、朱冬、杜平、刘锟、余同怀、李恒、张新平、孙永波、刘琳、蒋明艳、王廷海、潘云、张应斌同学,还有天津师范大学研究生辛学敏同学。本卷编辑整理和写作的分工如下:天津师范大学教授王作印(一、二、三、八、十二、十三);天津外国语大学教授赵学珍(六),以及南开大学博士研究生朱蔷薇(四)、董秋鹏(五)、阎涛(七)、孙凯临(九)、张洪涛(十)、赵柯(十一)、董伟伟(十五)、王超(十六)等。在本卷的写作中阎涛和褚青青还协助主编做了大量的工作。

杨谦教授和阎孟伟教授通读了全书,并提出重要的修改意见并进行了重要修改,最终定稿。由于编者水平和能力有限,错讹在所难免,敬请专家学者批评指正。

2017 年 10 月